普通高等教育国际经济与贸易专业系列教材

国家经济安全概论

主　编　魏　浩
副主编　梁俊伟　代中强　马茂清
参　编　熊　豪　巫　俊　卢紫薇
　　　　连慧君　周亚如　袁　然　等

机械工业出版社

为了积极服务国家安全战略，深入贯彻党的二十大精神和"总体国家安全观"，落实中央关于"将国家安全教育纳入国民教育体系"的要求、教育部制定的《大中小学国家安全教育指导纲要》文件精神，特别是为了满足"经济学""国家安全学"等学科发展的需要，编者编写了《国家经济安全概论》这本教材。这对国家安全领域高层次人才培养具有重要意义。

本书的最终目的是帮助学生全面了解国家经济安全的内涵和特点，使其牢固树立国家安全意识，并且能够运用相关理论和知识分析国家经济安全的现实问题，深入理解和把握总体国家安全观。

本书可作为高等院校经济学、管理学、国家安全学、法学等一级学科，特别是国际经济与贸易、世界经济、金融学、经济学、国际商务、企业管理、国际关系、国际政治等专业的教材。

图书在版编目（CIP）数据

国家经济安全概论/魏浩主编. —北京：机械工业出版社，2022.10

普通高等教育国际经济与贸易专业系列教材

ISBN 978-7-111-71839-0

Ⅰ. ①国… Ⅱ. ①魏… Ⅲ. ①国家安全—经济安全—高等学校—教材 Ⅳ. ①F114.32

中国版本图书馆CIP数据核字（2022）第193942号

机械工业出版社（北京市百万庄大街22号　邮政编码100037）
策划编辑：常爱艳　　　　责任编辑：常爱艳　王　芳
责任校对：张　征　王明欣　封面设计：鞠　杨
责任印制：任维东
北京富博印刷有限公司印刷
2022年10月第1版第1次印刷
184mm×260mm·20.5印张·507千字
标准书号：ISBN 978-7-111-71839-0
定价：65.00元

电话服务　　　　　　　　网络服务
客服电话：010-88361066　　机　工　官　网：www.cmpbook.com
　　　　　010-88379833　　机　工　官　博：weibo.com/cmp1952
　　　　　010-68326294　　金　书　网：www.golden-book.com
封底无防伪标均为盗版　机工教育服务网：www.cmpedu.com

前 言
PREFACE

随着新冠肺炎疫情、俄乌冲突等热点事件引发的世界形势的变化，世界各国特别是我国政府日益重视经济安全问题，产业安全、外贸安全、对外投资安全、利用外资安全、科技安全等的重要性日益凸显，这是"经济学"一级学科，特别是其下世界经济、国际贸易学、金融学、产业经济学等二级学科迎来的新的研究课题、新的学科增长点。与此同时，自从2014年"总体国家安全观"提出以来，我国政府在国家安全领域出台了一系列重要战略举措。2021年，"国家安全学"一级学科正式设立并纳入交叉学科门类。一级学科的设立将为全面加强国家安全领域的科学研究和人才培养奠定制度基础，"国家安全学"学科建设迎来重大发展机遇，越来越多的高校和研究机构开始加强学科布局，将国家安全教育和研究落在实处，服务于国家总体安全建设。

《中华人民共和国国家安全法》指出，国家安全工作应当坚持总体国家安全观，以人民安全为宗旨，以政治安全为根本，以经济安全为基础，以军事、文化、社会安全为保障，以促进国际安全为依托，维护各领域国家安全，构建国家安全体系，走中国特色国家安全道路。可见，我国已经明确了经济安全是国家安全体系的重要组成部分，是国家安全工作的基础。维护经济安全，核心是要坚持社会主义基本经济制度不动摇，不断完善社会主义市场经济体制，坚持发展是硬道理，不断提高国家的经济整体实力、竞争力和抵御内外各种冲击与威胁的能力，重点防控好各种重大风险挑战，健全预防和化解经济安全风险的制度机制，保障关系国民经济命脉的重要行业和关键领域、重点产业、重大基础设施和重大建设项目以及其他重大经济利益安全，保护国家根本利益不受伤害。

根据在国家图书馆数字图书馆、中国知网等多个网站的查阅结果，发现聚焦国家经济安全的本科及研究生教材基本没有，已有的从不同视角研究国家经济安全的专著大部分出版时间较早、资料比较陈旧。因此，为了积极服务国家安全战略，深入贯彻党的二十大精神和"总体国家安全观"，落实中央关于"将国家安全教育纳入国民教育体系"的要求、教育部制定的《大中小学国家安全教育指导纲要》文件精神，特别是为了满足"经济学""国家安全学"等学科发展的需要，我们编写了《国家经济安全概论》这本教材。这对国家安全领域高层次人才培养具有重要意义。

在本书的编写过程中，我们按照"整体+专题""理论+实践"的思路，首先从整体视角介绍了国家经济安全的影响因素与挑战、相关理论、监测预警、保障措施，其次以专题的形式重点介绍了国家经济安全的重要领域，分别是国家产业安全、国家就业安全、国家金融安全、国家资源安全、国家科技安全、国家人才安全、国家对外贸易安全、国家对外投资安全和国家利用外资安全。

本书的主要特色如下：

（1）系统性和全面性。本书重视整体设计，在内容上强调系统性和全面性：不仅包括国家经济安全的整体介绍，还包括若干个重要专题的详细介绍；不仅包括理论知识的介绍，还包括国际实践的介绍。

（2）理论性。本书紧扣大学教材的特点，特别重视理论内容的编写，除了介绍整体国家经济安全的相关理论外，每章的专题介绍也都以理论为基础。在理论的基础上，每章专题均介绍不同领域经济安全的测度指标、监测预警、保障措施、国际实践等。

（3）现实性。除了关注国内外经济安全学术前沿的内容外，本书的内容还特别重视"总体国家安全观"、《中华人民共和国国家安全法》《国家安全战略（2021—2025年）》等，以及国家经济安全关切的重大问题和领域。

（4）思政性。积极践行教育部的"课程思政"精神，通过案例、专题等形式增强本书的知识性、人文性，提升引领性、时代性和开放性，帮助学生了解不同领域的国家经济安全战略、法律法规和相关政策，引导学生深入社会实践、关注国家经济安全现实问题。

（5）实用性。本书每章的开始都有本章关键词、导入案例，每章正文都插入至少一个相关案例，同时在每章的结尾也都提供了该章的小结、荐读书目和复习思考题。通过这样的结构安排，尽可能地吸引学生的注意力，引导学生对重点内容的把握，方便学生在课后对所学内容进行总结、思考和拓展。

本书的编写成员分别来自北京师范大学、西南大学、广东外语外贸大学、上海对外经济贸易大学、首都经济贸易大学、中国海洋大学等高校和中国社会科学院等研究机构。本书由北京师范大学魏浩教授负责拟定大纲、统稿、修改和定稿。本书编写人员以及具体分工如下：魏浩、巫俊（第1章），钱虹宇、时一鸣、王聪（第2章），魏浩、薛潇（第3章），李明珂（第4章），刘缘（第5章），连慧君（第6章），孙盛昊（第7章），钱虹宇（第8章），范莹瑭（第9章），封起扬帆（第10章），周亚如（第11章），马茂清（第12章），袁然、梁俊伟（第13章），涂悦、代中强（第14章）。在全部初稿完成以后，由魏浩、马茂清、熊豪、卢紫薇等对初稿进行修改、删减、补充和校对。最后，由魏浩对全部稿件进行统稿和定稿。

在编写过程中，我们参阅了大量国内外相关教材、专著、论文以及众多网站的内容，并引用了其中许多观点和资料，我们尽量把引用的内容都进行标注，在此一并表示感谢，如有疏漏，敬请谅解。由于编者水平有限，书中难免存在一些不足甚至错误之处，恳请广大读者特别是教授相关课程的教师提出宝贵意见，以便再版时修订。

我们为选择本书作为授课教材的教师免费提供配套电子课件（PPT）和教学大纲。有需要的教师请联系责任编辑：changay@126.com。

魏　浩
2022年5月于北京师范大学

目录 CONTENTS

前 言
第一章 导论 ………………………………… 1
 第一节 国家经济安全的界定与特征 …… 2
  一、国家经济安全的界定 ……………… 2
  二、国家经济安全的特征 ……………… 6
 第二节 部分国家对国家经济安全的
     关注 ……………………………… 7
  一、我国对国家经济安全问题的关注 … 7
  二、美国对国家经济安全问题的关注 … 11
  三、日本对国家经济安全问题的关注 … 12
  四、俄罗斯对国家经济安全问题的关注 … 14
  五、印度对国家经济安全问题的关注 … 16
 第三节 世界各国关注国家经济安全的
     动因 ……………………………… 17
  一、国际经济秩序发生很大变化 ……… 17
  二、各类风险更容易传导到经济领域 … 18
  三、国家经济不安全甚至危机事例时有
     发生 …………………………… 18
  四、经济不安全可能引发政局动荡 …… 18
 第四节 本书的结构安排 ………………… 19
  一、国家经济安全理论与分析框架 …… 19
  二、国家经济安全专题 ………………… 19
 本章小结 …………………………………… 19
 本章荐读书目 ……………………………… 20
 本章复习思考题 …………………………… 20

第二章 国家经济安全的影响因素
    与挑战 ……………………………… 21
 第一节 国家经济安全的影响因素 ……… 22
  一、国际环境与国家经济安全 ………… 22
  二、经济全球化与国家经济安全 ……… 24
  三、国内战略资源与国家经济安全 …… 26
  四、其他因素与国家经济安全 ………… 28
 第二节 国家经济安全面临的挑战 ……… 30
  一、资源约束 …………………………… 30
  二、国际关系恶化 ……………………… 31
  三、经济全球化风险 …………………… 32
 本章小结 …………………………………… 35
 本章荐读书目 ……………………………… 35
 本章复习思考题 …………………………… 35

第三章 国家经济安全的相关理论 ……… 36
 第一节 国家经济安全理论的溯源 ……… 37
  一、马克思主义的国家经济安全观 …… 37
  二、重商主义的国家经济安全观 ……… 37
  三、自由贸易主义的国家经济安全观 … 38
  四、幼稚产业保护理论的国家经济
     安全观 ………………………… 38
  五、战略性贸易理论的国家经济
     安全观 ………………………… 39
  六、依附理论的国家经济安全观 ……… 39
  七、全球化理论的国家经济安全观 …… 39
 第二节 经济危机的相关理论 …………… 41
  一、经济周期 …………………………… 42
  二、经济危机 …………………………… 42
  三、经济危机产生的原因 ……………… 43
 本章小结 …………………………………… 48
 本章荐读书目 ……………………………… 48

本章复习思考题 ………………… 49
第四章　国家经济安全的监测预警……… 50
　第一节　国家经济安全状态及其转化… 51
　　一、国家经济安全状态的划分 ……… 51
　　二、经济领域安全状态的界定 ……… 52
　　三、国家经济安全状态的转化 ……… 52
　　四、一国经济抵御风险的能力状态 … 54
　第二节　国家经济安全监测预警的内容… 55
　　一、国家经济安全监测预警的定义 … 55
　　二、基于根本性国家经济利益视角的国
　　　　家经济安全监测预警 ……………… 55
　　三、基于经济不同层面视角的国家经济
　　　　安全监测预警 ……………………… 56
　　四、基于一国经济不同子系统视角的国
　　　　家经济安全监测预警 ……………… 57
　第三节　国家经济安全监测预警体系的
　　　　　构建……………………………… 59
　　一、构建国家经济安全监测预警体系的
　　　　原则和要求 ………………………… 59
　　二、国家经济安全监测预警指标体系的
　　　　构建原则和框架 …………………… 60
　　三、构建国家经济安全监测预警体系应
　　　　该注意的问题 ……………………… 63
　本章小结 ……………………………… 65
　本章荐读书目 ………………………… 66
　本章复习思考题 ……………………… 66
第五章　国家经济安全的保障措施……… 67
　第一节　国家经济安全保障体系的特征
　　　　　和分类…………………………… 68
　　一、国家经济安全保障体系的特征 … 68
　　二、国家经济安全保障体系的分类 … 69
　第二节　维护国家经济安全的组织机构… 71
　　一、维护国家经济安全的主体 ……… 71
　　二、维护国家经济安全的组织机构及
　　　　构成 ………………………………… 72
　　三、国家经济安全的决策体制构成 … 73
　　四、国家经济安全的执行机制 ……… 75
　第三节　维护国家经济安全的法律体系… 76
　　一、国内法律保障制度 ……………… 76

　　二、国际法律保障制度 ……………… 79
　第四节　维护国家经济安全的政策
　　　　　措施……………………………… 83
　　一、国内经济政策 …………………… 83
　　二、对外经济政策 …………………… 85
　　三、军事政策 ………………………… 86
　　四、经济外交政策 …………………… 87
　本章小结 ……………………………… 90
　本章荐读书目 ………………………… 91
　本章复习思考题 ……………………… 91
第六章　国家产业安全………………… 92
　第一节　国家产业安全概述 …………… 93
　　一、国家产业安全的内涵 …………… 93
　　二、国家产业安全的分类 …………… 93
　第二节　国家产业安全的相关理论 …… 95
　　一、产业保护理论 …………………… 95
　　二、产业损害理论 …………………… 97
　　三、产业竞争力理论 ………………… 99
　　四、产业控制理论 …………………… 101
　第三节　国家产业安全评价指标体系… 107
　　一、产业生存环境评价指标 ………… 107
　　二、产业国际竞争力评价指标 ……… 110
　　三、产业外贸依存度评价指标 ……… 112
　　四、产业控制力评价指标 …………… 112
　　五、产业发展能力评价指标 ………… 113
　第四节　国家产业安全的实践 ………… 114
　　一、美国 ……………………………… 114
　　二、日本 ……………………………… 116
　本章小结 ……………………………… 118
　本章荐读书目 ………………………… 119
　本章复习思考题 ……………………… 119
第七章　国家就业安全…………………… 120
　第一节　国家就业安全概述 …………… 120
　　一、国家就业安全的相关概念 ……… 120
　　二、国家就业安全的影响因素 ……… 122
　　三、国家就业安全的重要性 ………… 124
　第二节　国家就业安全的相关理论 …… 125
　　一、马克思的失业理论 ……………… 125
　　二、凯恩斯的失业理论 ……………… 126

三、新凯恩斯主义的失业理论……127
四、劳动力市场分割理论……129
五、菲利普斯曲线……129
第三节 国家就业安全的测度、监测与预警系统……131
一、国家就业安全的测度……131
二、国家就业安全的监测系统……134
三、国家就业安全的预警系统……136
第四节 国家就业安全的保障措施……139
一、国家保障就业需求侧的措施……139
二、国家保障就业供给侧的措施……141
三、国家提供广泛的公共就业服务……143
本章小结……145
本章荐读书目……146
本章复习思考题……146

第八章 国家金融安全……147
第一节 国家金融安全概述……148
一、国家金融安全的界定……148
二、国家金融安全的性质……149
三、国家金融安全的分类……149
四、国家金融安全的影响因素……150
第二节 国家金融安全的相关理论……153
一、金融风险理论……153
二、货币危机理论……154
三、银行危机理论……156
四、外债危机理论……158
第三节 国家金融安全预警……159
一、金融安全预警指标……159
二、金融安全预警体系……162
第四节 国家金融安全监管……163
一、国家金融安全监管的体制……163
二、国家金融安全监管的法律体系……164
三、国家金融安全监管的政策工具……165
第五节 国家金融安全的实践……166
一、美国……166
二、日本……166
三、中国……167
本章小结……170
本章荐读书目……170

本章复习思考题……170

第九章 国家资源安全……171
第一节 国家资源安全概述……172
一、资源的定义与分类……172
二、国家资源安全……173
第二节 国家资源安全的相关理论……173
一、能源地缘政治思想……173
二、资源依赖理论……174
三、资源永续利用理论……175
四、生态承载力理论……176
五、自然资源价值理论……176
第三节 国家资源安全的测度指标……177
一、国家资源储备规模……177
二、国家资源自给率……178
三、国家资源外贸依存度……178
四、国家资源进口市场集中度……179
第四节 不同类型资源的安全……180
一、能源安全……180
二、矿产资源安全……183
三、其他资源安全……185
本章小结……188
本章荐读书目……189
本章复习思考题……189

第十章 国家科技安全……190
第一节 国家科技安全概述……191
一、国家科技安全的定义……191
二、国家科技安全的分类……192
三、国家科技安全的特征……196
四、国家科技安全的重要性……197
第二节 国家科技安全的相关理论……199
一、技术生命周期理论……199
二、技术追赶理论……203
第三节 国家科技安全的测度、预警与保障……205
一、国家科技安全的测度……205
二、国家科技安全预警……208
三、国家科技安全的保障措施……209
第四节 国家科技安全的实践……210
一、美国……210

二、德国 ………………………… 212
三、日本 ………………………… 213
四、中国 ………………………… 213
本章小结 ………………………… 214
本章荐读书目 …………………… 215
本章复习思考题 ………………… 215

第十一章 国家人才安全 ………… 216
第一节 国家人才安全概述 ……… 217
一、人才与人才的分类 ………… 218
二、国家人才安全的定义 ……… 219
三、国家人才安全的特征 ……… 219
四、国家人才安全问题的重要性 …… 220
第二节 国家人才安全的相关理论 … 223
一、人力资本理论 ……………… 223
二、劳动力流动理论 …………… 226
三、人力资本安全保障理论 …… 228
第三节 国家人才安全的识别、预警与
保障 ……………………… 229
一、国家人才安全的识别与预警 …… 229
二、国家人才安全的保障机制 … 230
第四节 国家人才安全的实践 …… 233
一、美国 ………………………… 234
二、韩国 ………………………… 235
三、中国 ………………………… 237
四、俄罗斯 ……………………… 238
本章小结 ………………………… 240
本章荐读书目 …………………… 240
本章复习思考题 ………………… 240

第十二章 国家对外贸易安全 …… 241
第一节 国家对外贸易安全概述 … 241
一、国家对外贸易安全的定义 … 241
二、国家对外贸易安全的特点 … 243
三、国家对外贸易安全的影响因素 … 243
第二节 国家对外贸易安全的相关
理论 ……………………… 246
一、国家对外贸易安全理论的总体
情况 …………………… 246
二、贸易结构与国家对外贸易安全 … 246
第三节 国家对外贸易安全的识别、
预警与保障 ……………… 251
一、国家对外贸易风险识别 …… 251
二、国家对外贸易安全预警 …… 257
三、国家对外贸易安全保障 …… 259
第四节 国家对外贸易安全的实践 … 262
一、美国 ………………………… 262
二、日本 ………………………… 264
本章小结 ………………………… 266
本章荐读书目 …………………… 267
本章复习思考题 ………………… 267

第十三章 国家对外投资安全 …… 268
第一节 国家对外投资安全概述 … 268
一、国家对外投资安全的定义 … 268
二、国家对外投资安全的影响因素 … 270
三、对外投资风险与国内投资风险的
异同 …………………… 271
第二节 国家对外投资安全的相关
理论 ……………………… 271
一、国家对外直接投资安全的相关
理论 …………………… 271
二、国家对外间接投资安全的相关
理论 …………………… 273
第三节 国家对外投资风险管理 … 276
一、对外直接投资的经营风险管理 … 277
二、对外直接投资的国家风险管理 … 280
三、国家对外间接投资的风险管理 … 286
第四节 国家对外投资安全的实践 … 287
一、美国 ………………………… 288
二、日本 ………………………… 288
三、中国 ………………………… 290
本章小结 ………………………… 291
本章荐读书目 …………………… 292
本章复习思考题 ………………… 292

第十四章 国家利用外资安全 …… 293
第一节 国家利用外资安全概述 … 294
一、国家利用外资的主要方式 … 294
二、国家利用外资安全的定义 … 294

三、国家利用外资安全的具体内容 … 295
第二节　国家利用外资安全的相关理论 … 301
　一、引资安全的相关理论 ………… 301
　二、用资安全的相关理论 ………… 302
　三、撤资安全的相关理论 ………… 304
第三节　国家利用外资安全的识别、
　　　　预警与保障 ………………… 305
　一、国家利用外资的风险识别与安全
　　　预警 ………………………… 305
　二、国家利用外资的安全保障措施 … 309
第四节　国家利用外资安全的实践 …… 311
　一、美国 ……………………… 311
　二、中国 ……………………… 314
本章小结 ……………………… 316
本章荐读书目 ………………… 317
本章复习思考题 ……………… 317

参考文献 ……………………………… 318

第一章

导论

【本章关键词】
  (1) 国家安全　　(2) 经济安全　　(3) 国家经济安全

【导入案例】

过去220年，全球已发生近230起国家破产事件

德国《明镜周刊》称，1800年以来，全球已发生过近230起国家破产事件。21世纪以来，破产的国家也不在少数，其中美洲国家、欧洲国家均有。

自2000年以来，阿根廷已经破产过两次。这个南美洲国家曾是世界上最富裕国家之一。直到20世纪50年代，阿根廷的人均收入还高于德国。但自胡安·多明戈·庇隆执政后，其经济每况愈下。2001年，阿根廷的国家债务上升到令人难以置信的1600亿美元。同年12月，阿根廷政府宣布国家破产。

破产后，阿根廷的艰难岁月接踵而至。德意志广播电台称，2001年12月，成千上万的人在布宜诺斯艾利斯市中心游行抗议。而政府则以"铁的硬度"回应民众的愤怒。骑警向人群开枪，导致20多人死亡，场面一片混乱。短短两星期内，总统接连更换。阿根廷货币比索每小时都在下跌，直到政府进行冻结干预。银行也停止发行货币，储户损失多达其储蓄额的3/4。

一半阿根廷人口陷入贫困。衣着整洁的老绅士们上街乞讨。女士们在旧货市场卖皮草大衣。"新穷人"的说法开始流行。布宜诺斯艾利斯市一半以上的商店关门，国家无法偿还外债。政治学家豪尔赫·阿里亚斯说，他们认为稳固的经济在2001年突然像纸牌屋一样倒塌。之后几年，阿根廷的经济从未真正恢复过来。许多家庭的父亲需要干好几份工作才能养家糊口。

2014年，阿根廷再度破产。不过，《明镜周刊》发现，阿根廷人对这次破产似乎无动于衷，一个主要原因可能是阿根廷之前已经有13年没有从国际金融市场上拿到钱了。这意味着，几乎不用担心国际信用。然而国家破产更快地使阿根廷人再次陷入贫困。破产就像一个经济问题的加速器。阿根廷也缺乏外汇，从而无法从国外购买药品、机器等。

实际上，近年来破产的不仅有新兴国家，还有西方发达国家。据《南德意志报》报道，2008年，冰岛也曾经国家破产。此前，冰岛的三家银行利用宽松的金融管制疯狂扩张。这些缺乏经验的银行到处放贷，买它们不了解的资产，并从欧洲各地的储户那里吸引存款。其总资产当时相当于冰岛国内生产总值的10倍。当发生国际金融危机、资金流动枯竭时，这几家银行倒闭了。冰岛政府不得不将它们国有化，因此承担了500亿美元的国债。

冰岛也因此成为几十年来第一个向国际货币基金组织寻求援助的富裕国家。2008年11月，国际货币基金组织向该国提供了21亿美元的救助贷款；斯堪的纳维亚国家也向冰岛提供了30亿美元的救助贷款。

许多冰岛人通过以欧元或英镑为基础的贷款来买房屋或汽车。但国家破产后,冰岛货币克朗贬值一半以上。许多冰岛人失去了储蓄,他们的养老基金也陷入了危险的困境,失业率居高不下。但不少冰岛人认为"冰岛文化是一种危机文化",冰岛人习惯了艰难的生活,而且冰岛有大量自然资源。冰岛人后来的确战胜了危机,冰岛现在又成为经济稳定的国家。

一些欧洲国家在历史上也多次破产。《世界报》称,自1800年以来,德国已经破产了7次,奥地利有7次,西班牙达到8次,葡萄牙为6次,希腊为6次,法国和荷兰各有1次。

资料来源:沈杰森.过去220年,全球已发生近230起国家破产事件[EB/OL].(2022-07-20)[2022-09-01].https://world.huanqiu.com/article/48tTFFzzWky.

第一节 国家经济安全的界定与特征

一、国家经济安全的界定

(一)国外学者对国家经济安全的界定[①]

国外学术界对国家经济安全的含义尚未达成一致认识,不同国家对国家经济安全的内涵也有多种理解。造成这种状况的原因在于,不同国家处于不同的经济发展阶段,国情国力千差万别,所采取的经济战略各有特点,对外开放程度各不相同。国家经济安全的界定往往受到经济发展状况、国情国力、国家战略目标、对外开放程度的影响,即便是同一国家,其在不同的历史时期、面对不同的国内外环境、经历不同的发展阶段,对国家经济安全的理解和关注重点也会有所不同。

从国外学者对国家经济安全含义的理解来看,不同的学者所处的时代背景不尽相同,出发点也各不相同,因此他们的观点都有其合理成分,当然也存在着表述狭隘、不够全面等不足之处。

一般来说,国外学者对国家经济安全含义的界定大概有以下几种。

1. 经济安全是军事政治安全的附属品

由于冷战时代的国际形势主要表现为美苏两大集团的政治、军事对抗,两大集团不得不把更多的注意力和资源用于军事上,与此同时,两个超级大国管制下的国际秩序又使各国的经济利益无法明显地表现出来[②]。在此背景下,诸多学者认为经济安全是军事和政治安全的附属品。例如,霍特雷(Hawtrey,1952)在《主权的经济学》一书中提出,国家资源对国家实力至关重要,权力是一国争取国际地位的重要手段,其主要取决于足够运用于武力的经济生产力[③]。罗斯托(Rostow,1971)指出,不仅国家的富裕,国家的独立与安全也同生产的发展息息相关[④]。

冷战结束后,经济安全附属于军事政治安全的观点依旧盛行。例如,布赞(Buzan,1991)认为,经济安全只是在限定的条件下,在经济与军事力量、权力和社会之间具有明显的联系

[①] 刘斌.国家经济安全保障与风险应对[M].北京:中国经济出版社,2010,26-29.

[②] 赵英.国家经济安全浅议[J].世界知识,1996(20):4-5.

[③] Ralph G. Hawtrey. Economic Aspects of Sovereignty [M]. London: Longmans, Green, 1952: 35.

[④] Walt W.Rostow.Politics and the Stages of Growth[M].New York:Cambridge University Press,1971:189.

时才有意义①。亨廷顿（Huntington，1993）指出：经济学家没有看到，经济活动不仅是人民福祉的源泉，而且是国家权力的源泉，它可能是国家权力最重要的源泉；在一个不大可能发生战争的世界里，经济力量将是决定一国处于主导或相对优势地位还是从属地位的日益重要的因素②。凯布尔（Cable，1995）在"什么是国际经济安全"一文中指出：经济安全首先是指直接能影响国家防务的贸易和投资，自由地采购武器和有关技术，可靠地供应军事装备或防止敌手获得武器技术的优势③。Stankeviciene（2013）认为经济安全是一种状态，在这种状态下，个体获得体面生活且个性化发展，社会经济稳定，国家和社会具备能够消除内部和外部威胁的政治军事能力④。从这些论述来看，经济安全被看成是一种工具，是维护国家军事安全的一个中介目标。

2. 经济安全是经济本身的安全

尽管冷战期间美苏两大阵营进行了激烈的军备竞赛，然而，当时已有学者意识到经济安全本身的重要性。例如，麦克纳马拉（McNamara）早在20世纪60年代末期就指出，发展是国家安全的本质。他认为：美国的安全不仅仅在于或首先在于军事力量，同样重要的是国内和世界经济及政治发展的稳定；安全是发展，没有发展就没有安全可言⑤。

同时，有学者对经济安全提出了明确的定义。克劳斯和奈（Krauce 和 Nye，1975）把经济安全定义为"国家经济福利不受到被严重剥夺的威胁""当一国为稳定国内经济而放弃可以从经济一体化中所获得的部分收益时，或当一国有意地选择经济低效率来避免外来经济冲击时，说明该国将经济安全视为了本国的发展目标"⑥。为了避免经济福利受到严重剥夺的威胁，国家必须保证重要经济资源的有效供应，如果不能保证，"经济主权"就可能受到威胁。

随着冷战后两极格局的瓦解、东西方两大阵营尖锐对立情况的消失，国际关系出现的一个新的重要特点就是，敌我阵营已不再像过去那么明朗和固定，大国之间也相互不再构成直接的军事威胁，大国之间的矛盾和冲突主要表现在以经济实力为基础的综合国力的竞赛以及国际事务中主导权的争夺⑦。在此背景下，越来越多的学者认识到经济安全是经济本身的安全，对经济安全含义的界定也更加丰富。

例如，阿拉加帕（Alagappa，1998）认为，经济安全是取得资源、金融和市场以维持国家福祉及权力的最低程度⑧。Horrigan 等人（2008）认为，经济安全是一国通过生产或者贸易的方

---

① Barry Buzan. People, State and Fear: An Agenda for International Security Studies in the Post-Cold War Era [M]. Boulder: Lynne Rienner, 1991: 124.

② Samuel P. Huntington. Why Intonational Primacy Matters [J]. International Security, 1993, 17（4）: 72, 76.

③ Vincent Cable. What is International Economic Security [J]. International Affairs, 1995, 71（2）: 306-308.

④ Stankeviciene J, Sviderske T, Miecinskiene A.Relationship between Economic Security and Country Risk Indicators in EU Baltic Sea Region Countries [J]. Entrepreneurial Business and Economics Review, 2013（3）: 21-33.

⑤ 万君康，肖文韬，冯艳飞.国家经济安全理论述评[J].学术研究, 2001（9）: 74-78.

⑥ Lawrence B. Krause , Joseph S. Nye. Reflections on the Economics and Politics of International Economic Organizations [J]. International Organization, 1975, 29.（1）.

⑦ 江心学.冷战后的美国经济安全[J].解放军外语学院学报, 1998（3）: 109-113.

⑧ Muthiah Alagappa. Asian Security Practice Material and Ideational Influences [M]. Stanford: Stanford University Press, 1998: 19-20.

式获取所需物品或者服务的能力⊖。Grigoreva等人（2015）认为，经济安全是国家安全的基础，受不断变化的物质生产环境、经济体内部和外部威胁的影响⊜。

3. 经济安全是经济全球化带来的非军事国家安全问题

冷战结束后，经济全球化趋势越来越明显。大多数国家的经济正在加速融入世界经济体系，参与国际分工，对国际市场的依存度越来越高⊝。在此背景下，越来越多的学者意识到对外开放对国家经济安全可能带来的影响。例如，莫兰（Moran, 1993）在论述经济安全时，强调了对外开放对国家自主权的侵蚀，认为贸易、金融一体化和货币相互依存成为国家安全政策中的薄弱环节㉘。Pach（2001）认为，国家经济安全是一个经济体创造和利用各经济体之间相互依存关系来促进经济发展、适应全球经济变化并消除潜在威胁的能力㉙。Rickards（2009）认为，国家经济安全是抵御国际资本流动通过资本和商品市场传递通货膨胀，导致金融系统不稳定、外汇储备被耗尽等的风险的能力㉚。

（二）国内学者对国家经济安全的界定

如前文所述，在冷战时代以及冷战结束初期，经济安全是军事政治安全的附属品这一观点在国外学术界盛行。冷战结束后，国际政治和经济形势都发生了巨大的变化，以政治多元化、经济一体化或区域化、安全机制多边化为特征的世界新格局正在逐步形成㉛。世界各国，尤其是具有国际影响的大国，在制定本国安全与发展战略时，均在不同程度上表现出向"经济安全本位"的复归㉜。在这样的背景下，我国学者开始关注国家经济安全问题，少部分国内学者仍认为国家经济安全是军事政治安全的附属品，大部分国内学者则认为国家经济安全是经济本身的安全。也就是说，虽然在国家经济安全范围的界定上国内学者达成了一定的共识，但是国内学者对国家经济安全含义的界定仍然存在一定分歧，具体包括以下三类观点。

1. 国家经济安全是一种抵御外来风险的能力

第一类观点认为，国家经济安全是一种抵御外来风险的能力。例如，张幼文（1999）认为：从最狭义的层面来说，国家经济安全是指在开放条件下一国如何防止金融乃至整个经济受到来自外部的冲击，而引发动荡并导致国民财富的大量流失；从比较广义的层面来说，国

⊖ Brenda L. Horrigan, Theodore Karasik, Rennison Lalgee. Encyclopedia of Violence, Peace, & Conflict [M].2nd ed. [S.l.]：[s.n.] 2008：1897.

⊜ Grigoreva, Ekaterina, Liliya Garifova. The Economic Security of the State：The Institutional Aspect [J]. Procedia economics and finance, 2015（24）：266-273.

⊝ 赵英. 国家经济安全浅议 [J]. 世界知识，1996（20）：4-5.

㉘ Theodore H. Moran. American Economic Policy and National Security [M]. New York：Council on Foreign Relations Press, 1993：41-70.

㉙ Pach J. Bezpośrednie Inwestycje Zagraniczne w Świetle Bezpieczeństwa Ekonomicznego na Przykładzie Polski w Latach Dziewięćdziesiątych XX Wieku（No.309）[Direct Foreign Investments in the Light of Economic Security on the Polish Example in the XX Century]. Wydawn：Naukowe Akademii Pedagogicznej, 278. http：//hdl.handle.net/11716/2327.

㉚ Rickards J G. Economic Security and National Security [J]. Strategic Studies Quarterly, 2009, 3（3）：8-49.

㉛ 江心学. 冷战后的美国经济安全 [J]. 解放军外语学院学报，1998（3）：109-113.

㉜ 赵英. 国家经济安全浅议 [J]. 世界知识，1996（20）：4-5.

家经济安全是国家对来自外部的冲击和由此带来的国民经济重大利益损失的防范,是一国维护本国经济免受各种非军事政治因素严重损害的战略部署。万君康等人(2001)认为,国家经济安全是国家安全价值体系的内容之一,本质上是一个在规避风险的条件下实现更高对外开放效益的问题①。顾海兵等人(2007)认为,对影响国家经济安全因素的研究应该更侧重于分析国外因素及其传导,因此国家经济安全是指通过加强自身机制的建设,使国家经济具备抵御外来风险冲击的能力,以保证国家经济在面临外在因素冲击时能继续稳定运行、健康发展②。孙伊然等人(2021)认为,"经济安全观"是一国对于外部世界与自身经济安全之间关系的基本看法③。

2. 国家经济安全是一种化解国内外风险的能力

一国经济不仅面临着外来的冲击,还面临着国内的潜在风险,因此第二类观点认为国家经济安全是一种化解国内外风险的能力。例如,赵英(1996)认为,国家经济安全是指维持国家经济正常运转,不受内外环境干扰、威胁、破坏的一种状态④。它既包括一国抗击各种风险的能力,也包含该国为确保经济持续发展而确立的战略目标以及为此而采取的策略和措施等⑤。曾繁华和曹诗雄(2007)认为,国家经济安全包括两个方面:一是指国内经济安全,即一国能够化解各种潜在风险,保持经济稳定、均衡、持续发展的状态和能力;二是指在国际关系中的经济安全,即一国经济主权不受侵犯,经济发展所依赖的资源供给不受外部势力控制,国家经济发展能够抵御国际市场动荡和风险的冲击⑥。吴垠(2021)认为,国家经济安全是在经济全球化时代,一国保持其经济存在和发展所需资源有效供给、经济体系独立稳定运行、整体经济福利不受恶意侵害和不可抗力损害的状态和能力⑦。

3. 国家经济安全是经济利益不受威胁的状态

第三类观点认为,国家经济安全是经济利益不受威胁的状态。这类观点侧重于强调国家经济安全需要达到何种状态,部分学者从"经济利益"和"经济制度"的视角定义了国家经济安全需达到何种状态。例如,丁冰(2006)认为,所谓国家经济安全,就我国来讲,主要是指国家经济独立、自主、持续发展的利益不受威胁和侵害,不影响中国特色社会主义制度⑧。叶卫平(2010)认为,国家经济安全是指一个国家经济战略利益的无风险或低风险的状态,表现为基本经济制度和经济主权没有受到严重损害,使得经济危机的风险因素处于可以控制的状态⑨。

雷家骕(2011)也从根本经济利益的视角定义了国家经济安全,他还具体解释了根本经

---

① 万君康,肖文韬,冯艳飞.国家经济安全理论述评[J].学术研究,2001(9):74-78.
② 顾海兵,沈继楼,周智高,等.中国经济安全分析:内涵与特征[J].中国人民大学学报,2007(2):79-85.
③ 孙伊然,何曜,黎兵."入世"20年中国经济安全观的演进逻辑[J].世界经济研究,2021(12):42-53;132-133.
④ 赵英.国家经济安全浅议[J].世界知识,1996(20):4-5.
⑤ 杜人淮.对外开放条件下的国家经济安全及对策[J].南京财经大学学报,1999(1):18-20;27.
⑥ 曾繁华,曹诗雄.国家经济安全的维度、实质及对策研究[J].财贸经济,2007(11):118-122.
⑦ 吴垠.平台经济反垄断与保障国家经济安全[J].马克思主义研究,2021(12):114-121.
⑧ 丁冰.我国利用外资和对外贸易问题研究[M].北京:中国经济出版社,2006.
⑨ 叶卫平.国家经济安全定义与评价指标体系再研究[J].中国人民大学学报,2010,24(4):93-98.

济利益。国家经济安全是指一国作为一个主权独立的经济体，其最为根本的经济利益不受伤害，即一国经济在整体上主权独立、基础稳固、稳健增长、充分就业、科技进步、持续发展①。具体而言，国家经济安全是指一国在国际经济生活中具有一定的自主性、自卫力和竞争力，不至于因为某些问题的演化而使整个经济受到过大的打击或者损失过多的国民经济利益，能够避免或化解可能发生的局部性或全局性经济危机②。

此外，部分学者还从"经济福利""高质量发展"等视角定义了国家经济安全需达到何种状态。例如，杨云霞（2021）认为，国家经济安全是国家安全的重要内容，是一国保持其经济存在和发展所需资源有效供给、经济体系独立稳定运行、整体经济福利不受恶意侵害和不可抗力损害的状态和能力③。陶坚（2021）认为，现阶段和未来长期维护国家经济安全的主要任务，应定位在统筹发展和安全前提下实现高质量发展和高水平安全的良性互动④。

事实上，为了实现经济利益不受威胁的状态，国家经济必须具备化解国内外风险的能力。然而，除了化解国内外风险的能力外，第三类观点还提及了一些其他能力，例如，一国在国际经济生活中具有一定的自主性、自卫力和竞争力等⑤。因此，第三类观点其实是第二类观点的延伸与拓展。

综上所述，虽然国内学者对国家经济安全含义的界定存在一定差异性，但仍存在以下共同点：第一，国家经济安全需实现某种状态或者目的，这种状态或目的是经济正常运转、经济主权不受侵犯、经济利益不受威胁等；第二，实现国家经济安全需具备一定的能力，至少包括抵御外来风险冲击的能力。

二、国家经济安全的特征

（一）国家性①

国家性是国家经济安全作为国家安全的重要组成部分所体现出来的特征。国家经济安全要求国家的根本经济利益不受伤害，代表国家经济利益的中央政府是维护国家经济安全的主体机构，地方政府、非政府组织和机构、企业等都不能作为国家经济安全的代表，政府可以动用各种经济的、政治的、军事的手段直接或间接地维护经济安全。国家经济安全的国家性特征意味着其不只是针对一般性经济风险，还涉及国家全局的重大经济安全问题。

（二）综合性①

国家经济安全强调的是一个国家的整体经济利益，也就是经济整体上的安全性。在国家经济安全范畴中，诸多领域的安全问题都是国家经济整体安全在该利益领域内的具体反映。国家经济安全同各子领域安全之间是总体和局部的关系，任何子领域的安全都只是局部的安全，子领域的局部安全不能代替国家经济整体安全。因此，从现实策略的角度看，由不同子领域所衍生出来的政策措施应该是相互联系的，应该作为一个综合体来予以实施。

---

① 雷家骕.国家经济安全：理论与分析方法[M].北京：清华大学出版社，2011：3.
② 雷家骕.关于国家经济安全研究的基本问题[J].管理评论，2006（7）：3-7；63.
③ 杨云霞.当代霸权国家经济安全泛化及中国的应对[J].马克思主义研究，2021（3）：138-147.
④ 陶坚.坚持总体国家安全观，在百年变局中维护好经济安全[J].现代国际关系，2021（7）：7-8.
⑤ 刘斌.国家经济安全保障与风险应对[M].北京：中国经济出版社，2010：29-32.

（三）战略性[①]

国家经济安全不能仅关注当前经济发展的稳定和均衡，国家经济安全的长期目标在于保障未来经济的稳定性和可靠性，维护国家经济安全是一个长远的、具有战略意义的大课题。未来经济利益是国家利益的重要组成部分，必须站在长远利益的战略高度上，以前瞻性的眼光，从本国的资源、经济发展水平、技术力量等实际国情出发，结合世界经济发展大趋势，制定国家经济安全大战略。

（四）动态性[①]

全球经济处于不断变化之中，国家经济安全状况也不是一成不变的，而是在发展过程中不断地在安全与不安全的临界线上左右变动的。国家经济不发展、发展慢于其他国家或不能持续发展，就不可能有效地维护自身稳定，从而处于不安全状态。因此，发展才能安全，发展是维护经济安全的根本途径，不发展是最大的不安全，这已成为现阶段国家经济安全的共识。

（五）基础性[②]

在国家综合安全体系中，国家经济安全是其余各项安全的基础。例如，在一个经济危机此起彼伏的国家，人民很难拥护其执政政府。此时，该国的政治安全可能受到威胁，人民可能要求调整政府组成，甚至要求改变本国的政体、国体，政府的相关活动将难以处于法制、有序的状态。此外，经济安全也是国防安全的基础。对于一个经济水平落后的国家而言，政府很难投入足够的资源建设强大的国防。

（六）复杂性[②]

在经济全球化背景下，国家经济安全所处的国际政治、经济环境更为复杂多变。首先，当前的国际行为主体包括主权国家、跨国公司和各类国际组织，这些主体能够对各主权国家产生强大的制约力，可能会侵犯主权国家的经济利益。其次，在当前的国际政治环境下，国家经济安全有时仍带有传统军事安全的烙印，某些国家可能会出于强权政治、霸权主义的需要对别国进行经济制裁或经济封锁，损害别国经济利益。再次，在经济全球化背景下，经济行为的国界越来越模糊，国家经济安全问题没有明显的国界线，国与家之间常常既是竞争对手又是合作伙伴，捍卫国家经济安全的斗争阵线不明晰，使得维护国家经济安全的难度加大。

第二节 部分国家对国家经济安全的关注

一、我国对国家经济安全问题的关注[③]

改革开放以来，我国对国家经济安全问题的关注经历了起步阶段、渐成体系阶段、入世应对阶段、顶层设计阶段、制度建设阶段等五个阶段，具体分析如下。

（1）起步阶段。20世纪80年代中后期，粮食安全问题率先成为我国学者对国家经济安全关注的热点。随着改革开放的不断深入，涌入的大量外资对我国传统民族工业产生了巨大的冲击，我国的产业安全问题随之成为国家经济安全研究的热点。总体来看，一直到20世纪90

[①] 刘斌.国家经济安全保障与风险应对[M].北京：中国经济出版社，2010：29-32.

[②] 雷家骕.国家经济安全：理论与分析方法[M].北京：清华大学出版社，2011：5-6.

[③] 陈斌，程永林.中国国家经济安全研究的现状与展望[J].中国人民大学学报，2020，34（1）：50-59.

年代初期，我国学者对国家经济安全的研究基本上还处于热点追逐式的起步阶段，缺少对整体国家经济安全的系统性研究，主要关注点集中于粮食安全、制造业安全、石油安全等局部领域，有关我国国家经济安全的研究比较零散，几乎没有形成系统的著作。

（2）渐成体系阶段。1997 年，党的十五大报告明确提出要"维护国家经济安全"。在此背景下，我国学者关于国家经济安全的研究迎来了一个新的高潮。赵玉川（1999）构建了我国经济安全监测、预警指标体系，其框架结构包括金融安全、市场安全、产业安全、社会安定、国际关联等多个部分㊀。1999 年，中国社会科学院和国家统计局的专家们完成了对我国国家经济安全进行量化监测、预警的指标体系与方法的初步研究。这一时期，我国对国家经济安全的研究开始渐成体系。

（3）入世应对阶段。2001 年 11 月我国加入世界贸易组织（WTO），标志着我国参与经济全球化的进程开始全面加速。在全面参与经济全球化的过程中，如何应对全球化对我国国家经济安全的挑战，成为亟待解决的重大课题。2002 年，党的十六大报告强调指出，要"十分注意维护国家经济安全"。2007 年，党的十七大报告强调要"注重防范国际经济风险"。以党的十六大、十七大报告为指导，相关部门出台了一系列应对经济全球化挑战的政策法规和指导意见，学界对国家经济安全的研究也出现了以应对全球化挑战为中心任务而"百花齐放"的盛况。例如，余根钱（2004）设计的监测指标就专门引入了进口依存度指标㊁，张汉林等人（2011）设计了含有 135 个指标的我国经济安全指标体系，也专门增加了国际测度方面的指标㊂。

（4）顶层设计阶段。党的十八大以来，我国政府在全面把握我国经济安全新趋势、新特点、新要求的基础上，创造性地形成了系统的经济安全观。2013 年 11 月，党的十八届三中全会通过《中共中央关于全面深化改革若干重大问题的决定》，明确了我国经济改革的方向和目标，为维护国家经济安全提供了指导性方针。2014 年 4 月 15 日，习近平总书记在中央国家安全委员会第一次会议上首次提出"总体国家安全观"。2015 年 1 月，中共中央政治局审议通过《国家安全战略纲要》，充分体现了"总体国家安全观"中关于国家经济安全的战略思想。2015 年 7 月 1 日第十二届全国人民代表大会常务委员会第十五次会议通过《中华人民共和国国家安全法》，国家经济安全在国家安全中的基础地位以法律的形式得到了强化。这标志着国家把对国家经济安全问题的理论认识提升到了新的战略高度。2017 年 10 月，党的十九大将"坚持总体国家安全观"纳入新时代坚持和发展中国特色社会主义思想和基本方略，并写入党章。

（5）制度建设阶段。2019 年 10 月 31 日，党的十九届四中全会通过的《中共中央关于坚持和完善中国特色社会主义制度、推进国家治理体系和治理能力现代化若干重大问题的决定》，提出要完善集中统一、高效权威的国家安全领导体制，健全国家安全法律制度体系。加快国家经济安全的制度化建设也相应地提上了日程，国内学者对国家经济安全的研究开始进入以制度建设为中心任务的规范发展阶段。2021 年 3 月 11 日，十三届全国人大四次会议表决通过了关于《中华人民共和国国民经济和社会发展第十四个五年规划和 2035 年远景目标纲要》的决议。《中华人民共和国国民经济和社会发展第十四个五年规划和 2035 年远景目标纲要》对国家经济安全进行了专章部署（第五十三章），明确提出"强化经济安全风险预警、防

㊀ 赵玉川. 我国经济安全监测与预警指标体系［J］. 北京统计，1999（7）：8-9；30.

㊁ 余根钱. 国家经济安全指标体系研究［J］. 中国统计，2004（9）：13-14.

㊂ 张汉林，魏磊. 全球化背景下中国经济安全量度体系构建［J］. 世界经济研究，2011（1）：8-13；87.

控机制和能力建设,实现重要产业、基础设施、战略资源、重大科技等关键领域安全可控,着力提升粮食、能源、金融等领域安全发展能力"㊀。

【相关案例1-1】

《中华人民共和国国家安全法》(摘录)

第二条 国家安全是指国家政权、主权、统一和领土完整、人民福祉、经济社会可持续发展和国家其他重大利益相对处于没有危险和不受内外威胁的状态,以及保障持续安全状态的能力。

第三条 国家安全工作应当坚持总体国家安全观,以人民安全为宗旨,以政治安全为根本,以经济安全为基础,以军事、文化、社会安全为保障,以促进国际安全为依托,维护各领域国家安全,构建国家安全体系,走中国特色国家安全道路。

第五条 中央国家安全领导机构负责国家安全工作的决策和议事协调,研究制定、指导实施国家安全战略和有关重大方针政策,统筹协调国家安全重大事项和重要工作,推动国家安全法治建设。

第六条 国家制定并不断完善国家安全战略,全面评估国际、国内安全形势,明确国家安全战略的指导方针、中长期目标、重点领域的国家安全政策、工作任务和措施。

第八条 维护国家安全,应当与经济社会发展相协调。

第十九条 国家维护国家基本经济制度和社会主义市场经济秩序,健全预防和化解经济安全风险的制度机制,保障关系国民经济命脉的重要行业和关键领域、重点产业、重大基础设施和重大建设项目以及其他重大经济利益安全。

第二十条 国家健全金融宏观审慎管理和金融风险防范、处置机制,加强金融基础设施和基础能力建设,防范和化解系统性、区域性金融风险,防范和抵御外部金融风险的冲击。

第二十一条 国家合理利用和保护资源能源,有效管控战略资源能源的开发,加强战略资源能源储备,完善资源能源运输战略通道建设和安全保护措施,加强国际资源能源合作,全面提升应急保障能力,保障经济社会发展所需的资源能源持续、可靠和有效供给。

第二十二条 国家健全粮食安全保障体系,保护和提高粮食综合生产能力,完善粮食储备制度、流通体系和市场调控机制,健全粮食安全预警制度,保障粮食供给和质量安全。

第二十四条 国家加强自主创新能力建设,加快发展自主可控的战略高新技术和重要领域核心关键技术,加强知识产权的运用、保护和科技保密能力建设,保障重大技术和工程的安全。

第三十三条 国家依法采取必要措施,保护海外中国公民、组织和机构的安全和正当权益,保护国家的海外利益不受威胁和侵害。

第三十四条 国家根据经济社会发展和国家发展利益的需要,不断完善维护国家安全的任务。

第五十九条 国家建立国家安全审查和监管的制度和机制,对影响或者可能影响国家安全的外商投资、特定物项和关键技术、网络信息技术产品和服务、涉及国家安全事项的建设项目,以及其他重大事项和活动,进行国家安全审查,有效预防和化解国家安全风险。

㊀ 中华人民共和国国民经济和社会发展第十四个五年规划和2035年远景目标纲要[EB/OL].[2022-09-01]. http://www.gov.cn/xinwen/2021-03/13/content_5592681.htm.

第六十九条　国家健全国家安全保障体系，增强维护国家安全的能力。

【相关案例 1-2】

"十三五"时期我国经济安全形势总体稳定

经济安全是国家安全的基础，是国家安全体系的重要组成部分。"十三五"以来，经济安全工作协调机制逐步健全，涉经济安全相关政策体系日趋完善，较好保障了我国经济平稳健康发展，抵御内外部各种冲击与威胁的能力明显增强，为维护国家发展和安全提供了坚实支撑。

1. 产业基础能力和产业链水平不断提升

产业链稳定是大国经济循环畅通的关键，产业链的韧性和抗风险能力是维护国家经济安全的重要基础。经过长期努力，我国已形成比较完整的产业体系，成为全球唯一拥有联合国产业分类目录中全部工业门类的国家，220多种工业产品产量居世界第一，制造业规模居世界首位。农林牧渔业全面发展，主要农产品产量居世界前列。服务业快速发展，新技术、新产业、新业态层出不穷。综合交通运输体系迅速发展，高速铁路和高速公路里程以及港口吞吐量均居全球首位。

2. 粮食安全持续巩固

作为人口众多的大国，粮食安全的主动权必须牢牢掌控在自己手中。"十三五"以来，我国粮食连年丰产，产量稳定超过6.5亿t，粮食播种面积由2015年的17亿亩（1亩=666.6m^2）上升至2020年的17.5亿亩，单位面积产量由2015年的365.5kg/亩上升至2020年的382kg/亩，增长4.5%，谷物自给率超过95%，口粮自给率达到100%，人均粮食占有量超出世界平均水平30%以上，中国人的饭碗牢牢端在了自己手上。粮食储备和应急体系逐步健全，政府粮食储备数量充足，质量良好，储存安全，在北京、天津、上海、重庆等36个大中城市和价格易波动地区建立了10～15天的应急成品粮储备。粮食流通体系持续完善，粮食物流骨干通道全部打通，公路、铁路、水路多式联运格局基本形成。

3. 能源资源安全得到有效保障

能源安全是关系经济社会发展的全局性、战略性问题。我国是世界上最大的能源生产国和消费国，基本形成了煤、油、气、电、核和可再生能源"多轮"驱动的能源生产体系，2020年原煤、原油、天然气产量分别为38.4亿t、1.9亿t、1888.5亿m^3，发电量达到7.4万亿kW·h，是世界上能源自主保障程度较高的国家之一。能源输送能力显著提高，建成天然气主干管道超过8.7万km、石油主干管道5.5万km、330kV及以上输电线路30.2万km。能源储备体系不断健全，综合应急保障能力显著增强。矿产资源开发利用水平不断提高，产品产量居世界前列。

4. 金融体系抗风险能力显著增强

金融是经济的血脉，是现代市场经济运转的基石，金融安全是国家安全的重要组成部分，是经济平稳健康发展的重要基础。"十三五"以来，我国金融事业快速发展，货币政策和宏观审慎政策的"双支柱"调控框架建立健全，宏观审慎管理与微观审慎监管、行为监管相结合的金融监管体系建设持续推进。打好防范化解重大金融风险攻坚战，宏观杠杆率过快上升势头得到遏制，影子银行无序发展得到有效治理，重点高风险金融集团得到有序处置，高风险中小金融机构处置取得阶段性成果，互联网金融和非法集资等涉众金融风险得到全面治理，经受住了国内外各种挑战，特别是新冠肺炎疫情冲击带来的考验，金融风险总体可控。

"十四五"时期，我国面临的外部环境更趋复杂，不稳定性、不确定性明显增加，国内发展不平衡、不充分问题依然突出，国家经济安全仍然存在不少薄弱环节，主要体现在：①产业基础能力和产业链水平存在诸多短板；②粮食安全不能丝毫放松；③能源资源安全面临不少挑战；④金融领域风险点多面广。因此，在"十四五"时期，我国要强化经济安全风险预警、防控机制和能力建设，实现重要产业、基础设施、战略资源、重大科技等关键领域安全可控，着力提升粮食、能源、金融等领域的安全发展能力。

资料来源：国家发展和改革委员会."十四五"规划《纲要》解读文章之36：强化国家经济安全保障［EB/OL］.（2021-12-25）［2022-09-01］. https://www.ndrc.gov.cn/fggz/fzzlgh/gjfzgh/202112/t20211225_1309724.html?code=&state=123. 有删减.

二、美国对国家经济安全问题的关注

不同时期，美国对"经济安全"的目标和重要性的认识并不相同，各届政府通常会根据经济环境的变化来调整经济安全目标的顺序或做增减，实施的保障措施也有差别[一]。

美国在早期并未明确提出经济安全的概念，更加注重以明确的案例来具体界定经济安全，比如美国的外资审查机制。20世纪70年代，由于美元贬值，大量国外资本流入美国，美国国会通过了《1974年外国投资研究法案》，要求财政部长与商务部长对外国投资进行审查。1975年根据法案的要求，福特政府成立了美国外国投资委员会，负责审查外国投资。早期，该委员会并没有很大的执行权限，但是，1988年国会通过立法赋予了总统与美国外国投资委员会基于国家安全原因阻止外资收购的权力[二]。

自1986年美国国会通过《戈德华特-尼科尔斯国防部改组法》开始，每年美国总统会向国会提交国家安全战略报告。虽然此类报告主要侧重于系统地回顾和讨论美国国家安全战略，尤其是政治安全、军事安全战略，但也经常用一定篇幅讨论经济发展战略。

1987年美国第一份国家安全战略报告诞生。在这份报告中，"遏制苏联的政策"和"促进恢复世界经济秩序"是两大主要内容。具体经济政策包括：针对西欧、日本的复兴计划，针对第三世界国家的援助计划，应对世界经济的挑战等等；报告中甚至提到了诸如保证美国能源和矿产资源供应的问题。然而，与外交政策、防务政策相比，这些计划在报告中没有被细致地展开。

之后，在克林顿政府1994年提交的美国国家安全战略报告中，促进国内繁荣、加强国家安全和促进民主成为其国家安全战略的三大基本目标。事实上，这份报告把美国繁荣视为国家安全战略的中心目标，经济实力是美国维持其军事力量和推广其价值观的基础。这份报告的重要意义在于，它从经济利益是保证国家安全的前提出发，把经济繁荣视为国家安全战略的目标。自此，美国的国家经济安全观基本形成[三]。

2006年小布什政府提交了新的美国国家安全战略报告，美国一如既往地表现出对自由市场和自由贸易的信心和期望，经济繁荣也继续在整个国家安全战略目标体系中占据重要地位。

[一] 中国现代国际关系研究院经济安全研究中心.国家经济安全［M］.北京：时事出版社，2005：368.

[二] 顾海兵，詹莎莎，孙挺.国家经济安全的战略性审视［J］.南京社会科学，2014（5）：20-26.

[三] 梅孜.美国国家战略报告汇编［M］.北京：时事出版社，1996.

例如，为了保证能源稳定供应，需要通过能源进口国和能源类别的多样化来降低风险，美国把不断开放的市场和稳定的国际金融体系看作实现国内乃至全球经济繁荣的必备条件①。

奥巴马政府自2009年上台后，金融危机发展迅猛。在应对金融危机时，除了加大小布什政府的经济刺激力度之外，奥巴马政府主要实施了金融改革，通过改变华尔街的游戏规则以解决金融、经济安全问题。在奥巴马政府的艰苦努力下，美国国会通过了"大萧条"以来最全面、最严厉、最彻底的金融改革法案——《多德-弗兰克法案》，该法案的全称是《多德-弗兰克华尔街改革和消费者保护法》。此外，奥巴马政府试图通过出口倍增计划、加强"双反"（反倾销、反补贴）调查阻遏进口激增、购买国货计划三大单边举措，刺激国内制造业的复兴，以增加美国就业岗位。在奥巴马政府时期，一度不受人关注的机构——外国投资审查委员会（CFIUS）格外活跃②。2007年美国外国投资审查委员会的调查数量仅为6件，2012年该机构的调查数量已上升至45件。

2017年12月18日，美国总统特朗普在任期将满一年之际，公布了任内首份国家安全战略报告。报告重申了"美国优先"和"美国再次伟大"的原则，以更具竞争性的视角总结了美国当前所面临的威胁，强调了经济安全对国家安全的重要性，提出"经济安全就是国家安全"③。该报告提出振兴美国国内经济的主要措施有：复苏国内制造业，为中产阶级创造更多就业岗位，鼓励革新，保持科技优势，保护国内环境，实现能源优势，建立一个公平互惠的国际经济贸易体系④。

2021年3月3日，拜登政府发布了关于美国国家安全战略的指导性文件——《临时国家安全战略方针》。在《临时国家安全战略方针》中，拜登政府直接沿用特朗普政府时期"经济安全就是国家安全"这一概念。关于贸易和国际经济政策，《临时国家安全战略方针》提出了一些新原则，例如，贸易和国际经济政策必须为所有美国人服务，而不仅仅是少数特权阶层，并且必须增加中产阶级的数量、创造新的更好的就业机会、提高工资以及加强社区的凝聚力。拜登政府甚至将其外交称作"中产阶级的外交"，因为中产阶级是"这个国家的中坚力量和长期优势"⑤。

三、日本对国家经济安全问题的关注

第二次世界大战后，以吉田茂为首的日本保守派政治家将实现国家经济自立确定为最优先课题，主张放弃军事力量而专心发展经济，提出以"重经济、轻军备"为核心的"吉田路线"⑥。也就是说，日本较早地在国家战略中做到了经济与安全的融合⑦。在战后很长一段时期内，日本实施防守型安全保障政策，其思路是以日美同盟为依托，依靠美国的核保护和援助，

---

① 顾海兵,曹帆,张越,等.国家经济安全国际观察分析：美国、日本、俄罗斯[J].首都经济贸易大学学报, 2009,11（3）：5-15.
② 储昭根.冷战后美国的经济安全与外交[J].国际观察,2015（4）：142-157.
③ 王秋怡.特朗普政府《美国国家安全战略》报告评析[J].国际论坛,2018,20（3）：28-34；77.
④ 杨卫东.2017年美国国家安全战略报告评析[J].人民论坛·学术前沿,2018（11）：80-87.
⑤ 刘国柱.拜登政府国家安全战略的基本方针与发展方向[J].当代世界,2021（5）：50-57.
⑥ 杨伯江.战后70年日本国家战略的发展演变[J].日本学刊,2015（5）：12-27.
⑦ 崔健.冷战后日本国家战略转变中经济与安全关系分析[J].日本学刊,2016（4）：44-61.

通过"贸易立国"获取海外技术、资源和市场，而美国是其中的主要供给方。这一政策和实践融入了经济安全的内涵[1]。

1982年4月，日本通商产业省下属机构"经济安全保障问题特别小组"正式发表首份《国家经济安全战略》报告。该报告指出，经济安全战略是遏制和排除外部经济或非经济威胁的方略，要以经济手段为中心维护国家安全。该报告认为，全面理解国家经济安全战略，必须树立三个基本观点：一是综合观，经济安全保障不能仅从经济方面考虑，还必须从政治、外交、文化等方面进行综合考虑；二是全球观，鉴于日本经济与国际社会密不可分，日本经济安全保障必须在世界政治、经济框架内考虑；三是全民观，保障经济安全不能单靠国家和政府，必须动员地方、企业和全体国民共同参与，建立相应的反危机体制[2]。

20世纪90年代初，已跻身于世界经济强国的日本，将经济安全保障作为其制定对外政策和国家战略的重要考量因素。1994年日本政府提出"科技创造立国"战略，1995年日本《科技白皮书》对此进行了专门阐述，强调科技创新是维持经济强国地位、保障国家利益及在国际竞争中取胜的关键，并指出"从现在开始日本应该主动改革，如果不这样做，就会阻碍日本未来的稳定发展"。可见，日本希望通过改革原有制度，构建有利于发挥创造性的新机制，以确保其竞争优势、国家利益及安全稳定。

21世纪伊始，美国遭受"9·11恐怖袭击"，非传统安全问题越来越成为各国和地区面对的重大威胁。我国加入世界贸易组织（WTO），日渐融入国际经贸体系，2010年经济总量超过日本而成为世界第二经济大国。虽然日本在世界经济中的地位相对下降，但是其争当"正常国家"的意愿却更加强烈[3]。2013年，日本出台《国家安全保障战略》，但没有明确指出从经济层面实现日本的国家利益[4]。

2018年开始，日本的防卫省、国家安全保障局、经济产业省等机构以及自民党等组织纷纷制定相关政策、采取相应措施或提出政策建议，日本经济安全战略思想逐渐清晰，经济安全战略和法律呼之欲出。

2019年年初，自民党规则形成战略议员联盟成立，成为推动经济安全理念、战略和战术形成的重要政治力量，由原经济财政大臣甘利明担任会长。2019年6月，日本经济产业省设立经济安全保障室，主要负责对经济安全保障课题进行讨论并制定相应政策；2019年7月，日本内阁通过的《综合创新战略2020》中写入了经济安全保障的概念；2019年10月，外务省调整综合外交政策局的设置，把安全保障政策课下辖的宇宙网络政策室改组为新安全保障课题政策室，统筹负责日本外交政策中的经济、技术和网络安全等安全保障课题。

2020年4月1日，日本政府又在负责综合协调外交和安保政策的国家安全保障局中增设"经济班"，仿效美国国家经济委员会统筹经济安全，负责情报搜集、政策咨询、立案等，是与美国国家安全委员会协调的窗口。"经济班"侧重从国家安全方面审查海外投资，负责着手解决包括网络攻击和外资规制在内的防止日本技术外流问题、5G等涉及通信安全的问题，以及作为新冠肺炎疫情对策的医疗领域供给链问题等，被认为是主导日本制定经济安全战略的

---

[1] 徐梅.新形势下日本强化经济安全保障及其影响［J］.日本学刊，2022（1）：52-70.
[2] 陈凤英.日本实施国家经济安全战略的政策措施［J］.经济研究参考，1998（40）：37-41.
[3] 徐梅.新形势下日本强化经济安全保障及其影响［J］.日本学刊，2022（1）：52-70；160.
[4] 崔健.经济安全视角下日本外资管理政策变化分析［J］.日本学刊，2022（1）：71-89；160-161.

部门。2021年10月，在刚刚成立的岸田文雄内阁中，特意设立了国家经济安全大臣一职。可见，日本政府对经济安全日益重视。

2022年2月25日，日本内阁通过《经济安全保障综合推进法案》并提交国会审议。法案将赋予日本政府对事关经济安全的经济行为进行材料收集、事前审查、劝告和责罚的权力，极大增强政府对企业的控制能力，为日本对外实行经济保护和制裁提供法律依据。岸田文雄政府上台伊始就把经济安保定位为重要的国家战略，希望将经济安保作为抓手，实现经济安全，以及对美对华的多方面战略目标 ⊖。

【相关案例1-3】

日本将实施《经济安全保障综合推进法案》

2022年5月11日，由岸田文雄政府提出的《经济安全保障综合推进法案》当天在日本国会参议院获得通过，法律具体内容将于近期公布，并将从2023年起分阶段实施。

《经济安全保障综合推进法案》主要由四部分构成，即强化特定重要物资供应链、对重要基础设施设备实施事前审查、尖端技术研发加深官民合作、对涉及威胁国家安全的专利非公开化。其中，所谓"特定重要物资"主要是指稀土等重要矿产以及半导体、蓄电池、医药品等，日本政府今后将根据该法案对相关产业进行财政支援。此外，为确保国内重要基础设施的安全，日本政府将规定电气、金融、铁路等14个行业的相关经营者有义务提前向国家报告进口设施的详细信息等。

对于《经济安全保障综合推进法案》的正式通过，日本国内舆论予以广泛关注。日本时事通讯社评论称，鉴于中美战略博弈加剧、俄乌冲突导致地缘政治风险提升，日本政府正在强化半导体等重要战略物资的供应链。此外，还有观点认为，近年来一国基于他国对自身能源、矿产等依赖，从而进行政治打压的情况在国际社会频繁出现，日本《经济安全保障综合推进法案》旨在强化自身的独立性，降低对外依赖。日本共同社则在其文章背景中直接点出中俄因素，称"考虑到在高科技领域不断崛起的中国"以及对乌克兰发起军事行动的俄罗斯，日本政府推出该法案。

日本通过《经济安全保障综合推进法案》，以经济安全保障为借口推出一系列举措，显然会对中日经济和技术交流产生负面影响。对中国而言，这种影响主要体现在高科技领域，比如日本在涉及芯片领域的零部件出口就有可能受阻。但这种影响不是单方面的，如果今后日本政府以这个法律为依据，限制日本相关企业将部分高技术产品卖给中国，日本相关企业也会受损，这显然是"双输"的局面。

资料来源：马芳，李雪.日本新经济安保法通过，专家如限制部分高技术产品卖给中国，将是"双输"[EB/OL].（2022-05-12）[2022-09-01].https://world.huanqiu.com/article/47yEDKcXUJC.经整理.

四、俄罗斯对国家经济安全问题的关注

1994年，在开始全面调整对西方"一边倒"政策的同时，俄罗斯也逐步形成了恢复大国地位、确保势力范围、谋求利益均衡及促进世界多极化趋势的总的外交战略构想。

1996年4月29日，俄罗斯总统叶利钦签署颁布了《俄罗斯联邦国家经济安全战略（基本

⊖ 颜泽洋.日本经济安全保障战略新动向[J].现代国际关系，2022（4）：26-32；61.

原则)》。随着俄罗斯对国家安全认识的不断深化,经济安全在国家安全体系中的地位和作用越显重要。俄罗斯政府于1996年6月公布了《俄罗斯联邦总统国家安全咨文》,同年12月正式批准了《俄罗斯联邦经济安全指标清单》,这是俄罗斯官方第一份关于国家经济安全量化指标的文件。

《俄罗斯联邦总统国家安全咨文》认为,国家经济安全面临的内部威胁包括:经济改革不彻底;市场经济体制薄弱;用出口燃料和原料换取进口高技术机器、设备和生活用品;各地区社会经济发展差距拉大。来自外部的主要威胁包括两方面。一方面,由于俄罗斯正经历着经济危机,国家保护经济利益的体制不太有效,投资气候不利,等等。另一方面,一系列外部因素也加大了这种危险。这些外部因素包括:外债巨大,俄罗斯在一系列国外市场上受到限制;外国伙伴鼓动知识产权和高级专家外流;外汇和重要战略物资外流;商品流通结构扭曲,机器制造业基础遭到破坏;支持进出口和使进口结构合理化的现代金融、组织和信息基础设施不够发达①。

1997年12月17日,叶利钦总统正式批准了《俄罗斯联邦国家安全构想》,标志着其国家安全战略正式形成。《俄罗斯联邦国家安全构想》不仅关注传统安全意义上的军事安全和国防安全,也把经济安全、生态安全、社会安全等非传统安全问题纳入国家安全战略中。《俄罗斯联邦国家安全构想》反映出俄罗斯的一种新的安全观,标志着俄罗斯对经济安全的认识取得了重大突破。

2000年1月10日,普京总统签署颁布新的《俄罗斯联邦国家安全构想》,对1997年的《俄罗斯联邦国家安全构想》做了相应的修改和补充。新的《俄罗斯联邦国家安全构想》指出,俄罗斯面临的经济安全威胁主要有国内生产总值急剧下降、银行体系失衡、国家内债和外债增加、社会贫富分化扩大等②。

2009年5月12日,俄罗斯总统梅德韦杰夫批准了《2020年前俄罗斯国家安全战略》。《2020年前俄罗斯国家安全战略》把经济安全纳入国家安全并成为国家安全的重要组成部分,明确提出俄罗斯联邦国家安全状况直接取决于国家经济建设和国家安全体系的有效运作。《2020年前俄罗斯联邦国家安全战略》进一步突出了经济安全的重要性,衡量国家安全基本状况的七个主要指标中,有五个是经济安全指标,有关经济安全的规定主要分布于三个部分:①公民生活质量的提高;②经济增长;③科学、技术及教育,其他部分零散地涉及经济安全的部分内容③。

2015年12月31日,俄罗斯总统普京签署法令,批准了新版《俄罗斯联邦国家安全战略》的更新(以下简称"2015版战略")。"2015版战略"将巩固国防列为首要国家利益,提出在维护国家安全的基础上,创造和平与经济社会发展的活力。"2015版战略"重视国家经济体系面临的威胁,包括经济竞争力低、依靠能源和原材料出口、高度依赖外部经济、新技术研发和应用落后、国家预算失衡、国家金融体系脆弱、信贷环境恶化等威胁④。

---

① 郑羽. 俄罗斯国家经济安全战略与1998年金融危机 [J]. 东欧中亚研究, 1999 (6): 47-54.
② 马蔚云. 俄罗斯国家经济安全及其评估 [J]. 俄罗斯中亚东欧研究, 2012 (5): 56-62; 96.
③ 覃甫政. 俄罗斯保障国家经济安全立法研究 [J]. 经济法研究, 2016, 16 (1): 143-179.
④ 马建光, 孙迁杰. 俄罗斯国家安全战略的变化及影响:基于新旧两版《俄联邦国家安全战略》的对比 [J]. 现代国际关系, 2016 (3): 15-22; 63.

2021年7月2日，俄罗斯总统普京签署第400号总统令，批准了新版《俄罗斯联邦国家安全战略》（以下简称"2021版战略"）。"2021版战略"按照个人安全、国防安全、国家安全与公共安全、信息安全、经济安全、科技安全、生态安全、精神文化安全的顺序重申了国家安全战略的优先方向㊀。"2021版战略"要求通过提升进口替代水平、构建自主支付系统、加快去美元化等措施保护经济安全㊁。

【相关案例1-4】

2021版《俄罗斯联邦国家安全战略》关于经济安全的论述

2021年7月2日，俄罗斯总统普京签署命令，批准新版《俄罗斯联邦国家安全战略》（以下简称"2021版战略"）实施，以取代2015年12月31日颁布的国家安全战略（以下简称"2015版战略"）。对比"2015版战略"可以发现，"2021版战略"是延续性和变革性的结合体，既体现了俄罗斯对变动的战略环境的认知，也蕴含了俄罗斯一以贯之的战略诉求和对外政策精神，还反映了俄罗斯在维护国家安全途径和手段上的坚持与策略性调整。

在经济安全方面，"2021版战略"指出，发挥经济安全、科技发展与环境安全的互为依托作用，实现有竞争力的可持续发展。相对于"2015版战略"，"2021版战略"对经济领域战略优先方向的表述从"经济增长"转变为"经济安全"，其内涵从强调"提高国民经济的竞争力"到强调"经济在科技支撑下的可持续发展"。

当前世界经济正经历严重衰退期。市场波动性大，国际金融体系不稳定性增强，实体经济和虚拟经济之间的差距拉大。世界各国和各地区经济高度依赖，新的国际生产和供应链形成进展缓慢，投资流量降低。积压的社会经济问题、各国发展不平衡和前期所使用的经济刺激手段没有发挥效力，妨碍了世界经济的稳定发展。在世界经济结构持续调整的背景下，由于世界经济发展的技术基础发生了质变，人的潜能和生态环境变得越来越重要。传统商品、资本、技术和劳动力市场的转型以及新经济领域的出现，与世界各国和地区角色及潜力的重新分配和新经济影响中心的形成相交织。面对错综复杂、前景堪忧的经济形势，"2021版战略"指出，俄罗斯需要做好以下经济政策：①确保以现代技术为基础的国民经济体制和结构调整；②加强在航空、造船发动机、核电及信息通信技术领域领先地位和竞争优势；③克服育种、选种和水产养殖领域对进口的严重依赖；④通过数字化、人工智能技术提高劳动生产率；⑤通过加强金融体系建设及主权维护，发展支付基础设施，扩大与外国伙伴以本币结算的范围；⑥对俄罗斯经济实施"去美元化"，减少美元的使用；⑦建立矿产资源战略储备等。

资料来源：赵景芳，綦大鹏，谢明扬.俄罗斯国家安全战略向何处去：解读新版《俄联邦国家安全战略》[EB/OL]（2021-08-25）[2022-09-01].https://mp.weixin.qq.com/s/yp_rJQOvyybQcW6UFABI1w.

于淑杰.俄罗斯新版国家安全战略评析[J].俄罗斯东欧中亚研究，2022（1）：32-47；155.

五、印度对国家经济安全问题的关注

与世界上大多数国家一样，印度并没有单独制定和宣布自己的国家经济安全战略，而是将之涵盖在国家安全战略之中，为印度的国家战略服务。要考察印度的经济安全战略，就必

㊀ 于淑杰.俄罗斯新版国家安全战略评析[J].俄罗斯东欧中亚研究，2022（1）：32-47；155.
㊁ 李燕.2021年版《俄罗斯国家安全战略》及中俄安全合作[J].俄罗斯学刊，2022，12（2）：115-136.

须首先了解印度的国家战略,即从国家的根本利益出发,努力创造有利的内外环境,逐步增强综合国力,争取在21世纪成为令人瞩目的政治大国和经济强国[1]。

印度在第一个五年计划(1951年—1956年)时就明确提出,印度发展经济的长期战略目标是"最大限度地发展生产、充分就业、实现经济平等和社会公正",并且强调所有这些方面必须全面实现,不能偏废。从其内容可以看出,这实际上是一种追求平衡的经济安全观,即把经济安全首先看作是一个国内经济问题。印度第二个五年计划重点发展重工业;第五个五年计划提出重点发展矿产、化学等产业的进口替代战略,着力点落在劳动密集型产品技术上;第六个五年计划将物流产业作为重心;第十个五年计划中提到了国家应放宽引资要求。

印度经济安全战略的制定和执行分散于政府各个部门,并体现在各个部门的发展战略中,综合来看,印度的经济安全战略形式是分散嵌入型的发展战略。分部门的发展战略,例如,印度的重工业年度报告、国家年度计划、国家信息计划、国家自动化任务计划(2006年—2016年)等都涉及国家经济安全。而分部门战略的制定、执行和评估又需要设立专门机构保障运行,如2006年公布施行的印度国家制造业战略,由来自工业、科研和政府政策部门人员组成印度国家制造业竞争力委员会(NMCC)来制定,其任务不仅包括制定中长期印度制造业的发展战略,还要综合制造业下各分部门和商业、金融、劳动相关部等,保证各邦政府实施。最重要的是由NMCC建立关键监测指标,由政府、工业部门和制造业其他所有者执行,中央和各邦政府从各自领域进行评估,在专门机构的统领下,建立起一套监测和评估机制[2]。

第三节 世界各国关注国家经济安全的动因

一、国际经济秩序发生很大变化[3]

随着全球化和技术革新的发展,发达国家和发展中国家之间的差距不断缩小,与此同时,一些发达国家内部出现了中产阶层减少、国内收入差距扩大的状况。另外,第二次世界大战后,一些新兴国家推行国家主导的经济政策,并实现了经济增长。这种国内差距的扩大以及对不同政治经济体制崛起的不满和不安,使一些发达国家的"本国优先主义"倾向日益明显。

在这样的时代背景下,大国之间的对立已经超越了单纯的贸易摩擦和经济实力竞争。各国比以往更加重视将国家安全和经济安全视为一体,纷纷以本国产业为中心制定相关政策,例如,美国实施"再工业化"战略、日本促进制造业回归本土、德国实施"国家工业战略2030计划"等。另外,由人工智能(AI)和大数据、量子计算机、区块链、基因编辑等新技术驱动的"破坏的创新"正在极大地改变当今的社会;就像以往的产业革命那样,"破坏的创新"会使世界的权力均衡急速发生变化。尤其是在新冠肺炎疫情导致全球供应链混乱、经济相互依存脆弱性突显的背景下,国际经济秩序的变化可能会进一步导致大国间竞争加剧,并大幅度修正全球供应链。

---

[1] 梁建武.印度的国家经济安全战略[J].经济研究参考,1998(40):41-46.

[2] 顾海兵,李彬.印度经济安全战略及对中国的借鉴[J].经济理论与经济管理,2010(6):12-16.

[3] 崔健.经济安全视角下日本外资管理政策变化分析[J].日本学刊,2022(1):71-89;160-161.

二、各类风险更容易传导到经济领域[1]

从实践来看，相较于国家安全其他领域，各类风险更容易传导到经济安全领域，经济安全受到其他领域风险的冲击和影响也更大一些。新冠肺炎疫情全球大流行对世界各国经济正常运行造成的严重冲击和给国民财富带来的巨大损失，再次证明了这一点。而美国近年来掀起对华科技"脱钩"潮，限制中外科技交流合作，打压中国高技术人才甚至限制理工科专业的留学生，企图从根本上削弱中国创新能力，威胁中国科技安全，这也必然传导到中国经济安全上来。此外，日本直排核污水入海引起生态安全、地缘政治冲突引起资源供应安全等风险，都将给周边国家的经济安全造成直接的不利影响。

三、国家经济不安全甚至危机事例时有发生[2]

长期以来，世界范围内国家经济不安全甚至危机事件在不同国家、不同地区时有发生。20世纪70年代，伴随1973年的"阿以战争"和1979年的"伊朗革命"，发生了两次全球性的能源危机，这使得工业化国家不得不面对"产业结构难题"，例如，日本被迫关心自己的"生存空间和经济安全"。在拉丁美洲，1982年开始的"债务危机"，其后果是长期而痛苦的经济衰退。20世纪90年代以后，日本想尽办法也无法摆脱经济泡沫的影响，陷入了长时间的衰退。1995年，随着金融危机的发生，墨西哥进入了最痛苦的一年，实际GDP下降了7%，工业生产总值下降了15%，仅次于美国在20世纪30年代的经济衰退。"墨西哥金融危机"余波未平，1997年亚洲又发生了金融危机，使得不少人对经济危机"谈虎色变"。

21世纪初，阿根廷陷入严重的债务危机之中，危机爆发后短短半个月内，先后有四位总统登台亮相，而民众对政府的敌视则直接导致了流血事件，哄抢商店等骚乱事件频频发生，这个素有"世界粮仓和肉库"之称的国家在2002年甚至有一些儿童因营养不良而夭折。所有这些教训，皆使人们认识到必须关心本国的经济安全问题。

四、经济不安全可能引发政局动荡

考虑到国家经济安全的基础性和综合性，经济不安全产生的严重后果不仅作用于经济领域，还将深刻影响国家政治，甚至引发政局动荡。以俄罗斯为例，1998年的金融危机导致俄罗斯彼时相对平稳的政局动荡。在5个月内两次更迭政府，使联邦政府的威信在国内外投资者面前大受影响，也使各联邦主体与中央政府的矛盾有所激化。俄罗斯国家杜马中的反对派党团与总统之间的矛盾进一步加深，俄罗斯共产党等党派联合全俄工会在街头举行抗议活动，力图迫使总统下台；不仅国家杜马主席要求总统自动辞职，国家杜马还组成了准备弹劾总统的调查委员会。由于政府更迭和总统权力受到约束，联邦政府对整个社会的控制力大为削弱，社会矛盾急剧激化[3]。

---

[1] 陶坚.坚持总体国家安全观，在百年变局中维护好经济安全［J］.现代国际关系，2021（7）：7-8.

[2] 雷家骕.国家经济安全：理论与分析方法［M］.北京：清华大学出版社，2011：7-10.

[3] 郑羽.俄罗斯国家经济安全战略与1998年金融危机［J］.东欧中亚研究，1999（6）：47-54.

第四节 本书的结构安排

本书一共14章。其中，第1章为导论，主要介绍了国家经济安全的界定与特征，分析了世界主要国家对经济安全的关注及世界各国关注经济安全的动因。本书余下13章可归纳为两部分，即国家经济安全理论与分析框架、国家经济安全专题。

一、国家经济安全理论与分析框架

第2章将介绍国家经济安全的影响因素与挑战。将主要介绍国际环境、经济全球化、国内战略资源等因素如何影响国家经济安全，以及国家经济安全主要面临的挑战：资源约束、国际关系恶化以及经济全球化风险。

第3章将介绍国家经济安全的相关理论。将主要介绍马克思主义、贸易保护主义、自由贸易主义、依附理论以及全球化理论等关于国家经济安全观的论述。此外，将重点介绍经济危机的相关理论。

第4章将介绍国家经济安全监测预警。将主要介绍监测预警的基本概念、国家经济安全状态的分类、国家经济安全的监测及预警。

第5章将介绍维护国家经济安全的保障措施。将主要介绍国家经济安全的保障制度及其分类，维护国家经济安全的机构组织体系、法律体系及相关政策。

二、国家经济安全专题

第6～14章包括9个专题，分别是国家产业安全、国家就业安全、国家金融安全、国家资源安全、国家科技安全、国家人才安全、国家对外贸易安全、国家对外投资安全以及国家利用外资安全。每个专题将重点介绍各领域国家经济安全的定义、相关理论、测度指标、监测预警、保障措施、国际实践等。

本章小结

（1）国家经济安全的基本含义。国外学者对国家经济安全含义的界定包括：经济安全是军事政治安全的附属品，经济安全是经济本身的安全，经济安全是经济全球化带来的非军事的国家安全问题。国内学者对国家经济安全含义的界定包括：国家经济安全是一种抵御外来风险的能力，国家经济安全是一种化解国内外风险的能力，国家经济安全是"经济利益不受伤害""不受威胁"的状态。

（2）国家经济安全的特征。国家经济安全具体包括以下特征：国家性、综合性、战略性、动态性、基础性和复杂性。

（3）各国对国家经济安全问题的关注。世界各国均高度重视国家经济安全问题，具体来看：1997年，中国共产党第十五次全国代表大会报告明确提出要"维护国家经济安全"；1994年，在美国克林顿政府提交的国家安全战略报告中，促进国内繁荣、加强国家安全和促进民主成为其国家安全战略的三大基本目标；1982年4月，日本通商产业省下属机构"经济安全保障问题特别小组"正式发表首份《国家经济安全战略》报告；1996年12月，俄罗斯政府正式批准了《俄罗斯联邦经济安全指标清单》，这是俄罗斯官方第一份关于国家经济安全量化指标的文件;印度经济安全战略的制定和执行分散于政府各个部门,并体现在各个部门的发展战略中。

(4)各国关注国家经济安全问题的动因。首先,国际经济秩序正在发生很大变化,且可能进一步导致大国间竞争加剧,并大幅修正全球供应链;其次,相较于国家安全其他领域,各类风险更容易传导到经济安全领域;再次,各国国家经济不安全甚至危机事例时有发生;最后,经济不安全可能引发政局动荡。

本章荐读书目

[1] 陈宇.从俄新版《国家安全战略》看其战略走向[J].现代国际关系,2021(10).
[2] 崔健.经济安全视角下日本外资管理政策变化分析[J].日本学刊,2022(1).
[3] 归泳涛.经济方略、经济安全政策与美日对华战略新动向[J].日本学刊,2021(1).
[4] 雷家骕,陈亮辉.基于国民利益的国家经济安全及其评价[J].中国软科学,2012(12).
[5] 朱巧玲,杨剑刚,侯晓东.中国共产党经济安全思想的历史演进与启示[J].财经科学,2022(2).

本章复习思考题

1. 国家经济安全的基本含义是什么?
2. 国家经济安全具有哪些特征?
3. 世界各国为何高度关注国家经济安全问题?
4. 如何理解经济安全是国家安全的基础?
5. 如何理解国家经济安全的动态性?

第二章
国家经济安全的影响因素与挑战

【本章关键词】
(1) 国际环境　(2) 经济全球化　(3) 国内战略资源　(4) 国际经济秩序
(5) 国内经济　(6) 国家地理位置　(7) 国家文化属性　(8) 资源约束
(9) 国际关系

【导入案例】

1997年金融危机：韩国濒临"国家破产"

1997年，注定是每一个韩国人不能忘却的年份。这一年，韩国支柱企业一个接一个地倒下，韩元不断崩盘，人们眼睁睁看着家产不断贬值，恐慌充斥着每一个人的心头。韩国在朝鲜战争后的一片废墟中，从一穷二白的落后国家实现了向发达国家的跨越，成为20世纪七八十年代的"亚洲四小龙"之一。有经济学家评论，在第二次世界大战结束后，由发展中国家跨越到发达国家的中等人口国家寥寥无几，而韩国无疑是最成功的国家之一。可是谁能想到，韩国从20世纪60年代开始依靠制造业和出口起家，80年代创造了"汉江奇迹"，但在1997年差点因亚洲金融危机而破产。

1997年开年，韩国大企业韩宝钢铁"轰然倒塌"，对外宣布破产，紧接着政府支持的几家大型企业开始倒闭——韩国产品在国际上的竞争力大幅减弱。年中，亚洲金融危机席卷泰国，金融业的动荡导致国际市场经济风向偏向保守，韩国出口型经济受到巨大影响，工厂大面积停业，大批人员失业。通货膨胀之下，物价飞涨，民众更加走投无路。

20世纪90年代，韩国进行了金融市场化改革，政府对经济和金融的调控力开始减弱，加之现代金融管理体制还没有完全建立，这导致韩国大企业为了抢占市场疯狂举债。由于韩国体制的特殊性，很大部分银行贷款实际上是以政府名义从别国借来的外债。这就导致那些中小企业一旦经营不善、宣告破产，结果很大程度要由政府来承担。1997年10月月初，韩国的外汇储备总额约300亿美元，却背着高达1100多亿美元的外债。

随着亚洲金融危机已经在部分国家爆发，韩国的对外出口出现下滑。随着外资被不断抽出，韩国可用外汇储备不断下降，甚至到无外汇可用的地步。特别是标准普尔把韩国国家信用等级从AA级下调到A+级后，韩国的金融状况让已经在东南亚屡屡得手的索罗斯等人看到机会。索罗斯先是把提前融来的大量股票全部抛空，等到股价跌无可跌后再大量买回，从中赚取巨额差价。一番操作之后，他带着巨额差价一走了之，只给韩国留下了"一地鸡毛"。极短时间内，韩国股市暴跌70%，韩元贬值约2/3。

韩国民众也曾想自救，但不知从何入手，不知是谁先发出了号召，民众突然开始流传："把金子交给政府，我们自己拯救自己。"于是，全国掀起了捐金热潮。每家每户不计较得失，无论是祖传的金首饰，还是压箱底的金子，统统无私捐献给政府。据说当时有超过350万名韩国民众自愿拿出了自己的黄金首饰和金条等，向政府捐出227t黄金，要与国家共克时艰。

但是韩国民众的金子并没有兑换太多的美元，根本撑不过这一场危机。

随着危机加剧，韩国政府不得不向国际货币基金组织（IMF）求援。本以为 IMF 会出手援助，却不想以美国为首的欧美国家把控的 IMF 提出了很多苛刻要求，包括入股韩国多家大企业、根据 IMF 的设计进行改革等，意在掌控韩国经济命脉。韩国与 IMF 的这次谈判异常艰难，有人甚至形容其是"枪顶着脑门的谈判"。无奈之下，韩国政府在 1997 年 12 月与 IMF 签署协议，获得 550 亿美元贷款，并且被迫进行"经济改革"，包括重组大企业、鼓励银行合并、对外放开金融和市场、强化金融和企业监管等。

虽然韩国从上到下都在努力，但金融危机带给韩国的伤害堪称"刻骨铭心"。30 家大财阀企业中 16 家遭到清理，33 家大型银行中 15 家宣告倒闭，2000 多家金融机构中约 1/3 破产关门。130 万国民失业，政府债务高达 1175 亿美元。韩国绝对贫困人口从 1996 年的 4.3% 上升到 1998 年的 14.9%。

不仅如此，韩国经济命脉也逐渐被外国所掌握。韩国与 IMF 签署的开放市场协议，允许外资以任何形式和理由并购韩国企业。这意味着，韩国政府失去了对本国企业的管控权。一时间，大量外来资本如潮水般涌入韩国，控制了韩国大量核心企业的经济命脉。据悉，韩国八大银行的外资股份均占到了 2/3 以上。在韩国最引以为豪的三星集团，大部分股份也掌握在华尔街巨头手中。

资料来源：张静，陈建.1997 年，韩国濒临"国家破产"，与 IMF 谈判如同"枪顶着脑门"［EB/OL］.（2022-07-20）［2022-09-01］.https：//3w.huanqiu.com/a/de583b/48tT6cyWvcc.节选.

第一节　国家经济安全的影响因素

随着经济全球化的发展，一个国家的经济发展在一定程度上已经同世界经济发展紧密联系在一起。因此，国家经济安全不仅会受到国内各种因素的影响，还会受到国际上各种风险的冲击。具体来看，一方面，国家经济安全会受到整个国际环境的影响，并且经济全球化发展本身也会给不同国家的经济安全带来不同的影响；另一方面，一个国家内部战略资源的储备情况、国家内部经济情况以及地理等其他因素也会对国家经济安全造成影响。

一、国际环境与国家经济安全

（一）国际安全环境 ⊖

国际安全环境主要是指世界或地区范围内，总体趋势是和平还是冲突。对于某一具体国家来说，即该国的国家安全在军事上受到威胁的程度。

和平的国际环境是经济稳定发展的基本保障。一方面，在战争或充满冲突的国际环境中，各国必定将维护本国的军事安全置于国家利益的首位，对别国的疑虑会迫使各国将大量的经济财富转化为国防支出，并由此可能引发军备竞赛，最终使军事弱国的经济结构出现严重不平衡，甚至导致国民经济的崩溃。另一方面，在战争爆发的国家或地区内，由于投资者对该国或地区的信心减弱，会出现大量资本外逃，同时，进出口贸易也可能会严重萎缩，导致国内或地区内经济受到严重的威胁。

⊖ 徐桂华.中国经济安全的国家战略选择［M］.上海：复旦大学出版社，2005：33.

国家强大的军事力量是经济稳定发展的重要保障。一般来说，一国军事上受到的威胁程度既同整个国际安全环境相联系，也同世界主要国家之间的军力对比有关。一国在国际上争夺政治话语权的背后，必定有其经济利益。政治实力为经济利益提供秩序和安全，但支撑政治实力的是强大的军事力量。对一国来说，经济上的成功或许比军事上的强大更有吸引力，但是，一个军事弱国却很难保障其经济发展。一国如果只将非常微薄的财富投于防务，它就可能失去创造财富的基础。一国军事安全的水平取决于其同其他国家军力的对比程度。一国的军事安全水平（在合理的基础上）越高，其经济就越有保障。在军事上占优势的国家，相应地就拥有经济上的支配性权力。

（二）国际政治环境[①]

国际政治环境是指在一定时期内世界或区域范围内主要战略力量间相对稳定的关系结构。它包括两个层面的内容：一是指以国家为单位的国与国之间的关系，又称国家间政治，包括外交、军事等内容；二是指以国家行为体及非国家行为体为单位，以整个国际社会为舞台的各个国家的政治及其对国际社会的影响，也称世界政治，包括国际组织、跨国公司、恐怖主义等，它的核心是国际格局。

国际政治环境的稳定对各国经济安全有着重要影响。一方面，国家之间政治关系的稳定有利于两国之间开展良好的经济合作关系，最直接的影响就是有助于两国友好的贸易往来，促进两国经济健康发展。而国家之间的政治冲突很容易影响国家之间经贸关系的发展，可能导致激烈的贸易摩擦，最终两国可能完全停止贸易，这势必对两国造成巨大的经济损失。另一方面，良好的国际政治环境通常伴随着国际组织的诞生和发展，国际组织的存在，特别是一些经济性质的国际组织，可以为成员方提供一个友好的经济发展环境，促进其经济安全稳定发展。

国际政治环境对某国国家经济安全的影响主要取决于他国对该国在国际社会中的政治需求，即该国在国际格局中的地位和在国际组织中的发言权。一般来说，他国对该国的政治需求越高，该国的经济安全程度也就越高。具体来讲，国际政治格局会对贸易格局产生直接影响，各国的对外贸易政策一般是鼓励本国与其盟国进行贸易往来的，抑制本国同潜在的竞争对手和敌人进行贸易。在国际政治格局中拥有较大话语权的国家，往往在制定各种规则时拥有主导权，会制定更符合自己国家经济利益的规则。对于国际地位较低的国家来说，这会构成比较大的威胁，更容易造成其国家经济不安全。

（三）国际经济环境

国际经济环境是指在世界或地区范围内的经济运行规则。从 2015 年以来，在"一体化"与"碎片化"的交织共生中，"反全球化"加剧，世界经济在逆流中艰难前行。在国际治理领域，部分发达国家的内部经济结构失衡、社会两极分化等诸多矛盾累积，加上新技术革命及气候危机等因素的影响，全球治理面临极大的不确定性。在上述背景下，世界各国尤其是一些发达国家试图将风险转移给其他国家。英国脱欧，法国、意大利等国民粹主义力量上升，本质上都是试图将风险转移给其他国家的表现。尤其是特朗普上台之后的美国，奉行"美国优先"战略和贸易保护主义，动辄以维护国家经济安全为借口，频繁使用经济制裁等手段危及其他国家经济安全，加深了各国对国家经济安全的担忧。中国作为美国最主要的遏制对象，国家经济安全受

[①] 徐桂华. 中国经济安全的国家战略选择［M］. 上海：复旦大学出版社，2005：34.

到的影响尤甚○。

另外，国际经济合作在当今整个国际经济环境中占有突出地位，国际经济合作的发展状况与各国利益密切关联，是影响国家经济安全的重要因素。国际经济合作具有最普遍、最活跃、最密切和持续发展的特点，它贯穿于各国国内经济与国际经济交融、相互依存的全过程，是经济全球化的集中体现。当前世界上没有一个国家能够游离于国际经济合作体系之外，而不受其变化的影响。致力于建立有利于自身发展的国际经济环境是各国对外经济交往和对外政治互动追求的主要目标。积极拓展经济外交，谋求全方位的国际合作，维护国家经济安全，已成为各国对外战略的一大重点○。

【相关案例2-1】
中国经验：以国际经济合作促进国家经济安全

新中国成立初期的30年，世界格局呈现出两极特征，美苏两大阵营尖锐对立。这一阶段中国在经济上自给自足，受制于严峻复杂的国际政治环境，对国际经济活动的参与很少，对外经济关系没有得到应有的发展，同世界经济的联系基本处于松散的半封闭状态。

1978年，党的十一届三中全会做出了改革开放的重大决策，中国开始积极谋求加入各种国际经济合作组织。1986年7月，中国正式向当时的关贸总协定（GATT）提交"复关"申请。2001年12月，在进行了旷日持久的外交谈判后，中国正式成为世界贸易组织（WTO）第143个成员。这是中国顺应经济全球化潮流的重大举措，具有里程碑意义。

在加入世界贸易组织谈判过程中，有些人忧心忡忡，怕加入世界贸易组织影响国家经济安全，许多产业会受到大的冲击。但加入世界贸易组织后的实践表明，加入世界贸易组织对中国利大于弊，原来的许多担心并未出现。加入世界贸易组织后，中国经济快速腾飞，外汇储备大量积累，促进了技术进步、产业升级和结构调整，人民生活大幅改善，同时为应对外部冲击做好了准备。

改革开放以来特别是加入世界贸易组织以后，中国加速融入世界分工体系，制造业不断升级，成为全球唯一具有完备工业生产体系的国家，货物贸易和生产规模长期居世界第一，与北美、欧洲并列为全球产业链三大枢纽。中国在实现国家安全、政治稳定、自身社会经济发展等重要目标的同时，也积极参与全球和区域经济治理，在多个领域开展了积极的经济外交，以推动国际经济合作，推动全球经济发展。这对于稳定外部经贸环境、维护国家经济安全，具有重要的现实和长远意义。

资料来源：周武英.中国为全球经济治理贡献智慧[N/OL].经济参考报，2019-09-23[2022-09-01]. http://dz.jjckb.cn/www/pages/webpage2009/html/2019-09-23/content_57470.htm.

史丹.我国工业稳定发展的长期态势不会变[N].人民日报，2022-05-19（9）.

二、经济全球化与国家经济安全

所谓经济全球化，是指经济活动跨越国界和区域、世界各国经济相互依赖程度不断加深的过程。经济全球化是时代潮流，在它推动世界经济发展、为世界各国的经济增长带来活力和机遇的同时，我们也应该意识到，经济全球化必然会对国家经济安全带来利弊共存的双重

○ 陈斌，程永林.中国国家经济安全研究的现状与展望[J].中国人民大学学报，2020（34）：50-59.
○ 中国现代国际关系研究院.地理与国家安全[M].北京：时事出版社，2021：51-54.

影响。我们只有正确认识经济全球化对国家经济安全的真实影响，才能在经济全球化进程中趋利避害，有效地防范和减轻经济全球化给各国带来的风险，在开放中维护国家经济安全，从而更好地保障国家开放型经济健康、稳定和快速发展[一]。

（一）经济全球化对国家经济安全的积极影响

首先，经济全球化的发展使世界可以保持一个较长的和平时期，有利于世界各国的经济发展，扩展了各国的生存空间和发展空间，在一定程度上为各国经济安全提供了稳定条件。其次，经济全球化给世界经济带来了活力，越来越多的国家转向市场经济，世界经济进入了大开放时代。所谓大开放，是指世界不同类型、不同发展程度的国家和地区都在实行开放政策，而且开放程度前所未有。世界大部分国家都在积极参与全球经济活动，充分利用国际分工所提供的历史机遇，发挥自己的比较优势，努力使本国经济与世界经济接轨并最终达到使本国经济更安全的目的[二]。

经济全球化的发展意味着将世界经济这块"蛋糕"做大，并且越来越多的国家参与到这块"蛋糕"的制作中来，为的就是能够从中分得一定的收益，因此从某种程度上说，一国经济的发展和安全都依赖于全球化的收益。但是，经济全球化的收益如何分配是由多种因素决定的。从国家经济安全的角度看，一国参与国际经济活动的能力、参与专业化生产的能力、生产技术创新的能力、参与制定国际经济规则的能力都决定了该国在经济全球化中的分配情况。仅从全球化收益这一方面考虑，国家的这四种能力越强，收益就越多，国家经济安全的程度也就越高；反之，能力越弱，收益就越少，国家经济安全的程度也就越低。在这里所指的安全寓于发展之中，不发展就不安全[三]，越发展越安全。

（二）经济全球化对国家经济安全的负面影响

1. 对发展中国家的冲击

经济全球化使国际市场竞争加剧，从而造成两极分化，对发展中国家的经济安全产生威胁。相较于国内市场，国际市场上的竞争更为激烈，发达国家的跨国公司富可敌国，不仅拥有雄厚的经济实力，而且在管理经验、技术工艺、市场营销等诸多方面拥有发展中国家企业难以企及的优势。在一国国内，国家政府一般都制定了相应的反垄断等法律来规范市场秩序，但是在国际市场上，由于缺乏强有力的超国家机构来规范市场，"丛林法则"居主导地位，竞争态势有利于跨国公司，其结果必然是强胜弱汰，加剧两极分化，从而使得发达国家与发展中国家之间的差距越来越大[四]。

2. 经济独立性减弱

经济全球化造成的国家经济不安全主要是外贸依存度提高所带来的。比如，粮食、石油等具有战略安全属性的商品，如果过度依赖外部供应而本国供应不足，在面临冲突、自然灾害等冲击时，可能会导致重大国家经济危机等[五]。与此同时，在国内经济增长对国际贸易、国际投资的依赖度越来越高的情形下，国际原料燃料和中间品价格的涨落、国际市场对发展中

[一] 周肇光.谁来捍卫国家经济安全：开放型国家经济安全新论[M].合肥：安徽大学出版社，2005：23.

[二] 樊莹.经济全球化与国家经济安全[J].世界经济与政治，1998（5）：11-15.

[三] 中国现代国际关系研究院经济安全研究中心.国家经济安全[M].北京：时事出版社，2005：73.

[四] 江涌.经济全球化背景下的国家经济安全[J].求是，2007（6）：60-62.

[五] 姚枝仲.坚定不移推动经济全球化[N].经济日报，2022-02-07.

国家产品需求的起伏、本币对主要货币汇率的升降,都会越来越明显地影响国内相关商品价格的波动,导致输入性通货膨胀或通货紧缩,从而影响发展中国家的经济增长、社会就业与国际收支平衡[一]。

三、国内战略资源与国家经济安全

所谓战略资源,是指在国民经济中具有举足轻重作用,并对当前和未来经济发展目标的实现具有重要影响的自然资源及非自然资源,主要由能源资源、矿产资源、水资源、粮食资源等自然资源以及人才资源、科技资源等非自然资源共同构成。国内战略资源具有供给的稀缺性、开发以及获得的高成本性、用途的广泛性、影响的普遍性以及深远性等四大特征。国内战略资源的安全体现为国家拥有主权的或实际占有的或可得到的各种战略资源的数量和质量,能够保障该国经济运行、参与国际竞争以及未来经济可持续发展的需求。由于国内战略资源具有上述重要特征,因此当其面临安全风险时将会对国家经济安全构成威胁[二]。

(一)自然资源

国内战略资源中的自然资源主要包括能源资源、矿产资源、水资源和粮食资源。

首先,能源安全涉及矿物能源安全和电力系统安全。由于石油是当代工业的血液,石油资源分布相对集中,且很难在短时间内找到其他矿物燃料大规模对其进行替代,因此一般讲的能源安全多指石油安全。但是,从广义上来讲,能源安全还包括煤炭、电力等能源品种的安全,石油和煤炭资源安全属于矿物能源安全的范畴。能源安全问题历史上由来已久,自19世纪末以电力、化学工业和内燃机为特征的产业革命以来,能源消费不断增加,供需矛盾日益凸显,引起了人们对于能源安全问题的关注。在经济全球化、科技进步日新月异的今天,能源安全进一步成为世界各国普遍关心并致力解决的重大问题。

能源安全概念的明确提出源于20世纪发生的石油危机。由于西方发达国家对石油的高度需求和依赖,20世纪70年代两次石油危机使得发达国家的经济遭受重创,如1973年爆发的中东战争中,部分国家对石油采取禁运政策,导致西方发达国家的经济增长速度大幅下降。与能源安全概念相对应的概念是能源危机,能源危机通常是指石油供应中断、短缺或是价格飙涨而对经济产生重大影响的事件,这也会涉及煤炭、天然气、电力的供应中断和短缺,能源危机通常会使经济瞬间休克,很多突如其来的经济衰退常起因于能源危机[三]。

其次,矿产资源同样是国内战略资源的重要组成部分,其安全状况对国家经济安全产生重要影响。矿产资源是指经过地质成矿作用,使埋藏于地下或露于地表并具有开发利用价值的矿物或有用元素的含量达到具有工业利用价值的集合体。矿产资源是重要的自然资源,矿产资源安全是国家经济安全的重要组成部分,矿产资源受到威胁时,其供应的稳定性、矿产开发使用的安全性和价格的稳定性均会受到冲击,从而影响国家经济安全。

再次,水资源被认为是影响世界各国经济发展的重要生产要素,水资源短缺不仅影响人类、社会和生态系统运行,还将威胁经济增长[四]。因此,当一国所拥有自主的或实际占有的或可得到的各种水资源,其在数量和质量上无法保障一国经济当前需要,无法保障参与国际竞

[一] 江涌. 经济全球化背景下的国家经济安全[J]. 求是,2007(6):60-62.

[二] 雷家骕. 国家经济安全:理论与分析方法[M]. 北京:清华大学出版社,2011:23.

[三] 雷家骕. 国家经济安全:理论与分析方法[M]. 北京:清华大学出版社,2011:53-54.

[四] Distefano T, Kelly S. Are We in Deep Water? Water Scarcity and its Limits to Economic Growth[J]. Ecological Economics,2017,142:130-147.

争的需要和可持续发展的需要时，水资源安全问题便产生了。对于世界上绝大多数国家来说，水资源短缺和水生态破坏是水资源安全的主要问题。

最后，粮食资源引起的国家经济安全可以分为"短期安全"和"长期安全"。对于粮食安全来说，1983年联合国粮食及农业组织以"粮食安全的最终目标"的形式提出了关于"粮食安全"的最新定义：粮食安全的最终目标是保证任何人在任何时候都能够买到并能买得起他们为了生存和健康所需要的基本食品。与粮食有关的短期安全是由于粮食的短期供给失衡和价格波动引起的国家经济安全，与粮食有关的长期安全则是由于农业资源的不合理配置和不可持续利用导致的国家粮食供给能力下降问题①。

（二）非自然资源

国内战略资源中的非自然资源主要是指人才资源和科技资源。

人才资源安全问题是关系到一国经济能否持续发展的战略问题，只有掌握大量的人才资源，才能在科技水平上取得长足的进步，进而推动一国经济的发展。随着经济全球化的发展，人才的跨国流动变得更加频繁，某国的人才大量流失会对该国经济安全构成严重的威胁，缺乏具有国际视野、综合素养的创新型人才作为支撑，也会对一个国家做出正确的、长远的经济战略造成不利影响，进而对国家经济安全稳定发展造成潜在的威胁；缺乏高技术型专业人才作为支撑，则会对国家产业转型升级造成一定的阻碍，进而制约一国经济的安全发展；更严重的，如果人才的流失伴随着国家机密的泄露，则一个国家的经济，甚至是主权安全都会遭到严重威胁。总之，人才安全问题不能得到根本性解决，将严重阻碍一国经济发展，最终影响一国的国际竞争力，危害国家经济安全。

作为国家的重要战略资源，科技资源为科技活动提供了物质保障，为科技管理、决策和科学研究提供了基本性条件保障。其中，科技成果作为科技资源成功转化的结果，是衡量一个国家综合实力的重要标志，也是国家经济实力的重要组成部分，还是国家财富中的重要方面。创新是一个民族进步的灵魂，是国家兴旺发达的不竭动力，没有创新能力的民族是难以屹立于世界先进民族之列的。科技成果是创新的成果，科技成果的多少，特别是专利的多少是衡量创新能力大小的标志。因此，实施专利发展战略是提高国家科技水平、维持国家经济安全的重要保障之一。对于一个国家而言，丧失了在科学技术方面的优势和竞争力，也就意味着丧失了国家安全特别是经济安全的基本保障②。

【相关案例 2-2】

战略资源对经济安全的影响：以石油危机为例

石油是一种非常重要的战略资源。一方面，石油被使用到现代工业国家的产业体系和经济生活的方方面面，成为支撑一个国家经济发展的基础能源，其使用量最大，使用范围最广；另一方面，石油作为工业行业重要的化工原料，石油产品已渗透到现代社会的各个物质领域。

普遍认为，世界上出现过的石油危机，均对世界经济产生了重大负面影响，严重者会引发全球经济危机。

第一次石油危机出现在1973年—1974年。1973年，第四次中东战争爆发，阿联酋等几个阿拉伯主要石油生产国减产提价或者中断供应。期间，世界市场石油价格大幅上涨，对美

---

① 雷家骕.国家经济安全：理论与分析方法[M].北京：清华大学出版社，2011：23-24；31；45.
② 李大光.国家安全[M].北京：中国言实出版社，2016：205.

国和其他一些依赖廉价石油的国家产生了巨大影响。几乎所有工业化国家的经济增长速度都明显放缓，导致了1974年—1975年西方发达国家最严重的战后经济危机。

第二次石油危机出现在1979年—1980年。当时，石油产出大国伊朗国内爆发革命，石油出口全部停止。此外，石油输出国组织（OPEC）成员方又一次协调一致，大幅度提高石油价格，致使石油价格成倍上升，再次导致了世界各国经济的衰退。

20世纪90年代初，海湾战争爆发，从而导致第三次石油危机。在海湾战争前，伊拉克停止出口石油。战争结束后，联合国决议对伊拉克实行禁运制裁，致使世界石油供应总量减少大约20%，国际油价再次暴涨。此次危机爆发的时间较为短暂，后果未波及全世界，但仍然影响了欧美国家国内生产总值的增长。

2004年以来，由于地缘政治不稳、金融投机、美元贬值和国家利益博弈等因素叠加，油价不断向上飙升并伴随剧烈波动。2008年7月11日，油价达到历史高点147.27美元。油价过高还导致欧美国内石油制成品价格不断上涨，工业生产成本增加，经济增速放慢和通货膨胀的压力进一步加剧。

如今，石油这一战略资源的稀缺性依然在很大程度上影响诸多国家的经济安全态势。2022年2月，俄乌战争爆发，西方对俄罗斯的制裁不断加码。俄罗斯作为能源生产大国与出口大国，其能源出口限制结合资源稀缺性，对欧盟在内的能源供应产生了巨大冲击，影响多国经济安全。面对当下的凶猛油价，很多人担心第四次石油危机一触即发。

资料来源：黄静，陈思远.历次石油危机对世界的影响及对我国的启示［J］.商业经济，2019（11）：123-125.有删减和修改.

四、其他因素与国家经济安全

除了以上分析的因素外，国家经济安全不仅会受到一国内部经济制度、产业结构等因素的影响，还会受到国家地理位置、国家文化属性的影响。

（一）国内经济环境

第一，经济制度体系的建设是否具有超前性，是否可以随时进行调整，以及经济制度对一国经济发展的适应性，都会对国家经济安全产生影响。一般来说，制度的调整需要特别谨慎，但是，由于经济转型期的剧烈变化以及考虑到制度惯性的因素，制度调整有可能慢于经济发展的实际过程。不赋予制度体系建设的超前性，制度永远落后于经济实践，这将使制度供给不足问题不断出现，经济发展就始终处于无序状态，各种经济矛盾就有可能激化，进而危害国家经济安全[一]。另外，经济制度的适应性对维护国家经济稳定发展也很重要，通常情况下，根据国情建立与之相匹配的经济制度最有利于国家经济发展，而完全照搬别国的制度建设可能会导致与本国经济情况不符，最终对本国经济安全造成不利影响。

第二，产业结构与国家经济安全密不可分。任何一个产业的发展都受制于其他产业的发展，并反过来影响其他产业的发展，最终会使产业结构保持在一个合理的范围之内。如果合理的产业结构遭到破坏，那么，就会"牵一发而动全身"，不同产业之间的经济联系便会受到影响，并最终波及整个国民经济系统的稳定性，从而威胁国家经济安全。从国家经济安全的角度来讲，合理的产业结构不仅能提供一个有助于经济稳定发展的国内产业基础，而且有助

[一] 张旭.经济安全的制度因素探析［J］.理论学刊，2004（12）：65-68.

于形成一个有利的对外开放格局，从内、外两方面共同保障国家经济安全㊀。

（二）国家地理位置

地理因素对经济活动发挥着重要作用。第一，国际贸易活动随地理距离的增加而快速消减；第二，产品因销售地的地理位置不同而存在显著的价格差异，距离越远的地区价格差异越大㊁。世界上不同的国家曾长期受益于或受制于它们所处的不同地理环境。随着科学技术的飞速发展，特别是交通和通信手段的日新月异，加上经济全球化大潮的冲击，一国对地理位置的依赖程度已经降低，对地理环境的超越和重塑已不再是神话。但是，就目前的情况来看，要彻底改变这一点仍然十分困难，地理因素在很大程度上依然是影响国家经济安全的重要因素。

地理环境包括两个方面：一方面是地理位置、空间结构、自然条件和资源等自然地理环境；另一方面是人口、民族、宗教以及历史传统等人文地理环境。地理环境作为一国物质资源的天然载体，历来是一国综合国力的重要组成部分。一般而言，一些自然地理环境与人文地理环境相对优越的国家，如果能因势利导，采取适合本国客观条件的发展路径，往往能让自身发展在国际博弈中占据优势。实际上，现代资本主义体系之所以率先在西欧萌芽发展，就与西欧独特的自然地理环境与人文地理环境息息相关。在论述近现代西欧国家所特有的地理条件时，恩格斯曾指出，与世界其他地区不同，15世纪的西欧小国虽然规模远远比不上奥斯曼帝国和中国，但濒临海洋的特殊地理位置与重商主义人文传统，使这些国家很早就拥有较为成熟的航海技术与商品贸易规则，15世纪后更是由于人口增长迅速，西欧国家开始率先通过加强对外贸易和海外殖民来发展自身，从而拉开了世界近代史的序幕㊂。

（三）国家文化属性

文化包括多个维度，涉及一个国家的文化主权、本民族的文化特质、政治制度和意识形态、国家主流价值观等。文化既是与经济、社会等要素共同构成国家安全的重要内容，如语言文字安全、政治制度安全，也是影响国家经济安全、实现国家经济安全的重要手段，如文化霸权、文化与民族凝聚力的关系，因此良好融洽的文化氛围能够有效促进国家的经济发展，过度的文化分割将抑制经济发展㊃。美国、日本、俄罗斯、法国、德国等主要大国，一方面竭力维护本国文化的独特性、独立性；另一方面也出台了许多文化产业扶持政策，在全球扩大本国文化的影响力，将"文化外交"作为对外政策的重要手段。共同的文化联系在维持双边经贸关系上能发挥重要作用，有利于国家经济安全㊄。

文化具有鲜明的民族性、政治性和时代性，这些特点决定了其与国家经济安全密切相关。一个民族总会具有区别于其他民族的文化特质，这反映为文化的民族性。文化的民族性与经济发展的相关性很大。1968年瑞典学者冈纳·缪尔达尔（Gunnar Myrdal）耗时10年完成的《亚洲的戏剧：对一些国家贫困问题的研究》一书出版，其结论之一就是"文化因素是南亚现代化面临的主要障碍"。拉丁美洲、撒哈拉以南非洲地区的经济社会发展很多时候也归因于文化因素。文化同时具有强烈的意识形态特征，关系国家政治制度存亡，从而会对经济安全产

㊀ 聂富强. 中国国家经济安全预警系统研究［M］. 北京：中国统计出版社，2005：253.

㊁ Eaton J, Kortum S. Technology, Geography, and Trade［J］. Econometrica, 2002, 70（5）：1741-1779.

㊂ 中国现代国际关系研究院. 地理与国家安全［M］. 北京：时事出版社，2021：25-27.

㊃ 高翔，龙小宁. 省级行政区划造成的文化分割会影响区域经济吗［J］. 经济学（季刊），2016（2）：647-674.

㊄ 中国现代国际关系研究院. 文化与国家安全［M］. 北京：时事出版社，2021：10.

生冲击。文化还是特定时代的产物，需要适应时代的发展，因此能够充分适应时代发展的文化才能充分保证国家经济安全。

第二节 国家经济安全面临的挑战

一、资源约束

（一）资源稀缺性凸显

首先，世界经济不断增长，经济发展所需的自然资源与日俱增，自然资源量特别是不可再生资源数量迅速减少。人类不合理地利用资源，尤其是人类无节制地耗费与滥用资源，使得整个自然资源生态系统受到了破坏，使得资源的有限性和稀缺性更加突出，甚至可能给人类带来局部的灾害性后果。丰裕的自然资源本身有助于经济增长，但是，也并不能以此为由过度依赖自然资源，地区太过依赖自然资源，往往对国家或地区长期经济发展不利，会出现所谓的"资源诅咒"，会给国家经济安全带来不可忽视的隐患㊀。

其次，各种不可再生资源价格的飙升及日益严重的全球气候变暖等问题，使得人们认识到不可再生资源的日益枯竭越来越成为全球经济可持续发展的瓶颈。人类如何摒弃"高消耗、高污染"的传统工业化道路，进而转向"资源消耗少、环境污染少"的新型工业化道路，成为不可回避的难题。由此，实施不可再生资源的可持续利用，成为世界各国共同面临的亟待解决的问题㊁。

最后，很多国家也面临着人才资源枯竭问题。预计到2030年，技能型劳动力将出现严重的供不应求现象，全球将面临8520万人以上的人才缺口。在捷克、波兰、匈牙利和斯洛伐克等失业率低且制造业蓬勃发展的国家，劳动力短缺加速了其自动化进程。机器人的普遍应用并非是为了取代人类，而是因为劳动力严重不足、无法满足用工需求所致㊂。为了储备人才资源，发达国家纷纷出台各项政策吸引国际人才，例如，美国大力修改移民法，每年留出移民名额专门用于从国外引进高科技人才；德国出台招聘国外人才的新政策；日本实施"人类新领域计划"，直接在欧美等国设立研究机构来招揽人才㊃。从现实情况来看，发达国家对发展中国家人才的"掠夺"，已经造成了发展中国家人才的大量外流，对发展中国家的人才安全形成了巨大挑战，这直接影响发展中国家的经济发展以及经济安全。

（二）资源争夺加剧

近年来，伴随着新一轮技术创新的突破，全球经济重心向新兴产业转移，战略性矿产资源也在发生改变。世界主要国家对矿产资源尤其是战略性新兴产业所需关键矿产的争夺日益加剧。保障关键矿产资源的供给对国家经济安全、国防安全的重要性都空前增强。

未来一段时间，全球资源的刚性需求将持续增长，供需矛盾将不断加剧，世界政治经济格局的深刻变化和全球资源竞争的日趋激烈导致利用国外资源的风险和难度加大。区域性短缺、地缘政治导致的供给中断或短缺、需求型短缺将会不同程度地存在，考虑到未来全球经

㊀ 邵帅，杨莉莉.自然资源丰裕、资源产业依赖与中国区域经济增长［J］.管理世界，2010（9）：26-44.

㊁ 雷家骕.国家经济安全：理论与分析方法［M］.北京：清华大学出版社，2011：21-23.

㊂ 光辉国际.全球人才危机的逼近［EB/OL］.［2022-09-01］.https://www.jiemian.com/article/2320893.html.

㊃ 吴江.人才强国战略概论［M］.北京：党建读物出版社，2017：43.

济重心从发达经济体向新兴经济体转移,由于发达经济体的总人口约是 10 亿,而新兴经济体和发展中经济体的总人口近 50 亿,全球经济增长的人口基数变化和新兴经济体人均收入水平的不断提高,将产生大规模的消费需求和消费的升级换代需求,因此新一轮消费势必推动对原材料等大宗商品和能源需求的上升,未来全球资源争夺将可能演变为常态化[1]。

例如,锂作为"白色石油",是生产新能源汽车不可或缺的重要原料。从中长期看,随着各国逐渐淘汰汽油车,实现碳达峰、碳中和的时间逐渐临近,对锂资源的需求还会进一步膨胀。国际能源机构(IEA,也称国际能源署)预测,如果世界到 2050 年成功实现净零排放,那么到 2040 年时对锂的需求量将接近 120 万 t。除非探矿的速度能够赶超对锂需求的增长速度,否则锂在市场中的紧俏表现还将维持下去。

二、国际关系恶化

冷战结束后,尽管世界上有利于和平与发展的因素在增加,但是国际关系中多种矛盾交织,国际形势复杂多变,这决定了当今时代和平与发展的潮流是曲折前行的。国际政治经济秩序还有许多不公正、不合理之处,影响和平与发展的不确定因素在增加,世界安全形势日趋复杂。一些国家的国内政治矛盾和冲突导致国际干预,出现国内政治国际化的趋势。由于经济全球化的发展,各国之间在许多领域的交流和接触大大增多,在许多国家,国内政治对外交政策的影响有很大上升[2]。

(一)霸权主义国家

以霸权主义和强权政治为代表的国际秩序给国家经济安全带来了严重挑战。霸权主义国家从超强的实力地位出发,对国际事务怀有强烈的"领导权"和"主宰欲",力图左右事态的发展进程,企图建立以它为主导的国际游戏规则和世界秩序,插手干涉其他国家主权范围内的经济事务,惯于以自己的标准来规范别国行为。霸权主义国家不仅将自己的经济利益凌驾于别国的经济利益之上,而且将自己的社会经济制度和体制模式视为全球普遍适用的范例,竭力在全世界移植推广,其表现形式多样,危害十分严重。例如,把国际经济关系政治化、意识形态化,对别的国家实施残酷的经济封锁、禁运和制裁;采取治外法权和单边主义行动,不断挑起贸易争端,加征高额关税、技术封锁、科技脱钩等;实行制裁的理由,已经远远超出自身经济利益和国际规则允许的范围,严重侵害了别国的经济利益与经济安全,激起了许多国家之间开展激烈的争斗,从而导致经贸争端持续升温,国际经济秩序更加失衡[3]。

当今世界霸权主义和强权政治仍然是一些国家特别是发展中国家最为主要的外部威胁,在某些条件下,这些霸权主义和强权政治也可能会演变成重大国际冲突甚至是战争,从而给各国经济安全带来挑战。

(二)地缘政治冲突

地缘政治是人类政治中历史最悠久的现象之一,它包括客观和主观两个层面的含义:在客观层面上,它是指客观存在的地缘政治态势、关系和过程;在主观层面上,它是指人们在对这些客观存在的地缘政治现实的认知、理解和运筹的基础上产生的思想、理论和方法论。

---

[1] 张茉楠.后危机时代全球经济四大趋势,资源争夺战不可避免[EB/OL].(2013-01-21)[2022-09-01]. https://www.chinanews.com.cn/cj/2013/01-21/4505462.shtml.

[2] 夏立平.中国国家安全与地缘政治[M].北京:中国社会科学出版社,2019:52.

[3] 陈凤英.国家经济安全[M].北京:时事出版社,2005:63-64.

国家安全战略一直在地缘政治的影响下，着眼于实现和维持一个较长期的和平的国际环境。地缘政治直接影响国家的经济发展，地缘政治冲突加剧是国家经济安全面临的重大挑战。

第二次世界大战后，世界地缘政治的特征为以中亚和中东地区为中心，以"两洋"，即以亚欧大陆为依托的大西洋和太平洋地区为基本点。中东、中亚地区是亚欧大陆的结合地带，经典地缘政治学认为：它是世界地缘政治的"心脏地区"，甚至认为：谁控制这一地区，谁就控制了世界的关键部位；谁控制了大西洋和太平洋及其所依托的亚欧大陆的关键地区，谁也就基本控制了世界的全部。[1]

俄罗斯和乌克兰两国地处亚欧大陆，2022年2月爆发的俄罗斯与乌克兰冲突，不仅使得俄罗斯和乌克兰两国经济受到影响，还对全球能源、粮食安全产生冲击。俄乌冲突在很大程度上加快了世界秩序的调整，冷战结束后全球各国间建立的国际秩序也随俄乌冲突的爆发而受到显著冲击，这在很大程度上意味着冷战后建立的国际秩序的结束。世界各国间有可能会受其影响纷纷提高贸易壁垒，全球化和自由贸易进程被打断，各国的经济和科技发展受到影响，最终将给包括欧洲在内的全球各地区带来挑战[2]，对各国的经济发展和经济安全产生不利影响。

三、经济全球化风险

（一）贸易保护主义

当前，经济全球化遭遇波折，世界经济结构发生深刻调整，保护主义、单边主义日益盛行，多边主义和自由贸易体制受到冲击，不稳定、不确定因素明显增多，风险明显增加。贸易保护主义是违背自由贸易规则、采用高筑关税和非关税壁垒来限制外国商品进口、以保护本国市场的各种行为的总称。贸易保护主义早已有之，受近年来金融危机与主权债务危机的接踵冲击，贸易保护主义再度抬头。发达国家是贸易保护主义的发源地。长期以来，发达国家一直扮演着双重角色：一方面，积极倡导自由贸易原则，要求发展中国家打开国门，为其占优势的产业部门开放市场；另一方面，又处处设防，寻找各种借口，限制发展中国家占相对优势产品的市场准入，对其国内市场严加保护。

贸易保护主义是市场竞争加剧和贸易战升温的表现，已经成为国际贸易领域的一大顽症和阻碍发展中国家经济发展的一大根源。贸易保护主义的盛行，会严重扭曲商品价格，恶化市场秩序和商业环境，加剧贸易体系的不平衡。贸易保护引发了大量贸易摩擦与争端，这给参与全球化的国家、出口导向型国家的经济安全带来比较严重的影响，给当今世界各国经济安全带来挑战[3]。

（二）国内矛盾加剧

经济全球化带来的冲击和影响会激发各国国内经济中本已存在的各种难题、矛盾与危机，对各国经济发展和安全形成威胁。经济全球化给各国带来经济发展机遇的同时，也使得各国收入分配不平等加剧，劳动力市场极化，社会阶层固化，社会流动性受到冲击，导致各国国内社会矛盾不断出现，国内社会变得不稳定，这些问题的出现在很大程度上给维护国家经济安全带来挑战。广大发展中国家，出于经济实力相对较弱、产业结构不尽合理、经济处于赶超阶段、

---

[1] 张文木.世界地缘政治中的中国国家安全利益分析[M].北京：中国社会科学出版社，2021：164.

[2] 倪峰，达巍，冯仲平，等.俄乌冲突对国际政治格局的影响[J].国际经济评论，2022（3）：1-30.

[3] 陈凤英.国家经济安全[M].北京：时事出版社，2005：59.

市场机制尚不成熟等种种原因，在参与全球化的进程中更是面临着巨大的挑战和风险。

在人类的发展过程中，各个国家间的关系变得越来越紧密，一国的国内社会安全稳定也会受到其他国家经济行为的影响，因此一国社会稳定需要其他国家的协助。开放合作、互利共赢，不仅体现在经济的相互依存上，还更加深刻地反映在一国社会的稳定和谐上，社会稳定和谐也将会反向影响国家经济发展。

（三）国家经济主权

经济主权独立性，是最基本的国家生存权利之一。经济主权不仅表现在领土的管辖与治理上，而且在全球化背景下更主要地体现在主权国家对国内经济事务的自主决策。独立自主决策是国家经济安全的关键。在参与经济全球化进程时，国家需要让渡一定的经济主权，这对维护国家经济安全提出了挑战[一]。

为了促进国家间的经济交流，推动经济全球化的发展，不同国家共同成立了全球性的国际经济组织和区域性的国际经济组织。在这些国际经济组织中，各国都要遵守相关的国际规则，限制自己的经济主权，与此同时，其经济主权又受到相关国际规则的保护。由于在法律上各国都让渡一定的经济主权，因此这实际上意味着主权的某种延伸和共享。国家间之所以彼此让渡经济主权，基本目的在于增进经济交流与合作，共同拓展经济发展的空间，最终促进本国的经济利益。让渡经济主权的基本目的能不能达到，取决于多方面因素。仅就经济主权让渡而言，一要靠自觉自愿，二要讲相互对等，三要看收益的分配是否公平。没有对等、没有公平，就难有自愿；没有自愿、对等、公平的主权让渡，也就谈不上相互的主权延伸、共享和维护[二]。

然而，长期以来，一些西方发达国家垄断了国际经济规则的制定权，在国际经济交流中将不平等条件强加于其他国家。这种"强加"对接受国来说，当然不是主权的对等让渡，更谈不上主权的延伸和共享，只能说是少数发达国家对有关国家的主权侵害，遭受侵害的经济主权包括经济制度和经济体制的选择权、本国经济发展战略和经济政策的主控权。许多发展中国家先后走过了丧失主权、争取政治主权、试图获得经济主权的漫长历程。这一情况表明，国际经济组织所体现的主权对等让渡原则，完全可能由于"实力原则"进入国际经济合作领域而被扭曲、发生变异，从而成为单方面的经济主权侵害[三]。

【相关案例 2-3】

被美国打断的日本崛起

第二次世界大战之后，日本卷土重来，以和平方式实现"经济赶超"。然而好景不长，内忧外患导致日本经济泡沫破裂，经历了"失去的十年"的长期经济低迷。期间，美国利用日本对其政治、军事及经济的依赖，以贸易、金融等综合举措有效消解了来自日本的挑战，日本的二次崛起再次被打断。

1960 年—1980 年，日本的人均 GDP 从 479 美元猛增至 9465 美元，增长了约 18 倍。1987 年，日本的人均 GDP 首次超过了美国，并一度跃居经济合作与发展组织（OECD）成员方的首位（日本于 1964 年加入该组织）。经济上的繁荣使日本的政客们战略野心膨胀。他们已不甘心日本只做经济大国，宣称要搞"战后政治总决算"，扬言日本要做"政治大国"，甚至谋

[一] 何维达.全球化背景下的国家经济安全与发展[M].北京：机械工业出版社，2012：11.

[二] 陈凤英.国家经济安全[M].北京：时事出版社，2005：86.

[三] 陈凤英.国家经济安全[M].北京：时事出版社，2005：86-87.

划要构建"日美欧三极体制",摆出一副要与美国和欧洲平起平坐"共主天下"的架势。也正是在这个时期,日本的社会风气开始转向,舆论对美国肆意地高呼"日本可以说不",财界豪横地砸钱叫嚣"买下整个纽约",美国衰退论、美元崩溃论甚嚣尘上,几乎所有的日本人都坚信"日本时代"即将来临。

膨胀的日本已令美国深感不安。正如美国著名政治学家罗伯特·基欧汉所言,第二次世界大战后美国对日本等盟国之间进行的是"不对等合作"。出于战略利益的考虑,美国在国际贸易领域采取消减关税、率先取消歧视性限制举措,却容忍日本和德国等国保留贸易保护措施。美国认为日本的成功是在其"护航"下取得的,随着日本在贸易等领域对美国的威胁增加,美国不再容忍日本的不对等开放政策,对日本发动了一波又一波的"贸易战"。

美国对日本采取步步紧逼的策略。一开始,美国要求日本减少对美国的出口,以保护美国自己的传统产业,开始重视逐渐扩大的对日贸易赤字,日美接连在纺织品、钢铁、电视机、汽车及零部件等领域产生摩擦。这一时期,美国以保护传统制造业为主,打着"国际协调"的旗号下调美元汇率;日本则主要通过"自愿出口限制",并允许日元升值,主动减少对美国出口。在纺织品领域,时任美国总统的尼克松在总统选举中明确提出"限制纺织品进口"的口号。尼克松当选后,便立即威胁要限制从日本进口纺织品。1969年,虽然自日本的纺织品进口额只占美国进口总额的2%,但尼克松为兑现竞选承诺,执意将日美纺织品摩擦与归还冲绳问题挂钩,迫使日本最终不得不同意自愿限制纺织品对美出口。

汽车及零部件是美国施压日本的另一重要领域。日本在生产小型轿车方面具有优势,1979年在国际石油危机冲击下,美国汽油价格高涨,生产成本更低、油耗更小的小型轿车的市场需求显著增加,这使得日本汽车开始大量占据美国汽车市场。代表美国汽车业的全美汽车工会强烈要求保护美国汽车市场。美国政府随即与日本谈判,要求日本限制汽车对美出口。美国国际贸易委员会提出紧急进口限制措施,1981年5月日美签订了《日美汽车贸易协议》,规定日本从1981年4月至1982年4月对美国汽车出口限制在168万辆以内。此后日美贸易摩擦又转向零部件领域。美国的要求也不断变本加厉,从自愿出口限制升级为定向购买美国产品。1992年布什总统访问日本,双方达成关于零部件问题的协议,规定到1994年日本需购买价值达190亿美元的美国制造的汽车零部件。

接下来,美国开始要求日本取消自身贸易壁垒,希望能够打开封闭的日本市场,扩大美国对日本的出口,并维系美国战略性产业的优势地位。到了20世纪80年代,日本已经将自身的主要关税率下降到了发达国家的最低水平,除农业外,多个工业领域已经实现了零关税。但是,日本仍然保留了大量看不见的非关税壁垒,而且商业习惯也与西方差异较大,从美国的进口难以大幅提升,这导致了美国对日贸易赤字的规模非但没有缩小,反而逐渐扩大。与此同时,日本不再掩饰其狂妄心态,这使得美国日益警觉,甚至罕见地将意识形态作为武器瞄准了自己的盟国——日本。于是在20世纪80年代后期到90年代,美国对日本相继启动了"日美结构性障碍协议"等政策,将对日本攻击的目标扩大到金融、汇率、资本市场、商业习惯等领域,提出一系列具体的数量目标要求。最终,日本对美国的要求几乎全盘接受。这导致重视计划性和秩序性的"日本模式"被破坏,而推崇自由化和民营化的"美式标准"则在日本水土不服,"日本资本主义"在崛起途中黯然失败。

资料来源:中国现代国际关系研究院.大国兴衰与国家安全[M].北京:时事出版社,2021:239-250.

本章小结

（1）国际环境与国家经济安全。国际环境具体包括国际安全环境、国际政治环境以及国际经济环境。①从国际安全环境来看，和平的国际环境、本国强大的军事力量是经济稳定发展的重要保障。②从国际政治环境来看，在国际政治格局中拥有较大话语权的国家，更能保障本国的经济安全。③从国际经济环境来看，公平的世界经济运行规则、积极谋求全方位的国际经济合作有助于维护一国经济安全。

（2）经济全球化与国家经济安全。经济全球化对国家经济安全的影响既有积极的一面也有消极的一面，具体如下：从积极影响来看，全球化有利于各国充分发挥其比较优势，促进世界经济快速增长；从消极影响来看，经济全球化将冲击发展中国家的国内市场，削弱各国的经济独立性。

（3）国内战略资源与国家经济安全。国内战略资源包括能源资源、矿产资源、水资源、粮食资源等自然资源以及人才资源、科技资源等非自然资源。国内战略资源具有供给的稀缺性、开发以及获得的高成本性、用途的广泛性、影响的普遍性以及深远性等重要特征，因此当其面临安全风险时，将会对国家经济安全构成威胁。

（4）其他因素与国家经济安全。国内经济环境、国家地理位置以及国家文化属性等因素也会影响国家经济安全，其中，国内经济环境包括经济制度体系、产业结构等方面。

（5）国家经济安全主要面临着以下挑战：①资源约束。经济发展所需的自然资源与日俱增，而自然资源量特别是不可再生资源量迅速减少，各国对能源、人才等重要资源的争夺不断加剧。②国际关系恶化。霸权主义、强权政治以及地缘政治冲突等给各国特别是发展中国家的国家经济安全带来了严重挑战。③经济全球化风险。经济全球化给国家经济安全带来了激发国内矛盾、侵害发展中国家经济主权等多个挑战。

本章荐读书目

[1] 陈斌，程永林.中国国家经济安全研究的现状与展望[J].中国人民大学学报，2020（1）.
[2] 张帅，顾海兵.中国经济安全研究：误区再反思[J].学术研究，2020（3）.
[3] 中国现代国际关系研究院.大国兴衰与国家安全[M].北京：时事出版社，2021.
[4] 张文木.世界地缘政治中的中国国家安全利益分析[M].北京：中国社会科学出版社，2021.
[5] 夏立平.中国国家安全与地缘政治[M].北京：中国社会科学出版社，2019.

本章复习思考题

1. 国际政治环境将如何影响国家经济安全？
2. 经济全球化给发展中国家的经济安全带来了哪些影响？
3. 国内战略资源指的是什么？国内战略资源具有哪些特征？
4. 国家文化属性将如何影响国家经济安全？
5. 目前中国的经济安全主要面临着哪些挑战？

第三章
国家经济安全的相关理论

【本章关键词】
（1）马克思主义 （2）自由贸易主义 （3）贸易保护主义 （4）依附理论
（5）重商主义 （6）经济周期 （7）经济危机

【导入案例】

1929年的"黑色星期四"

华尔街是美国金融精英的聚集地，也是美国经济尤其是金融的代名词，一提到华尔街，人们就自然联想到股市、股票指数和金融危机。

1929年华尔街的崩盘结束了历史上最大的一幕疯狂投机。

愁云惨雾笼罩着的华尔街，虽然昨天还是昨天，地还是昨天的地，但许多人却觉得不再拥有这一切：他们的全部财产已随风而逝。无数的财产和许多普通公民一生的积蓄都因金融崩溃而实实在在地一夜间化为乌有。过去，美国也曾经历过股市恐慌与金融萧条，但没像这次一样对美国普通市民的生活产生如此深刻的影响。

1929年10月24日（史称"黑色星期四"），在经历了10年的大牛市后，美国股市忽然间崩溃了，股票一夜之间从顶点跌入深渊。道琼斯工业指数从363点的最高点持续下跌，直到1932年7月跌至40.56点，才宣告见底，最大跌幅超过90%。而让股市投资者绝对没有想到的是：股市崩溃前的1929年9月3日，竟成了此后25个春秋里股票平均价格最高的一天。这次股市大崩溃以后，经过1/4世纪的漫长岁月，道琼斯工业指数才再次升至昔日高峰时的指数值。

从1929年9月初到11月中旬，纽约交易所的股票市价总值损失了300亿美元。然而，这仅仅是灾难的开始，股市的崩溃带来美国历史上破坏性最大的大萧条、大危机，使美国经济处于瘫痪状态。用居民的个人存款去做股票投机的银行纷纷倒闭：1929年659家、1930年1352家、1931年2294家。国民总收入从1929年的880亿美元下降到1933年的402亿美元。著名的通用电气股票从最高的396美元跌到8美元。股票和各种债券的面值总共下跌了90%。无数"百万富翁"倾家荡产。这次股灾，造成失业大军达到5000多万人，数以千计的人跳楼自杀，近9000家金融机构倒闭，上千亿美元财富付诸东流，生产停滞，百业凋零，从此成为美国历史上影响最大、危害最深的经济事件。该经济事件持续4年之久，影响波及英国、德国、法国、意大利、西班牙等国家，最终演变成为西方资本主义世界的经济大危机。

资料来源：汪大海，何立军，甄磊. 世界14次重大金融危机透视［M］. 北京：中国传媒大学出版社，2011：61.

第一节 国家经济安全理论的溯源

一、马克思主义的国家经济安全观

马克思曾经论述过资本帝国主义或资产阶级帝国主义在改造传统社会并把全世界结合为相互依存世界经济中的革命性作用，这一观点暗含国家经济安全的思想[1]。他说："资产阶级，由于一切生产工具的迅速改进，由于交通的极其便利，把一切民族甚至最野蛮的民族都卷入到文明中来……它迫使一切民族——如果它们不想灭亡的话——采用资产阶级的生产方式；它迫使它们在自己那里推行所谓文明制度……"[2]"不断扩大产品销路的需要，驱使资产阶级奔走于全球各地。它必须到处落户，到处开发，到处建立联系"[3]。马克思对资本主义向全球扩张的有关论述蕴涵着国家经济安全问题，当本国资源及市场无法满足资本最大限度地追逐利润的需求时，资本主义生产必将突破区域限制，在向全球的扩张中开拓新的市场。资本在全球的扩张使一国或地区的局部经济风险得以转移和扩散，资本主义基本矛盾与风险也随之转化为全球性风险与矛盾，从而对各国经济安全造成威胁。

马克思也认识到了经济安全是维护国家安全的基础，他认为"政治权力不过是用来实现经济利益的手段"[4]，"暴力还是由经济情况来决定，经济情况是供给暴力工具的手段"[5]。由此可见，政治权利帮助实现国家经济利益，而经济利益的实现又是军事实力的重要支撑。

二、重商主义的国家经济安全观

重商主义大致可以追溯到15世纪至17世纪。重商主义者高度重视国家利益，认为国家利益的实现需要财富积累，在财富等同于金银的金本位时代，重商主义者将金银等硬通货视为衡量财富的主要标准，将一国财富混同于其所拥有的金银，强调了通过贸易顺差实现金银流入以积累财富的重要性，并主张借助国家干预等手段促进贸易顺差和财富积累。

重商主义者认为国强源于国富，一国的财富积累不仅关乎其经济的安全与稳定，更决定了国家整体的稳定与安全状态。在重商主义者看来，金银等硬通货是一国安全与稳定的重要保障，一国拥有的金银等硬通货越多，就会越稳定、越强盛、越安全。英国晚期重商主义的典型代表托马斯·孟（Thomas Mun）曾指出："对外贸易的真正面目和价值就是国王的大量收入，国家的荣誉，我们的王国的城墙，我们的财富的来源，我们的战争的命脉，我们的敌人所怕的对象。"

为了实现财富积累、维护国家稳定与安全，国家应尽量使出口大于进口，借助贸易顺差实现金银等硬通货的净流入。重商主义者认为应优先考虑国家的安全利益，不能容忍市场的

---

[1] 万君康，肖文韬，冯艳飞.国家经济安全理论述评[J].学术研究，2001（9）：74-78.
[2] 马克思恩格斯选集（第1卷）[M].北京：人民出版社，1995：276.
[3] 马克思恩格斯文集（第2卷）[M].北京：人民出版社，2009：35.
[4] 马克思恩格斯选集（第4卷）[M].北京：人民出版社，1995：250.
[5] 马克思恩格斯选集（第4卷）[M].北京：人民出版社，1995：246.

脆弱后果。重商主义者站在生产者的立场上，不惜牺牲经济效率来实现自力更生○。

三、自由贸易主义的国家经济安全观

自由贸易对世界经济发展的重要性及其对国家利益的影响，早已受到人们的广泛关注。从亚当·斯密（Adam Smith）的"绝对优势理论"，到大卫·李嘉图（David Ricardo）的"比较优势理论"，再到赫克歇尔－俄林（Heckscher-Ohlin）的"资源禀赋理论"，这些具有主流地位的自由贸易理论都对自由贸易之于国家利益的重要性及其相互关系做了系统性阐述。自由贸易理论包含着丰富的国家利益思想。自由贸易理论既重视自由贸易为一国带来的实际经济利益，也重视自由贸易带来的普遍利益○。

与重商主义者相反，自由贸易主义者的基本预设是：效率的全面提高带来的巨大收益足以弥补市场运转不可避免产生的不平等、市场失灵等问题。自由贸易主义者倾向于从消费者的角度看待经济体系。他们期望生产能力最大化，愿意以经济的脆弱性为代价来追求效率和资源的丰裕，希望通过全球自由市场体系和商品贸易的发展，各取所需，无须担心供给的约束问题，让资源配置和发展问题迎刃而解。这样既会促进经济效率的提高，也会推动各国避免以战争方式抢夺资源和市场。在自由贸易主义者看来，安全意味着市场相对不受阻碍地运转○。

自由贸易理论重视经济效率，强调通过全球自由市场体系获取经济利益，因而对一国市场不受阻碍地安全运转给予了更多关注，并将其视为维护一国经济安全的前提。然而，自由贸易主义者过度聚焦于静态利益，在一定程度上忽视了一国对外贸易对其产业结构、技术水平、国际分工地位的长期动态影响及负面效应。

四、幼稚产业保护理论的国家经济安全观

幼稚产业保护观点最早由美国政治家亚历山大·汉密尔顿（Alexander Hamilton）于1791年提出，后来德国经济学家弗里德里希·李斯特（Friedrich List）于1841年在其出版的《政治经济学的国民体系》一书中对幼稚产业保护做了详细的论述。幼稚产业保护理论后来经过众多经济学者的不断补充、完善，形成观点鲜明的贸易保护理论的一个分支。该理论认为，一个国家的某种商品可能有潜在的比较优势，但是由于缺乏专有技术和最初较少的投入，该产业难以建立，或虽已启动但难于与外国企业进行有效的竞争，因而需要对该产业进行贸易保护，直到它能应对外国竞争，具有经济规模并形成长期的竞争优势为止○。

幼稚产业保护理论反映了后起国家发展民族经济的要求，对一国产业发展、经济安全给予了更多关注，意识到了工业产业发展对一国经济安全的重要作用，并主张借助保护扶持政策提高本国幼稚产业的竞争力，以短期利益的牺牲换取长远的经济利益和完整产业体系的建立，最终达到维护一国经济安全的目的。

○ ［英］巴里·布赞. 人、国家与恐惧：后冷战时代国际安全研究议程［M］. 闫健, 李剑, 译. 北京：中央编译出版社，2009：240-241.

○ 高伟凯. 自由贸易理论的国家利益观评析［J］. 世界经济与政治论坛，2008（2）：1-6；60.

○ ［英］巴里·布赞. 人、国家与恐惧：后冷战时代国际安全研究议程［M］. 闫健, 李剑, 译. 北京：中央编译出版社，2009：240.

○ 梁碧波. 贸易保护与幼稚产业的成长：国际的经验与中国的选择［J］. 国际经贸探索，2004（2）：20-23；77.

五、战略性贸易理论的国家经济安全观

战略性贸易理论是主张政府对具有战略重要性的行业进行干预以提高其国际竞争力的国际贸易理论。这个理论产生于20世纪80年代早期，代表人物是美国经济学家克鲁格曼（krugman）。这个理论认为，政府应当干预战略性行业的贸易，创造和培育本国企业在该行业的国际优势，以免遭到外国垄断企业的严重损害，同时谋取规模经济效益，并借机争夺竞争对手的市场份额和利润。该理论不主张干预所有行业，而只是帮助少数几个具有战略重要性的行业。

战略性贸易理论提出了经济发展与经济安全之间的关系。它强调在各国发展道路上，政府的科技产业政策和贸易政策不仅对当前的经济发展起着重要作用，而且对未来的发展前景产生深远的影响，强调当今的世界经济是一种总处在变动中的动态经济，强调了经济的潜力和对这种潜力的培育，强调国家应顺应经济全球化的浪潮，加速产业结构调整，强化政府的管理和干预，以便在国家竞争中抢占优势地位，从而确保国家经济安全。

六、依附理论的国家经济安全观①

20世纪60年代中期，许多拉美经济学家提出挑战"西方中心主义"的依附理论，主要观点是：建立在旧的国际关系基础上的资本主义已发展成为中心－外围的世界体系，处在这个体系中心的是少数发达国家，而广大第三世界国家则是这个中心的外围。外围国家在资本主义世界体系中处于从属地位，对中心国家存在依附关系，尤其是在贸易、资本、技术等方面受发达国家控制，因而得不到应有的发展。迈克尔 P. 托达罗（Michael P.Todaro）认为，发展中国家在国际关系中最重要的表现之一就是在国际关系中处于受支配、依附和脆弱的地位，这是发展中国家经济不安全的根源。在他看来，使发展中国家具有收入水平低下、生产力滞后、失业现象严重等经济不安全特征的主要原因就是穷国与富国的经济力量、政治力量的悬殊。托达罗指出，成功地实现社会经济发展不仅需要发展中国家自己制定适宜的战略，还需要改变现有的国际经济秩序，使之较为切合穷国的需要。

特奥托尼奥·多斯·桑托斯（Theotonio Dos Santos）的依附理论认为，依附是这样一种状况，即一些国家的经济受制于它所依附的另一国经济的发展和扩张②。由于依附结构的存在，发展中国家的工业发展在很大程度上依赖于国际市场的需求，导致大量的利润源源不断地流向发达国家。尤其是当发达国家的跨国公司日益深入到发展中国家经济体系时，它们凭借对技术的垄断，不仅获得了大量的垄断利润③，而且使发展中国家经济结构难以得到彻底改进和提升，从而使其经济安全受到严重侵蚀。

七、全球化理论的国家经济安全观

"左派"全球化理论代表人物弗富德里克·詹姆逊（Fredric Jameson）认为，跨国公司和金融资本主义将在全球化时代对民族经济产生巨大冲击。第一世界以外的国家绝对依赖外国

---

① 刘斌.国家经济安全保障与风险应对［M］.北京：中国经济出版社，2010：21-22.
② ［巴西］特奥托尼奥·多斯·桑托斯.帝国主义与依附［M］.2版.杨衍永，译.北京：社会科学文献出版社，1999：302.
③ ［巴西］特奥托尼奥·多斯·桑托斯.帝国主义与依附［M］.2版.杨衍永，译.北京：社会科学文献出版社，1999：310.

资本，包括借贷、援助和投资①。在这种经济秩序中，资本的瞬间转移可以汲干国民劳动力多年生产积累的价值，使全球的某些地区贫困化②。全球化的不断深入与新经济秩序的形成使得跨国资本对民族经济和民族产业产生了日益明显的影响，大部分国家对国外资本的依赖性也不断增强，助长了发展中国家和后发展国家经济的依赖性，导致这些国家的经济安全受到不同程度的威胁。

罗伯特·吉尔平（Robert Gilpin）认为"经济全球化的力量，即贸易、资本流动和跨国公司活动，已使全球经济更加相互依存"③。相互依存的客观事实加剧了全球经济体系的脆弱性，也使全球经济体系的稳定性面临更多挑战。在21世纪开始之际，日益开放的全球经济正面临着威胁，虽然东亚和全球的金融危机已明显缓解，但国际金融和货币体系的脆弱性仍威胁着全球经济的稳定③。在高度一体化的全球经济中，各国继续利用它们的权力，推行各种引导经济力量有利于本国国家利益和公民利益的政策；这些国家的经济利益包括从国际经济活动中取得较多的利益和保持本国独立；朝着像欧盟和北美自由贸易协定这种区域性安排的方向前进，充分地说明了各国为达到自己的目标而做出的共同努力④。

全球化理论关注到了经济全球化对各国经济安全的冲击。经济全球化使各国经济更加相互依存，但也对各国经济稳定性及经济主权造成了不同程度的威胁。一方面，经济全球化下的国际资本渗透与国际分工形成加深了一国经济的外部依赖性，压缩了民族产业的生存空间，并且削弱了政府对本国经济发展的引导与控制程度，对一国经济安全与健康发展造成威胁。另一方面，经济全球化加快了国际资本等要素的流动速度，也使国际经济波动与危机的传导更为灵敏，必然对一国经济体系造成更为严峻的外部冲击，加剧各国经济体系的脆弱性，迫使各国采取政策维护本国经济利益与安全。

【相关案例3-1】

外国直接投资对东亚和拉美经济安全的影响

正如全球化理论代表人物詹姆逊所言，跨国公司和金融资本主义将在全球化时代对民族经济产生巨大冲击，以发达国家为主的外国直接投资必然会对发展中国家（地区）的经济安全产生一定影响，这种影响表现在很多方面。

1. 对民族工业发展的影响

政体方面的差异使东亚和拉美在民族工业发展方面形成了较大差距。东亚国家和地区的政府能有效地将绝大多数外国投资引导向制造业部门。第二次世界大战后，外国直接投资在制造业中的比重，韩国为50%以上，我国香港地区为70%以上，我国台湾地区和新加坡达80%以上。由于外国投资主要集中于制造业，其投资效果较为明显，因此迅速地推动了东亚的工业化进程。

---

① [美]弗雷德里克·詹姆逊.詹姆逊文集（第4卷）：现代性、后现代性和全球化[M].王逢振，译.北京：中国人民大学出版社，2004：371.
② [美]罗伯特·吉尔平.全球资本主义的挑战：21世纪的世界经济[M].杨宇光，杨炯，译.上海：上海人民出版社，2001：7.
③ [美]罗伯特·吉尔平.全球资本主义的挑战：21世纪的世界经济[M].杨宇光，杨炯，译.上海：上海人民出版社，2001：6.
④ [美]罗伯特·吉尔平.全球政治经济学：解读国际经济秩序[M].杨宇光，杨炯，译.上海：上海人民出版社，2006：16.

与东亚相比,在第二次世界大战后,虽然拉美制造业中外国投资的增长也比较迅速,但由于其自然经济特征,加之政体方面等原因,外国投资的相当大部分没有投入制造业部门。美国对拉美直接投资中制造业投资总额的比重,1950年为17.5%,1960年为18.2%,1973年为39.2%,1980年为37.9%,一直低于50%。而且,由于长期实行进口替代战略,拉美外国投资企业的产品主要是面向国内市场而非国际市场的,从而对民族工业的成长未能起到更大的推动作用。

从结果来看,第二次世界大战后韩国和新加坡等国家以及我国台湾等地区民族工业发展迅速,已经实现了从劳动密集型轻工业向资本密集型重工业的转变,情报产业和知识产业等知识集约型产业部门的发展也达到了相当高的水平,实现了产业结构的高级化。相比之下,尽管第二次世界大战后拉美各国的民族工业也有了很大发展,但由于其"官僚权威主义"政府受到各种国内外利益集团,尤其是长期进口替代战略下各种既得利益集团的牵制,未能进行适时的发展战略转换,再加上高度的外资控制等原因,其民族工业的发展及产业结构的升级受到很大阻碍。

2. 对本地资本积累的影响

在拉美地区,由于外国资本对经济生活的控制程度很高,结果造成了大规模的资金外流。据统计,美国在拉美地区投资的利润额从1966年的13.26亿美元上升到1981年的58.44亿美元,15年间增长了3倍多。韩国外资公司的利润返还占总出口额的0.6%,而巴西外资公司利润返还则占总出口额的6.5%。外国跨国公司在对拉美各国投资的过程中,其投资资金的主要来源是一部分利润再投资、折旧和在东道国市场上筹措,而不是取自母公司的新投资。1958年—1968年,在美国跨国公司对拉美制造业的投资总额中,来自母公司的资金仅占20%,而子公司内部资金以及除母公司以外的外部资金则各占40%。由此可见,外国跨国公司不仅没有更多地弥补拉美各国国内储蓄和外汇资金的不足,反而占用了相当大规模的内部资金。这也是导致拉美各国资金外流的另一个重要原因。

东亚地区的情况则不同。韩国虽然在第二次世界大战后初期接受了大量美援或外国借款,但其投向主要是用于扶植和促进以财阀为核心的民族大资本的形成和发展,推动其资本积累;我国台湾地区在20世纪50年代时,其美援占投资总额的比重曾一度高达40%,但由于这些外国资金大部分由当局直接控制并推动以公营企业为核心的内部资本积累,从而使自身的积累能力迅速提高,20世纪60年代后期,其内部积累在资本形成总额中的比重已高达90%,甚至更高。正是由于东亚地区注重发挥外资的"造血"功能,迅速提高了自身的积累能力,才使积累资金来源很快地从外资为主转为以内部积累为主。这种在利用外资的同时注意培育内部积累机制的结果,与拉美地区只利用外资而不注重培育内部积累机制,结果陷入债务危机的结局,形成了鲜明的对照。

资料来源:崔健,刘忠华. 外国直接投资对东亚和拉美国家经济安全影响的制度分析[J]. 东北亚论坛,2004(1):19-23. 节选.

第二节 经济危机的相关理论

国家经济安全状态并不是静止不变的,往往会被经济危机的爆发打破。当一国陷于经济危机的困境时,该国的产业安全、财政金融安全、贸易安全、战略资源安全等国家经济安全的重要组成部分均会受到威胁甚至破坏。因此，从这个意义上来说，经济危机是经济不安全的状态和表现形式[1]。

一、经济周期

在不同历史时期，不同理论流派的学者对经济周期有不同的理解与定义。

第二次世界大战前，由于经济周期表现为总产量绝对量的变动过程，因此，古典经济学家认为，经济周期是经济总量的上升和下降的交替过程。例如：1860年，朱格拉（Juglar）将经济周期定义为重复发生的，虽然不一定是完全相同的经济波动形式；哈耶克（Hayek）则认为经济波动是对均衡状态的偏离，而经济周期则是这种偏离状态的反复出现；米切尔（Mitchell）在1927年出版的《商业循环问题及其调整》一书中将经济周期定义为经济变量水平的扩张和收缩的系列，这是被经常引用的古典经济周期定义。

第二次世界大战后，总产量绝对量下降的现象几乎不存在了，因此现代经济学家对经济周期的定义也产生了改变，认为经济周期是经济增长率的周期性变动。卢卡斯（Lucas）对经济周期的定义是：经济周期是经济变量对平稳增长趋势的偏离。它的含义是，经济周期是经济增长率的上升和下降的交替过程。米切尔与伯恩斯（Burns）在1946年出版的《衡量经济周期》一书中将经济周期定义如下："经济周期是在主要以工商企业形式组织其活动的那些国家的总量经济活动中可以发现的一种波动形态。一个周期包含许多经济领域在差不多相同的时间所发生的扩张，跟随其后的是相似的总衰退、收缩和复苏，后者又与下一个周期的扩展阶段相结合，这种变化的序列是反复发生的，但不是定期的。"这个定义是西方经济学界公认的非常经典的定义。

总的来看，古典经济周期时期强调的是经济总量的扩张和收缩，而现代经济周期时期则强调经济增长率上升与下降的交替变动。

但是，要把握世界经济周期的内涵必须抓住以下四个要点：①世界经济周期波动是资本主义经济的必然产物和基本特征之一，只要资本主义生产方式存在，经济的周期波动就不可避免。②世界经济周期波动是总体经济活动的波动，即这种波动不是局部的，而是涵盖世界多数国家几乎所有重要经济部门的，并由此引起就业、产量等宏观经济指标的周期性波动。③经济波动虽然具有周期性，会依次经历"危机——萧条——复苏——高涨——再次发生危机"的周期循环，但不应简单地将这种周期及其各阶段的长度理解为是相同或固定不变的。④并非每个国家的每一次经济危机都会发展成为世界性经济危机，只有当世界多数国家都在大体相同的一段时间经历一次经济危机时，才会形成一次世界性经济危机，由此也就形成世界经济周期进程[2]。

二、经济危机

经济危机是经济周期的一个阶段，是对再生产比例关系严重失调的一种强制性调整。经济危机的典型特征：商品生产过剩，库存增加，价格大幅下降，企业被迫削减投资，压缩生产，企业开工率低，工人大量失业，社会消费需求下降。由于企业利润下滑，部分企业破产

---

[1] 李霞，李孟刚.经济危机、政策嬗变与经济安全［M］.北京：经济科学出版社，2013：205.

[2] 魏浩.世界经济概论［M］.北京：机械工业出版社，2017：77-78.

倒闭。生产领域中发生的这些变化反映到金融领域，则会引起银行业的危机，即由于企业发生亏损和破产，资金链条断裂，出于对现金的追求和对银行存款的担心，人们纷纷挤兑存款，使很多陷入困境的银行倒闭 ⊖。

传统的经济危机定义为：资本主义在生产过程中周期性爆发的生产过剩危机，然而，经济危机并非资本主义制度下的特有产物，资本主义生产过剩不是经济危机的唯一诱因。基于此，学者对传统的经济危机定义进行了拓展，给予了经济危机更为科学、普遍的解释。《现代经济辞典》将经济危机定义为：①在传统的经济周期（一般为古典经济周期）分析中，指经济运行经过复苏、繁荣，直到生产过剩的阶段后，国民经济产出总量（绝对量）开始下降，给整个社会经济生活带来严重破坏和影响，称此阶段为"危机阶段"或"崩溃阶段"。②泛指一国经济受到重大冲击后，整个社会经济遭受严重破坏，陷入严重混乱的状况，如货币危机、金融危机、财政危机，或国际债务危机、国际收支危机、国际石油危机，或战争、重大自然灾害等导致的全面经济危机 ⊜。

三、经济危机产生的原因

关于经济危机产生原因的研究层出不穷，主要包括以下两方面的研究：一方面是西方经济学对经济危机理论的研究，另一方面是马克思主义经济学对经济危机理论的研究。

（一）西方经济学对经济危机理论的研究 ⊜

在对经济危机的传统研究中，一般以经济危机的影响因素是来自经济运行内部、外部或是内外兼有为依据，分为内因论、外因论和综合论。这种划分方法虽然能够较好地对各种研究观点进行总结归纳，但是无法在时间顺序上反映出观点的演进。下文将以西方主流经济学派的演进历史为序，追溯、梳理古典经济学、凯恩斯主义、新自由主义等关于经济危机的主要观点，并对其进行分类和归纳，这样能够在观点归纳的基础上，较好地反映出西方经济学对于经济危机研究的演进。

1. 古典经济学对经济危机的理论研究

19世纪初，由于资本主义生产方式刚刚确立，关于资本主义生产方式是否必然导致生产过剩具有较大的争议。在此背景下，古典经济学对经济危机的研究观点经历了由全面否定资本主义经济危机到逐步认识到资本主义经济危机存在不可避免性的发展历程。

（1）资本主义无危机论。持资本主义无危机论的学者普遍持市场万能论观点，认为市场中的总需求与总供给相等，从而资本主义经济危机不会发生，其代表人物有让·巴蒂斯特·萨伊（Jean Baptiste Say）、大卫·李嘉图（David Ricardo）等学者。萨伊认为货币只是交换的媒介，出售某种商品意味着购买了另一种商品，即生产某种商品的同时也为与它价值相当的商品提供了实现价值的渠道，所以，总需求与总供给总是一致的，不会出现普遍生产过剩下的经济危机。李嘉图继承了亚当·斯密（Adam Smith）的"看不见的手"理论，认为个人对自身利益最大化的追求与社会整体利益并不冲突，从而将资本主义生产的目的归结为满

⊖ 魏浩. 世界经济概论［M］. 北京：机械工业出版社，2017：80-83.

⊜ 刘树成. 现代经济辞典［M］. 南京：凤凰出版社，2005：562.

⊜ 王欣亮，严汉平，刘飞. 经济危机的起源与反思：马克思与西方经济学比较研究［J］. 西北大学学报（哲学社会科学版），2011：5.

足社会需要。此外，李嘉图接受萨伊的思想，认为生产创造了需求，即资本家通过生产实现商品价值后，无论是选择个人消费还是选择扩大再生产，都会产生价值相等的新的购买，因此，总需求和总供给总是相等的。纵观李嘉图的危机理论，其建立在需求无限论的基础上，并混淆了商品流通与物物交换的概念。

综上，资本主义无危机论认为资本主义不会产生普遍性经济危机，这与当时处于资本主义生产方式建立初期的时代背景有关。当时资产阶级迫切需要减少政府干预而扩大生产，其导致了当时主流经济学家关于资本主义无危机论的观点，符合其所代表的大资产阶级利益。

（2）资本主义危机存在论。与上述无危机论相对立的观点是危机存在论，其代表人物是西斯蒙第（Sismondi）、马尔萨斯（Malthus）等学者，他们认为资本主义生产与消费之间存在矛盾，资本主义存在经济危机的可能性。西斯蒙第接受了亚当·斯密的思想，认为商品并不与收入完全相等。而由于资本主义市场经济以及机械化大生产导致的生产规模的无序扩大，小生产者不断破产，进而影响市场需求和总体消费，最终导致商品价值无法实现，产生经济危机。因此，经济危机的根源是资本主义大生产导致的生产无限扩大化与消费需求不足之间的矛盾。

马尔萨斯认为，当社会积累大量转向生产必需品时，必需品的产出必将超过现有需求程度，产生有效需求不足。但是，在解决社会有效需求不足方面，不能仅仅依靠资本家和工人的收入，还应由地主、军队、官员等非直接劳动者创造与商品生产无关的需求，从而保持商品产出和消费的平衡。因此，对于资本主义而言，若要维持总需求与总供给之间的平衡，则必须刺激非生产阶级的消费，从而避免经济危机。

资本主义危机存在论通过分析生产和消费之间的矛盾，认为资本主义条件下经济危机是必然存在的。但是，出身及代表阶级不同等因素，导致持危机存在论的学者之间的观点存在差异性。西斯蒙第基于生产与消费的矛盾，认为小生产者破产会导致国内市场缩小，产生经济危机；而马尔萨斯从代表的地主阶级的利益出发，认为贵族等非生产阶级的挥霍能够避免和缓解经济危机。

2. 凯恩斯主义对经济危机的研究

凯恩斯主义是在1929年—1933年经济危机的背景下产生的，其全面否定萨伊定律，认为需求能够创造供给，并在"个人消费倾向""资本边际产出"以及"个人偏好"的基础上，提出"有效需求"的概念，认为有效需求不足是形成经济危机的根本原因。

凯恩斯（keynes）认为，"个人消费倾向"是由人的习惯、心理以及社会背景共同决定的，会随个人收入的提高而下降。因此，当国民收入提升时，收入和消费之间的缺口会不断加大，导致需求小于供给。而"资本边际产出"为新增的每单位投资可得到的利润：当资本边际产出高于资本的使用成本即利息时，投资会增加；当资本边际产出等于利息时，投资将停止。从长期看来，资本边际产出是不断递减的，这也将是导致资本边际产出不足的原因之一。"个人偏好"是指个人基于交易动机、谨慎动机以及投机动机等心理，偏好于持有一定量的货币，而非全部储蓄。因此，在货币总量一定的前提下，人们对持有货币偏好的存在，会使利率保持在高位，导致投资不足。

在上述理论的基础上，凯恩斯提出了"有效需求"的概念，有效需求是指商品总供给与商品总需求相等时的需求量。有效需求不足时，均衡条件下的就业量小于充分就业的就业量，是资本主义大量失业存在的原因。对于有效需求不足的原因，凯恩斯认为其可分为消费需求和投资需求两个层面。在消费需求层面，经济危机时期人们对失业可能性的忧虑，导致人们不断减少消费，使社会总需求降低；在投资需求层面，货币总供给量不足以及流通速度较慢等原因，导致社会整体中没有足够的货币支付投资需求。

基于上述原因，凯恩斯认为，在经济危机发生时，政府应采取扩张性的货币政策和积极的财政政策，以尽快摆脱经济萧条的影响。其中，扩张性的货币政策包括政府通过公开市场业务、调整准备金率或利率等方法影响市场货币使用成本，以提高市场货币供给；积极的财政政策是指政府加大公共投资和政府购买，并利用相关政策鼓励私人增加消费，例如利用适度的通货膨胀使居民的实际工资下降，进而促进消费。

3. 新自由主义对经济危机的研究

随着通货膨胀与失业并存的"滞胀"爆发，凯恩斯主义受到质疑，而出现了以反对政府干预为主要观点的新自由主义。新自由主义强调"看不见的手"调节下的自由竞争的重要性，认为经济危机是由于政府采用凯恩斯主义对市场进行过度干预而产生的。而由于研究视角的不同，新自由主义中可分为不同的学派。下面将对其中有代表性的货币学派和供给学派关于经济危机的研究观点进行归纳和梳理。

以弗里德曼（Friedman）为代表的货币主义以货币数量论为核心，认为由收入、边际资本产出、通货膨胀率以及个人偏好共同决定的货币供给量对经济危机的产生具有决定性作用。当货币发行量高于生产产品总价值时，通货膨胀就会产生。但是，由于自然失业率的存在，通货膨胀率与失业率之间不存在替代关系，因而凯恩斯主张利用通货膨胀率降低失业率的举措只能导致"滞胀"。而对于"滞胀"的解决措施，应采用只以货币供应量为唯一调节因素的货币政策，保证货币供应量与经济增长之间保持同步。这种观点对于缓和资本主义矛盾具有积极作用，但忽视了失业的产生以及解决方法。

供给学派反对凯恩斯主义需求创造供给的论断，认为需求不一定创造供给，可能造成通货膨胀，影响社会经济主体对储蓄和投资的预期，从而产生经济危机。因此，经济危机产生的根本原因是供给缺乏，应通过减税、削减政府开支等措施提高社会供给，避免经济危机。

新自由主义还包括弗莱堡学派、理性预期学派和公共选择学派等，其都认为经济危机的产生是由于政府遵循凯恩斯主义，对经济过度干预导致，应反对政府干预，提倡市场自由竞争。但是，新自由主义在对"滞胀"现象做出相应的原因诠释和解决路径分析的同时，也带来了一系列新的问题。例如，新自由主义下，由于资本家对超额利润的追求，资本的投入重点由实体经济转向金融项目。这对于居民而言，能够依靠透支消费提前满足远期需求；这对于资本家而言，能够提前支取远期收益。但是，一旦其中一项资金链断裂，就会产生连锁反应，进而爆发经济危机。

4. 其他学派对经济危机的研究

（1）外生因素论。外生因素论认为经济危机与经济周期波动产生的根源在于经济体系之外的因素，如太阳黑子、政治事件等。例如，威廉姆·斯坦利·杰文斯（William Stanley Jevons）的太阳黑子理论认为，太阳黑子这一自然因素的周期性变化引起地球气候的变化，对农业收成产生影响，而农业部门的减产将引发其他部门的一系列连锁反应，与之相关的工业、商业等部门将随之收缩，进而引起整个经济的萧条。政治经济周期理论则从政府换届、政府政策等角度来解释经济周期性波动和危机产生的原因。

（2）创新理论①。创新理论是由约瑟夫·阿洛伊斯·熊彼特（Joseph Alois Schumpeter）提出的。他认为，经济周期是企业创新的结果，创新是指提供新产品或劳务、引进新方法、采用新原料、开辟新市场和建立新企业组织形式等行为。创新可以提高生产率、增加利润、引起投资增长，从而刺激经济增长。同时，创新也使经济活动形成从"繁荣"到"衰退"的周而复始的变化。尽管创新是某些企业家在一个较短时间内进行的，但是，一旦创新得以实现，创新就会使得大量企业相继模仿、效法，形成"创新浪潮"。创新浪潮的出现主要以投资活动的迅速增加为标志，从而引起银行信用和需求的扩大，于是经济出现高涨。随着创新的逐渐普及，一方面企业创新利润减少，甚至消失，另一方面企业偿还贷款，必然引起信用收缩、需求减少。这时如果没有新的创新出现，就会出现经济萧条。由于创新活动不可能经常出现，所以经济活动的周期性波动也就不可避免。

（二）马克思主义经济学对经济危机理论的研究

马克思从唯物主义历史观出发，认为资本主义经济危机是资本主义生产方式的特定历史现象，也是资本主义制度历史性的表现。经济危机的根源在于资本主义社会的基本矛盾，即生产的社会化与生产资料私人占有之间的矛盾。资本主义的基本矛盾首先表现为个别生产的有组织性和整个社会生产的无政府状态之间的矛盾。马克思用生动的语言说明了经济危机的表现和原因："棉布充斥，形成市场停滞，工人当然需要棉布，但是他们买不起，因为他们没有钱，而他们之所以没有钱，是因为他们不能进行继续再生产，而他们不能进行继续再生产，是因为棉布已经产的太多了。"②

随着世界经济的发展，统一的世界资本再生产运动的形成，使资本主义的商品和货币关系在世界范围内展开，为世界经济危机的爆发提供了可能性。资本主义国家经济内部基本矛盾的普遍激化，为各国爆发生产过剩的危机创造了条件，但并不等于一定会形成世界性经济危机，只有当世界范围内资本主义基本矛盾激化时，世界性经济危机才会爆发。

机器大工业在各主要资本主义国家经济中统治地位的确立，使这些资本主义国家的生产能力有了空前的增长。这一方面要求使用越来越多的原料；另一方面又生产出越来越多的产品，需要不断扩大市场，最终资本流通和社会再生产过程超越一国范围，形成生产国际化。生产的国际化、广阔的世界市场以及世界市场上的激烈竞争，促使资本主义国家不断扩大资本积累的规模，改进生产技术，提高劳动生产率，从而发展了资本主义生产无限增长的趋势。然而处于需求端的生产者和工人，其购买力的增长和需求是有限的，世界范围内的生产过剩不断积累，最终必然爆发世界性生产过剩危机③。

资本主义危机"永远是现有矛盾的暂时的暴力的解决，永远只是使已被破坏的平衡得到瞬间恢复的暴力的爆发"④。可以说，资本主义经济危机的解决完全是靠强制方式来达到资本主义生产下经济比例的平衡，维持生产发展。但是，这样做却不可能从根本上消除经济危机发生的根源。恩格斯说："在危机中，社会化生产和资本主义占有之间的矛盾达到剧烈爆发的地

---

① 崔友平.经济周期理论及其现实意义［J］.当代经济研究，2003（1）：29-34.

② 马克思，恩格斯.马克思恩格斯全集（第26卷）［M］.北京：人民出版社，1997：570.

③ 魏浩.世界经济概论［M］.北京：机械工业出版社，2017：83-84.

④ 马克思.资本论（第二卷）［M］.北京：人民出版社，1975：526-527.

步……经济的冲突达到了顶点,生产方式起来反对交换方式,生产力起来反对已经被它超过的生产方式。"虽然经济危机会在强制的方式下获得解决,但是,这种解决方式同时也在孕育下一次危机,不能从根本上摆脱经济危机的发生。

【相关案例 3-2】

美国次贷危机导致的大衰退

2007年—2009年的经济危机后来被称作"大衰退",这是美国自"大萧条"以来持续时间最长、影响最深远的经济危机。衰退始于巨型地产泡沫的破灭,之后出现了一系列连锁反应——股市崩盘、美国最大的投资银行倒闭、商品价格暴跌、信贷冻结、国际贸易放缓。其后果是900多万所房屋被取消了赎回权,800多万个工作岗位消失。到2009年年底,约3000万人(相当于18%的劳动力)处于失业、就业不足或放弃寻找工作的状态。危机发端于美国,但影响波及全球,许多国家面临着更为严重的衰退和萧条。全球有近3400万人口加入失业大军,受冲击最大的是年轻人和流动工人。东欧、中欧、牙买加、阿根廷的大部分地区都出现了严重的、类似萧条的经济收缩。大部分拉丁美洲国家陷入了深度衰退。

如要寻找大衰退的根源,就应该追溯到美国的"新自由主义"时期。"新自由主义"被用来定义自20世纪70年代以来美国资本主义几十年的发展状况,它既包括自由市场的自由化意识形态,也包括私有化、提高工人工作强度、提高生产率、放松管制等政策措施。

20世纪70年代的"新自由主义革命"在很大程度上推翻了"大萧条"之后政府对金融资本的监管机制。政府放松管制,金融部门的自主权不断提升,这为金融产品的爆发性增长开辟了道路,推动了全面"证券化"进程,即将抵押贷款和养老金等各种债务转变为可公开交易的金融工具。利润率增长过快,资本急需其他投资渠道,为获得更高的回报,金融机构越来越倾向于在传统领域之外找寻更复杂的金融投资组合。任何债务都可以重新打包成"证券",即可交易的金融资产。"抵押贷款证券"是一种将抵押贷款捆绑在一起的金融产品,后来成为引发大衰退的罪魁祸首。

高水平投资推动了房地产市场的繁荣。虽然房产价格上涨,但抵押贷款利率低,拥有房屋产权不再是很多人的奢望。此时,银行开始强力推出"次级抵押贷款"。次级抵押贷款几乎不需要购房者提供首付,并且避开了贷款的严格条件。次级抵押贷款的初始利率低,刺激了人们对贷款的需求,但随后次贷利率迅速上涨。工薪阶层错误地以为房产价值将无限期上升,以为他们可以在利率升高前再融资。与此同时,投资者对抵押贷款证券的需求刺激了银行发行更多的抵押贷款,银行将贷款分割,重新打包销售,从中收取巨额服务费。银行极力推动这种掠夺性贷款,导致次级抵押贷款占抵押贷款的比例从2003年的8%上升到2005年的20%以上。

在抵押贷款出现爆发性增长的同时,投机者的投机行为刺激了对房地产的需求,房价开始上涨。投机者用次级抵押贷款购置大量房产,由于这类贷款不需要支付太多首付,因此即使房价上涨,投机者也可以继续购房。房地产向我们充分展示了经典投机泡沫(商品交易价格极度膨胀)的发展过程。在2005年泡沫高峰时期,美国房产总估价是国内生产总值的145%。

房地产价格和利率飙升,工人阶级不再有能力购房,对新建住宅的有效需求下降。房地

⊖ 马克思,恩格斯. 马克思恩格斯全集(第20卷)[M]. 北京:人民出版社,1995:301.

产销售量锐减，需求的下降拉低了房价和房产净值。银行原来寄希望于美国穷人去购买住房，现在开始上门索债。转折点已经到来，泡沫即将破灭。房地产供给过剩问题越来越严重，抵押贷款产品创新浪潮即将结束。2006年第三季度，名义房价同比下降。部分浮动利率贷款开始调整利率，抵押贷款因风险管理不善而恶化。过热的房地产市场开始出现抵押贷款违约现象，房屋开始空置，对房价构成了下行压力，大量在建项目取消。仅在2007年就减少了20多万个建筑工作岗位。

毫无疑问，生产过剩的现实盖过了金融投机的狂想。华尔街炮制投资组合的用意就是收取费用。而大量违约案例的出现使金融机构的抵押贷款服务费流失，导致华尔街投资组合方案破产。截至2007年年底，取消抵押品赎回权案例达到100万件，同比增长近一倍。对抵押贷款证券的需求急剧下降，投资者被迫亏本出售。房价下行导致房产净值下降，工人贷款额度变少，进一步挤压了消费支出。

债务过度扩张与房地产等资产价值膨胀都是金融体系内的普遍现象，只不过这次矛盾首先在金融体系最薄弱的地方——次级抵押贷款市场爆发。当资本家们不得不着手处理被高估的资产时，源于美国次贷市场的危机很快演变成了全球金融信贷危机。随之而来的是股价暴跌、商业地产陷入困境、公司负债累累且无法获得或释放足够的现金。

资料来源：哈达斯·蒂尔，车艳秋，张蕙莹. 大衰退十年之后［J］. 国外理论动态，2019（12）：32-39. 节选.

本章小结

（1）国家经济安全理论的溯源。国家经济安全思想具有丰富的理论渊源，国家经济安全观在马克思主义理论、重商主义理论、自由贸易理论、幼稚产业保护理论、战略性贸易理论、依附理论和全球化理论中均有体现。

（2）西方经济学对经济危机的相关理论研究。①古典经济学对经济危机的研究经历了由全面否定资本主义经济危机到逐步认识到资本主义经济危机存在的转变。②凯恩斯主义认为有效需求不足是形成经济危机的根本原因。③新自由主义强调"看不见的手"调节下的自由竞争的重要性，认为经济危机是由于政府采用凯恩斯主义，对市场进行过度干预而产生的。其中，货币学派认为货币供给量对经济危机的产生具有决定性作用，供给学派则认为经济危机产生的根本原因是供给缺乏。④外生因素论认为经济危机与经济周期波动产生的根源在于经济体系之外的因素，如太阳黑子、政治事件等。⑤创新理论认为企业创新使经济活动形成从"繁荣"到"衰退"的周而复始的变化。

（3）马克思主义经济学对经济危机的相关理论研究。马克思从唯物主义历史观出发，认为资本主义经济危机是资本主义生产方式的特定历史现象，也是资本主义制度历史性的表现。经济危机的根源在于资本主义社会的基本矛盾，即生产的社会化与生产资料私人占有之间的矛盾。

本章荐读书目

［1］魏浩. 世界经济概论［M］. 北京：机械工业出版社，2017.

［2］郑宇. 开放还是保护：国家如何应对经济危机［J］. 世界经济与政治，2018（12）.

［3］江涌. 金融安全是国家经济安全的核心：国际金融危机的教训与启示［J］. 求是,2009（5）.
［4］中共中央党史和文献研究院. 习近平关于总体国家安全观论述摘编［M］. 北京：中央文献出版社,2018.
［5］孙伊然,何曜,黎兵. "入世"20年中国经济安全观的演进逻辑［J］. 世界经济研究,2021（12）.

本章复习思考题

1. 简述战略性贸易理论的国家经济安全观。
2. 凯恩斯主义认为经济危机的成因是什么？
3. 简述货币学派关于经济危机的主要观点。
4. 简述全球化理论的国家经济安全观。
5. 简述马克思主义经济学关于经济危机的主要观点。

第四章

国家经济安全的监测预警

【本章关键词】

（1）国家经济安全状态 （2）国家经济安全状态转化 （3）国家经济安全监测 （4）国家经济安全预警 （5）国家经济安全监测预警方法 （6）国家经济安全监测预警体系

【导入案例】

四大信号预警：全球经济衰退风险加剧

2022年，全球经济所面临的危机可能才刚刚开始。越来越多的经济衰退信号开始浮现，2022年以来，美联多次加息，进一步引发市场风险。

作为经济衰退的信号之一，美债收益的曲线已经接近于倒挂，即短期收益率高于长期收益率。欧洲则由于对俄制裁引火烧身，油气价飙升，引发全球大宗商品危机，再加上欧洲央行对严重的通胀采取鹰派立场。业内人士担心，四大信号（美联储货币收紧冲击，大宗商品价格持续飙升，美债收益率曲线接近倒挂，资金加速逃离欧洲）可能预示着全球经济即将陷入衰退，而且这四大信号正同时出现。此外，粮食危机还有可能加剧经济衰退。

1. 美联储货币收紧冲击

2022年3月，美国通胀达7.5%，创下40年来新高。为了应对通胀，美联储箭在弦上，不得不发。市场普遍预期，2022年3月份第三周将加息至少25个基点（1个基点相当于0.01%）。高通胀压力下，市场预期美联储将采取更加激进的加息幅度。美联储主席鲍威尔也表示，如果通货膨胀率居高不下，则准备在未来几个月持续加息。

目前动荡的局势已经影响了经济增长前景，市场开始担心，美联储的加息举动可能会像20世纪七八十年代的"沃尔克时刻"。沃尔克曾自1979年起担任美联储主席，彼时美国接连遭遇两次石油危机冲击，全国陷入高通胀、高失业、低增长的滞胀危机，美元与金融体系摇摇欲坠。

高盛集团经济学家指出，2023年美国经济衰退的可能性高达35%，出于对飙升的油价和俄乌局势的担忧，高盛集团已经下调了美国经济的增长预期。美国银行也指出，尽管目前经济低迷的风险不大，但2023年会非常高。

2. 大宗商品价格持续飙升

西方世界对俄制裁引火烧身，油气价飙升，引发全球大宗商品危机，并有可能引发经济衰退风险。2022年3月，随着俄乌冲突持续及西方对俄罗斯的制裁，油价升至近14年来高位，天然气价格接近历史最高水平，小麦和铜价接近历史高位，镍价上涨一倍，迫使伦敦金属交易所暂停交易，大宗商品市场的疯狂波动已成为常态。

一些投资者认为，可预见未来大宗商品的价格仍将居高不下，这将严重影响经济增长。

相关从业人士表示：目前所处的经济环境非常独特，因为需求和供给冲击同时存在，所以即使地缘政治紧张局势有所缓和，大宗商品的需求仍可能保持强劲，如电动汽车电池生产需要的铜和镍等金属。通胀预期正在上升，而增长预期正在下降。加拿大皇家银行资本市场首席美国经济学家波切利表示，能源价格上涨对经济增长的影响正变得越来越大，房租、食物和汽油等基本支出正在越来越多地消耗居民可支配收入。

另一个不容忽视的危机则来自全球粮食供应。俄罗斯和乌克兰的供应量占全球小麦贸易总量的近30%，小麦价格一度飙升至历史新高，化肥也出现了供应短缺，玉米、大豆和植物油的价格也在快速上涨。世界粮食计划署表示，处于饥荒边缘的人数已从2019年的2700万跃升至2022年的4400万。

3. 美债收益率曲线接近倒挂

长期以来，债券市场近期和远期收益率的差值预示着经济衰退是否到来，而美国的债券收益率曲线即将倒挂。作为经济衰退的信号之一，美债收益率曲线接近倒挂是经济衰退的有效先行指标，因为这表示市场对当前经济信心不足，转而购买远期国债。

最新数据显示，美债10年期收益率与2年期收益率的差值为25个基点，已较2022年初的89个基点大幅缩窄，与2021年3月经济增长乐观时期162个基点相比更是天差地别。历史上看，收益率曲线发生逆转后大概一年左右就会出现经济衰退，仍在持续的俄乌局势正加速经济衰退的风险。

4. 资金加速逃离欧洲

欧洲可能更早发生经济衰退，因为地理位置相近，且能源依赖于俄罗斯，更易受战争风险影响，而现实也恰恰如此，资金正大量从欧洲股市中撤出。EPFR Global 数据显示，截至2022年3月9日，欧洲股票基金流出135亿美元。瑞银（UBS.US）全球财富开始调低欧元区的股票评级；东方汇理银行认为，欧洲可能会出现暂时的经济衰退和企业利润下滑。

资料来源：姚波. 四大信号预警！全球经济衰退风险加剧［EB/OL］.（2022-03-14）［2022-09-01］. https：//www.chnfund.com/article/AR20220313060044726. 有删减和修改.

第一节 国家经济安全状态及其转化

一、国家经济安全状态的划分○

一般认为，一国经济整体或局部都可能处于安全、潜在非安全、显在非安全、危机中的某一种状态。相应地，国家经济安全状态的监测预警应主要评价一国经济整体或局部、目前或今后将处于哪一种安全状态。如果要形象地定义"安全""潜在非安全""显在非安全"与"危机"，可将"安全"定义为经济安全状态或趋势处于"绿灯区"，将"潜在非安全"定义为经济安全状态或趋势处于"浅黄灯区"，将"显在非安全"定义为经济安全状态或趋势处于"深黄灯区"，将"危机"定义为经济安全状态或趋势处于"红灯区"（见表4-1）。其中，"潜在非安全"主要是指经济中发生了不利于国家经济安全的"问题"，但还没有出现"显在非安全"的局面；"显在非安全"主要是指经济中出现了明显的不安全局面。

○ 雷家骕. 国家经济安全：理论与分析方法［M］. 北京：清华大学出版社，2011：276-277.

表 4–1　国家经济安全状态的划分

安全状态	安全	潜在非安全	显在非安全	危机
区域划分	绿灯区	浅黄灯区	深黄灯区	红灯区

二、经济领域安全状态的界定

（一）国内经济领域安全状态的界定

从整体来看，国内经济领域也可分为安全、不安全、危机三种状态。

1）"安全"是指一国经济系统各重要子领域的安全，主要涉及宏观经济、战略资源、重要产业、财政金融、生态环境、信息网络等领域的安全问题。

2）"不安全"是指一国经济系统各重要子领域的不安全，即存在某些因素或问题导致相关子领域的运行偏离了正常轨道。

3）"危机"是指不安全的极端情况，即一国经济某个或某些重要子领域发生了危机，这个或这些子领域受到某些问题的冲击，其运行或发展出现了重大问题，偏离了正常轨道，甚至遭受了重大损失。

（二）国际经济领域安全状态的界定

国际经济领域同样可以划分为安全、不安全、危机三种状态。

1）"安全"是指一国拥有较为有利的国际经济环境，与其他国家有着较为正常的经贸及投资关系，占有较为适当的国际资源和产品市场份额；与此同时，发生于他国的经济问题没有伤及本国的经济运行与发展，也没有危害到本国的海外资产与企业经营。

2）"不安全"是指存在不利于一国经济发展的国际环境问题，包括一国与其他国家缺乏正常的国际经贸或投资关系，一国正常的国际经贸或投资关系受到干扰，或是一国缺乏适当的国际资源和产品市场份额等。特别是，在贸易保护主义仍然盛行的国际背景下，如果一国存在较高的外贸依存度或投资依存度，其经济的健康运行与稳定增长就更易受到他国经济波动的影响。

3）"危机"是指一国与其他国家或地区发生了直接的经济冲突或对抗，甚至遭受了重大损失，诸如对国际重要资源的获取严重受阻，或其产品的国际市场被其他国家抢占等。这些都可能在较大程度上影响一国经济的运行与增长。

三、国家经济安全状态的转化[一]

在国家经济安全各种风险影响因素的作用下，一国的经济安全状态可能发生从"安全"到"不安全"甚至"危机"的转化。实际转化的过程可能是渐进式的，也可能是跳跃式的。

（一）国家经济安全状态的渐进式转化与跳跃式转化

所谓渐进式转化，是指在各种风险因素作用下，一国的经济安全状态从"安全"到"不安全"直到"危机"的转化是经过各种状态连续变化并顺次实现的。一般来说，经济安全状态连续变化的过程，往往是各种风险因素缓慢恶化并对整个经济安全状态发生作用的结果。

所谓跳跃式转化，是指在各种风险因素的作用下，一国的经济安全状态从"安全"直接跳跃、恶化至"危机"，中间没有经过"不安全"的过渡。经济安全状态的跳跃式转化通常是

[一] 雷家骕. 国家经济安全：理论与分析方法［M］. 北京：清华大学出版社，2011：279-285.

某种风险因素突然恶化的结果,如国内发生重大自然灾害或突发事件、国际经济领域发生激烈的经济对抗甚至升级为全面的经济制裁,从而导致一国经济在短期内受到较大的冲击。

(二)国家经济安全状态转化的尖点突变模型

国家经济安全状态的渐进式转化和跳跃式转化过程可用尖点突变模型描述。

1. 基本假设

假设国家经济安全状态可以用一个状态变量 X 表示。国家经济安全状态 X 受到两个控制变量的作用。一个控制变量是风险因素 U,包括国内经济领域和国际经济领域的风险因素,风险因素 U 是驱使一国经济安全状态恶化的基本动力。另一个控制变量是国家经济的抗风险能力 V,抗风险能力 V 是防止国家经济安全状态恶化的基本能力。

2. 基于尖点突变模型的经济安全状态转化过程描述

基于一国经济安全状态的转化过程,可以建立包括一个状态变量 X、两个控制变量 U 和 V 的尖点突变模型,如图 4-1 所示。

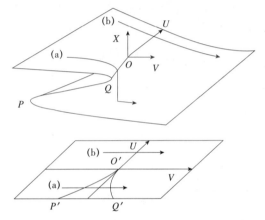

图 4-1 基于尖点突变模型的经济安全状态转化过程图

X 代表状态变量,U 代表风险因素,V 代表抗风险能力。上部曲面为平衡曲面,该曲面为三维坐标系;下部平面为控制空间,平衡曲面中的控制变量 U 和 V 在控制空间形成投影。

平衡曲面包括上叶、中叶和下叶。其中,中叶存在褶皱区,由折痕线 OP 和 OQ 围成,在控制空间对应的为 $P'O'Q'$。平衡点 (X, U, V) 位于平衡曲面的上叶时,代表一国经济处于安全状态,且此时平衡点是稳定的(即系统受到小的扰动仍能保持原有状态)。中叶是过渡区,表示国家经济处于不安全状态。然而当平衡点位于中叶的褶皱区之外时,也是稳定的,即此时的不安全状态是稳定的;平衡点位于中叶的褶皱区时,平衡点是不稳定的,即此时的不安全状态是不稳定的。下叶代表一国经济处于危机状态,此时平衡点是稳定的,即危机状态是稳定的。

当控制变量轨迹如路径(a)所示时,即在控制空间中,控制变量轨迹依次通过 $O'P'$ 和 $O'Q'$,并在通过 $O'Q'$ 时状态变量发生突变,这一过程被称为"跳跃式转化"。其原因在于,在"安全"和"危机"状态之间的"不安全"状态是不可达到的,因此路径(a)表示了国家经济安全状态的跳跃式转化过程。

当控制变量轨迹如路径(b)所示时,即在控制空间中,控制变量的轨迹不经过 $O'P'$ 和 $O'Q'$,经济安全状态的变化是连续的。这表明在适当的控制变量的综合作用下,可能发生国家经济安全状态从"安全"到"不安全"然后到"危机"的连续变化,即形成渐进式转化过程。

3. 经济安全状态"渐变"与"突变"的本质区别

从前述尖点突变模型，我们可以认识到渐变和突变的本质区别。在现实经济生活中，人们往往将缓慢的变化称为"渐变"，而把瞬间完成的、明显的、急促的变化称为"突变"。但实际上，这种经验性认识既不精确也不科学——因为时间是相对的，不同的研究对象有着不同的时间尺度。

从尖点突变模型可以看出，"突变"与"渐变"的本质区别不是状态转化率的不同，即不是转化的时间长短区别，而是状态的转化过程是否是连续的，起止状态间是否存在不稳定的中间状态。在轨迹（b）上，每个状态都是稳定的，因此是渐变过程。而在轨迹（a）上，在突变之前，虽然在上叶的安全状态和下叶的危机状态都是稳定的，但中间状态由于跳跃过程而不能达到，即轨迹（a）不存在稳定的中间状态，因此是突变过程。综上，我们判断经济安全状态的转化是渐进式的还是跳跃式的，不能看状态转化的时间长短，而应看"安全"状态和"危机"状态之间是否有稳定的中间状态存在。如果有，则是渐进式转化过程；如果没有，才是跳跃式转化过程。在实际中，渐进式转化过程一般是控制变量缓慢作用的结果，而跳跃式转化过程既可能是控制变量突然作用的结果，也可能是控制变量缓慢作用的结果。

四、一国经济抵御风险的能力状态[一]

一国经济整体上抵御风险的能力可以划分为强、弱、差三种状态。

（一）抵御风险的能力强

一国经济整体上具有较强的抵御风险的能力，主要表现在：一国的经济发展水平较高、市场经济体系较为完善、政府有足够的能力和手段来调控宏观经济的运行，从而具有较强的风险防范、化解和危机处理能力；该国能及早发现经济中的隐患，消除可能出现的风险和危机，避免因国内或国际上某些问题的演化而使本国经济遭受较大的冲击，避免本国损失过多的国民经济利益。

（二）抵御风险的能力弱

一国经济在整体上抵御风险的能力弱，主要表现在：在一国的经济发展水平、经济运行体制、市场体系建设和政府宏观调控能力中，一个或几个方面出现了不利于整体经济安全的问题和局面，如 GDP 增长缓慢、经济结构失衡、经济制度存在缺陷、政府工作效率低下等。客观地看，如果一国经济抵御风险的能力弱，整个经济系统运行将会缺乏稳健性，对可能出现的风险和危机缺乏防范和调控能力，这就极可能导致一国经济整体上遭受某种程度的损失。

（三）抵御风险的能力差

一国经济在整体上抵御风险的能力差，主要表现在：在一国的经济发展水平、经济运行体制、市场体系建设和政府宏观调控能力中，一个或几个方面出现了极为严重的问题，如经济结构严重失衡、经济运行严重失控、政府失去社会信任等。客观地看，如果一国经济整体上抵御风险的能力差，整个经济系统十分脆弱，对可能出现的风险缺乏基本的防范和化解能力，其发生经济危机的可能性较大。而一旦发生危机，如果政府面对危机束手无策，不能控制各种风险的演化和共同作用，导致危机局面更加恶化、迅速扩散，则一国经济整体上就可能遭受更加严重的损失。

[一] 雷家骕.国家经济安全：理论与分析方法［M］.北京：清华大学出版社，2011：277.

第二节　国家经济安全监测预警的内容

一、国家经济安全监测预警的定义

监测是指对于某一系统目前的运行状态进行实时评价,以发现该系统在运行过程中的各种异常之处,并探寻其发生的成因,为制定相关决策和措施提供时效性较多支撑和依据。也就是说,监测的作用,是为未来状态的变化提供决策支撑;监测的目的,是发现系统的异常之处;监测的方法,是进行实时性系统评价。

国家经济安全监测,是指国家政府机构对于国家经济运行状态进行实时评价,及时发现国家经济运行过程中的各种异常之处,并解释异常发生的原因,为具体经济政策的制定和执行提供相关依据。从方法论的角度来看,经济监测是与国民经济活动同时进行的过程性测度,旨在对国民经济做出综合性观测、分析和评价。

预警是指对于某一系统未来的演化趋势进行预期性评价,以提前发现特定系统未来运行的潜在问题及其成因,为进行相关决策、实施防范和化解措施提供依据,它更多的是面对系统未来状态[1]。预警最早出现在军事领域,然后才逐步转入社会经济生活以及自然生活领域。经济领域的预警从20世纪初开始发展,但其发展较为缓慢,直到20世纪60年代才趋于成熟。冷战结束后,和平与发展成为时代的主题,人们越来越关注经济的发展及安全状况,预警也更多地被应用到经济领域。

国家经济安全预警,是指国家政府机构对于未来国家经济运行的趋势进行预期性评价,对未来经济发展状况、发展趋势特别是是否存在巨大危险进行预测和警告。从方法论的角度来看,经济预警是在对宏观经济预测的基础上,根据事先确定的预警区间,对将来可能发生的经济风险和危机进行预报。

虽然监测和预警在概念上存在区别,但是就国家经济安全监测和国家经济安全预警而言,二者研究的对象是统一的,即为了维护国家经济安全,对所有能够影响国家经济安全的因素既进行即时的分析评价,又进行远期的预判。

二、基于根本性国家经济利益视角的国家经济安全监测预警[2]

国家经济安全,是指国家经济利益不受内部和外部因素的破坏和威胁的状态,尤其是重大和根本的经济利益没有受到破坏和威胁的状态。"重大和根本的国家经济利益"主要是指那些事关一个国家的经济前途和命运的战略利益,而能够对它们构成严重威胁的莫过于基本经济制度变化、经济主权受损和发生经济危机这三个主要方面。这三个方面对国家经济安全至关重要,因此国家经济安全的监测预警也应该考虑这三个方面。

(一)基本经济制度

经济制度是占统治地位的生产关系的总和,而经济体制是一定经济制度所采取的组织结构和表现形式,反映的是经济发展过程中的资源配置方式。国家经济发展属于生产力领域,它涉及经济体制而不涉及经济制度。基本经济制度是把国家经济安全与国家经济发展区分开

---

[1] 聂富强.中国国家经济安全预警系统研究[M].北京:中国统计出版社.2005:8.

[2] 叶卫平.国家经济安全定义与评价指标体系再研究[J].中国人民大学学报,2010,24(4):93—98.

来的重要因素。由于国家基本经济制度属于上层建筑，因此国家经济风险不仅来自于生产力领域，也来自于生产关系领域，生产关系的变化也会影响国家经济安全。

（二）经济主权

经济主权是国家主权在经济领域的反映，对内主要表现为经济发展方针政策的自主制定权、经济活动的管辖权、重要资源和战略产业的控制权等，对外主要表现为国际经济秩序的平等制定权、国际市场的自由利用权等。一国经济主权受损时，国家经济发展不一定会受到影响，但国家经济安全会出现重大隐患。在20世纪80年代，拉丁美洲国家实行依附型经济发展模式，由于盲目引进外资发展经济，虽然一度取得了高速经济增长，但却付出了经济主权受到较大损害的代价。这种情况表明，经济发展不等于经济安全，如果一国在经济发展中经济主权受到严重损害，其经济安全迟早会受到影响。

（三）经济危机

经济危机意味着经济发展的暂时中断，经济危机的风险状况还把国家经济安全与国家经济稳定区别开来。国家出现经济不稳定并不等于出现经济危机。从两者产生的原因来看，导致经济不稳定的因素相对要多一些，但影响程度较小；导致经济危机的因素相对要少，但影响程度却要大很多。在两者的应对手段上，治理经济不稳定主要靠宏观调控中的经济、法律等措施，而治理经济危机则主要靠宏观调控中的计划、行政等措施。在实现机构上，维持国家经济稳定主要靠宏观经济部门，而应对国家经济危机除了宏观经济部门之外，还需要有政治、外交乃至国防部门的参加。由于经济稳定成为把经济发展状态与经济危机状态隔离开来的中间区域，因此不能把一般的经济发展问题笼统地归于经济安全问题。

三、基于经济不同层面视角的国家经济安全监测预警[①]

（一）宏观层面：国家经济安全

宏观层面的国家经济安全，是指主权国家的经济发展和经济利益不受外部和内部的威胁，并保持稳定、均衡和持续发展的一种经济状态。它包括两个方面：一是国内经济安全，即一国能够化解各种潜在风险，保持经济稳定、均衡、持续发展的状态和能力；二是在国际关系中的经济安全，即一国经济主权不受侵犯，经济发展所依赖的资源供给不受外部势力控制，国家经济发展能够抵御国际市场动荡和风险的冲击。宏观层面国家经济安全的本质是，在经济全球化过程中，一国经济适应外部环境的变化并能保持持续稳定发展的能力。

（二）中观层面：产业安全

产业安全主要出现在外资进入国内市场和本国对外投资过程中。所谓产业安全，主要是指主权国家的产业发展及其市场经济利益不受外部威胁和内部失衡影响而保持稳定、均衡和持续提升的一种产业景气状态。维护国家产业安全主要面临两个方面的风险：一是因引进外资而被外资优势所利用，进而发展到出现外资控制甚至垄断国内某些产业的倾向，从而对国家经济安全产生威胁，出现产业风险。它涉及的范围包括金融安全、信息安全、人才安全、幼稚产业保护等。二是随着本国对外投资的深入，进出口相关产业因受到国际市场挑战与冲击，出现产业利益受到侵害。它涉及的范围包括能源安全、资源安全、贸易安全等。产业安全的本质是，在参与经济全球化、市场让渡与分享的过程中，一国产业适应内外部环境变化并能保持持、续稳定发展与提升的能力，即产业竞争力的强与弱。

[①] 曾繁华，曹诗雄.国家经济安全的维度、实质及对策研究［J］.财贸经济，2007（11）：118-122.

(三) 微观层面：企业技术安全

技术创新与技术安全是政府和学术界共同关注的热点与焦点。企业技术能力是企业赖以生存和做大做强的根基，更是国家产业提升的关键。技术安全是指企业在经营发展过程中不受外部技术控制、垄断的影响而保持持续稳定发展并不断壮大的一种技术提升状态。企业技术安全的本质是企业技术自主创新能力的强弱及其拥有核心技术的多寡，因此企业技术安全的监测预警目标主要有两个：一是防止因企业自主创新能力较弱而出现自主技术供给不足的现象；二是防止因来自外部的技术控制、封锁与垄断及企业被并购而出现外部技术供给失效和民族工业技术（包括品牌、人才等）流失等情况。

四、基于一国经济不同子系统视角的国家经济安全监测预警①

（一）对国内经济领域安全的监测预警

对国内经济领域安全的监测预警主要是指对影响国家经济安全的国内经济关键领域和重要相关领域安全态势进行的监测预警。就关键领域而言，需要重点关注的主要是战略资源安全、关键产业安全、财政安全和金融安全方面；就重要相关领域而言，需要重点关注的主要是人口与就业、科技发展、信息安全和生态环境等方面。关键领域对国家经济安全的影响较大，重要相关领域会不同程度地影响一国经济安全态势。因此，对这两个方面的现状、趋势和存在的问题进行监测预警是十分必要和重要的。国内经济关键领域和重要相关领域安全的监测预警内容见表4-2。

表4-2 国内经济关键领域和重要相关领域安全的监测预警内容

领 域		监测预警内容
国内经济关键领域	战略资源安全	关键前沿技术、高级专门人才、有效耕地、粮食储备、石油资源与供给、水资源与供求管理、国家外汇储备
	关键产业安全	高关联性制造业，如汽车制造业等；基础制造业，如新材料、机床、微电子器件等；装备制造业，如电气机械及器材制造业（如通信设备）、石化及其他工业专用设备制造业等；支柱性制造业，现阶段如机械、电子等行业
	财政安全	影响税收稳定增长的问题，影响财政量入为出的问题，影响财政资金安全运行的问题，国家债务的增长及国民经济承载能力的现状、趋势与问题
	金融安全	影响银行信用的问题，影响交易支付和结算流畅性的问题，影响资金从供应者向需求者转移的问题，影响资本市场稳定性的问题，影响金融国际竞争力的问题，金融安全现状、趋势与问题
重要相关领域	人口与就业	人口增长的规模、结构与质量；就业与失业的比例关系
	科技发展	科技基础及科技资源占有和保护状况；科技发展的国际差距
	信息安全	经济科技信息私密性的保护情况；经济科技信息可靠性的保障情况；前两者对于国家竞争力的保障情况
	生态环境	环境污染情况；生态恶化情况；环境污染、生态恶化对于经济稳健增长、持续发展的影响

---

① 刘斌. 国家经济安全保障与风险应对［M］. 北京：中国经济出版社，2010：237-238.

（二）对国际经济领域安全的监测预警

对国际经济领域安全的监测预警主要是对影响一国经济安全的国际经济因素的现状、趋势、问题及其影响的监测预警，主要涉及国际经济关系、国际市场参与程度、国际资本影响、国际负债影响等方面。国际经济关键领域和重要相关领域安全的监测预警内容见表4-3。

表4-3　国际经济关键领域和重要相关领域安全的监测预警内容

领　域	监测预警内容
国际经济关系	本国与其他国家之间的经济利益矛盾，特别是贸易纠纷、贸易制裁等；个别强国对本国施加的经济霸权主义；与强国、大国、区域经济组织及国际经济组织的关系，特别是与美国、世界银行、WTO、欧盟、东盟（东南亚国家联盟）等的关系
国际市场参与程度	整个经济特别是关键部门的外贸依存度；本国重要资源和产品在国际分工中的地位
国际资本影响	国外在本国的投资规模、结构、产权形式及其对本国经济稳健增长、持续发展可能产生的影响；是否面临国际游资的冲击，其可能造成的影响；国外资本返流对于本国经济的影响
国际负债影响	对外负债规模及结构；何时会面临国际偿债高峰；本国经济对于国际负债的承载能力

（三）对一国经济整体抗风险能力的监测预警

对一国经济整体抗风险能力的监测预警主要是对反映在经济发展阶段、市场体系完善程度及政府宏观调控能力等方面的经济整体抗风险能力进行监测和预警。对一国经济整体抗风险能力的监测预警内容见表4-4。

表4-4　对一国经济整体抗风险能力的监测预警内容

领　域	监测预警内容
经济发展阶段	反映经济总量的GDP和人均GDP；产业结构；企业竞争能力，特别是技术创新能力；金融业的发达程度
市场体系完善程度	企业产权制度的现代化程度；资本市场的现代化程度；整个社会的法制化程度
政府宏观调控能力	政府组织效率及其行为方式；政府决策、政策对于经济的调节效率及其实际效果

（四）重大冲突对国家经济安全影响的监测预警

重大冲突对国家经济安全影响的监测预警，即对发生事关国家经济安全的重大冲突的可能性和发生重大冲突可能对本国经济安全态势产生的负面影响进行监测预警，必要时，也可以附带监测第三方国家发生重大冲突的可能性以及给本国经济带来的机遇、挑战和风险。对重大冲突及其对本国经济安全影响的监测预警内容见表4-5。

表 4-5　对重大冲突及其对本国经济安全影响的监测预警内容

领　域	监测预警内容
本国国内	发生以经济要求为目的或以非经济要求为目的的社会动荡、重大自然灾害、剧烈政策变动的可能性；某些冲突如果发生，可能对本国经济安全造成的影响，哪些影响是直接的，哪些影响是间接的
国家之间	国家或区域之间发生战争、经济制裁、敌意经济行为的可能性；关联经济体发生经济突变的可能性；如发生冲突，可能对本国经济安全造成的影响，哪些影响是直接的，哪些影响是间接的
其他国家	市场或资本相关的其他国家是否会发生某些重大冲突；如发生冲突，可能给本国经济带来的机遇、挑战和风险

需要强调的是，国家经济安全态势的监测预警，除了需要重视前述四个方面外，还需要准确分析和把握这四个方面的相互联系和作用机理，从而实现对一国经济安全的整体监测和预警。这就需要研究各个领域的风险因素是如何相互作用的，深入理解风险与抗风险能力的矛盾运动，从而准确分析和把握影响一国经济发展基础稳固性、经济健康运行、经济增长稳健性、经济发展可持续，以及影响一国在国际经济中的自主性、自卫力和竞争力等的问题。

第三节　国家经济安全监测预警体系的构建

一、构建国家经济安全监测预警体系的原则和要求[1]

（一）构建国家经济安全监测预警体系的原则

构建国家经济安全监测预警体系，理论上需遵循以下原则：

（1）预知性。预知性是指能够通过对有关信息及数据的分析、跟踪、预测，发现现存的和潜在的问题，发出预警信号，以防患于未然。

（2）及时性。及时性是指监测预警体系能及时发现问题并预警，避免因错失控制危机的时机而导致更大的损失。

（3）准确性。准确性是指监测预警体系必须反映经济运行过程中的各种规律，确切提出存在的现实问题，避免由于使用失真的材料或错误的方法而得出错误的结论。

（4）完备性。完备性是指监测预警体系应能全面收集与经济安全相关的各类信息，基于不同角度、不同层面系统分析经济安全的发展态势。

（5）连贯性。连贯性是指为保证危机预警分析不会因孤立、片面而得出错误结论，当期的分析应以上一期的分析为基础，紧密衔接，确保危机预警分析的连贯和准确。

（二）构建经济安全监测预警体系的要求

1）国家经济安全监测预警体系应具备极高的权威性与极强的综合能力[2]。只有国家经济安全监测预警体系具有极高的权威性，才能保证及时、全面地收集到真实的、第一手的信息，

---

[1] 刘斌.国家经济安全保障与风险应对［M］.北京：中国经济出版社，2010：235-236.

[2] 赵英.超越危机：国家经济安全的监测预警［M］.福州：福建人民出版社，1999：38.

才能及时了解真实的情况,才能及时并且有力度地对各类利益要求予以协调、平衡、综合,做出符合国家最大利益的决策,并使决策被有效地贯彻执行,才能调动各类国家安全手段,为国家经济安全战略服务。极强的综合能力,不仅是指能够及时综合各方面信息和意见,对国家经济安全状况做出综合分析、判断,还意味着在分析、判断经济安全状况并做出决策时,应当尽可能做到客观、中立,不带色彩,站在整个国家的角度去思考和决策。

2)经济安全监测预警体系应以国家的法律为依据。离开了法律的框架,将难以保证得出的分析结论被用于实践。

3)经济安全监测预警体系需具备实用性和操作性。实用性要求尽量搜集以往的经验数据,力求多层次、多视角选择评价指标,确认与经济风险具有显著联系的变量,指标方便实用,对各种经济类型和经济模式均有普遍的指导意义。操作性要求尽量从广泛的经济信息及产业的具体运行过程中获取相关可靠信息,操作简单方便。

4)经济安全监测预警体系的建设,既要包括硬系统的建设,也要包括软系统的建设。硬系统是指信息处理中心、信息资料库和专家库等;软系统是指风险的识别和测度指标体系、预测模型以及对策系统等。

二、国家经济安全监测预警指标体系的构建原则和框架

(一)国家经济安全监测预警指标体系的构建原则[一]

为了监测经济安全的运行状态,必须通过建立指标体系来衡量和评价其运行情况,指标体系的构建需要遵循以下原则:

(1)科学性原则。科学性原则即指标体系的设置要符合经济体系运行的特点、性质和内在关系,以科学理论为依据设定监测预警指标体系,指标体系的层次划分应符合监测预警管理的目标,能够全面、真实地反映经济运行的效果及存在的问题。

(2)可比性原则。可比性原则即指标体系的设置在计算口径、计算范围和计算方法等方面满足一致性要求,各项指标能够有效反映风险的相关度,指标之间可以相互比较和有机综合,从而反映不同层次的经济安全状况。

(3)全面性原则。全面性原则即指标体系要充分考虑国家经济安全的各个层次,建立一个完整、全面、结构有序、层次分明的指标系统,系统中的各项指标能够相互补充、相互配合,从而比较全面地反映复杂的国家经济安全的全貌。

(4)可行性原则。可行性原则即指标体系的设置要具备可操作性,尽量选取可以量化的指标群,保证数据来源准确、可靠,并且数据质量能够满足监测预警所必需的精度要求,以保证评价工作的顺利开展以及监测预警的准确识别。

(5)开放性原则。开放性原则即指标体系在保持基本稳定的前提下应具有一定的开放性,可以根据不同的要求对指标体系进行修改和增减,在指标数量和指标内容上进行适当调节。

(6)关联性和独立性的统一性原则。关联性要求每一项指标都能从某一个角度正确地反映经济安全的内容及其状态,独立性要求尽量减少各指标之间的重叠区域。指标间的这种既关联又独立的关系是辩证统一的,独立性使得相互关联的指标各具特色,关联性使得相互独

[一] 刘斌.国家经济安全保障与风险应对[M].北京:中国经济出版社,2010:240.

立的指标关联为一个整体,服务于监测预警体系。

(7)超前性原则。超前性是指在造成重大损失之前就能成功预测出经济中的安全隐患,并且足够提前[1]。

(二)国家经济安全监测预警指标体系的框架[2]

基于一国经济系统不同子系统的视角,国家经济安全态势监测预警的内容主要从国内经济领域、国际经济领域、一国经济整体上的抗风险能力和发生重大冲突的可能性四个方面进行研究。因此,国家经济安全监测预警指标体系的建立,可以从这四个方面出发,将国内经济安全、国际经济安全、经济抗风险能力和重大冲突及其影响作为一级指标,并向下构建二级指标、三级指标,形成完整的国家经济安全监测预警指标体系。

为了更好地理解国家经济安全监测预警指标体系的构建,我们将国内经济安全(A)、国际经济安全(B)、经济抗风险能力(C)和重大冲突及其影响(D)作为4个一级指标,并向下构建27个二级指标、58个三级指标。各一级指标包含的二级和三级指标见表4-6~表4-9。

1. 国内经济安全监测预警指标

国内经济安全(A)是国家经济安全监测预警指标体系中的第一个一级指标,在此基础上,国内经济安全监测预警指标体系共包含9个二级指标22个三级指标,具体见表4-6。

表4-6 国内经济安全监测预警指标体系

一级指标	二级指标	三级指标
国内经济安全（A）	A1——产业安全系数	A11——重点行业安全 A12——外资企业市场占有率 A13——重点产业（外资企业）市场占有率 A14——高新技术产业（外资企业）市场占有率
	A2——物价指数	A21——消费物价指数 A22——生产物价指数
	A3——财政赤字率和国债负担率	A31——财政赤字率 A32——国债负担率
	A4——货币供应量	——
	A5——金融系统指数	A51——商业银行不良贷款比重 A52——银行资本充足率 A53——银行业开放度
	A6——资源安全系数	A61——粮食总量增长率 A62——人均粮食占有量 A63——石油储备量 A64——缺水率

---

[1] 《中国国家经济安全监测预警及管理体系研究》课题组.国家经济安全状况的监测评价方法研究[C]//第十二次全国统计科学讨论会论文集.北京:中国统计学会,2004:383-397.

[2] 刘斌.国家经济安全保障与风险应对[M].北京:中国经济出版社,2010:241-245.

(续)

一级指标	二级指标	三级指标
国内经济安全（A）	A7——失业率	——
	A8——收入分配	A81——基尼系数 A82——贫困人口比 A83——城乡居民收入差距（倍） A84——城镇居民最高组与最低组的收入之比
	A9——信息安全指数	A91——网络覆盖率 A92——信息系统安全建设投资比率 A93——信息设备国产化率

2. 国际经济安全监测预警指标

国际经济安全（B）是国家经济安全监测预警指标体系中的第二个一级指标，在此基础上，国际经济安全监测预警指标体系共包含7个二级指标21个三级指标，具体见表4-7。

表4-7 国际经济安全监测预警指标体系

一级指标	二级指标	三级指标
国际经济安全（B）	B1——金融风险应对能力指标	B11——外汇储备/短期外债 B12——外汇储备支撑进口时间 B13——外债偿债率 B14——外债负债率 B15——短期外债占外债总额的比重
	B2——汇率	B21——本国汇率变动幅度 B22——美元汇率波动幅度
	B3——产业对外依存度	B31——出口贸易对外商直接投资企业的依存度 B32——利用外商直接投资占GDP的比重
	B4——资源对外依存度	B41——主要生产资料对外依存度 B42——石油进口依存度 B43——有色金属矿业的外贸依存度
	B5——重点品牌对外依赖度	B51——重点品牌外资控制率 B52——外资畅销品牌的市场份额 B53——对国外高新技术产品的依赖度
	B6——外贸外资指标体系	B61——对外贸易综合依存度 B62——出口综合集中度 B63——进口综合集中度 B64——外资的综合依赖程度 B65——外资综合集中度
	B7——贸易摩擦	B71——本国遭受反倾销新立案件数占全球反倾销新立案件总数的比重

3. 经济抗风险能力监测预警指标

经济抗风险能力（C）是国家经济安全监测预警指标体系中的第三个一级指标，在此基础上，经济抗风险能力监测预警指标体系共包含7个二级指标9个三级指标，具体见表4-8。

表 4-8　经济抗风险能力监测预警指标体系

一级指标	二级指标	三级指标
经济抗风险能力（C）	C1——国家经济保障能力	C11——GDP 占世界 GDP 总量的比重 C12——GDP 实际增长率 C13——能源综合保证系数
	C2——社会保障支出比重	C21——社会保障支出占当年国内生产总值的比重
	C3——国防规模综合实力	C31——每年国防费用增长的幅度
	C4——政府效能	C41——IMD 的政府效能排名
	C5——企业竞争力	C51——IMD 的企业竞争力排名
	C6——环境可持续性指数	C61——世界经济论坛环境承受能力排名
	C7——技术保障能力	C71——专利申请量占全球 PCT 专利申请量的比重

4. 重大冲突及其影响监测预警指标

重大冲突及其影响（D）是国家经济安全监测预警指标体系中的第四个一级指标，在此基础上，重大冲突及其影响监测预警指标体系共包含 4 个二级指标 6 个三级指标，具体见表 4-9。

表 4-9　重大冲突及其影响监测预警指标体系

一级指标	二级指标	三级指标
重大冲突及其影响（D）	D1——战争领域	D11——参与战争（局部/全面） D12——周边爆发大规模战争
	D2——政治领域	D21——国际社会（包括联合国）对一国进行经济和政治制裁
	D3——社会领域	D31——发生群体性事件
	D4——环境领域	D41——发生严重自然灾害 D42——发生严重环境污染事故

三、构建国家经济安全监测预警体系应该注意的问题

（一）不断修正国家经济安全监测预警体系指标

不同国家对经济安全含义的界定，往往受不同的国情、不同的国家战略目标所制约，即使是同一个国家，也因不同时期、不同环境、不同发展阶段的影响而对经济安全有不同看法。也就是说，国家经济安全监测预警指标体系需要根据一国的现实国情，个人、社会和国家的实际需要，国家经济面临的国内外经济发展环境变化，以及经济安全侧重点的变化，而不断调整。

（二）正确识别国家经济安全面临的普遍性问题与特殊性问题[⊖]

尽管世界各国都面临着国家经济安全问题，但是各国面临的经济的安全、不安全甚至是

⊖ 雷家骕.国家经济安全：理论与分析方法［M］.北京：清华大学出版社，2011：297.

危机问题中，既有普遍性问题，也有一国的特殊性问题。

普遍性问题主要有：经济全球化是世界各国经济安全、不安全甚至发生危机的共同的大背景；世界各国都将维护本国根本的经济利益作为国家经济安全的基本内涵；各国都需要研究自己国家的经济安全问题，研究诸多因素交互作用导致一国经济由安全区进入非安全区、由非安全区进入危机区的机理模型，设计旨在维护国家经济安全的风险防范和化解体系。

与此同时，在发展阶段、经济总量、经济体制、运行机制、政府收支结构、对外经济依存度等方面，各国之间都存在较大差异，例如对甲国经济安全不构成威胁的因素，在乙国则可能危害其经济安全，可见在不同国家，各种风险因素导致不安全以致危机的形成机理也不尽相同。

因此，研究国家经济安全问题，构建一国的经济安全监测预警体系，既需要注意不同国家经济安全构成上的普遍性问题，又需要特别注意特定国家经济安全构成上的特殊性问题，据此建立符合本国自身情况的经济安全监测预警体系。

（三）增强监测预警结果定量分析过程中的客观性[一]

虽然很多国家都高度重视国家经济安全，但是国内外学者对国家经济安全问题的研究尚不够深入，还没有形成较为完善和完整的理论体系。任何风险都有一个逐步显现和不断恶化的过程，度量、评估和预警国家经济安全风险，有助于政府及时测度国家经济安全风险状态，及早发现问题，防患于未然。但是，就国家经济安全监测预警而言，在风险值、风险因素发生概率、风险影响、指标权重确定等方面过于主观是目前研究中普遍存在的问题，因此需要客观、定量地度量和评估国家经济安全风险，最大限度降低人为的主观影响。

（四）重视对国家经济安全长期趋势的监测与预警[二]

因为社会经济系统具有非线性、时滞长和对政策的抵御性较强等特点，往往导致一国经济的"安全隐患"要经过较长时间才会发生显著作用；而"安全隐患"一旦爆发，其影响和后果又是迅速和剧烈的，若等到险情暴露再采取各种手段，可能为时已晚。因此，进行国家经济安全态势的监测预警，应重视对经济安全长期趋势的监测与预警，尽早预测出可能的影响以及危害经济安全的风险因素，以便及时采取相应措施，避免和减缓未来经济可能出现的波动和损失。而要做到这一点，研究者和政府要更多地关注远期经济安全趋势的预警问题。

【相关案例 4-1】

中国国家经济安全指标体系：探索与发展

针对中国国家经济安全指标体系的构建，国内学者自从20世纪90年代后期就开始了持续的跟踪研究，早在1997年就研发了"市场安全、产业安全、金融安全、信息安全"四大类23项指标体系[三]。随着理论界对国家经济安全认识的不断深化，国内学者又相继开发出"国家经济安全监测评估指标体系"[四]和"中国经济安全预警指标系统"[五]。"十二五"期间，综合学术界研究成果并简化提炼指标体系，以经济安全条件和经济安全能力为主线，构建了以"财政

[一] 姜茸，梁双陆，李春宏.国家经济安全风险预警研究综述［J］.生态经济，2015，31（5）：34-38.

[二] 雷家骕.国家经济安全：理论与分析方法［M］.北京：清华大学出版社，2011：319.

[三] 顾海兵.当前中国经济的安全度估计［J］.浙江社会科学，1997（3）：16-18.

[四] 顾海兵，李宏梅，周智高.我国家经济安全监测评估系统的设计［J］.湖北经济学院学报，2006（5）：5-15.

[五] 顾海兵，刘玮，周智高，等.中国经济安全预警的指标系统［J］.国家行政学院学报，2007（1）：49-52；81.

金融、实体产业、战略资源和宏观稳定"为关键领域的三级18项指标体系。"十三五"以来，基于研究的需要和经济形势的变化，学界又对指标体系进行了修正，形成了目前由三级19项指标组成的指标体系㊀（见表4-10）。

表4-10 中国经济安全研究指标体系（2016年修订）

关键领域		关键领域权重	指标	指标权重	下警限	上警限
经济安全条件	财政金融	30%	外债负债率	18%	5%	20%
			短期外债占外债的比重	12%	10%	80%
	实体产业	50%	七大关键产业外资加权市场占有率	10%	10%	30%
			品牌外产比	10%	5%	20%
			外贸依存度	20%	10%	50%
			出口集中度	10%	—	40%
	战略资源	20%	石油外贸依存度	14%	—	40%
			粮食外贸依存度	6%	—	5%
经济安全能力	财政金融	25%	商业银行不良贷款率	11%	—	4%
			商业银行资本充足率	7%	12%	20%
			国债负担率	7%	20%	60%
	实体产业	43%	中国500强企业研发投入比	20%	1.50%	—
			中国PCT专利申请量全球占比	10%	15%	—
			制造业国际竞争力指数	13%	103.2	—
	战略资源	15%	战略石油储备满足消费天数	10%	7	60
			人均粮食产量	5%	350	—
	宏观稳定	17%	GDP增长率	8%	5%	8%
			CPI增长率	5%	3%	5%
			城乡收入比	4%	—	2.5

本章小结

（1）国家经济安全监测预警的含义。国家经济安全监测的含义可以概括为，国家政府机构对于国家经济运行状态进行实时性评价，发现其运行过程中的各种异常之处，并解释异常之处发生的原因，为具体经济政策的制定与执行提供相关依据。国家经济安全预警的含义可

㊀ 顾海兵，李长治. 中国经济安全年度报告［M］. 北京：中国人民大学出版社，2019：177.

以概括为，国家政府机构对于未来国家经济运行的趋势进行预期性评价，预测未来经济状况及判断是否存在重大风险。

（2）国家经济安全状态的划分与界定。一国国内经济领域和国际经济领域的安全状态均可分为安全、不安全、危机三种状态，而一国经济整体上抵御风险的能力可以划分为强、弱、差三种状态。

（3）国家经济安全监测预警的主要内容。基于一国经济系统的不同子系统视角，可以将国家经济安全监测预警的内容分为以下四个部分：①对国内经济领域安全的监测预警，包括国内经济关键领域（战略资源安全、关键产业安全、财政安全、金融安全）和重要相关领域（人口与就业、科技发展、信息安全、生态环境）；②对国际经济领域安全的监测预警，包括国际经济关系、国际市场参与程度、国际资本影响、国际负债影响；③对一国经济整体抗风险能力的监测预警，包括经济发展阶段、市场体系完善程度、政府宏观调控能力；④对重大冲突对国家经济安全影响的监测预警，包括本国国内、国家之间、其他国家冲突的影响。

（4）构建国家经济安全监测预警指标体系。基于一国经济系统的不同子系统视角，将国内经济安全（A）、国际经济安全（B）、经济抗风险能力（C）和重大冲突及其影响（D）作为4个一级指标，并向下构建27个二级指标、58个三级指标，形成完整的国家经济安全监测预警指标体系。

本章荐读书目

[1] 雷家骕. 国家经济安全：理论与分析方法 [M]. 北京：清华大学出版社，2011.
[2] 聂富强. 中国国家经济安全预警系统研究 [M]. 北京：中国统计出版社，2005.
[3] 刘斌. 国家经济安全保障与风险应对 [M]. 北京：中国经济出版社，2010.
[4] 顾海兵，李长治. 中国经济安全年度报告 [M]. 北京：中国人民大学出版社，2019.
[5] 赵英. 超越危机：国家经济安全的监测预警 [M]. 福州：福建人民出版社，1999.

本章复习思考题

1. 试述国家经济安全监测与国家经济安全预警的区别。
2. 简述国家经济安全监测和预警的主要内容。
3. 对国家经济安全进行监测预警的重要性体现在哪些方面？
4. 通过查阅相关文献，比较和分析发达国家与发展中国家在本国经济安全监测预警上侧重点的不同。
5. 中国国家经济安全监测预警的内容在近20年发生了哪些变化？

第五章

国家经济安全的保障措施

【本章关键词】

(1) 预防性保障体系　(2) 救济性保障体系　(3) 组织机构
(4) 法律保障　　　　(5) 国内经济政策　　(6) 对外经济政策
(7) 经济外交政策

【导入案例】

俄罗斯积极应对西方国家的经济制裁

俄乌冲突发生后，美欧迅速对俄罗斯施加了金融、能源、科技等方面的一系列制裁措施，其出台速度之迅猛、覆盖面之广泛、实施力度之强劲，对俄罗斯经济造成了强烈的负面冲击。

在金融领域，美欧多国联合宣布将俄罗斯外贸银行（VTB，俄罗斯第二大银行）等七家金融机构排除在环球银行金融电信协会（SWIFT）报文系统之外；美国将俄罗斯联邦储蓄银行（Sberbank，俄罗斯第一大银行）加入"往来账户或通汇账户制裁清单"（CAPTA List），这一制裁措施禁止美国任何金融机构为Sberbank开设账户或执行交易，实质上将Sberbank排除在了美元清算体系之外；美国将VTB和其他三家俄罗斯银行加入"特别指定国民名单"（SDN List），这一制裁措施将冻结这些银行的在美资产，并且禁止任何人或机构未经许可与这些银行交易；此外，美国还冻结了俄罗斯持有的美元外汇储备。金融制裁向俄罗斯经济施加了很大的压力，截至2022年3月25日，俄罗斯拥有6044亿美元的外汇储备，其中约2/3被冻结，无法用来对冲卢布贬值。

在能源领域，美国商务部限制对俄罗斯炼油行业的投资和"技术出口"，欧盟也明令禁止对俄罗斯能源部门的新投资。在科技领域，美国商务部限制对俄罗斯和白俄罗斯的技术转让。2022年3月31日，美国财政部宣布对俄罗斯科技公司和航空航天、海洋和电子行业三个经济部门实施新的制裁措施，涉及俄罗斯最大的芯片制造商、微电子产品制造和出口商米克朗控股公司（Joint Stock Company Mikron）。

此轮美欧对俄的经济制裁措施中，对俄罗斯杀伤力最大的是金融制裁。这一方面阻断了俄罗斯金融机构参与国际金融活动，严重削弱了国际投资者对俄罗斯卢布的信心，导致了卢布贬值；另一方面冻结俄罗斯美元外汇储备，限制了俄央行在外汇市场投放美元购入卢布、对冲卢布贬值的能力。货币贬值意味着购买力下降，国家可能面临输入性通胀风险。

那么，在这场没有硝烟、激烈的经济战争中，俄罗斯到底是如何打这场"经济保卫战"的？取得了什么样的效果？

为应对西方史无前例的制裁，从2022年2月以来，俄罗斯政府共采取了200多项支持经济措施，并正在制定20余项新的反危机措施，具体如下：

针对金融制裁，俄罗斯积极推动使用2019年11月建立的卢布结算支付系统和金融信息交换系统。2022年2月28日起,莫斯科证交所连续休市,以此减少投资者去杠杆造成的损失;同时俄罗斯政府从国家福利基金中划拨1万亿卢布用于购买遭受制裁的俄罗斯公司的股票,并免除三年公司所得税。

针对能源制裁,俄罗斯总统普京签署法令,宣布2022年4月1日起与"不友好国家"进行的天然气交易将使用卢布结算,如果对手方拒绝以卢布结算,购买合同效力将被终止。该法令涉及48个国家和地区,包括美国以及欧盟的全部成员国。为了稳定外汇市场,2022年2月28日,俄罗斯央行上调基准利率至20%,试图减少资本外流,提振卢布汇率。

2022年4月7日,俄罗斯总理米舒斯京表示,俄罗斯金融系统顶住了西方制裁的攻击,卢布汇率逐渐走强回稳,金融风险的上升态势已得到有效遏制。

资料来源:王永钦,韩瑜.卢布不再是瓦砾 俄罗斯应对金融战的组合拳与效果[J].中国经济周刊,2022(7):54-59.有删减和修改.

第一节 国家经济安全保障体系的特征和分类

国家经济安全是一个国家生存与发展的重大主题,世界各国都在致力于建立完善的国家经济安全保障体系,保障自身经济安全。所谓国家经济安全保障体系,是指一国为了维护自身的经济安全所建立的一系列组织体系、法律制度体系和政策体系[1]。

一、国家经济安全保障体系的特征

一般来说,国家经济安全保障体系具有以下三个特征。

(1)动态性。由于国家经济运行处于不断变化的动态过程中,其既有周期性波动,也有趋势性改变,因此国家经济安全保障体系也需不断动态调整优化。影响一国经济安全的外部冲击因素是多元的,既有经济领域的,也有来自于政治、军事、科技、自然界等非经济领域的。对一个国家或地区而言,外部冲击因素的来源、发生的时间及其造成的危害程度,往往很难事先做出精准预判。因此,保障国家经济安全不存在一劳永逸的应对之策,一国的国家经济安全保障体系必须具备随外部环境变化而变化的动态调整能力。

(2)系统性。在对外开放的条件下,一国经济本身就是一个覆盖贸易、投资、金融活动及各类产业发展的复杂系统。由于开放型经济风险具有系统性,对外开放在促进一国经济发展的同时,也会放大本国经济的"风险敞口"(Risk Exposure),任何外部干扰都有可能打破国内经济系统的平衡。因此,国家经济安全保障体系应覆盖与国家经济安全密切相关的各个领域,包括产业安全、就业安全、科技安全、金融安全、对外贸易安全、资源安全和粮食安全等,同时还需要关注可能威胁国家经济安全的各种经济因素与非经济因素,以及国内国际相互作用的机制与影响。总的来看,构建开放的国家经济安全保障体系要有系统性思维,不能"头痛医头,脚痛医脚"[2]。

(3)协调性。一国的经济安全与否,关键在于能否将保障经济安全的措施融入内外政策的各个方面。面对复杂多变的外部环境,制定政策措施时,必须注重保障体系的协调性与系

---

[1] 雷家骕,彭勃,郭淡泊,等.国家经济安全:理论与分析方法[M].北京:清华大学出版社,2011:337.
[2] 唐珏岚.构筑与更高水平开放相匹配的安全保障体系[J].人民论坛·学术前沿,2022(6):81-90.

统性①。如果不加以协调，一些即使从局部看是正确的决策，由于结构性等无法观测因素的存在，也可能引起经济系统的不稳定性，甚至可能引发新的经济风险②。目前，虽然大多数国家都还未制定专门的国家经济安全战略，但是这并不妨碍各国在本国经济发展政策和战略中实施经济安全措施，维护经济安全利益。从各个国家的实践来看，只有将经济安全政策与其他政策有机结合，协调好维护经济安全的各个部门和行业，才能有效地保障国家经济安全。

二、国家经济安全保障体系的分类

（一）按照保障手段的分类

根据保障手段的不同，可以将国家经济安全保障体系分为政治保障体系、法律保障体系和其他保障体系。

（1）政治保障体系。政治保障体系或政治手段，指的是与经济相关的政治活动，而非政治本身的全部含义。一方面，经济是政治的基础，任何社会的政治就其性质而言，都是由该社会的经济关系和经济制度决定的。另一方面，政治是经济的集中表现，强力而有效的政治权力可以维护经济市场的稳定性和公平性，保证经济市场各行为主体公平、公开、有序活动。在现代社会，部分国家职能和活动既有政治性又有经济性，例如财政税收、货币政策、社会保障、市场监管、科技创新、环境保护、直接投资、基础设施和建立国有企业等。国家这部分职能和活动越多，经济和政治重合的部分就越多。因此，国家通常需要构建政治保障体系来保障国家经济安全。

（2）法律保障体系。法律保障体系是指法律在制定、实施和监督过程中形成的结构完整、机制健全、资源充分、富有成效的保障系统③。法律保障体系的经济安全保障功能主要表现为以下两个方面：一方面，法律保障体系巩固经济安全，即预防一切可能危及经济安全的行为；另一方面，在经济安全遭到破坏时，法律保障体系对经济安全进行救济。也就是说，法律保障体系通过预防和救济来维护一定的社会经济关系和经济秩序，进而达到保障国家经济安全的目的。由此可见，法律保障体系主要从确认经济关系、规范经济行为和维护经济秩序等方面，来实现保障国家经济安全的功能。

（3）其他保障体系。其他保障体系包括外交保障体系、军事保障体系等。其中，外交保障体系是保障国家政府以和平的方式对外行使主权、处理其国际关系的保障系统。国家通过运用外交手段大力发展对外经济关系，来更好地发展本国经济，保障国家经济安全。另外，军事手段也是维护国家经济利益、保障国家经济安全的手段之一。

（二）按照保障范围的分类

根据保障范围的不同，可以将国家经济安全保障体系划分为国内保障体系和国际保障体系。

（1）国内保障体系。国内保障体系是一国国家经济安全保障体系的基本层次，一国需要

---

① Roy Allison.Protective Integration and Security Policy Coordination：Comparing the SCO and CSTO［J］.The Chinese Journal of International Politics，2018（11）：1-42.

② 陈彦斌，刘哲希，陈小亮.稳增长与防风险权衡下的宏观政策：宏观政策评价报告2022［J］.经济学动态，2022（1）：40-57.

③ 付子堂.形成有力的法治保障体系［J］.求是，2015（8）：51-53.

从本国实际出发构建维护国家经济安全的保障体系。与国际保障体系相比，国内保障体系可以动用的手段更多，并且所受到的各种限制更少，因此国家经济安全国内保障体系更容易产生直接效果。由于各国国情不同，不同国家的国内保障体系之间存在差异性。

（2）国际保障体系。国际保障体系分为区域保障体系和全球保障体系。在经济全球化的背景下，各经济已成为全球经济的重要组成部分，区域和全球层次的相关保障安排也成为与国内保障体系一并维护本国经济安全的保障体系。与国内保障体系相比，区域保障体系和全球保障体系都超出了一国国境，其保障手段必然会因各国的需求差异而在一定程度上受到权力限制和手段制约。作为地缘政治的一种产物，区域化一方面反映出越来越浓厚的政治色彩，另一方面也有着将全球化割裂成为地区经济一体化的趋势。国家是区域经济一体化的主要参与者，一国通过参加某个区域性组织，既要得到其所需要的利益，也要利用该组织实现对其经济安全的保障。因此，国家经济安全的区域保障体系便在这种地缘政治的基础上，基于国家既获得利益又获得保障条件的双重愿望而得到建立和巩固。具有代表性的区域性组织主要有欧盟、北美自由贸易区和东南亚国家联盟。全球保障体系是指用于保障国家经济安全的全球性组织体系。目前，全球保障体系主要包括世界贸易组织、国际货币基金组织和世界银行等国际性组织体系[1]。

（三）按照保障功能的分类

根据保障功能的不同，还可以将国家经济安全保障体系分为预防性保障体系、救济性保障体系和预防兼救济性保障体系。

（1）预防性保障体系。预防性保障体系是指一国用于预测、监管、防范经济风险的保障体系。在对外开放的过程中，各国特别是发展中国家，一方面能从对外贸易和外商投资的"外溢效应"中学习先进的生产技术和管理经验，促进国家的经济发展；但另一方面，与封闭经济相比，开放型经济更容易遭受国际市场的冲击，增加经济风险。其中，需要特别注意经济全球化背景下的金融风险、电子商务风险、能源风险、产业风险和投资风险等。因此，预防性保障体系旨在确保国家能随时预测、监控和防范各种来自国内市场和国际市场的风险，从而保障国家经济安全。

（2）救济性保障体系。救济性保障体系是指一国借助国家宏观调控手段，通过确立市场主体准入及其运营的规则来保障国家经济安全的体系，是关于国家之间、国家与企业或个人之间各种经济关系的保障体系[2]。在参与经济全球化的过程中，一国为了追求自身最大利益，必然会让渡部分经济主权，从而在根本上改变国家经济主权的原有格局，并在一定程度上增加经济主权遭受风险的可能性。因此，各国在构建国家经济安全保障体系时，非常注重救济性保障体系的建立、健全和完善。例如，确立设定国家宏观调控的权限、条件、方式和内容的法律规范；确立调整国内外市场主体准入及其运作的经济规则；制定对各种经济违规乃至经济犯罪行为的打击措施等。通过建立救济性保障体系来保障国家经济主权的有效行使，从而保障国家经济安全运行。

（3）预防兼救济性保障体系。经济全球化扩大了经济的市场范围，提升了经济的复杂程度，导致国家运用各种手段保障国家经济安全的难度大幅提高。为了更好地保障国家经济安

---

[1] 张晓君.国家经济安全法律保障制度研究［M］.重庆：重庆出版社，2007：33.

[2] 雷家骕，彭勃，郭淡泊，等.国家经济安全：理论与分析方法［M］.北京：清华大学出版社，2011：343.

全，除了界限分明的预防性保障体系和救济性保障体系之外，一种既具有预防功能又具有救济功能的保障体系——预防兼救济性保障体系产生了。作为对经济全球化的有力回应，预防兼救济性保障体系同时具有预防和救济两种作用：一方面，对影响和威胁国家经济安全的因素进行有力防范，将任何安全隐患消灭在萌芽状态，为国家经济发展创造一个良好的环境；另一方面，对已经受到影响或损害的经济主体进行救济，力争把影响或损害的程度降至最低，为国家经济构建一个健康的有机体㊀。

第二节　维护国家经济安全的组织机构

一、维护国家经济安全的主体

在讨论维护国家经济安全的组织机构之前，必须先明确维护国家经济安全的主体。客观地说，除了企业事业组织、其他社会组织团体和公民等要参与维护国家经济安全之外，国家经济安全的维护主体应当是政府，特别是该国的中央政府（注：联邦制国家的中央政府称作联邦政府）㊁。

首先，作为维护国家安全职能的重要组成部分，维护国家经济安全是政府必须履行的基本职责之一㊂。政府将国家经济安全作为一种经济类的公共物品，提供给本国范围内的企业和居民。在市场经济下，整个社会的经济利益较为分散，居民利益、企业利益、政府利益与国家利益并非总是完全一致的㊃。居民追求个人福利最大化；企业追求企业利润最大化；政府追求政府形象最佳化，但同时也必须保证国家利益最大化。因此，这种利益关系就决定了政府必须真正关心国家经济安全问题，维护国家经济安全的终极职能也只能由政府来承担，政府有义务将国家经济安全作为一种公共物品提供给居民和企业。

其次，中央政府对于维护国家经济安全负有主要责任。在市场经济条件下，地方政府利益与中央政府利益通常也不是完全一致的。地方政府的利益目标是地方利益最大化和地方政府形象最佳化的共同结果。为维护地方利益和形象，地方政府往往容易忽视国家整体利益，甚至有时还可能损害国家整体利益。中央政府的利益目标是国家利益最大化与中央政府形象最佳化的共同结果，并且中央政府的良好形象与国家利益最大化是紧密相关的。因此，中央政府必须担当起维护国家经济安全的终极职能，成为维护国家经济安全的终极力量。

最后，中央政府拥有强制集中和分配资源的权力和能力，能够动员国家力量来维护国家经济安全。维护国家经济安全是一件需要动员国家力量来协调地方、企业和个人行为的系统工程。中央政府既拥有以税收方式强制集中资源的权力，也拥有协调地区、企业以及个人行为需要的投资、税收、财政、信贷、外汇、支付等方面的能力，并且这些权力和能力是任何非政府组织不可能拥有的。在市场经济条件下，只有中央政府具备这种动员和协调的权力和能力，因而也只有中央政府才有能力承担起维护国家经济安全的主要责任㊄。

㊀　张晓君.国家经济安全法律保障制度研究［M］.重庆：重庆出版社，2007：59.
㊁　范维澄.国家安全科学导论［M］.北京：科学出版社，2021：59-80.
㊂　郭小东.政府维护经济安全职能的必要性与合理性分析［J］.财政研究，2008（2）：43-46.
㊃　雷家骕，彭勃，郭淡泊，等.国家经济安全：理论与分析方法［M］.北京：清华大学出版社，2011：329.
㊄　王军红.俄罗斯国家经济安全研究［M］.沈阳：辽宁大学出版社，2018：111-112.

二、维护国家经济安全的组织机构及构成

在保障国家经济安全的组织机构上,很多国家一般都不设立独立的、负责经济安全事务的权力部门,而是利用现有的国家安全机构即国家安全委员会来保障国家经济安全。该机构名称在不同国家略有差异,例如美国国家安全委员会、俄罗斯联邦安全会议、日本安全保障会议等,这些都是讨论和解决有关国家经济安全问题的主要机构和专门场合。

(一)国家安全委员会

国家安全委员会(National Security Council)是当前世界大多数国家制定国家安全战略、拟定国家安全工作方针政策、整合国家安全相关机构和资源,以及统筹研究解决重大国家安全事务的机构[一]。国家安全委员会这种组织制度的形成和发展,是当前主权国家面对国内外安全议题、安全威胁发生根本变化后,对国家政权管理国家安全事务的理念、制度、机构、手段进行改革的结果,国家安全事务包括经济安全、政治安全、军事安全等。在保障国家经济安全方面,国家安全委员会具有经济决策、经济咨询和经济协调三大核心职能[二]。

各国国家安全委员会的职权功能、运作方式以及其在整个国家权力体系中的地位和作用,是与各国的根本政治制度相适应的,体现着国家的权力结构、基本制度安排和治国理念。在总统制、半总统制的国家中,例如美国、法国和俄罗斯,国家安全委员会不属于政府的组成部分,只是作为总统的咨询机构和协调机构,并由总统担任国家安全委员会主席[三]。由于国家安全委员会囊括了该国最重要的政治领导和政府部长,因此这类国家的各项经济安全决策和建议通常就在国家安全委员会的会议上形成,并经总统批准后发布和施行[四]。

在议会内阁制的国家中,例如英国、德国和新加坡,国家安全委员会是进行部际协调的内阁委员会[五]。议会内阁制国家的决策权属于内阁全体会议,但在实际政治决策过程中,决策程序通常被转移到某个具体的内阁委员会中[六],因此这类国家安全委员会成为经济安全决策的主要平台。

可以看出,各国国家安全委员会在国家经济安全事务决策、咨询或协调中都发挥着重要作用。值得注意的是,尽管日本、美国等国家一直将国家经济安全摆在非常重要的位置,但因为缺少相应的法律基础,目前它们还没有设置与国家安全委员会平级的国家经济安全委员会。

(二)相关职能机构

各国主要由国家安全委员会及相关政府职能部门共同参与制定和执行涉及保障经济安全的具体政策措施。目前,各国负责维护国家经济安全的相关职能机构如下:

(1)财政部门。财政部门主要利用财政政策来促进国民经济平稳发展,进而为国家经济

[一] 钟开斌.国家安全委员会运作的国际经验、职能定位与中国策略[J].改革,2014(3):5-15.

[二] 张骥.世界主要国家国家安全委员会[M].北京:时事出版社,2014:1-4.

[三] 李因才.国家安全委员会的国际比较:地位、职能与运作[J].当代世界与社会主义,2014(6):25-30.

[四] Jordan A. Amos, et al. American National Security [M]. Baltimore: Johns Hopkins University Press, 2011: 225-226.

[五] The Governance of Britain [EB/OL].[2022-09-01].https://www.gov.uk/government/publications/the-governance-of-britain.

[六] [德]沃尔夫冈·鲁茨欧.德国政府与政治[M].熊炜,王健,译.北京:北京大学出版社,2010:210.

安全提供保障。财政部门的主要职能包括：拟订财税发展战略、规划、政策和改革方案并组织实施；参与制定宏观经济政策，运用财税政策实施宏观调控；负责管理各项财政收支等。

（2）中央银行。中央银行主要利用货币政策来保障国民经济平稳运行，进而保障国家经济安全。中央银行的主要职能包括宏观调控、保障金融安全与稳定、提供金融服务等。

（3）农业部门。农业部门通过保障国家农业安全进而保障国家经济安全。农业部门制定农业和农村经济发展战略、农业发展政策，负责农业贸易、农业情报收集以及对外农业技术援助与培训等。

（4）商务部门。商务部门通过保障国家对外贸易安全进而保障国家经济安全。商务部门的主要职责包括：实施对外贸易法律和法规，执行促进对外贸易和投资的政策，监督多双边贸易协定的实施，为本国企业提供商务咨询和培训等。

（5）能源部门。能源部门通过保障国家能源安全进而保障国家经济安全。能源部门的主要职能包括：研究拟订国家能源发展战略，审议能源安全和能源发展中的重大问题等。

（6）外交部门。外交部门通过保障国家外交安全进而保障国家经济安全。外交部门的主要职能包括：代表国家维护国家主权、安全和利益，代表国家和政府办理经济领域的外交事务，研究分析政治、经济、文化、安全等领域外交工作的重大问题，为制定外交战略和方针政策提出建议等。

（7）劳动部门。劳动部门通过保障国家就业和社会劳动福利安全进而保障国家经济安全。劳动部门的主要职能是负责全国就业、工资、福利、劳工条件保障和就业培训等。

另外，除了由上述现有的部门处理经济安全问题外，各国还根据需要成立了高效率的临时小组来处理经济领域出现的新情况和新问题，包括提供经济政策分析和建议，例如日本采用"特别工作小组"来起草完成《国家经济安全战略报告》。在决策过程中，有些国家还特别重视广泛吸收社会各界的意见，充分发挥民间的研究力量，例如俄罗斯重要科研机构的专家、学者参与了《国家经济安全战略》的制定工作，有的知名学者还在公开报刊上发表对国家经济安全问题的见解。

三、国家经济安全的决策体制构成

国家经济安全决策是一个动态过程，有效的决策体制运行依赖于科学合理的运作方式和协调关系。在通常情况下，维护国家经济安全的决策体制由决策机构、智库机构和情报机构构成。在决策体制中，决策机构处于核心地位，智库机构和情报机构处于从属地位，并为决策机构提供经济方面的情报信息。借助智库机构和情报机构提供的相关信息，决策机构能够从国家整体利益、长远利益出发做出决策，并协调、平衡好决策机构内部、外部各个部门和机构的观点、利益和资源。

（一）决策机构 ⊖

国家经济安全决策机构，既能够统筹制定国家经济安全战略，也能灵活、高效地应对各类危机，并迅速做出反应和处理，在保障国家经济安全方面发挥着至关重要的作用。尽管各国的国体、政体和行政管理体制不同，国家经济安全决策机构的组织形式、职权分工和称谓不尽一致，但其基本构成和任务职能却大致相同。

⊖ 陈凤英.国家经济安全[M].北京：时事出版社，2005：20-22.

国家经济安全决策机构具有以下两个特征：

1）国家经济安全决策由国家最高领导人负责，通常在相关决策机构的辅助下做出。这类决策机构是国家经济安全决策的轴心，国家最高领导人处于该机构核心地位，是决策活动中的关键角色。例如，俄罗斯总统通过联邦安全会议、总统国家安全助理和有关部门对经济安全工作进行直接领导和监督[1]；美国总统通过国家安全委员会、总统经济政策委员会处理和协调有关经济安全事务。在美俄两国，经济安全战略以及阐述经济安全问题的重要文件都由总统亲笔签发。

2）各国根据不同的国家经济安全需求，通常设有国家经济安全联席会议制度，共同讨论和制定经济安全决策。例如，美国成立了总统经济政策委员会，作为总统统领内外经济政策的咨询机构；日本设立了综合安全保障阁僚会议，该会议由总理以及相关部门主要负责人参加，旨在从安全保障的角度将经济、外交等政策统一起来，协调各有关行政机构的工作；俄罗斯则在联邦安全会议下设立了经济安全跨部门委员会，专门用于讨论和制定各项经济安全政策。

（二）智库机构

智库（Think Tank）机构是一种相对稳定且独立的政策研究机构，其研究人员运用科学的研究方法对广泛的政策问题进行跨学科的研究，在与政府、企业和公众密切相关的政策问题上建言献策，现已成为国家安全战略决策链条上不可或缺的辅助机构。

智库机构通常由专家学者、前军政要员、资深媒体人和商界精英等组成，是国家安全战略决策的"外脑"和参谋，主要为政府和社会提供咨询服务。作为政府高层决策的"外脑"，智库机构以政策和战略研究为核心，同时还具有搜集情报、解读政策、传播思想、公共外交、培养精英、影响舆论等功能[2]。

智库机构在国家经济安全战略决策中的主要职能有：为政府决策机构提供经济领域的信息资料、思想观点和政策建议，参与经济安全方面的决策咨询、方案设计和规划评估，并对经济政策进行解读和宣传。

（三）情报机构

情报机构是一个国家设置的专门负责搜集别国情报信息，并为本国决策提供必要的情报支持的机构。情报机构由国家情报机构、部门情报机构和军队情报机构三部分组成[3]。以美国为例，美国情报体系（United States Intelligence Community，IC）是由美国政府内16个独立机构组成的联合组织，这些独立机构进行各类情报活动，以支持美国的外交政策和国家安全。美国情报体系旗下的情报机构包括军事情报组织、联邦行政机关内的民事情报与调查办公室等。美国情报体系隶属于美国国家情报总监办公室，由国家情报总监领导，并由其向美国总统汇报[4]。

情报机构的经济职能主要有：①广泛收集各种情报信息，特别是攸关国家安全全局的政

---

[1] [俄]安·阿·科科申.战略领导论[M].杨晖,译.北京：军事科学出版社,2005：279.

[2] 薛澜.智库热的冷思考：破解中国特色智库发展之道[J].中国行政管理,2014（5）：6-10.

[3] 陈美华,陈峰.美国竞争情报系统构建的信息生态解析[J].情报理论与实践,2018,41（1）：9-15.

[4] 图情范儿.[美国]国家情报总监及其领导的美国情报体系[EB/OL].（2021-01-22）[2022-09-22].https：//www.sohu.com/na/446202613_488672.

治、经济、军事、科技等方面的关键性、动态性战略情报;②对收集到的信息进行筛选、甄别、汇总,便于后续分析和统计;③对情报进行分析解读,针对当前国内外经济形势、危机态势和战略走向进行研判,必要时参与国家经济安全战略决策并提供有关国家经济安全情报活动的对策建议。

智库机构与情报机构之间的关系如下:一方面,智库机构通过评估情报机构的情报活动,能有效提高情报机构的信息处理效率,并为其提供相关服务○;另一方面,情报机构通过给智库机构提供多样化的信息资源和专业化的信息分析,为智库建设提供支撑,成为智囊团与社会实体组织之间的桥梁。总的来看,智库机构与情报机构功能互补、相互促进,共同为政府决策机构提供有关国家经济安全方面的咨询服务。

四、国家经济安全的执行机制

国家经济安全与各行各业都息息相关,一般来说,在国家最高领导人和国家经济安全联席会议的指导下,中央政府下属各部门、直属机构、特设机构都担当起了自身职权范围内的经济安全事务,与此同时,各部门中也建立了相应的经济安全联席会议制度,统一负责国家经济安全战略的贯彻执行。例如,农业部门负责保障国家农业贸易安全和粮食安全,并做好国外农业情报的收集等工作;商务部门则负责保障国家进出口贸易安全,并对国际经贸条约的执行进行监督等。

为了提高效率,保证各项政策措施及时落实,各国都特别倚重综合性职能部门,特别是商务部门和财政部门○。作为涉及对外经济和对内经济的两个主要机构,商务部门和财政部门通过控制预算管理制度来牵制和影响各职能部门的活动。例如,俄罗斯由经济部牵头,会同有关部门制定防范外部威胁的政策措施,再由商务部、国家统计委员会、财政部会同中央银行和安全会议机关,提出符合经济安全要求的经济状况标准,并责成有关部门根据标准制定出有关参数,最后形成报告,由经济部和国家统计委员会报送联邦政府。

【相关案例 5-1】
针对中国的"神秘杀手":美国外国投资委员会

美国外国投资委员会(The Committee on Foreign Investment in the United States,CFIUS)是一个美国联邦政府委员会。CFIUS是依据1950年《国防生产法案》第721条的规定,1975年由福特总统颁发11858号行政命令而成立的。目前,CFIUS已发展为涉及美国10多个政府部门的跨部委机构,成员由财政部、司法部、国土安全部、商务部、国防部、国务院、能源部、贸易代表办公室以及科技政策办公室的负责人组成。

根据美国1950年《国防生产法案》和2007年《外商投资与国家安全法案》,CFIUS的主要责任是监管外国投资对美国的影响,为外国投资提供引导,同时对可能影响美国国家利益的投资进行安全审查。

从近些年的案例看,CFIUS主要限制的是中国和部分中东国家的对美投资,这些国家的特点是社会制度与美国差异比较大,并有足够的经济实力对美国开展大规模投资。从2010年到2019年,CFIUS共收到了1574份审查通知,并对其中810起交易展开了调查,其中中国

○ 黄晓斌,王尧.国外图书情报机构服务智库的做法及其启示[J].现代情报,2018,38(3):159-163.
○ 陈凤英.国家经济安全[M].北京:时事出版社,2005:23.

公司为收购方的审查报备共有140起，约占总数的20%，居各国之首。

CFIUS针对中国投资做出限制的最早案例是1990年，当时的老布什总统根据CFIUS建议，签署总统令阻止中航技进出口有限责任公司购买美国西雅图飞机零部件制造商MAMCO公司。2011年，华为曾计划收购美国3Leaf公司的专利技术，但CFIUS认为此举会"威胁美国安全"，最终导致该交易失败。2012年，奥巴马政府要求三一集团有限公司在美国的关联公司Ralls Corporation将其在俄勒冈州收购的四个风电项目转手。2016年，奥巴马政府叫停福建宏芯基金收购德国半导体设备厂爱思强在美国的分公司。2017年，特朗普政府叫停中资企业凯桥对美国芯片制造商莱迪思半导体13亿美元的收购计划，同年，CFIUS叫停字节跳动收购Musical.ly中视频应用的交易。继特朗普政府曾以国家安全为由禁止TikTok和微信在美国的更新和使用后，2021年12月31日，拜登政府以国家安全为由，强制叫停了Zoom以147亿美元收购智能云联络中心提供商Five9的交易。

总的来看，美国法律赋予CFIUS对于关系到国家安全相关事务的极大自由裁量权和极广管辖范围，现已成为中国投资人赴美投资、并购路上的"拦路虎"。

资料来源：环球时报．针对中国的"神秘杀手"：美国外国投资委员会［EB/OL］．（2020-08-14）［2022-09-01］．https：//baijiahao.baidu.com/s?id=1674940281731242593．有删减和修改．

第三节　维护国家经济安全的法律体系

一、国内法律保障制度

目前，各国形成了以宪法为基础、法律为核心，包括国家经济安全法律、行政法规、地方性法规等规范类别的法律保障体系⊖。

（一）宪法层面

宪法规定了国家的基本制度和根本任务，确认和保障了公民的基本权利和义务，是国内其他法律的立法依据，具有最高的法律效力。从经济方面来看，作为上层建筑的有机组成部分，宪法由国家的经济基础决定，与此同时，宪法对经济基础又起着积极的保护作用和促进作用。作为国家的根本大法，宪法通过自身所具有的根本法的法律特征来保障经济制度和经济原则的存在与发展⊜，保障方式主要有以下四种。

1）通过宪法规定国家经济关系的基本性质。经济体制是社会关系的重要内容，对于经济的可持续发展具有重要意义。有的国家直接在宪法中明确规定采用何种经济体制发展经济；有的国家则以宪法精神指导一般法律规范，通过规定经济发展的基本规则，在实际上确立特定的经济体制。资本主义国家的宪法把生产资料的资产阶级私人所有制转化为宪法中的私人财产所有权，承认和保护了生产资料的资本家个人所有制，巩固了资本主义的经济基础。社会主义国家的宪法则公开确认生产资料公有制是社会主义经济制度的基础，并且宣布社会主义公共财产神圣不可侵犯，同时明确规定了各种所有制形式的法律地位，以及国家发展经济的基本政策，从而有力地促进了社会主义经济基础的巩固和发展。

⊖　李竹．国家安全法学［M］．北京：法律出版社，2019：31-46．

⊜　李小明．论宪法对经济制度的保障作用［J］．法学，2000（10）：8-11．

2）通过宪法规定国家的基本经济政策，从而影响国家经济的发展，例如规定经济发展的战略任务和步骤、对优先发展的产业的优惠政策等。这些政策在优化社会经济结构、促进经济发展方面发挥了重要作用。

3）通过确立经济原则由部门法予以具体化，间接地保障经济制度的存在和发展。除了直接在宪法条文中确立一个国家现行的经济制度的合宪性和合法性之外，宪法还规定各个具体的部门法应当按照宪法所确立的基本原则，分别采取不同的法律手段来进一步保障和落实宪法关于经济制度和保障公民权利的规定的实现。

4）通过宪法监督手段来不断调整社会经济制度的结构，实行社会生产方式与生产力的最佳结合。所谓宪法监督，就是由有权监督宪法实施的机构，对依照宪法履行自身职权和职责的国家政权机关进行监督，重点监督其职权活动是否合宪，并对违宪行为进行纠正。宪法监督最主要的形式是违宪审查制度。

（二）法律层面

法律通常是指由最高国家权力机关制定的行为规范，它包括基本法律和一般法律两类。基本法律是调整国家和社会生活中具有普遍性社会关系的规范性法律文件的总称。一般法律是调整国家和社会生活中某些具体社会关系的规范性法律文件的总称。

1. 国家安全法

法律具有以下三种特征：①法律调整的是一国范围内的社会关系，具有全局性和广泛性；②法律效力仅次于宪法，具有权威性和稳定性；③法律调整社会关系也具有一定的滞后性。与国家经济安全相关的法律应当是全国适用的、稳定性较强的、较为原则性的、重要的制度规则。具体而言，它应当包括关于经济的原则法律、关于重要经济指标的监测和预警制度的法律、关于国家经济安全运行和经济安全监督制度的法律。

目前，除了日本制定的《经济安全保障推进法案》外，世界其他各国都还没有出台专门用于保障国家经济安全的法律，而是将保障国家经济安全的相关法律纳入综合保障国家安全的法律之中。为了便于表述，将各国用于保障国家安全的综合性法律统称为国家安全法。国家安全法是攸关国家生存和发展的重要法律，世界主要大国大都完成了国家安全立法，这已经成为世界通行做法㊀。美国早在1947年就制定了国家安全法，日本、俄罗斯、英国、法国、德国和中国也都相继构建了保障国家安全的综合性法律。

国家安全法是一部维护国家安全的综合性、全局性、基础性法律，在国家安全法律制度体系中起统领、支撑作用。国家安全法针对国家安全领导体制机制，国家安全工作应当遵循的原则，维护国家安全的任务、职权划分、保障措施建立了完整的框架，并预留了接口。在这部法律的统领下，国家安全领域的法律制度、规范体系和保障体系等各项建设，都得到了进一步发展和完善㊁。

国家安全法从政治安全、国土安全、军事安全、经济安全、文化安全、社会安全、科技安全、信息安全、生态安全、资源安全、核安全及新型领域安全等诸多方面，规定了国家安全的主要任务。在保障国家经济安全方面，国家安全法规定了维护国家基本经济制度和市场

㊀ 刘兴华. 制定香港维护国家安全法是健全国家安全体系的必要举措［N］. 天津日报，2020-05-24.

㊁ 李建国. 全面实施国家安全法 共同维护国家安全：在贯彻实施国家安全法座谈会上的讲话［J］. 中国人大，2016（8）：14-17.

经济秩序的主体，健全了预防和化解经济安全风险的制度机制，保障了关系国民经济命脉的重要行业、关键领域、重大基础设施、重大建设项目以及其他重大经济利益安全等内容。

2. 经济法

经济法是国家为了克服市场调节的盲目性和局限性，对社会商品经济关系进行整体、系统、全面、综合调整的法律规范的总称。按照经济法律关系可以将经济法分为以下四类。第一类为国家规范经济主体的法律，包括公司法、外商投资企业法、合伙企业法、个人投资法等。第二类为国家调整经济主体行为的法律，包括证券法、票据法、破产法、金融法、保险法、房地产法等。第三类为国家管理、规范经济秩序的法律，包括反垄断法、反不正当竞争法、消费者权益保障法和产品质量法等。第四类为国家调控经济的法律，包括财政法、税法、计划法、产业政策法、价格法、会计法和审计法等。通过化解国民经济总体运行中的风险，经济法既保证了国家权力对社会经济的宏观调控，又保障了经济主体在市场竞争中的权利，进而为国家经济运行安全提供有效保障[1]。

经济法在保障国家经济安全方面主要有四个方面的作用：

1）保障政府对经济的宏观调控，实现政府监督经济。在市场经济条件下，政府一般不进入微观经济领域直接干预企业的经济活动。政府只是通过税收、价格、预算、利率等经济手段对国民经济进行宏观调控，同时对经济生活进行监测，在必要时进行适当干预。

2）规范市场主体行为。国家通过经济法对市场经济各类主体的内部和外部权利义务关系做出规定，保证市场主体行为的规范化，从而保障经济活动有序运行。

3）制定市场活动规划，维护市场健康运行。市场经济需要公平、公正、公开的"游戏规则"，经济法的重要功能之一就是将这些市场规则法律化，让市场主体根据市场规则做出合理有效的选择。经济法将合理的市场规则合法化，使得市场能够有效运行，从而建立良好的经济环境，促进国民经济发展。

4）规范政府失灵。经济法还对政府行为进行一定的限制和约束，保证政府不会滥用经济权力，对国民经济进行过度干预，防止其阻碍国民经济持续健康发展。

（三）法规层面

行政法规是由最高国家行政机关制定的规范性法律文件的总称，是以宪法和法律为依据，按照相关规定而制定的政治、经济、教育、科技、文化、外事等各类法规。由于法律关于行政权力的规定常常比较原则、抽象，因而还需要由行政机关进一步具体化。行政法规就是对法律内容具体化的一种主要形式。行政法规的法律效力低于宪法和法律，并与宪法和法律相协调[2]。

虽然行政法规及部门规章的法律效力低于宪法和法律，但它们也具有一定优势，具体体现在以下两个方面：一是行政法规及部门规章制定程序较为简便，因此能够及时解决现实中迫切需要解决的问题；二是行政法规及部门规章修改程序较为灵活简便，在一些需要视具体情况变动的制度安排中能够快速调整，适应性更强。除了一些原则和基本制度之外，国家经济安全制度运行更多是以政策法规的形式体现的，因此在国家经济安全法律体系中，行政法规在数量上占绝对优势。

---

[1] 王全兴. 经济法基础理论专题研究［M］. 北京：中国检察出版社，2002：56-67.

[2] 卓泽渊. 法学导论［M］. 北京：法律出版社，2002：40.

地方性法规是地方国家权力机关依照法定权限，在不与宪法、法律和行政法规相抵触的前提下，制定的规范性法律文件的总称。地方性法规的法律地位低于宪法和法律，且必须与行政法规相协调。地方性法规主要是根据地方特色制定本地区适用的国家经济安全法律法规，通过将地区经济安全融入国家经济安全的大环境中，有效保障各地区的经济安全①。

由于宪法和法律对行政权力的规定通常比较原则、抽象，因此不同国家通常根据本国宪法和法律，结合自身经济发展需要，制定对应的行政法规和地方性法规，从而将保障国家经济安全的法律法规落到实处。

一般来说，各国制定的法律法规主要包括保障金融领域安全的法律法规、保障能源领域安全的法律法规、保障科技领域安全的法律法规、保障信息领域安全的法律法规和保障农业领域安全的法律法规。

（1）保障金融领域安全的法律法规。金融是现代经济的核心之一，金融安全是保障国家经济安全的核心。保障金融领域安全的法律法规旨在保护各类金融市场主体权益，维护金融市场稳定和有序竞争，保障金融机构的审慎和稳健经营，并以此促进资本融通，实现金融安全和金融发展。

（2）保障能源领域安全的法律法规。能源是一个国家社会经济发展的重要物质基础，能源安全是保障国家经济安全的重要后盾。保障国家能源领域安全的法律法规旨在调整能源开发利用及其规制，以保证国家能源安全、高效和可持续供给，从而保障国家经济安全稳定发展。

（3）保障科技领域安全的法律法规。在现代社会中，科学技术不仅是第一生产力，也是国家经济安全的重要保障。保障国家科技领域安全的法律法规旨在加强科学技术研究、强化国家战略科技力量、优化和完善国家创新体系、加强创新人才教育培养、扩大科学技术开放与合作、营造良好创新环境，从而有效地保障国家科技安全。

（4）保障信息领域安全的法律法规。在信息时代，国家经济安全与信息安全息息相关。数据已成为一种新型生产要素，与信息技术相关的产业也已发展为信息时代国家经济发展的重要支柱和主要动力。因此，信息安全是保障国家经济活动安全的关键。

（5）保障农业领域安全的法律法规。作为国民经济的基础，农业承担着保证国家稳定、人民温饱的重要责任。通过出台保障农业领域安全的法律法规，各国为保障国内粮食安全、农业安全乃至经济安全提供了切实的法律依据，从而促进了国家经济安全法制化进程的发展，对国家经济安全和社会稳定具有重要意义。

除上述列举的五个领域之外，各国还在人才、贸易、就业和投资等与经济相关的多个领域出台了多项法律法规，用以共同保障国家经济安全。

二、国际法律保障制度

（一）世界贸易组织对成员方经济安全的法律保障制度

世界贸易组织（World Trade Organization，WTO）的各项规则和法律制度安排具有维护成员方经济安全的功能②。各成员方通过对 WTO 规则和法律制度安排的合理利用，能够有效保障

---

① 张晓君. 国家经济安全法律保障制度研究［M］. 重庆：重庆出版社，2007：278.
② 王新奎. 世界贸易组织与我国国家经济安全［M］. 上海：上海人民出版社，2003：69-84.

成员方经济安全。

1. 贸易救济制度与成员方经济安全[一]

WTO贸易救济制度包括"两反一保"措施。"两反"是反倾销和反补贴制度的统称,"一保"指的是保障措施。

WTO反倾销法律制度体现在《1994年关税及贸易总协定》(1994年版GATT)第六条以及《WTO反倾销协定》中。WTO反倾销法律制度通过抑制和消除国际贸易中的低价倾销行为,推动国际贸易健康发展,从而保障各成员方经济安全。

WTO反补贴法律制度体现在《补贴与反补贴措施协议》(*Agreement on Subsidies and Countervailing Measures*)中,通过约束WTO成员方的补贴适用范围,减少其他WTO成员方承受不公平待遇的可能性。

WTO的保障措施制度体现在1994年版GATT第19条和《WTO保障措施协定》中。保障措施的目的在于,使成员方在特殊情况下免除其承诺的义务或协定所规定的行为规则,从而对因履行协定所造成的严重损害进行补救或避免严重损害威胁可能产生的后果。

2. 政策审议制度与经济安全

贸易政策审议机制(Trade Policy Review Mechanism,TPRM)是指WTO对各成员方的贸易政策、做法及其对多边贸易体制的影响定期进行全面评价和评估的制度。TPRM体现了WTO所倡导的共同安全的经济安全理念,通过对WTO成员方贸易政策的审查,提升成员方政策的透明度及与WTO规则的一致性,促成维护国际经济秩序的法制环境的良性健康发展,保证所有成员方少受歧视性贸易政策的阻碍[二]。

3. 争端解决制度与经济安全

WTO的争端解决制度是以《关于争端解决规则与程序的谅解》(*Understanding on Rules and Procedures Governing the Settlement of Disputes*,DSU)为基础形成的关于WTO成员方之间的国际经济争端的解决程序。WTO将成员方之间的争端纳入统一的程序规则下,通过居中裁决等统一、公正的程序规则保证最终裁决结果的公正,提高裁决结果的可接受度和执行度,实现WTO成员方的共同经济安全。

(二)国际货币基金组织对成员方经济安全的法律保障制度[三]

国际货币基金组织(International Monetary Fund,IMF)的目标是促进世界经济的稳定和增长。《国际货币基金组织协定》是关于IMF的管理制度及各成员方执行货币金融政策所应遵守的国际准则的法律文件,为各成员方经济安全提供法律保障[四]。主要的法律保障制度包括:

(1)货币政策协调制度。IMF的货币政策协调制度体现在《国际货币基金组织协定》第四条第3款中。IMF通过监督各成员方货币制度,以保证其有效实施,从而保障各成员方之间的汇率稳定。

[一] 何海燕. 贸易安全政策与实践研究:补贴与反补贴新论[M]. 上海:首都经济贸易大学出版社,2011:33-45.

[二] 曲延英,唐海燕. WTO贸易政策审议机制对成员贸易政策的效应[J]. 国际经贸探索,2008(9):38-43.

[三] 弗里茨-克罗科,拉姆劳干. 国际货币基金组织手册:职能,政策与运营[M]. 葛华勇,译. 北京:中国金融出版社,2013:2-3.

[四] Agreement of International Monetary Fund[EB/OL].[2022-09-01]. https://www.imf.org/external/chinese/pubs/ft/aa/index.Pdf,2022-06-03.

第五章 国家经济安全的保障措施

（2）暂时性贷款援助制度。IMF 的贷款援助制度体现在《国际货币基金组织协定》第五条第 12 款中。IMF 通过向面临实际或潜在国际收支困难的成员方提供贷款，来帮助其重新建立国际储备和保持本国（地区）货币稳定，从而为该国（地区）经济安全提供保障。

（3）技术援助与培训制度。IMF 的技术援助与培训制度体现在《国际货币基金组织协定》第五条第 2 款中。IMF 的技术援助和培训旨在帮助成员方更有效地设计和实施能够保持稳定和促进增长的经济政策，增强各国（地区）官员分析经济形势以及制定和实施有效政策的能力㊀。

（4）平价保障制度。IMF 的平价保障制度体现在《国际货币基金组织协定》第四条第 4 款中。IMF 通过建立更灵活的、全球性的外部调节制度，采取货币政策与汇率政策相结合的原则来保障各成员方的经济安全。例如，当一国（地区）遇到突发性国际收支短期赤字、储备不足的时候，IMF 向成员方提供短期外币贷款，为该国（地区）的经济政策的调整提供帮助，以减轻紧缩性政策调节对经济目标造成的冲击。

（5）特别提款权制度。IMF 的特别提款权制度体现在《国际货币基金组织协定》第十五条第 1 款中。IMF 通过对特别提款权发行和分配的控制，力求达到稳定货币币值和汇率、协调顺差和逆差国关系的目的，从而为各成员方的经济安全提供保障。

（三）联合国对成员方经济安全的法律保障制度

联合国（The United Nations）是在第二次世界大战后成立的一个由主权国家组成的政府间国际组织㊁，主要通过促进各成员国之间的经济合作来保障各成员国的经济安全。例如，《联合国宪章》第九章规定，"联合国应促进成员国经济与社会进展，加强各成员国之间的经济合作"㊂。《联合国宪章》还规定联合国及其成员国应遵循所有成员国主权平等、各成员国应以和平方式解决其国际争端、各成员国在它们的国际关系中不得对其他国家进行武力威胁或使用武力，以及不得干涉各国内政等原则。

（四）世界银行对成员方经济安全的法律保障制度

国际复兴开发银行（International Bank for Reconstruction and Development）简称为世界银行（The World Bank），是专门负责为成员方提供长期贷款的国际金融机构。国际复兴开发银行通过对发展中成员方提供长期贷款，对成员方政府或经政府担保的私人企业提供贷款和技术援助，资助成员方兴建经济和社会发展所必需的建设项目，从而为成员方的经济安全提供保障㊃。

【相关案例 5-2】

窝火的中美"双反案"：美国滥用"双反措施"

2007 年 7 月—2008 年 9 月，美国先后对圆形焊接碳钢管件、薄壁矩形钢管、复合编织袋、新型非公路用充气轮胎等四种中国产品实施反倾销、反补贴措施（"双反措施"），加征高额反倾销税和反补贴税，这给中国相关产业造成了严重损失。对此，中国将上述四个案子合并，对美国提起一揽子诉讼。

㊀ 王德迅. 国际货币基金组织［M］. 北京：社会科学文献出版社，2018：15-18.

㊁ 中华人民共和国外交部. 联合国概况［EB/OL］.［2022-09-01］.https://www.fmprc.gov.cn/web/gjhdq_676201/gjhdqzz_681964/lhg_681966/jbqk_681968/.

㊂ 新华网. 联合国宪章［EB/OL］.［2022-09-01］, https：//world.huanqiu.com/article/9CaKrnJPiEs.

㊃ International Bank for Reconstruction and Development［EB/OL］.［2022-09-01］.https：//www.worldbank.org/en/who-we-are/ibrd.

2008年9月19日，中国正式在WTO对美国提起诉讼，首先进入必经的磋商程序，但无果而终。同年12月9日，中国要求WTO成立专家组，但中美双方对专家组的人选无法达成一致。最后，WTO总干事挑选3名专家组成专家组在2009年3月4日对此案进行调查。

在这起案件中，中国与美国展开激辩，而辩论的核心就是美国对付中国产品的撒手锏——"非市场经济国家待遇"。美国一直不承认中国是完全市场经济国家。根据《反倾销协定》和《中国入世议定书》，对中国产品进行反倾销调查时，如果美国认为中国的数据不能反映市场经济竞争关系，可以不采用这些数据，而采用第三国（替代国）的数据来计算中国产品成本。至于选择哪一个国家作为替代国，美国有很大的自由裁量权。

通常，美国选择生产成本高于中国的国家作为替代国，用这个"替代成本"与中国的出口价格对比，往往得出比较高的倾销幅度。尽管计算出的结果是人为"创造"出来的，但它却是美国对中国产品征收反倾销税的核心依据。

在"非市场经济国家待遇"下，中国的国有企业、国有银行和土地使用权也成了"非法"补贴的"帮凶"。美国认为，这些国有企业和国有银行不是独立的商业实体，而是公共实体，受政府委托为下游企业提供补贴性原料，或者提供补贴性贷款；中国产品的生产商从政府申请土地使用权时，支付的对价低于市场平均价格，获得了变相补贴。从而，美国根据自己的评定标准，认定中国产品存在补贴，开征高额反补贴税。

2010年10月22日，WTO专家组就中国起诉美国非法反倾销、反补贴案（"双反案"）做出一审裁决。专家组把中国的诉讼请求细化为21项，支持中国4项，对13项不予支持，其他4项不在审理范围不予裁决。

专家组认定中国没有成功证明如下几点：美国把国有企业和国有银行视为公共实体是错误的；美国计算补贴的折抵方法有误；美国把国有银行贷款视为补贴是错误的；国有企业与其下游企业之间不存在补贴转移；"双反措施"是错误的；美国没有给予中国足够的调查问卷回复期限。

同时，专家组也认定中国已经成功证明：美国把土地使用权视为补贴是错误的；美国在计算非公路用轮胎的补贴数额时方法有误；美国用美元的银行利息来衡量中国的利息补贴是错误的；美国的"可获证据方法"有误。

尽管做了充分准备，就诉讼技巧而言，中国还是不乏失误之处。根据WTO争端解决规则，磋商阶段是必经阶段，起诉方必须在磋商阶段详细列明诉讼请求和法律依据，凡是没有经过磋商的事项，专家组不予审理（除非这些事项与专家组的审理范围有必然联系）。遗憾的是，中国在磋商阶段没有明确把"双反措施"提出来，而美国紧紧抓住此点不放，称既然中国在磋商时没有提出此项，专家组就不能审理"双反措施"的合法性，导致该项申述被驳回。

根据反倾销和反补贴规则，救济措施不能超过必要的限度；又根据"谁主张，谁举证"的诉讼原则，美国对中国产品实施"双反措施"，就有义务证明同时采用反倾销和反补贴措施不可能超过必要限度。只要中国提出这种"双反措施"有超过必要限度的可能，举证责任就在美方。客观地讲，美国很难举证。

然而，中国提出的论点是"在美国以非市场经济待遇对中国产品征收反倾销税的条件下，补贴的效果已经被抵消，不能再征收反补贴税"。倾销和补贴有非常复杂的关系，美国称中方的论点不成立，从而将举证责任推到了中方。最终，专家组认为中国的论证不充分，驳回诉求。

中国虽然在本次"双反案"中没能获胜，但从中积累了宝贵的经验教训，中国产品日后遇到在运用非市场经济方法计算的情况下被实施双反措施时，就可以据此避免对相关产品产生不利的情形，积极维护中国企业的合法利益。

资料来源：罗汉伟.窝火的中美"双反案"［J］.中国经济周刊，2010（43）：55-57.

第四节　维护国家经济安全的政策措施

一、国内经济政策

国内经济政策的正确与否，决定着经济运行的状况，进而决定着该国经济安全的状况。因此，各国的国内经济政策往往有着确保经济安全的深层含义㊀。

（一）维持宏观经济稳定增长

宏观经济稳定增长有利于国家经济总量和人均 GDP 稳步增长，防止宏观经济出现剧烈波动，保障国民经济平稳发展，确保国家经济安全。一般来说，宏观经济政策主要包括四个目标。

第一个目标就是经济增长，这是一个国家宏观经济政策的首要目标，也是国家实施经济政策的出发点。促进经济增长的政策主要有以下三类：一是增加劳动供给，例如通过放开生育政策、放宽移民政策和增加教育扶持政策，来增加劳动力的供给数量和提高供给质量；二是增加资本积累，例如通过减少税收、提高利率等途径来鼓励人们储蓄，从而促进资本积累；三是促进技术进步，例如通过出台各种技术扶持政策鼓励创新，促进国民经济稳定增长。

第二个目标是促进充分就业，就业是关系到国计民生的重大问题，也是维持经济稳定增长的一个重要方面。各国通常根据就业形势和就业工作重点的变化，制定促进就业的财政、税收和金融扶持政策，重点扶持发展服务业、新兴产业等吸纳就业能力强的产业来提高就业率。

第三个目标是维持物价稳定，避免国内通货膨胀和通货紧缩的幅度过大，从而影响国家经济的稳定和增长。货币政策、财政政策和产业政策是维持物价稳定的主要政策手段。其中，财政和货币政策主要通过各自的政策工具，从需求角度影响经济发展，进而影响国内价格水平。而产业政策主要通过确定不同产业的发展导向，从供给的角度推动经济发展，进而影响国内物价水平。

第四个目标是保持国际收支平衡，避免国际收支的过度顺差或逆差给国家经济带来损害。以国际贸易为例，一方面，国际收支顺差过大将增加本币升值压力，对本国出口贸易造成负面影响，同时还将滋生套汇套利和外汇投机活动，破坏国内和国际金融市场的稳定。长期的贸易顺差还会加剧该国与贸易国家之间的贸易摩擦，恶化双方的政治经济关系，甚至引发"贸易战"。另一方面，国际收支逆差过大通常会导致本币贬值，本国的外汇储备减少，降低该国抵抗各种经济风险的能力。长期处于国际收支逆差的状态将会导致本国大量的资本流出，经济状况下行，国家经济波动增加。

㊀　陈凤英.国家经济安全［M］.北京：时事出版社，2005：14-20.

（二）提高企业竞争力

一个国家经济发展的微观主体是企业。随着经济全球化进程的不断推进，各国企业都已完全置身于全球经济一体化的大背景中。经济全球化为国内企业提供了更多获取技术、市场及金融服务的机会，但同时，跨国公司以其雄厚的资本和先进的技术优势快速抢占国内市场，本土企业不得不面对来自低价格进口产品以及跨国公司的竞争，生存环境日益艰难。因此，为了更好地让本国企业生存发展，迎接经济全球化进程中日趋严峻的挑战，各国都制定了鼓励企业竞争、提高企业竞争力的政策措施。

例如，美国政府制定了提高美国企业和产品竞争力的战略，通过增加教育投入，加强应用科学的研究，加强对知识产权的保护，改革现行规章制度，灵活运用竞争政策，放松或取消各种管制政策来提高国内企业的竞争力[1]。法国在大量增加政府科研经费的同时，还鼓励私人企业加大科研投入，通过发展先进技术来提高企业的经济效益和价格优势。英国废除了限制企业特别是中小企业和高新技术企业发展的不利制度，为它们提供公平自由的竞争环境。俄罗斯通过调整产业结构，有效提升了国内企业生产效率。

（三）支持重要产业发展

产业政策比其他经济政策能够更有针对性地干预社会再生产过程。作为政府调控经济的重要手段，产业政策不仅能发挥弥补市场失灵、熨平经济周期等方面的作用，而且能有效促进科技创新和产业结构升级，推动经济朝着更高质量、更有效率、更可持续的方向发展，从而维护国家经济安全[2]。

政府扶持产业发展的政策措施主要有以下四种：①直接干预，即政府通过直接投资、调配物资、强制性行政管制等手段，直接推动相关产业及产业部门的发展；②间接干预，即政府通过采取优惠的财政税收政策、金融政策、价格政策和工资政策等，为扶持行业发展创造良好的环境，从而促进行业的发展；③组织协调，即政府利用劝导、指引、协商和合作等形式，来协调企业的行为，使之符合产业扶持政策目标的要求；④立法措施，即政府通过一定的法律程序，来支持和保护相关产业发展。

各国通常根据自身经济发展情况，有选择地给部分产业扶持。扶持的产业既可以是已有一定产业技术发展基础、竞争力强、产业关联度大的产业，也可以是关系国家经济安全、面临严重挑战的产业，还可以是市场需求潜力大、成长性好的高新技术产业，或者是在国际范围内具有动态比较优势的产业，以及对现有传统产业技术具有高渗透性、有益于优化产业结构的产业等。

目前，各国采取扶持政策的产业主要有以下四类：①主导产业。主导产业是整个国家经济增长的核心，它主导着国家产业结构的发展方向，通过连锁反应拉动国家其他产业的发展，对国家发展的贡献度很高。②支柱产业。支柱产业是指产值和就业人数分别占国民经济总产值和总就业人数比例很大的产业，在国家经济发展中起支撑作用。③国防产业。国防产业作为国家战略性产业，是保障国家安全的脊梁。国防产业良好健康的发展不仅能够为国家安全提供可靠的保障，还能带动国内经济发展。④高新技术产业。高新技术产业主要是指某一科

---

[1] United States Innovation and Competition Act of 2021. [EB/OL]. [2022-09-01] https://www.congress.gov/bill/117th-congress/senate-bill/1260.

[2] 荆棘.为什么需要产业政策？[J].求是，2017（24）：3-4.

学技术领域内出现重大突破后所孕育出的新产业部门。高新技术产业是当今世界的战略产业，代表未来产业发展的方向，是国家技术实力和产品优势的重要体现，对一国经济社会发展和综合国力提升具有不可估量的作用。例如，日本在20世纪70年代大力推行产业升级政策，将产业结构从重化工业为中心的资本密集型转向以加工装配为中心的技术知识密集型，曾一度在半导体、集成电路等高科技领域赶超欧美，在此期间大大提升了自身的经济实力。

（四）构建国内统一大市场

国内统一大市场指的是在全国范围内，在充分竞争以及由此形成的社会分工的基础上，各地区市场间、各专业市场间形成了相互依存、相互补充、相互开放、相互协调的、有机的市场体系[1]。在这种市场体系下，商品和要素能够在各行业、各地区间自由、无障碍地流通或流动，市场封锁、地方保护等现象基本消除，从而实现资源在全国范围内顺畅流动和优化配置。

扩大市场规模、构建国内统一大市场对促进国家的经济发展、保障国家经济安全有重要作用。首先，建设统一大市场通过破除阻碍要素和商品流动的体制机制，提高要素资源配置效率，能有效推动国家经济发展变革，促进国内经济发展。其次，建设统一大市场通过高水平"引进来"和大规模"走出去"，能有效促进企业创新和带动国内就业，为国家经济安全发展提供保障。最后，建设统一大市场既可以利用庞大市场能力支撑精细化的社会分工，又可以在分工基础上利用规模经济来降低成本，从而进一步扩大和强化专业化分工并提高生产率。

国内市场空间是经济安全的重要内容，因此世界各国都非常重视全国统一市场的建设。纵观全球经济发展史，建立全国统一大市场需要政府的推动和制度的完善。例如，美国在建国初期就高度重视统一大市场的建立，其1787年制定的宪法中就明确规定大力推进州际自由贸易，构建国内统一大市场等政策措施。西欧国家在20世纪50年代就开始了统一市场的步伐，通过联合来扩大经济规模和市场力量，从而更好地维护国家利益。日本于1986年制定了著名的《前川报告》，重点强调了从出口主导向内需主导转变的经济发展思路，此后又接连出台了《经济结构调整推进纲要》等一系列政策文件，通过构建国内统一大市场来应对复杂的国际环境，从而保障国内经济安全。就中国而言，中国于2022年发布《中共中央　国务院关于加快建设全国统一大市场的意见》，阐明加快建设全国统一大市场的重大部署，将为构建新发展格局提供坚强支撑。

二、对外经济政策

对外经济政策作为一种潜在的战略工具，被决策者用来服务于国家外交总体利益，实现国家安全战略目标[2]，进而实现国家安全战略目标，并维护本国经济利益[3]。

（一）积极参与全球化和国际竞争

经济全球化给世界各国经济带来发展机遇。一方面，经济全球化促进了世界市场的不断扩大和区域统一，通过发挥自身的比较优势，世界各国都可以参与到国际贸易中来，从而帮

---

[1] 刘志彪. 建设国内统一大市场的重要意义与实现路径[J]. 人民论坛，2021（2）：20-23.

[2] Baldwin D A, Hirschman A O. National Power and the Structure of Foreign Trade[J]. American Political Science Review, 1980, p.1105.

[3] 陈凤英. 国家经济安全[M]. 北京：时事出版社，2005：14-20.

助国内企业扩大生产规模,实现规模效益。另一方面,经济全球化还加速了资本、技术等生产要素的流动,使世界各国特别是发展中国家迅速实现产业升级和制度创新,改进管理体制,提高劳动生产率,从而提高自身的国际竞争力。

近年来,美、日、欧等国家和地区通过推动区域经济一体化和全球贸易自由化,巩固了其在世界市场上的地位。为适应日益激烈的国际竞争环境,各国政府纷纷出台鼓励和支持企业出口的政策,以期为本国企业特别是大企业创造更多市场机会。韩国政府重点扶持三星、大宇等大型企业集团,成为韩国拓展海外市场的"主力军"。美国更是将跨国公司作为其推行经济安全政策的重要工具,支持它们打入外国市场,控制国际初级产品的原料、生产与销售,维护美国在世界市场中所占份额,并保证美国"供应的安全可靠以及发生匮乏时美国获得供应的优先权"。

(二)创造良好的国际安全环境

在当今投资与贸易全球化、科技国际化、信息网络化、气候变化全球化的背景下,国家间各种利益关系相互交错,一国必须将自己置于全球政治、经济、科技、生态环境框架之中,善于借助国际组织机构和第三方伙伴国的力量来保障本国的政治安全、军事安全、经济安全和生态环境安全,从而为本国的经济安全创造良好的外部环境。

例如,1973年第一次石油危机后,西方发达国家成立了国际能源机构,协调各国的能源安全政策,并建立了危机合作机制。它们还在更大范围内采取一致行动,以降低国际原料贸易中的不稳定性。1994年墨西哥金融危机爆发后,西方各国在国际金融政策方面深入合作,对金融领域加强集体管理,建立合作监管网。近年来,为更好地应对各类国际经济不稳定,美、欧、日等发达国家和地区之间也进一步加强了国际经济政策协调,力求借助彼此力量来共同维护各自的国家经济安全。

(三)参与国际规则制定,提升国际话语权

国际规则从来都不是与生俱来的良法善治,必须依靠各国积极努力参与和表达才能达到均衡和公正。任何国家如果缺少国际话语权,就只能被动接受服务于他国利益的国际规则,甚至还有可能受到政治、经济等领域的国际威胁。因此,为了更好地保障国家经济安全,各国都积极参与到国际规则制定中来,通过提升国际话语权来加强自身在国际社会中的认同度和影响力,从而保障本国的经济发展。

例如,美国在世界贸易组织、国际货币基金组织和世界银行等全球性经济组织中起着主导作用,并在一些双边和多边经济机构中起着支配作用,通过制定和影响国际经济规则,建立了符合美国国家利益的"开放的国际贸易和经济体系",在最大限度上减少了双边和多边合作中面临的各类风险,从而有效保障了美国经济安全。

三、军事政策

军事力量是一个国家硬实力的体现,对保障国家安全和经济持续发展起到至关重要的作用。军事安全与经济安全之间相互依存,相互促进。经济安全为军事安全提供物质基础[一],一国的军事发展需要大量的经济投入作为保障;与此同时,军事安全为经济安全提供坚强支

[一] Doyle, Richard B. The U.S. National Security Strategy: Policy, Process, Problems [J]. Public Administration Review, 2007, pp.624-629.

撑①，强大的军事能力为和平稳定的经济发展提供环境保障。

（一）利用军事力量维护国家经济利益

军事力量是国家安全的重要支柱，只有国家安全得到保障，一国才能安心发展经济和政治。军事力量是一国综合实力的重要体现，一方面能够维护国家主权安全和领土完整，另一方面也能够保护国家战略通道的安全，如领海、领空的安全通畅，从而为国家经济发展提供保障。例如，美国借助自身强大的军事实力，试图通过控制全球16个最具战略意义的海上通道来保障自身利益②。

（二）保障国家军事经济安全

军事经济是指把经济力量转化为军事力量的活动，既具有社会经济的"军事因素"，又具有军事的"经济因素"，体现着军事和经济的双重属性③。军事经济是国民经济的一个特殊部分，平时用以保障军事需要或战争准备，战时用以保障战争的实施。作为国家安全的基础，军事经济安全主体是国家的军事经济体系，维护和保障军事经济安全就是维护国家安全。军事经济安全一旦遭到破坏，国防力量必将被削弱，以至于不能在外敌入侵时真正担当起防御的重任，致使国家安全遭到威胁和破坏。在国家经济安全体系中，军事经济安全与金融安全、产业安全、战略资源安全、科技安全等共同发挥作用，为国家经济平稳发展提供保障。

（三）促进国防建设与经济建设协同发展

维护国家主权及领土完整，抵御外来侵略，制止武装颠覆，保持社会和经济发展的稳定，需要经济建设与国防建设协调发展。

1）通过国防建设与经济建设同步提升，增强国家综合国力，维护国家主权安全。作为综合国力的重要组成部分，强大的国防实力和经济实力是一个国家具有较强综合国力的基础，国家的综合实力越强，其国际地位越高，越能有效保障经济安全。可以说，"富国"和"强兵"是一个国家具有较强综合国力不可或缺的"两翼"。因此，在提升经济实力的同时，持续加强国防和军队建设，将有利于提高国家安全保障能力，从而为经济建设的顺利进行提供坚强可靠的安全保障。

2）通过国防建设促进经济发展，提高经济安全度。国防建设通常拥有最先进的技术，通过全面推进经济、科技、教育、人才等各个领域的军民融合，在更广范围、更高层次、更深程度上把国防和军队现代化建设与经济社会发展结合起来，进而带动整个国民经济发展。例如，通过把军事武器"激光"应用于民营生产，极大提高了建筑、工业生产和医疗等领域的发展④。

四、经济外交政策

经济外交是指国家通过大力发展本国经济及对外经济关系，运用经济贸易手段来实现其对外战略的外交实践⑤。按照经济外交的手段方式，经济外交主要包括经济合作、对外援助、

---

① 张帅，顾海兵. 中国经济安全研究：误区再反思[J]. 学术研究，2020（3）：84.

② 李杰. 美国在全球的主要军事基地及设施[J]. 环球，2010（9）：15.

③ 谢德. 多角度深化军事经济研究[J]. 中国社会科学报，2012（10）：4.

④ 王国栋，王晓煊，高晓聪. 激光武器迈向高功率时代，各个军事大国进展如何？[J]. 中国军网–解放军报，2020（4）：7.

⑤ 祁怀高. 中国崛起背景下的周边安全与周边外交[M]. 北京：中华书局，2014：33-42.

出口管制和经济制裁四种形式。

（一）经济合作

经济全球化使得世界各国的相互依赖不断加深，无论是发展中国家还是发达国家，都难以凭一己之力摆脱参与经济全球化所带来的安全困境，因此世界各国越发重视国际合作，力图从外部寻求支持，以期共同抵御各类风险和挑战，保障国家经济安全。

世界各国主要从全球和区域两个层面来建立合作关系○。在全球层面，各国通过建立促进全球经济合作、应对国际经济危机的组织机构，能有效利用现有的国际制度来加强对自身经济安全的保障能力。目前，常见的国际经济合作组织有世界贸易组织、亚太经合组织、国际货币基金组织及世界银行等。在区域层面，各国通过与周边邻近国家在经济领域展开积极合作，加强区域经济的塑造能力，着眼于构建区域经济合作制度，共同保障区域经济安全。按商品以及服务贸易自由化程度，区域经济合作可以分为部门一体化、优惠贸易安排、自由贸易区、关税同盟、共同市场、经济同盟和完全经济一体化七种形式。

在合作方式上，经济合作分为两类。一类是宏观经济政策协调，各国之间就经济领域存在的一些问题进行协调，例如财政政策、利率政策以及经济监管政策等，以求共同解决和调整。另一类是经济合作协议谈判，两国或多国政府通过经济谈判，达成国家间经济合作管理协议，共同保障合作国家间的经济安全。例如中国与欧亚经济联盟（又称欧亚经济委员会）为了更好地开展经济合作，共同签署了《关于实质性结束中国与欧亚经济联盟经贸合作协议谈判的联合声明》，在保障中国与欧亚地区的经济安全方面具有重要意义。

（二）对外援助

对外援助是指援助国或国际组织团体，以无偿或优惠的方式向受援国提供资金、物资、设备、技术等，帮助其发展经济、提高社会福利和应对突发危机的活动○。作为一项常规的外交政策，对外援助是一国用以维护国家利益、推行对外政策、增进国家间友好往来的重要手段。

需要注意的是，在国际经济关系政治化的背景下，对外援助已经不是一种纯粹利他的经济行为，西方发达国家早已将其作为推行自身经济安全政策的重要手段。例如美国在第二次世界大战后通过对欧洲、亚洲及其他国家和地区进行大规模的经济援助和军事援助，快速扩大了资本主义市场经济阵营，从而使美国的投资、经济和贸易利益得到安全保障。日本将对外经济和技术援助作为与国际社会建立协作关系、加速经济扩张、争夺国际话语权的重要工具，甚至将对外援助视为保障日本安全问题的重要手段。

（三）出口管制

出口管制是指一国政府通过建立一系列审查、限制和控制机制，以直接或间接的方式防止本国限定的商品或技术通过各种途径流通或扩散至目标国家，从而保障国家安全和经济利益。

实行出口管制主要有以下目的：①保护国内制造业的原料供应，防止因过度出口导致国内自然资源的枯竭，从而影响本国经济发展；②保护国内市场价格平稳，避免因国外的过度需求而引发国内通货膨胀；③保护技术和高技术产业，国家或国家集团通过对其出口的产

○ 肖晞.外交与安全的中国思路[M].北京：世界知识出版社，2020：68-71.

○ 罗伯特·沃尔特斯.美苏援助对比分析[M].陈源，范坝，译.北京：商务印书馆，1974：71.

品或技术进行核查、审批、限制以及其他方式来阻止目标国获取某些先进的技术和产品的行为[1]。④出于政治目的对某些国家实行打压，限制某些商品或全部商品对这些国家的出口，从而达到遏制这些国家的生存和发展的目的。例如美国为了达到遏制中国崛起的政治目的，禁止向中国出口部分高科技产品。⑤在战争时期，以封锁和商品禁运作为在政治、经济上打击对手的一种手段。例如，发达国家用"出口管制"这种经济手段迫使他国改变对内对外政策，干涉他国内政。

（四）经济制裁

经济制裁是指一国或数国对破坏国际义务、条约和协定的国家在经济上采取的惩罚性措施。由于经济制裁政策采取的是某种或多种限制性经济行为，并在实行时具有强制性，因此经济制裁一般被视为外交政策的一种。经济制裁旨在对违背经济法规的国家或组织团体实施惩罚，从而实现维护国家经济安全的目的。然而，该项政策常常被经济实力强大的西方资本主义国家作为打击、削弱其他国家政治、经济和军事实力，进而保障自身经济安全的非军事手段。

经济制裁的手段一般包括：通过提高出口或者进口关税的方式限制特定商品包括武器、技术或者服务的进出口；各种贸易封锁、禁运；阻碍在制裁目标国的金融投资；禁止两国公民商业交往；暂停、限制和禁止对制裁目标国或实体间接或直接的投资、援助等。例如以美国和英国为首的西方阵营国家在俄乌冲突时期对俄罗斯发起了单边经济制裁，企图通过遏制其经济发展来达到震慑和惩罚俄罗斯的目的。

【相关案例 5-3】

美国对外经济政策新走向

美国总统拜登上任后，在其首次对外政策演讲中指出："外交和国内政策之间不再有明显的界限。我们迫切需要把重点放在国内经济振兴上。"由此可见，将国内外事务一体处理的原则将成为拜登政府处理对外关系与国际经济关系的指导方针，那么拜登政府的国际经济政策会如何进行？

1. 继续"特朗普式"对外经济政策

从克林顿政府到奥巴马政府，民主党从一个贸易保护主义的政党逐渐变成一个主张自由贸易与开放投资的政党，成为推动经济全球化的重要力量。

但美国经济参与全球化的弊端逐渐显现，主要是制造业就业规模大幅度萎缩，美国经济出现国际化、服务业化与金融化的特点，中下阶层的收入水平没有改善，贫富差距越来越悬殊。在此情况下，2016年特朗普抓住机遇，高举"美国优先"旗帜，不断攻击自由贸易，最终成功赢得总统大选。

为了获得2020年大选胜利，民主党接过特朗普政府民粹主义与保护主义的旗帜。民主党过去支持自由贸易，主要是支持美国大资本向全世界的扩张政策，现在迫于国内舆论环境的变化，拜登政府主张所谓的"中产阶级的对外政策"，政治现实与理念转变注定拜登政府将实施更多的贸易保护主义措施，并将推动国际经济秩序朝向服务于美国现存利益目标的方向演变。

---

[1] Micheal D. Becket. To Supply or to Deny: Comparing Nonproliferation Export Controls in Five Key Countries [J]. Kluwer Law International, 2010, pp.2-4.

从目前情况看，拜登政府将延续类似特朗普政府的路线，"公共卫生"安全加上与中国战略竞争的理由将继续推动"购买美国货""雇用美国人"的"美国优先"政策。拜登政府的政策将会看起来温和一点，也可能会找到一个多边主义、国际合作的"包装"，但其政策骨子里仍是"特朗普式"的对外经济政策，至少在短期内将会如此。

2. 或消极对待地区一体化

过去30年，经济全球化与地区一体化齐头并进，在美国的推动下，地区一体化协议往往采取比WTO更高的市场开放标准，反过来对经济全球化起到促进作用。由于受到竞选承诺的影响，拜登政府难以在短期内重回"全面与进步跨太平洋伙伴关系协定"（CPTPP）和其他地区贸易自由协定。

拜登政府暂不参与地区自由贸易协定将会产生一定的地缘政治经济后果。在亚太地区，美国不能重返CPTPP，日本、加拿大、澳大利亚等国将继续发挥主要作用，CPTPP在世界贸易中的影响力将受限制；东盟、中国、日本等地区主要经济体之间的贸易进一步加强，从而推动东亚地区贸易一体化进程；跨大西洋贸易投资协议（TTP）谈判如不能恢复，可能将对美欧之间的贸易产生一定的负面影响，导致欧洲等地区经济与美国经济的距离会越来越远。由此，全球贸易投资格局将重新洗牌，出现更多新的地区中心，多极化时代将加速到来。

3. 对多边经济协调机制态度不明

受新冠肺炎疫情影响，很多国家投入了大量的流动性，以维持经济正常运转。由于美元的特殊地位，美国几乎无限扩张流动性，拼命印钞，加之美国债务比例过高，美国经济可能出现较大的金融泡沫。世界市场以美元计价的商品价格可能飙升，从而打乱全球经济秩序。广大发展中国家将成为美元流动性泛滥的受害者，为美国的经济调整"买单"。

因此，如何防范国际流动性过剩特别是美元泛滥造成的金融体系风险，可能成为未来几年全球经济亟待解决的重要课题。"二十国集团"（G20）是全球宏观经济政策协调的主要平台，相比特朗普政府，拜登政府可能会提高对G20机制的重视程度，但美国是否愿意受多边协调机制的制约将成为一大问题。

资料来源：王勇.美国对外经济政策新走向［EB/OL］.（2021-05-12）［2022-09-01］. http://www.banyuetan.org/gj/detail/20210512/1000200033136201620784677723629388_1.html.

本章小结

（1）国家经济安全保障体系的特征与分类。国家经济安全保障体系是指一国为了维护自身的经济安全所建立的一系列组织体系、法律制度体系和政策体系。国家经济安全保障体系具有动态性、系统性和协调性三种特征。根据保障手段的不同，国家经济安全保障体系分为政治保障体系、法律保障体系和其他保障体系；根据保障范围的不同，国家经济安全保障体系分为国内保障体系和国际保障体系；根据保障功能的不同，国家经济安全保障体系分为预防性保障体系、救济性保障体系和预防兼救济性保障体系。

（2）维护国家经济安全的组织机构。首先，一国中央政府应是维护国家经济安全的主体，企业事业组织、其他社会组织团体和公民等则是维护国家经济安全的重要参与者。其次，维护国家经济安全的组织机构包括国家安全委员会以及财政、农业、商务、能源、法律和中央银行等多个政府职能部门。再次，维护国家经济安全的决策体制由决策机构、智库机构和情报机构构成。其中，决策机构处于核心地位，智库机构和情报机构处于从属地位，并为决策机构提供经济方面的情报信息。最后，中央政府下属各部门、直属机构、特设机构共同贯彻执行国家经济安全战略。

（3）维护国家经济安全的法律体系。维护国家经济安全的法律体系分为国内法律保障制度和国际法律保障制度。国内法律保障制度主要从宪法、法律和法规三个层面来保障国家经济安全。国际法律保障制度主要通过世界贸易组织、国家货币基金组织、联合国和世界银行等世界性组织的法律规范来保障各成员方经济安全。

（4）维护国家经济安全的政策措施。各国主要从国内经济政策、对外经济政策、军事政策和经济外交政策等四个方面来制定保障国家经济安全的政策措施。其中，国内经济政策包括维持宏观经济增长、提高企业竞争力、支持重要产业发展和构建国内统一大市场四个方面；对外经济政策包括积极参与全球化和国际竞争、创造良好的国际安全环境和参与国际规则制定三个方面；军事政策包括利用军事力量维护国际经济利益、保障国家军事经济安全和促进国防建设与经济建设协同发展三个方面；经济外交政策包括经济合作、对外援助、出口管制和经济制裁四个方面。

本章荐读书目

[1] 范维澄. 国家安全科学导论 [M]. 北京：科学出版社，2021.
[2] 张晓君. 国家经济安全法律保障制度研究 [M]. 重庆：重庆出版社，2007.
[3] 顾海兵，沈继楼. 保障国家经济安全的对策研究：政府机构视角 [J]. 国家行政学院学报，2009（2）.
[4] 张骥. 世界主要国家国家安全委员会 [M]. 北京：时事出版社，2014.
[5] 张玉荣. 世界贸易组织：规则与运用 [M]. 北京：清华大学出版社，2020.

本章复习思考题

1. 国家通常从哪几个层次来构建国内经济安全法律保障体系？它们之间关系如何？
2. 国家经济安全决策体制由哪些部门构成？它们是如何运作的？
3. 世界贸易组织的"两反一保"措施有何联系与区别？
4. 如何利用国内经济政策保障国家经济安全？
5. 对外经济政策和经济外交政策有何联系与区别？

第六章

国家产业安全

【本章关键词】

（1）产业安全　（2）产业生存安全　（3）产业发展安全　（4）产业保护
（5）产业损害　（6）产业竞争力　（7）产业控制力　（8）产业生存环境

【导入案例】

产业发展也应设定风险底线

近年来，部分地区竞相引入热门产业，盲目追求"高大上"，出现不少失败的案例。多年前，光伏、风电等领域曾出现重复建设和产能过剩问题。如今，集成电路、半导体等项目也有"遍地开花"之感，某些烂尾项目值得警惕。

有关经验教训警示人们，产业发展除了需要政策和资金的支持外，还要遵循技术和产业发展规律，必须紧紧依靠强有力的人才团队和丰富的技术储备。为发展经济，地方招商引资需求巨大，但不应忽视本地经济和技术基础、实际需求以及承载能力，不可低估有关潜在风险。如果"捡到篮子里都是菜"，必然导致一些园区建设陷入粗放式扩张，反而诱发债台高筑、资源浪费等问题，给自身发展埋下隐患。尤其是在技术创新领域，如果地方政府主导投资或过度干预，很容易出现低效投资或产能过剩现象。

产业发展具有很大不确定性，要防止一哄而起、盲目投资，尤其要防范四种倾向。

一是谨防同质化竞争倾向，关注规划趋同、"政策洼地"或恶性竞争等问题。一些相邻园区缺乏产业协同机制，在规划基本一致或雷同的情况下，要避免竞相给予土地、财税、环保等优惠，甚至盲目出台"零地价""负地价"等政策。

二是谨防产业空心化倾向，关注"圈地""圈钱"放任房地产开发等行为。有的园区招商项目良莠不齐、鱼龙混杂，导致一些地方招商存在"圈地"行为盛行、严重依赖财政补贴等问题，造成园区空置率高、"鬼城""空城"出现。

三是谨防"翻烧饼"式的瞎折腾倾向，关注"换届就换蓝图、换人就换思路"等怪象。在政策举措出台之前，必须经过反复论证和科学评估。各地必须树立"功成不必在我，功成必定有我"理念，力求切合实际，真正推行行之有效、行之久远的政策内容。

四是谨防投入低效化倾向，避免过度行政干预和无序负债投资行为。一些地方盲目承诺各种财税优惠，有的提供厂房、住房等生产生活设施，有的通过融资平台控股投入或替企业融资等。这些措施一旦实施不当，就会严重透支地方财力，导致隐性债务规模膨胀，很可能留下一个烂摊子。

实际上，良好的营商环境是促进和保持市场繁荣不可或缺的因素，产业发展要与当地资源禀赋、自身能力相适应，不能盲目追求"高大上"或"短平快"。各地应遵循城市与产业发展规律，因地制宜、创新推动产业的招商与培育。

资料来源：吉富星.产业发展也应设定风险底线［N］.经济日报，2021-07-24（5）.

第一节　国家产业安全概述

一、国家产业安全的内涵

(一) 产业①

产业是社会分工的产物，是社会生产力发展的必然结果，是具有某种同类属性的经济活动的集合。"产业"一词在不同历史时期和不同理论研究领域有不尽相同的含义，如"产业""工业""行业"和"实业"等，在英文中，以上都可以称为"Industry"。

在传统经济学理论中，"产业"主要是指经济社会的物质生产部门，是具有某种共同功能和经济活动特点的企业集合。一般而言，每个部门都专门生产和制造某种独立的产品，某种意义上每个部门也就成为一个相对独立的产业部门，如"农业""工业"和"交通运输业"等。提供劳动服务、金融服务等的行业，也被看作独立的产业，称为第三产业。由此可见，"产业"作为经济学概念，具有深刻的内涵与宽广的外延。

(二) 产业安全

产业安全是国家经济安全的重要组成部分，与经济安全概念相比，产业安全是属于中观层次的②。产业安全是指特定主体自主产业的生存和发展不受威胁的状态。具体来看，产业安全包含三层含义：第一，安全的主体是特定行为体的自主产业，这里的行为体既可以是国家，也可以是非国家行为体，大到欧盟等区域性组织，小到一国内部的省、市甚至郡、县，只要拥有自主产业，就涉及产业安全问题；第二，产业安全包含生存安全和发展安全两个方面，即产业的生存和发展不受威胁的状态；第三，产业安全度可以通过评价产业受威胁的程度加以反推——产业受威胁的程度越深，产业越不安全，即该产业的安全度越低。

二、国家产业安全的分类

关于国家产业安全的分类，主要有以下几种。

(一) 产业生存安全和产业发展安全

从内容上来看，产业安全可以分为产业生存安全和产业发展安全两个方面。产业生存安全是指产业的生存不受威胁，即产业的市场或市场份额、利润率水平以及产业资本不受威胁的状态。产业发展安全是指产业价值或市场份额的提高、产业技术创新以及产业的赶超不受威胁的状态，发展是最高层次的安全。③

(二) 静态产业安全和动态产业安全

根据发展态势，产业安全可以分为静态产业安全和动态产业安全。静态产业安全是指特定时点或时期内一国产业安全的总体态势，它主要反映一定时期内影响一国产业安全各种因素的系统作用的结果。动态产业安全则是从综合观点、前瞻观点来看产业安全问题，是指在经济运行变化中的产业安全变化态势。④

---

① 张小梅，王进. 产业经济学 [M]. 成都：电子科技大学出版社，2017：1.
② 朱钟棣. 入世后中国的产业安全 [M]. 上海：上海财经大学出版社，2006：9.
③ 何维达. 我国衰退产业安全评价及政策研究 [M]. 北京：知识产权出版社，2011：38.
④ 冯宗宪，张文科. 国际贸易理论、政策与实务 [M]. 西安：西安交通大学出版社，2012：177.

(三) 封闭产业安全和开放产业安全

根据市场条件，产业安全可以分为封闭产业安全和开放产业安全。封闭产业安全是指封闭市场条件下的产业安全，而开放产业安全则是指开放市场条件下的产业安全。产业开放与否并不能成为决定产业安全的全部原因，封闭市场条件下同样存在威胁产业安全的因素，例如，产业过度竞争会导致产业衰退、地区经济不景气乃至国家经济危机。但是，相对而言，国内市场的开放的确放大了国内产业安全隐患。[1]

【相关案例 6-1】

入世 20 年，中国产业发展成就辉煌

产业安全是一国经济安全的核心，是国家安全的重要基础。加入世界贸易组织（以下简称入世）以来，随着我国市场开放程度的不断提升，更多的国内产业面临进口产品或跨国公司进入所带来的冲击，也会有更多的出口产品遭遇来自国外的反倾销、反补贴等各种贸易保护措施，产业安全问题备受关注。

入世 20 年，中国产业发展经受住了国际竞争的洗礼和考验，产业规模快速增长，产业结构不断优化，产业竞争力明显增强，产业开放水平大幅提升，产业开放质量明显提高，对中国和世界经济的贡献越来越大，中国经济总量从世界第 6 位上升到第 2 位，货物贸易从世界第 6 位上升到第 1 位，服务贸易从世界第 11 位上升到第 2 位，利用外资稳居发展中国家首位，对外直接投资从世界第 26 位上升到第 1 位。可以说，入世 20 年，中国产业在确保总体安全的前提下，取得了辉煌的发展成就。

入世以来，中国各个产业在快速发展的同时，未发生重大产业安全问题或重大系统性风险。在入世前，大家普遍担心、认为受冲击大的产业，也保持了稳步或快速增长态势。当时顾虑最大的两个行业：一个是农业，发展一直比较弱，入世意味着直接面临世界上最发达的美欧农业的竞争；二是汽车行业，入世时刚刚起步，面临国际市场冲击太大的风险。然而，入世 20 年的实践证明，中国相关产业都经受住了严峻考验，经过国际竞争的洗礼，取得了更好的发展。

例如，中国农业在入世后稳步发展，2001 年—2020 年，中国农业总产值从 1.45 万亿元增长到了 7.17 万亿元，年均增长 8.79%；入世 20 年来，中国农业保持了入世之前的良好发展势头，增长速度平稳，稳定性大大提高，粮食和其他主要农产品供给有保障。

再如，中国汽车行业入世后快速发展，2001 年—2020 年，中国规模以上汽车制造业企业产成品从 302.04 亿元增长到了 3553.25 亿元，年均增速高达 13.85%；中国生产乘用车数量从 70 万辆增至 1999 万辆，年均增长 19%，2020 年中国乘用车产量占全球的 36%。20 年间，中国汽车产业以大开放促进了大变革、大发展，如今已发展成为全球最大的汽车市场，成为全球汽车产业发展的动力源，基本实现从"跟跑"到"并跑"再到部分领域的"领跑"。例如，中国在新能源汽车领域已成为世界的领跑者，中国新能源汽车产销量连续 6 年位居世界第 1。

资料来源：入世 20 年中国产业发展成就辉煌［N］. 第一财经日报，2021-12-13（A11）.

---

[1] 李孟刚. 产业安全理论研究［M］. 北京：经济科学出版社，2012：113.

第二节 国家产业安全的相关理论

一、产业保护理论

产业保护理论是研究产业安全较早、较成熟的理论之一，该理论从产业保护的对象、手段、程度、效果等方面阐述了产业安全。

（一）重商主义的保护民族工业思想[1]

从经济学说史来看，重商主义学说源于 15 世纪，该理论是资本原始积累时期代表资产阶级利益的政策体系与经济思想，也是国家干预主义的前驱。随着商业资本的发展以及国家对其支持政策的实施，逐渐形成了系统的重商主义理论。按照发展阶段来看，重商主义经历了早期重商主义、晚期重商主义两个阶段。

早期重商主义又称为"货币平衡论"。早期重商主义者把金银看作是财富的唯一形式，主张采取行政手段反对货物输入、禁止货币输出，以此储藏更多贵金属。一些国家为避免金属货币外流，甚至要求国外出口商在本国销售货物的全部款项用于购买本国产品。

晚期重商主义又称为"贸易平衡论"。晚期重商主义者认为货币只有在运动中才能够成为资本，才能增值，因此主张取消禁止货币输出的法令，要求发展对外贸易，获取更多的金银货币，而这只有通过出超的对外贸易才能实现。

重商主义是一种旨在获得国内经济增长的有关经济保护的意识形态。重商主义强调民族工业是民族经济与利益的重要来源，必须将国内市场的主要份额保留给本国产业，避免与国外产品的恶性竞争。这不但有助于保护本国工业的生产能力、培育新兴产业，而且有利于为本国居民提供就业岗位、降低失业率。除此之外，重商主义者认为，关税制度以及国际贸易的垄断管理制度是一国或地区保护本国市场的主要手段。在这种思想的指导下，贸易保护政策处于主导地位。并且重商主义所强调的保护本国市场，实质上是早期经济思想的"民族工业主义"。正因如此，李斯特认为"重工主义"或"工业主义"比"重商主义"的说法更为合适。不管怎么说，重商主义是产业保护理论的渊源。

（二）汉密尔顿的保护关税理论[2]

1776 年，美国宣告独立，面临两条道路的选择：一是实行保护关税政策，减少对外国工业品的依赖，独立自主地发展自己的工业，这代表了工业资产阶级的要求；二是实行自由贸易政策，继续向英、法等国出口小麦、棉花、烟草、木材等农林产品，换回它们的工业品以满足国内市场对工业品的需求，建设符合美国南方种植园主意愿的贸易格局。在当时美国产业革命进行较晚、工业基础薄弱、产品难以与英国竞争的现实背景下，新兴的工业资产阶级要求实行保护贸易政策。亚历山大·汉密尔顿（Alexander Hamilton，1757—1804）代表工业资产阶级的利益，于 1791 年向国会提交了《关于制造业的报告》，在报告中明确表达了保护贸易的理论观点。

汉密尔顿认为，自由贸易不适用于美国，因为美国工业基础薄弱、技术落后、生产成本高，无法在平等的基础上与英国等国家进行贸易竞争。若实行自由贸易政策，只会使美国的

---

[1] 欧阳彪.开放经济下中国服务业产业安全的理论与实证研究[M].长沙：湖南大学出版社，2018：11.

[2] 刘丁有.国际贸易[M].北京：中国人民大学出版社，2013：62.

产业被限制在农业范畴，制造业难以发展，国民经济陷入困境。因此，在一国工业化的早期阶段，应当排除外来竞争，保护国内市场，从而保护与促使本国幼稚工业的成长。

汉密尔顿在递交给国会的报告中，极力主张实行保护关税政策来鼓励幼稚工业发展，提出了以加强国家干预为主要内容的一系列措施，主要有：向私营工业发放政府贷款，为其提供发展资金；实行保护关税制度，保护国内新兴工业免遭外国企业的冲击；对重要原料出口加以限制，对国内必需的原料进口实行免税；给各类工业发放津贴和奖励金；限制革新机器的出口；建立联邦检查制度，保证和提高产品质量；吸收国外资金，满足国内工业发展需要；鼓励生产要素（特别是国外的熟练劳动者和外国资本）流入等。他认为保护和发展制造业有许多作用，如：促进机器的使用和社会分工的发展，提高整个国家的机械化水平；增加社会就业，吸引外国移民，加速美国国土开发；提供更多开创各种事业的机会，使个人才能得到充分发挥；保证农产品销路和价格稳定，从而刺激农业发展。

汉密尔顿阐述了保护和发展制造业的必要性和有利条件，但他并不主张对一切进口商品征收高关税或禁止进口，而只是对本国能生产但竞争力较弱的进口商品实施严厉的限制进口政策。如果能有一段时间用关税壁垒进行保护，把效率提高到可以在免税的基础上与外国竞争的水平，那么幼稚产业成长壮大后，保护壁垒就可以移除了。

汉密尔顿的保护关税理论后来成了美国对外经济贸易政策的重要组成部分，对发展美国工业、增强美国的经济实力起到了很大积极作用，对丰富和完善产业保护理论做出了重要的理论贡献。

（三）幼稚产业保护理论[一]

李斯特（Friedrich List，1789—1846）是19世纪德国著名的经济学家，其幼稚产业保护理论受汉密尔顿启发，但较之更加系统和深刻。他于1841年出版的《政治经济学的国民体系》一书是幼稚产业保护论的代表作，书中系统地阐述了这一学说。

李斯特重视生产力的发展，指出："财富的生产力比之财富本身，不晓得要重要多少倍，它不但可以使已有的和已经增加的财富获得保障，而且可以使已经消失的财富获得补偿。个人如此，拿整个国家来说更是如此。"李斯特主张重视培养创造财富的生产能力，对于一国的经济利益，他更看重经济成长的长远利益。他认为进口廉价商品虽然短期内是很合适的，但本国的产业就会长期处于落后的依附地位，而采取保护贸易的措施限制进口，开始时国内厂商提供的商品价格要高一些，短期内消费者的利益会受到损害，但当本国的产业发展起来后，价格会降低，从长远看是有利于公众福利的。

李斯特还提出了经济阶段论，阐明了经济发展与贸易政策的相互关系，以此作为保护贸易政策的基本依据。李斯特指出："从经济方面看来，每个国家都必须经过如下几个发展阶段：原始未开化时期，畜牧时期，农业时期，农工业时期，农工商时期。"不同的时期应该实行不同的对外贸易政策。前三个时期要求农业得到发展，应实行自由贸易政策；农工业时期追求工业的发展，必须采取贸易保护政策，确保本国工业的发展；农工商时期追求商业的扩张，应实行自由贸易政策。李斯特认为当时德国正处于农工业时期，必须实行贸易保护政策，借助国家的力量来促进德国生产力的发展。

李斯特认为，实行贸易保护政策是为了促进生产力的发展，为了最终无须保护，因此保

[一] 彭红斌，董瑾.国际贸易理论与实务［M］.北京：北京理工大学出版社，2020：88-89.

护并不是全面保护,而是有选择的。国家应该选择那些目前处于幼稚阶段、受到竞争的强大压力,但经过一段时间的保护和发展能够被扶植起来并达到自立程度的工业,因此如果幼稚工业没有强有力的竞争者,或经过一段时期的保护和发展不能够自立,就不应保护。李斯特认为,这里"一段时期"的最高期限为30年,也就是说,保护是有期限的。

李斯特认为,贸易保护政策的主要手段是关税和禁止输入,应根据不同类型的产品制定不同的关税税率:对在国内生产比较方便且被普遍消费的产品,可以征收较高的关税;对在国内生产比较困难、价值昂贵又容易走私的产品,税率应按程度逐级降低。为了促进本国工业的发展,在本国的专门技术和机器制造业还未获得高度发展时,应对国外输入的一切复杂机器设备免税或征收较低的税率。

李斯特的幼稚产业保护理论对德国资本主义的发展起到了积极的作用,有利于资产阶级反对封建主义的斗争。他的理论对经济欠发达国家制定对外贸易政策有积极的参考价值。他的关于保护对象是有条件的,保护是有时间限制的,保护本身不是目的而是以自由贸易为最终目的等主张是具有积极意义的。总之,李斯特的幼稚产业保护理论的提出确立了保护贸易论在国际贸易理论体系中的地位,标志着自由贸易学派与保护贸易学派的理论对峙局面完全形成。

(四)约翰·穆勒的"新生产业保护论"[一]

尽管约翰·穆勒与亚当·斯密、马歇尔、大卫·李嘉图等同为自由贸易理论的先驱,但是他首先接受的是李斯特所提出的幼稚产业保护理论,并且认为仅有这个理论能解释贸易保护主义。他提出的"新生产业保护"要点在于强调外部性。新生产业外部性的表现之一在于新生产业比现存产业的资本和技术密集度更高,或具有可共享的技术信息及市场优势,对社会技术进步贡献更大,其他产业由于新生产业的发展壮大也可从中获得效率提高、成本降低的收益。外部性的另一个表现在于新生产业的动态规模经济,因为新生产业产品的单位成本是积累产量的递减幂函数。尽管短期而言,保护会导致静态资源配置损失,但是只要新生产业在成熟后所带来的利益大于其在成长过程中保护贸易所导致的福利损失,那么就长期而言,在新生产业成熟之前,政府应加强对其的保护。

总的来说,贸易保护论经历了一系列发展过程,汉密尔顿首先提出了关税保护理论,李斯特随后对其进行了系统化发展,再受到穆勒的肯定,最后到贸易保护的基本理论形成。经过实践,贸易保护理论不仅已经成为发展中国家经济发展的重要依据,同时也为世界各国保护本国产业提供了理论支撑。

二、产业损害理论

产业损害理论是研究倾销和反倾销对产业安全影响的理论。该理论认为,由于某些特殊目的,国外竞争者可能采取低于成本的价格在本国市场上进行销售,以达到打击本国企业的目的。因此,本国应该采取特定策略,如征收反倾销税,以平衡倾销造成的产业损害。该理论主要涉及产业损害界定、产业损害成因和产业损害维护等[二]。

(一)产业损害的界定

产业损害是指被指控的进口产品对进口国市场上同类产品的产业造成实质性损害,即威

[一] 欧阳彪.开放经济下中国服务业产业安全的理论与实证研究[M].长沙:湖南大学出版社,2018:13.

[二] 湛育红.外商直接投资对中国种业影响研究[M].上海:复旦大学出版社,2017:24.

胁或严重阻碍了进口国这类产业的建立。这里所谓的同类产品，是指与被调查的进口产品相同的产品；没有相同产品的，以与被调查的进口产品的特性最相似的产品为同类产品[1]。

（二）产业损害的成因[2]

倾销是导致产业损害的原因之一，深入分析和掌握倾销对相关产业的损害，对于产业损害调查、产业损害幅度评估和产业损害的维护具有一定的基础作用。以下从倾销对进口国相关产业的直接损害、间接损害进行分析。

其一，倾销对进口国相关产业的直接损害，体现在倾销可以直接冲击甚至挤垮进口国生产的、与所倾销商品相似或直接竞争的产品生产企业。倾销商品在进口国的廉价销售，会改变进口国消费者的消费计划和开支投向。在这种情况下，进口国的同类产品就可能失去销路和市场，造成进口国相关企业产量下降、规模缩小、利润下降、工人失业甚至部分企业倒闭，对进口国产业的损害程度通常取决于倾销商品的倾销幅度和倾销数量。另外，倾销对进口国相关产业的直接损害，还体现在以倾销商品作为原材料或零部件的进口国产业，因受低价信息错误诱导而扩大了生产规模，但是在出口国停止倾销后，这些产业可能无法继续以扩大后规模进行生产，从而受到损害。

其二，倾销对进口国相关产业的间接损害，体现在倾销商品对进口国国内与倾销商品无直接竞争关系产业的损害。尽管不与倾销商品直接竞争，但因倾销商品价格低廉，使消费者将注意力转向了倾销商品，进口国国内其他相关产业蒙受损害。

（三）产业损害的维护[3]

进口方为了进行产业损害维护，依法对给本方（地区）产业造成损害的倾销行为采取征收反倾销税等措施以抵消损害后果的法律行为，就是所谓的反倾销。根据相关规定，确立反倾销的前提条件主要有三个：一是倾销行为的存在；二是损害的构成；三是倾销与损害之间存在着因果关系。

1. 倾销行为存在的确认

倾销包括四层含义：第一，出口价格低于出口方相同产品的国内价格；第二，出口价格低于出口方相同产品方（地区）内价格的差额应达到一定的幅度；第三，相同产品在出口方市场有足够的销售数量，应占进口方同类产品销售量的 5% 以上；第四，出口方国（地区）内价格是正常贸易形成的价格。所谓正常贸易是指买卖双方都是独立的交易商，而不是关联商；相同产品在国（地区）内销售的连续期限正常是 1 年，但最短不少于 6 个月。

2. 损害构成的确认

WTO 规则规定，在反倾销调查中，进口方不仅要证明倾销存在，还必须认定进口方相关产业因此受到严重损害，才能对出口方企业提起反倾销诉讼。损害程度包括四层含义：第一层含义是指实质性损害，即倾销使进口方国（地区）内产业的产销量、市场份额、利润、投资收益等实际和潜在下降，进口方国（地区）内价格下跌等；第二层含义是指实质性损害威胁，实质性损害威胁虽不构成实质性损害的事实，但损害却是可以预期的、迫近的；第三层含义是指实质性阻碍国（地区）内产业的建立；第四层含义是累积确定实质性损害和实质性

---

[1] 邹宏仪. 新词流行词辞典[M]. 南京：河海大学出版社，2005：16.

[2] 李孟刚. 产业安全理论研究[M]. 北京：经济科学出版社，2012：259-260.

[3] 李孟刚. 产业安全理论研究[M]. 北京：经济科学出版社，2012：268-269.

损害威胁,即来自一个国家(地区)的进口产品可能对进口方产业不构成损害或损害威胁,但是把几个国家(地区)的进口产品加总起来考虑,就可能对进口方产业构成损害或损害威胁。在损害确定或损害威胁确定的情况下,可以判定这几个国家(地区)均对进口方产业造成损害或损害威胁,从而对每一个国家(地区)的进口产品实施反倾销制裁。[一]

3. 倾销与损害因果关系的确认

WTO 反倾销协议明确规定,在征收反倾销税时,进口方有关当局必须有充分证据证明倾销产品与进口方同类产品相关产业受损害之间存在着客观的因果关系。只要进口倾销是造成损害的原因之一,而不论它是不是主要原因,都可构成因果关系,进口方可据此进行反倾销。若不能证明倾销与损害之间具有因果关系,则不能对该进口产品进行反倾销。

三、产业竞争力理论

产业保护虽然能使本国产业暂时免受外来竞争的冲击,但是从长远来看,产业保护会造成本国经济与世界经济的脱节。产业保护只是一种权宜之计,在开放的经济体系中,只有不断提高本国产业的国际竞争力才能保证本国的产业安全,也就是说,产业竞争力是产业安全的核心。提升产业国际竞争力才是维护产业安全的治本之策。

(一)比较优势理论

古典经济学家亚当·斯密在 1776 年首次提出了绝对优势理论。在此后不久,古典经济学家大卫·李嘉图在 1871 年又提出了比较优势理论。根据李嘉图的理论,商品相对价格的差异即比较优势是国家相互之间进行贸易的基础。一个国家应当专门生产本国具有较高生产率优势的商品,去交换那些本国具有较低生产率的商品。其后,李嘉图理论中的一些严格假定不再适合当前国际贸易中的新变化,进而产生了一个新的比较优势理论,即赫克歇尔-俄林理论。赫克歇尔-俄林理论的基础:所有国家可以具有等同的技术,但是各国的要素禀赋不同,如土地、劳动力、资本和自然资源方面存在的差异,而国家间的要素禀赋的差异决定着贸易的流动。

很多学者认为,研究国家间产业竞争力应遵守比较优势的理论。由于存在着历史的局限,古典比较优势理论描述的仅仅是"静态"比较,考虑到规模经济、技术进步、国际资本流动等因素之后,这种理论明显有些过时了,所以从 20 世纪 50 年代开始,经济学家比如弗农于 1996 年、克鲁格曼于 1983 年等提出了动态比较优势理论。动态比较优势理论认为,与其说是要素优势本身决定着国际竞争力,还不如说是要素的部署决定着国际竞争力。

(二)国家竞争优势理论

国家竞争优势理论是美国哈佛商学院教授迈克尔·波特在 1990 年出版的《国家竞争优势》一书中提出的。波特认为,现有的国际贸易理论只能对国际贸易模式做出部分解释,而不能说明为什么一个国家能在某一产业建立和保持竞争优势。

波特认为,一国兴衰的根本在于能否在国际市场中赢得优势,而取得优势的四个关键因素是:①生产要素;②需求条件;③相关与支持性产业;④企业战略、结构和同业竞争。此外,机会和政府也是两个不可或缺的因素。"生产要素"是指一个国家在特定产业竞争中有关生产方面的表现,如人工素质或基础设施的良莠不齐。"需求条件"是指本国市场对该项产业

[一] 何海燕,张剑,陈玲.反倾销政策与产业损害数据库规划:贸易安全政策与实践研究[M].北京:首都经济贸易大学出版社,2012:19.

所提供产品或服务的需求如何。"相关与支持性产业"是指这些产业的相关产业和上游产业是否具有国际竞争力。"企业的战略、结构和同业竞争"是指企业在一个国家的基础、组织和管理形态，以及国内市场竞争对手的表现。"机会"是指一些突发性因素，包括基础科技的发明创新、外国政府的重大决策、战争等。"政府"是指政府对其他要素的干预。企业控制之外的偶然事件会造成产业结构的调整和竞争优势的变化，很可能把偶然事件转变成竞争优势。在国家竞争优势中，政府的实际作用是能够正面或负面地影响每个关键因素。

这六种因素形成一个"钻石体系"。钻石体系是一个相互强化的系统，在这个系统里，这六种因素相互作用产生互相强化的利益。完整的钻石体系如图6-1所示。钻石体系是一个双向强化的系统。其中任何一个因素的效果必然影响到另一个因素的状态。以需求条件为例，除非竞争情形十分激烈，可以刺激企业有些反应，否则再有利的需求条件也并不必然形成它的竞争优势。当产业获得钻石体系中任何一个因素的优势时，也会帮助它创造或提升其他因素上的优势。

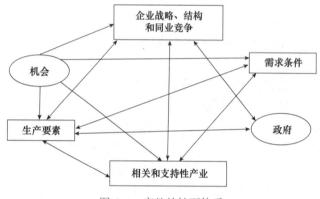

图 6-1　完整的钻石体系

【人物专栏】

迈克尔·E. 波特——"竞争战略之父"

迈克尔·E. 波特（Michael E. Porter）是哈佛大学商学院著名教授，被誉为"竞争战略之父"，他是当今世界上竞争战略理论领域公认的权威。1983年他被美国总统里根任命为产业竞争委员会主席，将竞争战略理论引入国家层面的竞争力研究，引发了美国乃至世界范围内的竞争力讨论。迈克尔·波特的三部经典著作——《竞争战略》《竞争优势》《国家竞争优势》被称为"竞争三部曲"，且被译成十几种文字，并重印几十次。在2005年世界管理思想家50强排行榜上，他位居第一。

波特的竞争战略理论涉及企业、产业、国家三个层面。在企业和产业层面，波特提出了著名的五力分析法和三大经典竞争战略。波特认为，"竞争"是企业成败的核心，而决定企业获利能力的第一要素是"产业吸引力"。波特提出用五力分析法来分析一个企业的产业吸引力。这五力包括：新加入者的威胁，客户的议价能力，替代品或服务的威胁，供货商的议价能力，既有竞争者。这五种竞争力会影响企业产品的价格、成本、投资，也最终决定了企业所处的产业结构。企业如果想获得长期的竞争优势，就必须塑造对企业有利的产业结构。

在里根政府的产业竞争委员会任职后，波特对竞争战略的研究开始从微观的企业层面，延伸至国家、区域层面，并在1990年出版了《国家竞争优势》一书。波特和来自世界各国的

30多位专家组成的团队花了5年时间,调查了丹麦、德国、意大利、日本、韩国、新加坡、瑞典、英国和美国等10个发达国家和地区,对基于产业集群的国家竞争优势进行了广泛而深入的研究。这一研究试图回答三个问题:为什么有的国家可以在某一个产业领域的国际竞争中取得持续胜利?为什么有的国家能在长期的国际竞争中取胜,而另外的国家失败了?应该怎样帮助政府选择更好的竞争战略,更合理地配置和使用自然资源?

波特第一次对这些问题给出了全面的理论解释,也就是他提出的国家竞争战略理论,又称"国家竞争优势钻石理论"。该理论既是基于国家的理论,也是基于公司的理论。它为理解国家或地区全球竞争地位提供了全新视角。

波特指出,国家竞争优势的获得关键在于产业竞争,而产业的发展又取决于国内若干区域内所形成的具有竞争力的产业集群。产业集群是在某一特定领域内互相联系、在地理位置上相对集中的公司和机构的集合。国家竞争优势都以产业集群的面貌出现,这是产业发达国家的核心特征。国家只是企业的外部环境,产业是否有竞争力关键要看产业是否有一个适宜的环境。因而,评价一个国家产业竞争力主要看该国能否有效地形成竞争性环境和创新体系。在此基础上,他构建了国家竞争优势的"钻石模型"。

资料来源:胡卫.迈克尔·E.波特:"竞争战略之父"[N].学习时报,2012-09-24.

(三)波特-邓宁模型[一]

20世纪90年代以后,由于经济全球化、国际资本流动和跨国公司行为对各国经济发展的影响凸显。1993年英国学者邓宁对波特的"钻石模型"进行了批评与补充。他认为,波特没有充分讨论跨国公司与"国家钻石"之间的关系,在跨国公司的技术和组织资产受到"国家钻石"配置影响的同时,跨国公司也会对国家来自资源和生产力的竞争力给予冲击。因此,他将跨国公司商务活动作为另一个外生变量引入波特的"钻石模型"中,他的模型后来被学术界称为波特-邓宁模型(见图6-2)。

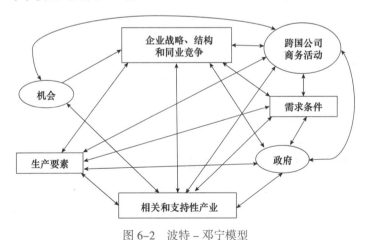

图6-2 波特-邓宁模型

四、产业控制理论

产业控制理论是研究外资产业控制力和东道国产业控制力的产业安全理论,其核心就是强调本国资本对本国产业的控制能力,从而来反映东道国产业安全度的变化,但是本国资本对产

[一] 李孟刚.产业安全理论研究[M].北京:经济科学出版社,2012:280.

业控制力的变化是通过研究外资对产业的控制力强弱来反映的。从产业安全角度来讲，外资产业控制力和东道国产业控制力是一种零和博弈关系，因此产业控制理论的实质是外资产业控制力和东道国产业控制力两种力量的对决能力。从理论上来讲，当外资产业控制力大于或超过东道国产业控制力时，本国产业应该就已经处于不安全状态。外资对产业安全的影响是通过其对东道国产业在资本、技术、品牌、股权、经营决策权等方面控制力的增加来实现的[一]。

　　第二次世界大战以后，外国直接投资得到了前所未有的发展，在世界经济中的地位不断上升，成为各国参与国际经济竞争的重要形式。外国直接投资实践的发展引起了西方学者的广泛关注，经过大量的研究形成了多个理论流派。处于主流地位的现代外国直接投资理论大致沿着两条主线发展：一条发展路线是以产业组织理论为基础的，此类理论所研究的基本问题是跨国公司对外直接投资的决定因素和条件，将对外直接投资视为企业发展到一定阶段和具有某种垄断优势时的必然选择，海默－金德尔伯格的垄断优势论、巴克莱－卡森的内部化理论为此类理论的代表；另一条发展路线是以国际贸易理论为基础的，此类理论强调投资产生与发展的决定因素，以维农的产品周期理论等为代表。20世纪70年代后期，两类理论出现融合趋势，形成了"综合性学说"，产生了邓宁的国际生产折中理论。另外，还有以科高为代表的技术溢出理论。这些学术观点对产业安全的研究有着直接或间接的影响。

　　在这里，我们仅就海默－金德尔伯格的垄断优势论、维农的产品周期理论、邓宁的国际生产折中理论进行简单的介绍。

（一）垄断优势理论[二]

1. 海默的开创性研究

　　美国学者海默在美国麻省理工学院完成的博士论文中，首次以垄断优势来解释美国企业对外直接投资行为。海默认为，国际资本流动理论中提出的"国际资本流动主要是由利率差异所导致"的说法并不能很好地解释国际直接投资现象。他指出，国际直接投资是伴随着企业的跨国经营活动而产生的，因此国际资本流动的决定因素是企业跨国经营的程度。

　　所谓企业跨国经营，是指一国企业的所有权和控制权被另一国公司所占有。海默给出了企业进行跨国经营的两个主要原因：一方面，在不完全竞争条件下，跨国公司通过直接投资控制东道国企业，以淘汰掉同业竞争者；另一方面，企业跨国经营的最终目的是尽其所能获取全部收益。

　　海默的核心思想是：美国企业对外直接投资的决定因素是垄断优势，跨国公司凭借其垄断优势，有效地与当地企业竞争，抵消诸多不利因素，进而获取利润。居于垄断或寡占地位的企业在某种产品的生产过程中具有垄断优势，应充分利用这一优势并获取垄断利润。垄断优势具体划分为资本优势、技术优势、管理体制优势、销售技能优势及规模经济优势等。海默通过研究还指出，进口国的关税壁垒会增大出口国的出口难度，但是出口国可以通过国际直接投资有效地避开进口国的关税壁垒，利用自身的垄断优势在进口国进行生产、销售，从而获取最大化利润。

　　外资企业会利用其在资本、规模、技术、管理等方面的相对优势，占领和控制东道国市场，并且在某些行业形成垄断，阻止东道国企业进入，甚至将东道国企业最终挤出市场。因

[一] 李孟刚. 产业安全理论研究 [M]. 北京：经济科学出版社，2012：303.

[二] 刘志伟. 国际投资学 [M]. 北京：对外经济贸易大学出版社，2017：35–36.

此，外商直接投资对市场的控制将削弱东道国政府对本国产业的控制力，影响东道国产业的自主发展及完整产业链的形成，从而影响东道国产业安全。

2. 海默－金德尔伯格学说

金德尔伯格是海默的老师，他对学生海默的垄断优势理论进行了进一步的补充和完善，形成"海默－金德尔伯格学说"，也称为"所有权优势理论"。

金德尔伯格于1969年指出，国际直接投资行为产生的条件就是美国企业能够在东道国获得高于当地企业的利润，这是跨国公司开展国际直接投资的动力。尽管当地企业在熟知消费者偏好、拥有一定市场、了解当地法律法规和便捷获取信息等方面存在优势，并且美国企业要承担远距离经营的额外成本和更多不确定性风险，但是由于市场不完全竞争使美国企业拥有和保持一定垄断优势，这种垄断优势所带来的收益超过了跨国经营增加的额外成本和风险，并使美国企业获得了超过当地企业的利润。

金德尔伯格将由于市场不完全竞争所产生的垄断优势分为以下三类：①来自产品市场不完全的优势，包括产品商标、价格、性能、销售渠道等；②来自生产要素市场不完全的优势，包括低成本的借贷资金、管理技能、技术专利与生产工艺等；③来自规模经济的优势，通过扩大再生产、降低企业固定成本支出从而获得经济规模收益。

（二）产品生命周期理论

美国经济学家维农是产品生命周期理论的奠基人。自第二次世界大战以来，美国企业的对外直接投资增长迅猛，因此维农认为垄断优势论并没有彻底说明跨国公司需要通过建立海外子公司去占领市场，而不是通过产品出口和转让技术获利的根本原因。维农对美国企业的对外直接投资进行了进一步研究。1966年，维农在《经济学季刊》上发表了"产品周期中的国际投资与国际贸易"一文，提出了著名的产品生命周期理论。该理论将产品生命周期划分为三个不同阶段，即产品创新阶段、成熟阶段和标准化阶段，然后用产品生命周期的变化规律来解释美国与其他国家之间国际贸易格局和国际投资格局之间的变化规律。该理论如图6-3所示。

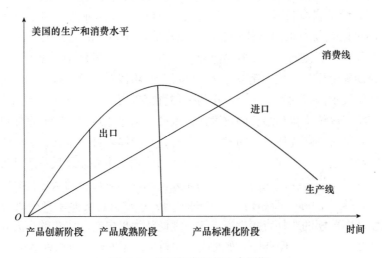

图6-3　美国新产品的生命周期

---

① 阎敏. 国际投资学［M］. 武汉：武汉大学出版社，2010：34-36.

1. 产品创新阶段

维农认为，对新产品的研究与开发最有可能在最发达国家（如美国）进行，原因有两个：①产品的创新是受市场需求引导的，而最发达国家的居民收入水平高、购买力强，对产品的要求也高，从而促使厂商不断开发新产品；②最发达国家企业具备雄厚的技术力量和资金实力，从而完成产品创新。在创新阶段，新产品尚未完全定型，需要根据市场反应不断改进设计，这就要求企业与原材料供应商、销售市场保持密切的联系和迅速的交流，因而这个阶段最有力、最安全的选择是在国内市场生产，并且大部分产品供应国内市场，对经济水平、消费结构与本国类似的较发达国家（如西欧诸国）的市场需求则通过出口予以满足。此时，产品具有较强的独立性，其需求的价格弹性较低，因而厂商可以制定垄断价格，以获取高额利润。

2. 产品成熟阶段

维农认为，在这一阶段产品需求增加，产品逐渐标准化，企业的技术垄断地位和寡占市场结构被削弱，价格因素在竞争中的作用增强。由于生产技术趋于成熟，产品基本定型，产品出口量急剧增加，导致生产技术扩散到国外竞争者手中，仿制品增加，加上西欧国家市场扩大、其劳动力成本低于美国，以及关税和运输成本的不利影响，美国对西欧国家直接投资设厂，以降低生产成本，维护其已占有的市场份额。

3. 产品标准化阶段

维农认为，在这一阶段产品本身和生产技术已经完全标准化，这时美国在技术上的垄断优势也完全消失，企业的垄断优势不复存在，创新能力、市场知识和信息已退居次要地位，产品的成本与价格因素在竞争中起了决定性作用。在标准化产品阶段，优先考虑的生产基地落到成本最低的国家。投资国开始在一些发展中国家投资生产并将生产的产品返销到母国或第三国市场，此时，产品创新国成为该产品的进口国。

维农认为，在产品成熟阶段，最先开发出新产品的企业必须到生产成本较低的国外某些地方去投资，使自己的技术优势与当地的原材料优势、劳动力优势相结合，以扩大自己的优势，确保原来通过出口已经占有的市场份额，并有效地排斥当地的仿制者，限制当地潜在的竞争对手的发展，维护自身技术企业的垄断优势。同时，该企业通过利用国外的低成本生产要素的优势，还可以获得对国内其他企业的比较优势。随着产品生命周期从新产品阶段过渡到标准化产品阶段，投资流向呈现出发达国家→次发达国家→发展中国家的梯度式演变。

产品生命周期理论反映了美国制造业在20世纪50年代对外直接投资的情况，较好地解释了美国对西欧和发展中国家的直接投资。作为一种直接投资理论，维农的产品生命周期理论从企业垄断优势和特定区位优势相结合的角度深刻地揭示了企业从出口转向直接投资的动因、条件和转换过程。它是对垄断优势理论的发展。但是，它的局限性也很强，主要体现在：①该理论没有很好地解释发达国家之间的双向直接投资；②该理论主要涉及最终产品市场，而资源开发型投资和技术开发型投资与产品的生命周期无关；③该理论对于初次进行跨国投资的解释较为适用，对于已经建立国际生产和销售体系的跨国公司投资行为则解释得乏力；④该理论不能很好地解释发展中国家的对外直接投资；⑤该理论认为母国垄断优势的丧失导致对外直接投资，实际上，许多跨国公司在保有母国垄断优势的同时，还进行大量对外直接投资。

1974年，维农在其发表的"经济活动的选址"一文中，引入了国际寡占行为来修正其产品生命周期理论，将产品生命周期重新划分为创新的寡占阶段、成熟的寡占阶段和老化的寡占阶段。在创新的寡占阶段，跨国公司根据本国的要素禀赋特征进行产品开发，对新产品具有垄断技术优势并借此获得垄断利润;在成熟的寡占阶段,由技术扩散引起厂商垄断削弱,企业通过对外投资实现有控制权的技术转移以及着力造就规模经济来维持其利润;在老化的寡占阶段,技术垄断优势、规模经济障碍已完全消失,企业只能获得正常利润,此时成本差异成为生产区位选择的决定因素。

(三)国际生产折中理论[一]

国际生产折中理论又称国际生产综合理论,是由英国经济学家邓宁于20世纪70年代提出来的。20世纪80年代初,他又对自己的理论进行了系统的整理和补充,形成了在国际直接投资理论中影响最大的理论框架。国际生产折中理论认为,对外直接投资主要是由所有权优势、内部化优势和区位优势这三个基本因素决定的。

(1)所有权优势。所有权优势又称厂商优势,是指一国企业拥有或能够获得的,其他企业所没有或无法获得的资产及其所有权。邓宁认为,跨国公司所拥有的所有权优势主要包括两类。第一类是通过出口贸易、技术转让和对外直接投资等方式均能给企业带来收益的所有权优势。这类优势几乎包括企业拥有的各种优势,如产品、技术、商标、组织管理技能等。第二类是只有通过对外直接投资才能获得的所有权优势。这种所有权优势无法通过出口贸易、技术转让的方式给企业带来收益,只有将其用于企业内部才能给企业带来收益,如交易和运输成本的降低、产品和市场的多样化、产品生产加工的统一调配、对销售市场和原材料来源的垄断等。

(2)内部化优势。内部化优势是指跨国公司将其所拥有的资产用于内部而带来的优势。企业将所有权优势内部化的动机在于避免外部市场的不完全对其产生的不利影响,实现资源的最优配置,继续保持和充分利用其所有权优势的垄断地位。内部化优势的主要表现形式有避免寻找合作伙伴并与其谈判的成本、控制投入(包括技术)的供应和销售条件、控制市场渠道、避免国家经济贸易壁垒(如关税、配额限制)等。

(3)区位优势。区位优势是指跨国公司在投资区位上具有的选择优势。区位优势也是跨国公司发展对外直接投资时必须要考虑的一个重要因素。跨国公司在拥有了所有权优势和内部化优势后,还要进行区位选择。如果在国外生产比在国内生产,能使企业获得更大的利润,那么企业就会产生对外直接投资;如果在国外的甲地投资比乙地投资,能使跨国公司获得更大的利润,则企业会选择在甲地直接投资。所以,对外直接投资的流向取决于区位禀赋的吸引力。区位优势并非被企业所左右,而属东道国所有,企业只能利用这种优势。

邓宁认为,决定对外直接投资的三项因素之间是相互关联、紧密联系的,可以用公式表示为

$$国际直接投资 = 所有权优势 + 内部化优势 + 区位优势$$

一个企业所拥有的所有权优势越大,将其资产内部化使用的可能性也越大,从而在国外利用其资产可能比在国内更为有利,就越有可能发展对外直接投资。上述公式还可以说明一国企业对于参与国际经济方式的选择,也就是将对外贸易、技术转让、对外直接投资三者有机结合起来。企业对外直接投资必须同时具备所有权优势、内部化优势和区位优势;而出口只需要具备所有权优势和内部化优势,不一定需要区位优势;如果企业只具备所有权优势,既没有能力使之内部化,也不能利用国外的区位优势,则最好采用许可证贸易方式进行技术转让。

[一] 孔淑红.国际投资学[M].北京:对外经济贸易大学出版社,2019:58-59.

【相关案例6-2】

美国是如何控制产业链的?

美国领先的背后有其复杂的历史动因以及特定的发展规律,对产业的持续控制是其保持领先的关键法则。这种控制力不仅仅体现在对原创和核心技术的控制上,还体现在对技术链、价值链乃至产业链的控制上。

美国对产业链的控制,既有大企业的竞争战略,也有美国政府的意志。在企业层面,美国始终保持着对产业链设计、研发、服务高附加值环节以及高端制造领域的控制;在政府层面,美国则保持着对产业链精准且持续的控制。

"高端、精准、持续"是美国控制产业链的三大特征。其中,高端控制是指美国对机器人、增材制造、医疗设备等高端前沿领域全产业链的强大控制;精准控制表明美国对产业链关键环节的控制力就像医生手中的手术刀,每一次刀落直中要害;精准控制的背后是美国对长期持续控制的追求,即美国一直在有意识、有意图地增强其在开放环境下的产业链控制力。

为了构建和长期保持产业链控制能力,美国采取了五种方式。具体如下:

一是标准规则先行,即专利和标准先行的"源头锁定"。美国企业在研发、知识产权、标准、战略方面一直走在世界前列,而且四者通过联动机制成为行业规则,形成技术壁垒。企业在其中扮演了"引链者"的角色,通过标准规则从源头主导和控制技术进步的方向和节奏,进而控制产业链的发展,也就是我们所看到的"美国企业先行、他国企业跟随"的现象。

二是基础能力控制,即针对关键工艺和环节的"基础控制"。美国虽然实施了多年的外包战略,服装、电子、家电、机械、军工等产业价值链上的生产和装配等环节都实现了全球布局,但是美国企业在关键零部件、关键材料、关键工艺、关键软件等工业基础能力方面仍然是世界一流的。企业在此充当了"布链者"的角色,即以基础制造能力布局产业链关键单点。

三是价值单元链控,即全价值单元的"链式布防"。美国企业不仅基于这些基础制造能力生长出了许多价值单元,还将其串联起来,形成"价值单元链控"。很明显,企业是布控环节的"串链者"。同时,通过联盟构建产业生态圈的组织形式,将产业链上关键价值单元的主体企业吸纳和整合在一起,形成创新闭环,互通有无,在经营上进行良性竞争,共同推动和控制着整个产业链的发展。

四是平台软件支撑,即软件和平台的"数据支撑"。美国企业在工业软件领域具有非常强的控制力,比如产品全生命周期管理,软件定义生产、定义服务、定义产品等新生产理念的发展都聚焦在美国。而美国企业成熟的软件环境带有天然的数据优势,可以依靠其先进的检测能力,不断积累关键数据库。这是一个正向迭代的过程,越早开发,越有优势。企业通过软件深深嵌入制造业设计、生产、装配和服务等各个环节,以数据贯穿实现产业链的控制。此外,美国企业通过工业互联,推动制造业产业链从制造和服务环节分离向制造服务一体化转变,通过网络平台掌控和主导产业链,从而衍生出一批系统解决方案集成商。此时,企业扮演了"延链者"的角色。

五是创新生态驱动,即持续创新和精益生产的"生态驱动"。软件和网络平台的背后是美国政府和企业所构建的强大创新生态,核心是其持续的创新能力和精益生产能力。美国的创新系统非常完善,主要由国家创新网络(基础研究)和地方先进集群(应用研究)组成。其中,不同的集群内部以及集群之间相互协作与联系,不仅形成了先进的创新网络,而且具有非常强的精益生产能力,形成了一个"市场化、产业化、过程化"的完整创新链条,直接带动新产品新服务、新业态新模式的出现和发展,而美国政府和企业均是"强链者"。

这五种方式层次递进并互为基础,支撑着美国在高端领域保持精准且持续的产业链控制力。在新的发展时期,美国已经抢先开始优化自身的资源配置,通过政策引导社会与企业的研发资源,抢占制造业技术创新的制高点,以保障其产业安全。

资料来源:美国是如何控制产业链的[N].机电商报,2020-06-15(2).

第三节 国家产业安全评价指标体系

产业安全评价指标体系是根据一定原则建立起来并能反映一个国家产业安全的指标集合。其基本出发点是能够客观、准确地反映影响产业安全的主要因素,尽可能地利用现有统计资料提供的数据,科学、全面、准确地构建产业安全评价体系[一]。本节主要从产业生存环境、产业国际竞争力、产业外贸依存度、产业控制力、产业发展能力五方面构建产业安全评价指标体系。其中,产业生存环境是产业安全的基础,产业国际竞争力是产业安全的核心,产业外贸依存度反映国际贸易因素对产业安全的影响,产业控制力反映外资因素对东道国产业安全的影响,产业发展能力反映产业安全的潜力与空间。

一、产业生存环境评价指标[二]

产业生存环境是产业发展的基础,其受到产业所面临的市场环境和所投入的生产要素的影响。反映产业生存环境的指标可分为产业融资环境指标、产业劳动力要素环境指标、产业市场需求环境指标、产业技术要素环境指标[三]。

(一)产业融资环境指标

1. 资本获得效率

资本获得效率是指产业内企业获得资本的难易程度,可以衡量资本的隐性成本。产业的资本获得效率低下,不利于产业的生存。它可以根据企业获得银行信贷的难易程度、进入股票市场的难易程度及企业获得风险资本的难易程度来衡量。

评价资本获得效率也可以先从货币供应量、货币供应量的增长速度,以及贷款发放数量、贷款发放增长速度,来推演和判断产业发展所处金融大环境下的市场资金宽松状态。

2. 资本获得成本

资本获得成本是指产业内企业筹集和使用资本需要付出的代价。企业的生存和发展需要资本的支持,无论企业是依靠内部积累还是从外部获得资本,无论是通过银行贷款还是通过资本市场发行股票或债券,都存在一个资本获得成本的问题。如果资本获得成本太高,则会使原本有竞争力的企业背上沉重的负担,从而影响产业的生存。资本获得成本可以用短期实际利率来衡量。

3. 换汇成本

出口商品换汇成本是指商品出口净收入一单位外币所需要的本币总成本,即用多少本币换

[一] 杨大楷.国民经济学[M].上海:复旦大学出版社,2009:286.
[二] 李孟刚.产业安全评价[M].北京:北京交通大学出版社,2015:23-34.
[三] 朱钟棣.入世后中国的产业安全[M].上海:上海财经大学出版社,2006:78.

回一单位外币。换汇成本反映了出口商品的盈亏情况,是考察出口企业有无经济效益的重要指标。在我国其衡量的标准是人民币兑美元的汇价,如果换汇成本高于人民币兑美元的汇价,则该商品的出口为亏损,虽然有创汇,但出口本身却无经济效益,换汇成本越高,亏损越大。

(二)产业劳动力要素环境指标

1. 劳动力素质

劳动力素质是指劳动力的综合素质,不仅包括生产技能、文化专业知识,还包括政治思想、职业道德等。它可以根据产业劳动生产率的变化幅度来衡量。劳动生产率是指根据产品的价值量指标计算的平均每一个从业人员在单位时间内的产品生产量,是考核企业经济活动的重要指标,也是企业生产技术水平、经营管理水平、职工技术熟练程度和劳动积极性的综合表现。

产业劳动生产率的计算公式为

$$产业劳动生产率 = \frac{产业工业增加值}{产业全部从业人员平均人数} \times 100\%$$

劳动力素质有时也可用劳动生产率的增速率来衡量,计算公式为

$$劳动生产率的增长率 = \left(\frac{当年劳动生产率}{上一年的劳动生产率} - 1\right) \times 100\%$$

如果劳动生产率保持增长态势,且保持较高水平,说明该产业的劳动力素质较高,有利于产业安全。

2. 劳动力成本

劳动力成本是指企业为雇佣工人而发生的所有支出。劳动力成本包括职工工资总额、社会保险费用、职工福利费用、职工教育经费、劳动保护费用、职工住房费用和其他劳动力成本支出等[一]。劳动力成本指标可以根据产业间工资相对水平的比较来衡量。单位劳动力成本是劳动力总成本与产业全部从业人员平均人数的比值。总的来说,较高工资水平和员工福利更有利于吸引优秀人才,但是也会增加产业的成本负担。

单位劳动力成本的计算公式为

$$单位劳动力成本 = \frac{劳动力总成本}{产业全部从业人员平均人数} \times 100\%$$

(三)产业市场需求环境指标[二]

1. 国内市场需求规模

国内市场需求是一国提高产业国际竞争力的原动力。较大的市场需求量有利于产业内厂商追求规模化生产并实现成本降低,这对于具有昂贵的研发设备、生产的规模经济、技术差距大以及较高的不确定性等特征的产业的生存来说至关重要。国内市场需求规模指标可以用一国需求量占同类产品的世界需求量的比例来表示。

国内市场需求规模的计算公式为

[一] 张燕生. 转型要素成本上升与中国外贸方略[M]. 北京:中国经济出版社,2012:12.

[二] 朱钟棣. 入世后中国的产业安全[M]. 上海:上海财经大学出版社,2006:81-82.

$$M_k = \frac{D_k}{D_k^w} \times 100\%$$

式中，M_k表示商品k的国内市场需求规模占比；D_k表示商品k的国内需求量；D_k^w表示商品k的世界需求量。[①]

2. 国内市场需求增长速度

国内市场需求增长速度快，也会刺激厂商追加投资和采用新技术，而且国内市场需求增长率可以进行国际比较，以分析国别的需求拉动差异。国内市场需求增长速度指标可以用不同时期（一般以年度为周期）某种商品的市场销售额的增长率来体现。

国内市场需求增长率的计算公式为

$$G_k = \frac{S_k - S_{k-1}}{S_{k-1}} \times 100\%$$

式中，G_k表示商品k的市场需求增长速度；S_{k-1}表示上年度商品k的国内市场销售额；S_k表示当年商品k的国内市场销售额。

（四）产业技术要素环境指标[②]

1. 研发投入占比

由于技术进步和创新在国际竞争中发挥着日益重要的作用，因此产业研发投入的多少在一定程度上预示着产业未来国际竞争力的强弱。它可以用产业研发投入的绝对值或产业研发投入占比来衡量。

产业研发投入占比的计算公式为

$$产业研发投入占比 = \frac{研发投入总额}{销售收入总额} \times 100\%$$

研发投入占比越高，产业水平与国际先进水平越接近，技术竞争力越强。研发投入的不断增加和保持适度规模，有助于提高产业的国际竞争力和产业安全度。

2. 专业技术人员占比

专业技术人员是指从事专业技术工作的人员及从事专业技术管理工作的人员，具体包括设备工程师、工程技术人员、农业技术人员、科研人员等。专业技术人员占比可以用产业的科技开发人员数占产业从业人员总数的比值来计算。

专业技术人员占比的计算公式为

$$专业技术人员占比 = \frac{产业科技开发人员数}{产业从业人员总数} \times 100\%$$

专业技术人员占比是一个产业中专业技术人员数量占该产业从业人员总数的比例。该指标比值越高，表明产业的技术竞争力越强，产业发展越安全。

3. 新产品产值占比

任何发明专利和高新技术，只有转化成生产力才能被充分利用，才能为产业发展和社会经济增长服务；一个产业只有加快技术向生产力转化的速度，才能不被市场淘汰。新产品是

[①] 此处的需求量，既可以从数量上衡量，又可以从金额上衡量。

[②] 李孟刚. 产业安全评价［M］. 北京：北京交通大学出版社，2015：36-37.

指采用新技术原理、新设计构思研制、生产的全新产品，或在结构、材质、工艺等某一方面比原有产品有明显改进，从而显著提高产品性能或扩大使用功能范围的产品。新产品产值占比是新产品产值和工业总产值的比值，其计算公式为

$$新产品产值占比 = \frac{产业新产品产值}{产业总产值} \times 100\%$$

一般来说，新产品产值占比越高，表明产业的技术竞争力越强，产业发展越有活力、越安全。

二、产业国际竞争力评价指标

产业国际竞争力是产业安全的核心，只有不断提升产业国际竞争力才能从根本上维护产业的安全生存和发展。本节主要从市场竞争力、绩效竞争力、结构竞争力等方面对产业的国际竞争力进行分析和评价。

（一）市场竞争力[1]

市场竞争力可以用贸易竞争力指数衡量。贸易竞争力指数是分析国际竞争力时比较常用的测度指标之一，它表示一国进出口贸易的差额占进出口贸易总额的比例。无论进出口的绝对量是多少，该指标值均介于 –1 和 1 之间。该指标值越接近于 0，表示该产业的竞争力越接近于平均水平；该指数为 –1 时，表示该产业只进口不出口，越接近 –1 则表示竞争力越弱；该指数为 1 时，表示该产业只出口不进口，越接近 1 则表示竞争力越强。

具体计算公式为

$$C_i = \frac{X_i - M_i}{X_i + M_i}$$

式中，C_i 为产业 i 的贸易竞争力指数；X_i 为产业 i 的出口值；M_i 为产业 i 的进口值。

（二）绩效竞争力

1. 产能利用率

产能利用率又称生产能力利用率，是指产业实际产出和产业生产能力的比例。产能利用率是判断产能过剩的重要指标之一，直接反映了产业生产能力利用水平、产能过剩程度、经济景气程度和运行效率[2]。当产能利用率超过 95% 时，代表设备使用率接近全部，通货膨胀的压力将随产能不足而急速升高；反之，如果产能利用率在 90% 以下，且持续下降，表示设备闲置过多。一般而言，如果一个产业的产能过剩，国内竞争加剧，企业倾向于向国际市场销售产品，容易出现量增价跌现象，一方面不利于出口创汇，另一方面也容易引发国际贸易争端。

2. 产销率

产销率是一定时期已经销售的产品总量与可供销售的产品总量之比，是从产业业绩的角度反映产业供求情况。其计算公式为

$$产销率 = \frac{已经销售的产品总量}{可供销售的产品总量} \times 100\%$$

---

[1] 姜辉. 国际贸易理论与政策 [M]. 北京：中国计量出版社，2011：115.

[2] 王泽华. 工业产能利用率的应用研究与改进：以上海为例 [J]. 统计科学与实践，2017，390（4）：47–51.

一般情况下，产销率≤1。但是，在特殊情况下，如上期生产过剩，本期销量大幅上升，不仅将本期生产的产品全部销售出去，而且将上期留存的商品部分或全部售出，因此存在产销率＞1的情况。理论上，产销率无上限，但最低为零，即本期无销售○。产销率越高，表明该产业产品在国际市场上的竞争力越强；对于以内销为主的产业而言，产销率越高，表明该产业产品在国内市场上同外国同类产品相比的竞争力越强。

（三）结构竞争力

通常以产业集中度指标评价结构竞争力。产业集中度是从产业的内部组织来反映产业的国际竞争力状况的。如果产业集中度大大提高，即使总体上产业的世界或国内市场份额不变或略有下降，产业的国际竞争力状况也可能得到提高。因为产业内单个企业的市场份额提高了，其创新和发展的能力也会得到相应的提高○。常见的产业集中度指标有绝对集中度和相对集中度（赫芬达尔－赫希曼指数）。

1. 绝对集中度○

最基本的产业集中度指标是绝对集中度，通常用在规模上处于前几位的企业的生产、销售、资产或职工的累计数量（或数额）占整个产业的生产、销售、资产、职工总量的比例来表示，又称为领先企业累计份额。其计算公式为

$$CR_n = \frac{\sum_{i=1}^{n} X_i}{\sum_{i=1}^{N} X_i}$$

式中，CR_n表示市场上规模最大的前n位市场集中度，一般来说，n在4~8，最常见的是CR_4，即测量市场或产业中最大的4个企业的资源份额；X_i为按照资源份额大小排列的第i位企业的生产额、销售额、资产额、职工人数；$\sum_{i=1}^{n} X_i$表示前n位企业的生产额、销售额、资产额或职工人数之和；N为市场上企业数量。CR_n越接近于0，意味着最大的n个企业仅供应了市场越小的部分，即产业集中度极低；反之，CR_n越接近于1，意味着产业集中度越高。

2. 赫芬达尔－赫希曼指数

赫芬达尔－赫希曼指数也称HHI指数，计算公式为

$$HHI = \sum_{i=1}^{n} \left(\frac{X_i}{X}\right)^2 = \sum_{i=1}^{n} S_i^2$$

式中，X_i代表第i个企业的规模；X代表市场总规模；$S_i = X_i/X$，表示第i个企业的市场占有率；n为该产业内的企业数量。

当市场由一家企业独占，即$X_i=X$时，$HHI=1$。当所有的企业规模相同，即$X_1=X_2=\cdots X_n=X/n$时，$HHI=1/n$。产业内企业的规模越接近，且企业数越多，HHI指数就越接近于0，产业集中度越低；反之，产业集中度越高。

○ 高琼华，王庆春. 经济指标解读 [M]. 重庆：重庆大学出版社，2015：58.
○ 李孟刚. 产业安全评价 [M]. 北京：北京交通大学出版社，2015：36.
○ 王俊豪. 产业经济学 [M]. 北京：高等教育出版社，2016：39.

三、产业外贸依存度评价指标[一]

产业外贸依存度主要包括进口依存度与出口依存度两个指标。

（一）进口依存度

进口依存度反映国内产业的生存对进口的原材料、零部件等的依赖程度。产业进口依存度可以用国内产业当年进口的原材料、零部件等的金额与产业当年的总产值或总销售额之比来衡量。其计算公式为

$$产业进口依存度 = \frac{产业进口额}{产业总产值或总销售额} \times 100\%$$

产业进口依存度越高，产业安全受跨国因素的影响越大，尤其在经济过热时，将进一步增加国内宏观经济调控的难度。

（二）出口依存度

出口依存度反映国内产业的生存对产品出口的依赖程度。产业出口依存度可以用国内产业当年出口的金额与产业当年的总产值或总销售额之比来衡量。其计算公式为

$$产业出口依存度 = \frac{产业出口额}{产业总产值或总销售额} \times 100\%$$

一般来说，产业出口依存度越高，产业安全受跨国因素的影响就越大，产业的发展受国外因素的影响就越大。

四、产业控制力评价指标

产业控制力是指外资对东道国产业的控制程度以及由此给产业的生存和发展安全造成的影响。这类指标是用外资控制率来衡量的，主要反映外资对市场、股权、投资、技术等方面的控制程度[二]。

（一）外资市场控制率[三]

外资市场控制率反映外资对该产业国内市场的控制程度，可以用外资控制企业的销售额与国内该产业总的销售额之比来衡量。其计算公式为

$$外资市场控制率 = \frac{外资控制企业销售额}{产业总销售额} \times 100\%$$

外资市场控制率越高，表明本国企业对产业的控制程度越低，产业安全面临潜在威胁程度越高。

（二）外资股权控制率[四]

外资股权控制率是从股权角度反映外资对国内产业的控制程度，可以用产业内的外资股权控制企业增加值与国内产业总增加值之比来衡量。其计算公式为

[一] 李孟刚.产业安全评价［M］.北京：北京交通大学出版社，2015：37-38.
[二] 刘斌.国家经济安全保障与风险应对［M］.北京：中国经济出版社，2010：48.
[三] 陈学民.文化产业安全评价［M］.北京：北京交通大学出版社，2018：25.
[四] 白永秀，惠宁.产业经济学基本问题研究［M］.北京：中国经济出版社，2008：188.

$$外资股权控制率 = \frac{外资股权控制企业增加值}{产业总增加值} \times 100\%$$

一般来说，单个企业外资股权份额超过 20% 即达到对企业的相对控制，超过 50% 即达到对企业的绝对控制。外资股权控制率越高，表明该产业总资产中外资所占的比例越大，该产业的资产受外资的控制程度也就越大，产业安全受影响程度越高。一般产业外资股权控制率应在 30% 以内。

（三）外资投资控制率

外资投资控制率指标从投资角度反映外资对国内产业的控制程度，可以用产业的外资固定资产净值与产业固定资产净值之比来衡量。其计算公式为

$$外资投资控制率 = \frac{外资固定资产净值}{产业固定资产净值} \times 100\%$$

该比值越高，表明外资在该产业的经营情况相对越好，产业安全受外资影响的程度越高。

（四）外资技术控制率[一]

外资技术控制率指标从技术角度反映外资对国内产业的控制程度，具体可以细分为外资技术专利控制率、外资研发投入控制率、外资新产品产值控制率等指标。

外资技术专利控制率是外资拥有的专利发明数量占产业拥有的专利发明数量的百分比，计算公式为

$$外资技术专利控制率 = \frac{外资拥有的专利发明数}{产业拥有的专利发明数} \times 100\%$$

外资研发投入控制率是外资研发投入总额占产业研发投入总额的百分比，计算公式为

$$外资研发投入控制率 = \frac{外资研发投入总额}{产业研发投入总额} \times 100\%$$

外资新产品产值控制率是外资新产品产值占产业新产品产值的百分比，计算公式为

$$外资新产品产值控制率 = \frac{外资新产品产值}{产业新产品产值} \times 100\%$$

五、产业发展能力评价指标[二]

产业发展能力主要包括产业在资本积累、吸收就业、市场开拓、盈利等方面的内在素质与能力。一个产业是否安全，归根结底还是取决于这个产业的内在素质与能力是否能够应对各种威胁而自主发展。

（一）资本积累能力

资本积累能力可以用固定资产净值增长率反映，其值越高，表明产业资本积累能力越强。其计算公式为

[一] 李孟刚. 产业安全评价 [M]. 北京：北京交通大学出版社，2015：41.

[二] 陈学民. 文化产业安全评价 [M]. 北京：北京交通大学出版社，2018：89-90.

$$固定资产净值增长率 = \frac{期末固定资产净值 - 期初固定资产净值}{期初固定资产净值} \times 100\%$$

（二）吸收就业能力

就业人数增长率可以反映就业人数的增长情况，其值越高，表明产业吸收就业的能力越强。其计算公式为

$$就业人数增长率 = \frac{当年就业人数 - 上一年就业人数}{上一年就业人数} \times 100\%$$

（三）市场开拓能力

市场开拓能力可以用产品销售收入增长率反映，较高的销售收入增长率可以促使行业采取新技术，采用大型、高效的设备提高技术水平和产量，有利于产业安全和产业发展。其计算公式为

$$产品销售收入增长率 = \frac{当年产品销售收入总额 - 上一年产品销售收入总额}{上一年产品销售收入总额} \times 100\%$$

（四）盈利能力

盈利能力指标主要包括产业总资产收益率、产值利润率、产业行业亏损面三个指标，它们均可反映产业盈利能力。产业盈利能力越强，表明产业的发展越好，产业越安全。

产业总资产收益率可以用产业利润总额占产业总资产的百分比来衡量，计算公式为

$$产业总资产收益率 = \frac{产业利润总额}{产业总资产} \times 100\%$$

产值利润率可以用产业利润总额占产业总产值的百分比来衡量，计算公式为

$$产值利润率 = \frac{产业利润总额}{产业总产值} \times 100\%$$

产业亏损面指标可以用产业亏损企业数量占当年产业企业总数量的百分比来衡量，计算公式为

$$产业亏损面 = \frac{产业亏损企业数量}{产业企业总数量} \times 100\%$$

第四节　国家产业安全的实践

一、美国[一]

美国是市场经济最为发达的国家之一，在扶持本国产业发展、维护国家经济安全上美国政府向来不遗余力。20世纪90年代以来，美国经济走出衰退后，国际竞争力明显提高，许多产业中的"头把交椅"失而复得。这一方面与美国政府在国内采取积极的宏观调控政策有关，

[一] 何维达. 全球化背景下国家产业安全与经济增长［M］. 北京：知识产权出版社，2016：162-166.

另一方面也与其在国际上的保障美国产业安全的一系列配套政策有着重大关系①。美国的产业安全保障措施主要表现为以下几个方面②。

（一）通过立法确保国内产业不受损害

美国在维护产业安全方面最显著的一个特点就是立法。从1890年《麦金莱法案》、1897年《丁利关税法》、1930年《斯穆特·霍利关税法案》、1934年《互惠贸易协定法》、1962年《贸易扩展法》、1974年《贸易法》、1979年《贸易协定法》、1988年《综合贸易与竞争力法案》等名目繁多的立法来看，美国相关的立法工作一直服务于不同时期国家产业发展和产业安全的现实需要，并不断根据情况的发展及时做出调整。为了保证本国利益不受损害，其立法在确保与国际组织规则大体一致的前提下，又具有一定的独立性。如"超级301条款"就授权美国政府单方面对有损本国产业的行为进行严惩。为增强立法的针对性，美国相关法律的条款规定较为清晰，规避含糊其辞，从而为法律执行创造了有利条件。

（二）以行业协会为主体制定标准

美国产业界自从认识到技术标准可以成为国际市场竞争中的无形壁垒，就开始以企业协会为主体，以产业界自律、自治为特征开展大规模标准制定工作。由于标准制定以自愿加入、自由竞争为运作形式，因此政府一般不会干预技术标准的制定，也不强制技术标准的执行，而只是对相关标准进行扶持，帮助其推广到国际市场。自20世纪90年代以来，增强企业自治，解除政府管制成为美国在制定技术标准方面的总趋势。由于美国成为许多标准的制定者，其在开展国际经济活动，特别是在创造有利于自身利益的国际贸易条件方面拥有较大主动权。这一方面为美国产品长驱直入国外市场提供了便利，另一方面则为外国产品进入美国市场设置了重重门槛，成为当前美国维护产业安全的最有效手段之一。

（三）对重点产业实施分门别类的保护

长期以来，美国对产业安全一直采取攻守兼备的应对措施，既利用在技术、资金方面的比较优势，对外进行产业渗透与扩张，也为防止全球化对相关产业的冲击，根据不同情况实施相应的保护措施。例如，农业是美国较为发达的传统产业，但在其整体经济中却处于弱势，由于靠天吃饭的状况没有根本性改变，旱灾和洪涝经常导致农业歉收，国际市场价格波动也不时对农民收入造成冲击，因此美国政府长期实施保护性农业税收政策。从农业收费方面来说，除政府按照国家统一的所得税及其他税法向所有纳税者普遍征收的税费外，农民基本上没有其他必须缴纳的费用，农业的税种相对较少且税收额很低。此外，美国还设置了很多不同种类的税务优惠项目，为农业生产及农业投资等提供帮助。

（四）对外国投资进行严格管理

尽管美国原则上支持资本自由流动，但出于维护产业安全的考虑，对在美的外国投资有一系列管理办法，以限制外国人对美国的投资能力。1975年，美国专门成立了外国投资委员会和外国投资办公室，负责管理在美外资。其中，由8个联邦机构负责人担任成员、财政部长担任主席的外国投资委员会负责分析外国在美投资发展的现状和趋势，考察外资注入是否符合美国利益，并向国会提供有关外资管理的立法和有关议案。外国投资办公室负责调查外资在各部门及各地区的分布，以及外资对国家安全的影响，外资对能源、自然资源、农业、

---

① 段敏芳，郭忠林．产业结构升级与就业［M］．武汉：武汉大学出版社，2013：266．

② 许铭．中国产业安全问题分析［M］．太原：山西经济出版社，2006：26-29．

环境、就业、国际收支和贸易等方面的影响，并向国会提交分析报告。1988年的《综合贸易与竞争力法案》还明确规定：美国政府可以阻止外国投资者在美国公司中取得控制权，外国投资委员会被授权可以决定外商购买某家美国企业的申请是否有"损害国家安全"的危险，如果有损国家安全，则申请不予批准。目前，美国政府对外国投资的设限领域涉及农业、矿产、建筑、能源、通信、传媒、航空、水利、保险、证券等许多产业。

（五）大力鼓励高新科技产业的发展

为在新一轮的国际竞争中赢得更大优势，美国十分重视高新科技产业的发展，形成了以大学和科研机构等为研发基础，以政府多项推动政策、资本市场投入为支撑，以及有助于产业发展的法规体系共同组成的多层次科技促进体系。该体系的第一个层次是组成专门的领导协调机构，美国白宫、国会和州政府设有专门委员会跟踪高新科技的最新发展，研究制定相应的财政预算、管理法规和税收政策。第二个层次是制定一系列旨在保护和鼓励高新科技发展的政策和法律，形成对知识产权、技术转让、技术扩散等的强有力法律保护。第三个层次是通过多种融资形式实现对高新科技产业的扶持，其中包括联邦拨款或资助、州政府拨款或资助、大公司出资、成立基金会、贷款、风险投资等。此外，政府还拥有包括培训、设施和研究资源整合、技术开发及商品化等大量的支持项目。在对高新科技产业进行扶持的过程中，政府不断校正和调整研发投入结构，通过减免高新科技产品投资税、高新科技公司税、财产税、工商税等税收优惠措施间接刺激投资。许多州还成立了科学技术基金会、研究基金会、风险投资基金会等，为高新科技产品开发提供资助。在一系列优惠政策的带动下，美国企业也加大了对高新科技产品的投入力度。目前，以大公司为代表的民间高新科技研发投资总额已超过政府资助，并发挥越来越大的作用。

（六）全面打造高素质人才大军

人才安全是产业安全的基础。美国第一流的人才队伍使其产业发展能够不断适应经济发展的新要求，长期居于世界领先地位，并持续地迸发出巨大的创新动力。美国之所以成为引进国外人才最多的国家之一，除了向人才提供丰厚的福利待遇、一流的科研设备和灵活宽松的发展环境外，更主要的是拥有独特的人才竞争机制，通过激烈的竞争使更多的人才更加优秀。除以各种手段吸引、抢占国外人才资源外，美国政府也十分重视人才培养，美国是世界上教育支出最多的国家之一。此外，政府、社会和民间机构还不断通过税收政策、教育扶持项目和私人投资等形式，积极支持基础、职业和高等教育的发展，为培育大批优秀人才奠定了坚实基础。

（七）为产业发展提供各种形式的信息服务

为确保在瞬息万变的国际竞争当中处变不惊、未雨绸缪和准确决策，美国产业界拥有一个较为完善的信息服务体系。政府部门、各级行业协会和相关研究机构，均定期发布相关经济指标和预警情报，为产业发展提供信息指导。而在企业层面，则可以通过战略咨询或私人投资公司等渠道获取更为具体的企业情报，美国产业界形成了融官方、中介组织、研究机构、企业各层次信息为一炉的网络体。

二、日本

第二次世界大战之后，日本政府通过一系列产业政策的实施，迅速使面临崩溃的经济得到了恢复和发展。1955年，日本加入GATT。加入GATT初期，日本产业国际竞争能力尚处于弱势，为了防止贸易自由化对民族经济带来冲击，政府采取了产业保护和扶植政策，在国内产业取得了国际比较优势后，才逐步、有选择地实行贸易自由化和资本自由化，实现封闭型经济体制向开放型经济体制转变，以免受先进国家不平等竞争的冲击和威胁，安全地度过成长时期，奠定经济高速发展和经济结构高级化的产业基础①。日本的产业安全保障措施主要表现为以下几个方面②。

（一）实行贸易保护抵御进口产品对民族工业的冲击

日本的贸易保护政策经历了从以管制措施为主到以关税措施为主，再到以非关税措施为主的三个阶段。20世纪50年代日本主要采取了以外汇配额制度和进口限额为主要手段的进口管制措施。到20世纪60年代，日本开始采取以关税为主的抑制进口的保护政策。20世纪70年代，日本进入了以非关税壁垒为主要手段的贸易保护阶段，采取了包括制定国内税、实行严格的技术标准和检查、强化行业组织等手段，强化对国内产业的保护。此外，日本还设立了一些必要的技术性机构来保护本国产业，如日本的专项产业审议会，负责对政府提出的具有倾销倾向的有关国家产业进行专项调查等。

（二）实行资本输入限制政策排斥跨国公司控制国内企业

1950年，日本的外资法规定了外资投入的两条认可标准和一条不认可标准。认可标准是，有助于直接或间接改善国际收支者，可直接或间接对发展重要产业或公共事业做出贡献者。不认可标准是，将对日本的经济复兴造成恶劣影响者。由于对外资进入限制得太严，在20世纪50年代，几乎没有外资企业能获得投资许可。20世纪60年代，在实行了"日元股票自由购买制度"后，日本政府开始有条件地放宽对外资进入的限制。但开放投资的进程仍是以保护主义为基调的，对外资由限制到逐步放宽，所依据的标准主要是日本的经济实力。如同贸易自由化一样，日本政府在资本自由化方面也采取了拖延战略，如在与产业结构转换密切相关的重要产业中，汽车工业到1971年、集成电路到1974年、电子计算机到1975年才实行100%的资本自由化。直到1980年12月1日，农技水产、矿业、石油业和皮革制品业仍然没有全部对外开放。此期间，引进外资主要以借款为主，以证券投资的方式引进的外资也大部分是经由市场的股票投资，使外国出资者与日本企业实际经营保持尽可能严格的隔离③。

（三）以技术创新推动产业升级

产业的兴起和发展离不开科学技术，而科学技术水平的不断提高可以推动产业向更高层次迈进。日本的产业政策强调技术创新的重要性，政府出台了一系列鼓励企业进行技术创新的政策。而企业在这些政策的作用下吸收和模仿国外先进技术，通过改造与创新，实现了成功的升级转型。技术创新对产业结构升级的作用有两条路径：一是通过高新技术改造传统产业，促进传统产业升级，带动产业结构升级；二是通过高新技术产业提升产业整体能力水平。高新技术产业具备传统工业部门所不具备的优势，如低耗能、高附加值、广阔的市场容量等。日本政府不仅给予资金及政策上的支持，还鼓励企业积极投入资源节约技术的开发中，把高新技术产业培育成新的支柱产业，建立与资源、环境相协调的高效能源利用的产业体系。自第二次世界大

---

① 段敏芳，郭忠林.产业结构升级与就业[M].武汉：武汉大学出版社，2013：269.
② 广东省经济安全研究院，广东国际经济协会课题组.世界大国经济安全研究[M].广州：中山大学出版社，2016：78-80.
③ 段敏芳，郭忠林.产业结构升级与就业[M].武汉：武汉大学出版社，2013：270.

战后，日本产业结构优化升级的最大特点是大量引进欧美先进技术并在引进的基础上进行实用型创新，推动本国产业发展，使产业结构不断优化升级。依靠科学技术的不断发展和创新，日本推动了"资源替代路径"的运行，即通过石油替代煤炭、新能源替代传统能源、多样化的能源替代单一的能源，进而不断推动产业结构演进，例如日本贯彻落实"京都议定书"、降低能耗的节能目标的实现就最终得益于节能技术的发展。科学技术创新提高了资源使用效率，成为日本产业结构演进的一个重要推动力量，促进产业结构不断优化和升级。

（四）发展绿色产业应对资源约束

鉴于日本的特殊国情，其产业结构调整遵循"资源节约"的原则，并随着国际国内资源约束条件的变化和产业的不断发展逐渐形成固定路径。通过节约资源，降低资源总消费量，缓解资源供给压力。在资源约束条件变化对日本产业发展影响加剧的情况下，政府运用相关政策法律促进资源节约，企业也采取各种措施节约资源，降低生产成本。而节约资源的最有效途径是不断提高资源的使用效率，这可以减少单位产品的资源消耗数量，提高产品附加价值。而资源节约也促进了某些产业部门的发展。在应对资源约束的同时，为了国民经济的可持续发展，日本没有放松加快发展低碳经济的步伐。在经济危机冲击的背景下，许多国家将未来产业转型的目标集中于开发新能源和发展低碳经济上，而日本在国际中无疑处于前列。日本政府在2009年公布了"绿色经济与社会变革"的政策草案，目的是通过减少温室气体排放等措施，发展低碳经济，以实现从"耗能大国"向"新能源大国"的转变。日本低碳社会是将环境、能源以及应对气候变化政策进行整合与创新，如实现高碳产业向低碳产业的转型，着力对钢铁、水泥和电力等工业部门进行技术改造，提高其生产流程的效率，实现产业的结构性升级，并主要通过节能技术的推广，减少二氧化碳排放。发展低碳产业是日本未来产业结构变动的重要方向。

（五）合并企业增强产业国际竞争力

加入GATT后，日本为解决产业普遍存在的企业规模过小和过度竞争两大问题，政府提出了产业改组论，实行大型企业合并，相伴而行的是银行间的大规模合并。通过大规模的设备投资和企业合并，日本的企业规模逐渐达到世界先进水平，且在此基础上建立了大批量生产体制，提高了劳动生产率，降低了生产成本，增强了国际竞争能力，使日本不但适应了贸易自由化和随之而来的资本自由化，而且还大大提高了产业安全度，进一步推进了国民经济的外向发展[1]。

本章小结

（1）国家产业安全是指一国自主产业的生存和发展不受威胁的状态。国家产业安全可分为产业生存安全和产业发展安全、静态产业安全和动态产业安全、封闭产业安全和开放产业安全。

（2）国家产业安全理论包含产业保护理论、产业损害理论、产业竞争力理论、产业控制理论。

（3）产业损害理论即研究倾销和反倾销对产业安全影响的理论、该理论认为，由于某些

---

[1] 段敏芳，郭忠林.产业结构升级与就业［M］.武汉：武汉大学出版社，2013：271.

特殊目的，国外竞争者可能采取低于成本的价格在本国市场上进行销售，以达到打击本国企业的目的，因此本国应该采取特定策略，如征收反倾销税，以平衡倾销造成的产业损害。

（4）产业控制理论是研究外资产业控制力和东道国产业控制力的产业安全理论，其核心是强调本国资本对本国产业的控制能力，从而来反映东道国产业安全度的变化，但是本国资本对产业控制力的变化是通过研究外资对产业的控制力强弱来反映的。

（5）国家产业安全评价指标体系包含产业生存环境、产业国际竞争力、产业外贸依存度、产业控制力、产业发展能力五个方面。

本章荐读书目

[1] 李孟刚. 产业安全理论研究 [M]. 北京：经济科学出版社，2012.
[2] 徐奇渊，东艳. 全球产业链重塑：中国的选择 [M]. 北京：中国人民大学出版社，2022.
[3] 赵玉林，汪芳. 产业经济学：原理及案例 [M]. 北京：中国人民大学出版社，2020.
[4] 李善民. 外资并购与我国产业安全研究 [M]. 北京：经济科学出版社，2017.
[5] 欧阳彪. 开放经济下中国服务业产业安全的理论与实证研究 [M]. 长沙：湖南大学出版社，2018.

本章复习思考题

1. 简述国家产业安全的内涵及分类。
2. 简述影响国家产业安全的因素。
3. 简述产业损害的成因。
4. 请查找相关数据，计算美国、日本、韩国、中国的产业国际竞争力，并进行比较分析。
5. 请结合实际情况分析中国应如何维护国家产业安全。

第七章

国家就业安全

【本章关键词】
（1）就业安全　　（2）就业波动　　（3）就业风险　　（4）失业
（5）相对过剩人口　（6）有效需求不足　（7）效率工资　　（8）劳动力市场分割
（9）菲利普斯曲线　（10）失业率　　（11）劳动参与率　　（12）就业弹性
（13）失业监测系统　（14）失业预警系统

【导入案例】

印度失业问题对政治的影响

失业问题是导致印度诸多乱象的根源。早在1929年，尼赫鲁就曾经讲道："在我看来，实实在在的东西是经济因素。如果我们强调这一点并把公众的注意力转移到这方面来，就会自动发现宗教的差别将不再重要，而一条共同的纽带则把不同的集团联合起来。"但是，尼赫鲁的理想在印度至今也没能实现，严重的失业不断激发印度各种社会矛盾。据统计，1951年印度的失业人数是330万，1981年为1783万，1985年为2627万，1990年为2700万，1992年为3700万，2002年印度登记在册的失业人口高达4161.6万。此外，还存在大量的难以统计的半失业或不充分就业人口。印度的失业和半失业现象日趋严重，同时大学生和研究生失业也成为普遍现象。严重的失业不仅加剧困扰印度社会的种姓、教派、种族冲突，引发各种社会矛盾，而且对政治发展方向有着深刻的影响。

严重的失业削弱了印度的社会凝聚力，引发种姓、宗教暴力流血冲突。例如，严重的失业问题是地方分裂势力活动猖獗的主要根源，影响国家稳定和安全。印度人口不断攀升，而政府在解决就业和贫困方面措施不力，加剧了各社会集团对就业及资源，特别是政府部门职务和土地的竞争。这种竞争外化为屡见不鲜的分裂反叛或争取更大自治权利的暴力冲突、种族骚乱和种族屠杀事件。

与此同时，越来越多的受过教育的部落民众不甘任人摆布，他们要自己决定自己的命运，近年来不少主张本部落利益的政党相继出现，它们的纲领与主张得到众多部落民的支持与拥护。在广大部落民众的支持下，它们拒绝与中央政府合作，向印度政府提出了新的挑战。

资料来源：车广吉，车放. 论印度失业问题对政治的影响[J]，学术探索，2011（4）.

第一节　国家就业安全概述

一、国家就业安全的相关概念

（一）就业

就业是指处于法定就业年龄范围内的劳动者为获取报酬而从事合法工作的活动。就业的定义包含三个基本要素：①只有处于法定就业年龄范围内的劳动者才能被划归到就业人口中，在法定就业年龄范围之外的人口则不会被记为劳动者，更不会被记为就业人口；②只有为获取报酬而从事工作的状态才会被记为就业，无法获取报酬的劳动状态是不属于就业的；③只有劳动者从事合法工作的状态才可以被记为就业，若劳动者为一些诸如贩毒、走私或非法赌博等非法活动提供劳动，则这种状态不会被记为就业。

为了更清楚地理解就业的含义，需要对劳动者的内涵进行界定。劳动者是指达到法定就业年龄，有能力且愿意从事劳动的人。成为劳动者需要具备三个条件：①处于法定就业年龄，这是最基本的条件；②有能力工作，也就是劳动者需要具有从事劳动的能力，其中"劳动"是社会中绝大多数劳动者所从事的工作状态，例如学生、残疾人或者是老年人等群体在一般情况下是不具备这种能力的，最直接的表现就是他们无法达到这种工作状态，因此国家并不将这些群体归为劳动力人口；③愿意从事劳动，这是一个相对主观的标准，指的是一个人不排斥从事工作的态度。另外，劳动力人口是指由劳动者构成的社会群体，其又可以进一步被划分为就业人口和失业人口。

（二）就业安全

就业安全（Employment Security）是指一个国家或地区的劳动者面临较低的就业风险，且劳动力市场处于能够使得经济达到潜在产出水平的充分就业状态。就业安全的定义包含了两个要素：①劳动者面临较低的就业风险，主要是指劳动者愿意并能够从事工作，即劳动者在既定的报酬水平下愿意并能够为经济贡献出自己的劳动，也可以被称为劳动力市场达到了均衡的状态（充分就业）。充分就业是指劳动力市场处于不存在非劳动者自愿的失业现象的状态，这是实现就业安全的基础，若在既定的报酬水平下很多人不愿意工作或者是他们愿意工作但短期内不能直接工作，则劳动者将面临较高的就业风险。②经济达到潜在产出水平。潜在产出水平是指经济中的所有资源被合理、充分地使用后所能生产出的最大产量，换句话说，潜在产出水平是指劳动力市场处于均衡状态时经济的总产量，这是保障就业安全的目的。

（三）就业波动[①]

就业波动（Employment Fluctuation）是指劳动者和用人单位的主观需要的变化和就业环境的变化所造成的就业人数的变化。就业波动被用来反映就业的动态变化，理解就业波动对于理解就业安全有重要的意义。就业波动可以按个体经济行为的性质划分为正常波动和非正常波动。正常波动是由于个体进行有利于自己发展的就业决策所导致的波动。这种波动要么幅度不大，要么很快会消失，并且不会改变经济处于潜在产出水平的状态，所以正常波动属于就业安全的范畴。

非正常波动的产生主要是因为一些来自于自然灾害或人为因素的外部冲击。这些外部冲击会引发劳动者和用人单位的非自发的就业决策，导致劳动力市场供求两端短期内难以再匹配，进而造成某一行业或地区的就业人数发生剧烈变化，经济出现就业波动幅度剧烈和产出水平严重下降的现象。因为这种就业的非正常波动会导致经济偏离潜在产出水平的状态，所以其不属于就业安全的范畴。

---

① 陈东有.农民工就业波动分析及对策研究［M］.北京：人民出版社，2015：9-10.

(四）就业风险

"风险"本身是一种概率，而就业风险是指劳动者失去就业机会并因此失去相应报酬的概率，也指威胁就业安全的事件发生的概率，是国家保障就业安全所面临的挑战。就业风险有广义和狭义之分。广义的就业风险不仅包括了劳动者失去就业机会的不确定性，还包括了劳动者从事工作后出现就业状态不稳定和就业质量不高的不确定性；狭义的就业风险则仅包括劳动者失去就业机会的不确定性，也就是失业风险。广义的就业风险涉及的劳动者层面的主观性因素较多，对其进行测度与确定的难度较大。狭义的就业风险涉及的因素则更为客观和直观一些，也更加容易被测度与确定。

（五）失业

失业（Unemployment）是指劳动者找不到工作的状态。这里面需要注意的是，如果一个劳动者因为找不到工作而暂时或长期放弃了就业的意愿，那么其就已经不属于劳动者的范畴，这种情况也就不会被界定为失业。失业主要有三种类型：摩擦性失业，结构性失业，周期性失业。

（1）摩擦性失业。摩擦性失业主要是指用人单位的岗位与寻找工作的劳动者之间的匹配需要时间，在匹配期内劳动者未找到工作的状态，这是由于用人单位和劳动者双方都在根据获得的有限信息进行选择，可以预期到劳动者不会长期处于这种状态，因此摩擦性失业是一种劳动力市场处于均衡时存在的失业。

（2）结构性失业。结构性失业主要是指因一些劳动者的技能情况无法满足一些用人单位的要求而导致这些劳动者处于找不到工作的状态，这一现象的产生是由于用人单位所处产业的技术升级、地区产业结构调整或者是新产业的出现，这些变化造成了用人单位对劳动者技能的需求发生了改变，使得劳动者暂时无法满足空缺岗位的技能要求。这些变化源于用人单位的经营策略或发展战略的调整，这是一种可以预期到的发展，因此结构性失业也是一种劳动力市场处于均衡时存在的失业。

（3）周期性失业。周期性失业主要是指外部冲击造成的总需求不足所引发的失业，由于外部冲击造成了地区产出的减少，进而引发地区支出（总需求）的减少，接着用人单位对劳动者的需求量也随之减少，最后劳动力人口中出现了较多劳动者失业，这种失业是伴随着经济衰退而出现的，而且难以被人们预期到，因此周期性失业并不是在劳动力市场出清时出现的失业，其会直接影响到经济的稳定，这也是国家保障就业安全工作中重点关注的部分。

二、国家就业安全的影响因素

经济因素是影响就业的主要因素，经济因素又可以被归类为国内经济因素和国际经济因素。

（一）国内经济因素

1. 社会总需求

社会总需求通过劳动力需求来影响就业安全。当社会对商品或服务的总需求增加时，企

---

① 国家发展和改革委员会社会发展研究所课题组.经济新常态下的就业风险研究［M］.北京：经济科学出版社，2019：1-2.

② 马培生.劳动经济学［M］.北京：中国劳动社会保障出版社，2015：155-157.

③ 国家发展和改革委员会社会发展研究所课题组.经济新常态下的就业风险研究［M］.北京：经济科学出版社，2019：2-8.

业为了满足这些需求会扩大自己的生产规模，进而会增加对劳动者的需求，这意味着经济中的劳动力需求增加，那么，出现严重失业问题的风险也会降低；反之，伴随着外部冲击对经济的影响，经济出现衰退，社会对商品或服务的总需求会相应地减少，进而社会对劳动力的需求也会减少，那么出现严重失业问题的风险也会增加。

2. 经济增长

经济增长影响就业安全。一般来说，经济增长越快，就业总量也会越大，进而出现严重失业问题的风险也会越小。经济增长是一种长期的社会总产出不断增加的现象，伴随着产出的不断增加，在没有外部冲击的情况下，企业对劳动力的需求也会增加。经济学家常用就业弹性来衡量经济增长带动就业人数增加的能力，就业弹性越大，发生严重失业问题的风险会越小。

3. 产业结构

产业结构的变化对就业结构有着直接的影响，进而对就业安全有着显著影响。劳动者在产业之间进行工作的转换是有成本的，相差较大的产业之间的工作转换成本是明显的，而这种成本是产业结构变化造成一些劳动者处于失业状态的主要原因。因此，国家对产业结构升级的同时，也必然会关注到就业安全的问题。产业结构变化对就业存在两方面的影响：一方面，产业结构升级在短期内会对就业产生负面影响，但通过促进经济增长和第三产业的发展，在长期会最终促进就业；另一方面，产业结构升级会引发资本对就业的挤迫效应，也就是说通过提高资本对经济增长的贡献，使得企业对资本越发依赖，并导致企业对劳动力的需求越发萎缩，最终导致严重的失业问题。

4. 技术进步

技术进步对就业安全的影响需要结合经济增长来分析。技术进步对就业存在两方面的影响。一方面，技术进步会造成大量传统企业退出市场，进而增加劳动者失业的风险。另一方面，技术进步能创造更多的就业岗位，技术进步能够通过提高企业生产率来增加企业对劳动力的需求，因此发展技术密集型企业是增加就业人数的重要方式；当然，技术进步在短期内可能会抑制就业，但在长期通常会显著地促进就业。

（二）国际经济因素

1. 对外贸易

在开放经济背景下，对外贸易会对一国的就业安全产生一定影响。出口所反映的外国对本国产品需求的扩大可以创造新的就业机会；进口所反映的本国对外国产品需求的扩大（对国内产品的需求相对减少）会削减一定的就业机会，但是在通常情况下，进口的增加伴随一定的技术外溢，进而又会通过促进技术进步来创造新的就业岗位。

2. 汇率

在开放经济背景下，汇率的变动也会对一国的就业安全产生一定影响。一般来讲，实际汇率（直接标价法）与就业呈负相关关系，不过这种影响需要通过外商直接投资或贸易进行传导。例如，在直接标价法下，实际汇率上升意味着人民币相应地升值，那么，中国进口相对容易，而出口相应变难，这种进出口变化将通过外商直接投资减少或企业出口额降低来抑制就业。但是，该影响也取决于人民币升值的速度，如果升值缓慢的话，那么，对就业的不利影响也会相对小很多。在直接标价法下，实际汇率下降意味着人民币相应地贬值，那么，中国进行出口则相对容易，而进口相应地变难，这种进出口变化将通过增加外商直接投资或企业出口额来促进就业。

3. 国际劳动力流动

国际劳动力流动是指劳动力在国与国之间的迁移，一般涉及劳动力国籍身份的改变，这种改变可以是永久性的（移民），也可以是暂时的（临时劳动力流动）。以移民为例，移民是一把"双刃剑"，劳动力输入国和输出国在分享移民带来好处的同时，也承受着由移民引发的一系列经济社会问题。就输入国而言：一方面移民促进了劳动力供给；但另一方面，外来移民对输入国的部分群体或行业也将带来一定的就业波动。就输出国而言，移民的影响后果同样具有双重性：一方面移民输出在一定程度上减轻了国内的就业压力，降低失业率；但另一方面，大量高素质劳动力的外移也使输出国蒙受着人才流失的损失，不利于长期的就业稳定。

三、国家就业安全的重要性

各国政府高度重视就业安全问题。保障就业安全是国家进行宏观调控的四大目标之一，保障就业安全最直接的表现就是国家对减少经济中的不合理失业现象与降低较高失业率所实施的一系列措施。就业安全的重要性不言而喻，当出现严重的失业问题，就业安全状态得不到保障时，社会、经济和民生受到许多负面影响。具体来看：

（1）严重的失业问题容易导致绝对贫困。失业意味着劳动者失去了收入来源，没有了养家糊口的能力，可能会造成劳动者陷入绝对贫困，进而拉大社会的贫富差距，造成贫富两极分化，影响社会和谐。

（2）严重的失业问题会造成严重的社会问题。因劳动者失去工作，整天无所事事，而导致犯罪和群体事件发生的可能性提高，进而影响社会的安定与繁荣。

（3）严重失业是对社会人力资源的闲置。这不仅减少了劳动者创造社会财富的机会，还会降低劳动力市场资源人力配置的效率，进而减少经济的总产出水平。

（4）严重失业会对社会大众的心理健康产生不利影响。根据佛莱尔（Fryer）的个体限制理论（Agency Restriction Theory），失业可能导致劳动者心理上的破坏性贫穷，严重影响其心理健康，进而造成社会情绪处于消沉状态。

（5）严重失业会阻碍经济发展与社会进步。高失业率使劳动要素需求方（用人单位）在劳动力市场中拥有更大的谈判优势，但是劳动要素供给方（劳动者）则处于劣势地位，从而导致劳动的报酬水平下降。而低工资又会带来"低技术陷阱"。一方面劳动力太便宜，企业就不愿意投资新技术，因为研发新技术所需资金要高于雇用劳动者的成本；另一方面，劳动者的素质也因为收入的下降而无法得到提高，因为其对自己和家人的人力资本投资需要一个较高的收入来支持，于是经济发展进入了低工资、低劳动生产率和高劳动淘汰率的恶性循环。这样不仅限制了经济总产出的增加，阻碍了人力资本的增加和技术水平的提高，从而限制了全社会的进步。

【相关案例 7-1】

新冠肺炎疫情下对人工智能冲击就业的再思考

受新冠肺炎疫情的影响，近期美国企业裁员消息频出。2020年9月1日，美国福特汽车

---

① 关凤利，孟宪生. 移民对工资和就业影响的实证研究述评 [J]. 经济学动态，2007（12）：93-98.

② 陈仲常. 失业风险自动监测系统和预警系统研究 [M]. 北京：中国社会科学出版社，2010：93-94.

宣布，为节约成本，将削减1400个白领职位，并且提供提前退休的方案；2020年7月，波音公司已表示将削减1.9万个工作岗位，并警告称后续还可能裁撤更多工作岗位。2020年9月，美国的就业指数为46.4，较7月改善了2.1%，但仍处在持续收缩的态势之中，这表明美国就业市场复苏缓慢。与此同时，由于采用机器人、制造业智能化等提高生产率的新技术以及国际竞争加剧，美国制造业不得不考虑采用更多机器人来代替招聘新员工以节约人力成本。

麻省理工学院和波士顿大学发布的一项研究显示，1990年到2007年，每千名美国工人中增加1个机器人，全美就业人口比下降0.2%，工人的工资降低0.42%，这意味着美国制造业中每增加1个机器人，平均会取代3.3名工人。目前，美国制造业的机器人密度是中国的两倍多，达到每万名员工中就有200台机器人。

人工智能会实现就业替代。通过计算机算法决策并完成人类劳动中可以数字化表达和复制的任务，其中既有体力劳动任务又有脑力劳动任务。世界经济论坛的《2018未来就业报告》中指出，目前约71%的工作仍由人类完成，而未来机器在推理和决策、管理，以及搜寻、收集工作相关信息方面的比重将明显扩大，在2022年自动化技术将完成1/4甚至1/2以上的生产性任务。未来的低层次劳动形态将大幅减少，大部分涉及常规认知任务的传统中低端技能，包括部分高学历员工的就业岗位技能将实现自动化。

资料来源：路虹.冷暖交加，美企裁员激荡科技潮［N］.国际商报，2020-09-04.

李宗泽.智能化对就业的影响［M］//中国就业发展报告（2019）.北京：社会科学文献出版社，2019：45-63.

第二节 国家就业安全的相关理论

严重的失业状态是就业安全的对立面，其不仅会威胁就业安全的稳定，而且还会严重影响经济的稳定和社会的和谐。本节将重点围绕失业的成因，对失业的相关理论进行梳理和回顾。

一、马克思的失业理论 ○○

（一）相对过剩人口理论

相对过剩人口理论是马克思关于资本主义人口规律的经典理论。马克思认为，工人在生产过程中进行资本积累的同时，也会在日益扩大的生产规模中造就使他们自身成为相对过剩人口的结果，这就是资本主义生产方式所特有的人口规律。

马克思所说的相对过剩人口，是指资本主义社会制度下绝对存在的失业人口。这些失业人口附属于资本，并形成一支可供支配的产业后备军。马克思用产业后备军来形容工人阶级中的相对过剩人口，因为其随时为资本主义的扩张补充劳动力。但在经济波动时，资本对这种劳动力的需求也随之变化，因此失业人口的规模也会随之变化，这种依赖资本的失业变化正是过剩人口作为后备军的体现。

（二）相对过剩人口产生的原因

第一，资本积累是相对过剩人口产生的根本原因。在分析相对过剩人口的同时，马克思揭示了在资本主义生产方式下，劳动者被剥削进而其剩余价值被资本家占有的现象。在资本

○ 马克思.资本论（第一卷）［M］.北京：人民出版社，1975：679、691.

○ 马克思，恩格斯.马克思恩格斯全集（第23卷）［M］.北京：人民出版社，1980：693-694.

积累和资本积聚的过程中[一]，技术不断进步，劳动生产率也相应地提高，导致可变资本的相对减少[二]，进而造成了资本有机构成的提高，必要劳动时间的相对缩短，以及大量劳动力被排挤的结果。

第二，技术进步加剧了相对过剩人口的产生。一方面，资本主义的技术进步，尤其是机器的广泛应用排挤了大量的过剩人口，并使得越来越多的在职工人被替代，于是资本家对劳动力的需求也越来越少，待业的劳动力同时增加，出现劳动力过剩的现象；另一方面，技术的不断进步使得全社会的生产力迅速发展，这不仅在一定程度上缩短了社会必要劳动时间，而且伴随着劳动生产率的提高，二者为资本家大量解雇工人创造了条件，进而造成了过剩人口的增加。

二、凯恩斯的失业理论[三]

凯恩斯认为，就业处于非充分就业状态的根本原因在于有效需求不足（总需求小于总供给）。就业量决定于总需求，失业是总需求不足造成的。有效需求（Effective Demand）是指当总供给与总需求相等时的需求水平。

（一）有效需求不足理论

当总需求大于总供给时，社会对商品的需求超过企业对商品的供给，企业就会增加劳动者的雇用量以扩大产出；当总需求小于总供给时，就会出现商品供过于求的状况，企业的利润由于较高的成本和不足的收入而进一步被压缩，进而企业会通过缩减对劳动者的雇用量而减少下一期的产出。因此，就业量取决于总供给与总需求的相互作用。

在短期内，企业使用的资本基本保持不变，当其雇用的劳动者数量一定时，其产量也就确定了，因此总供给在短期内基本是不会变化的。这个时候，若总需求以减少的方式偏离均衡水平（有效需求），经济就会出现有效需求不足的现象，市场上的商品开始供过于求，于是企业必须通过削减投入才能控制进一步的损失。由于企业在短期内无法改变资本投入，再加上短期内工资无法变动，企业不能通过降低工资来减少劳动力投入[四]，那么企业为了减少投入便只能解雇劳动者。因此，社会上出现大量的劳动者非自愿失业。

（二）有效需求不足产生的原因

有效需求是由消费需求和投资需求构成的。有效需求不足主要是由消费需求不足和投资需求不足导致的。消费需求和投资需求主要取决于边际消费倾向、资本边际效率、流动性偏好这三大基本因素以及货币供给。

消费需求取决于人们的消费倾向，即人们的消费额在其收入中所占的比例。随着收入的增加，消费的增加小于收入的增加，出现边际消费倾向递减的规律，于是引起消费需求不足。

投资需求取决于资本边际效率和利率。资本边际效率是指预期增加一单位投资可得到的利润率，其会随着投资的不断增加而降低，也会出现资本边际效率递减的规律，进而导致投资需求不足。由于人们只会在资本边际效率大于利率的情况下进行投资，当资本边际效率递

[一] 资本积累是指剩余价值转化为资本的过程，资本积聚是指资本家依靠资本积累来增大自己的资本总额的过程。

[二] 可变资本是指资本家用于购买劳动力的那一部分资本。

[三] 凯恩斯. 就业、利息与货币通论 [M]. 北京：商务印书馆，2021：30-31.

[四] 短期内，工资具有黏性，若工资可以自由调整，即工资具有弹性时，则不存在这种非自愿失业。

减时,如果利率不能保证低于资本边际效率,那么投资便会不断减少。

利率取决于流动性偏好和货币供给,流动性偏好是指人们愿意用不产生利息的货币来保持自己财富的心理偏好⊖,其反映了货币需求,因此在一定的货币供应量下,人们对流动性越偏好,利率就越高,那么投资需求也会越低。

三、新凯恩斯主义的失业理论

凯恩斯认为短期内工资具有黏性,因此企业为了应对有效需求不足所造成的收入损失就只能裁减工人,进而造成社会中大量的非自愿失业。但是,凯恩斯未解释短期内工资具有黏性的原因。于是,一些仍然信奉凯恩斯主义的经济学家对工资黏性进行了研究,并从不同的角度来解释其原因,他们得出的新理论也被叫作新凯恩斯主义。

(一)效率工资理论⊜

对企业而言,监督工人的生产是不小的成本,于是,为了激励工人自觉努力工作,在利润最大化的前提下,企业会以一个高于市场均衡工资水平的工资来雇用劳动者,这种工资就是效率工资(Efficiency Wage)。这种工资能激励工人努力工作的原因在于:假如经济中存在效率工资,且效率工资又高于劳动力市场中的均衡工资⊜,进而导致企业的实际劳动力需求小于劳动力市场达到均衡时的需求水平,那么必然会存在非自愿失业,这时受雇劳动者失去工作的成本是很大的,其被企业解雇后不仅会失去可观的收入,还将在长期内无法找到新工作以获得一定的收入,其为了保住工作只得努力工作。

效率工资就是黏性工资的一种,因为效率工资是能够实现利润最大化的工资,企业并没有徒增成本,所以企业不会主动降低效率工资。因此,只要效率工资是高于劳动力市场的均衡工资的,那么企业便不会对之进行调整。效率工资理论存在的意义在于,说明企业为了让经济中受雇的劳动者努力工作,就必须让一些人保持非自愿失业的状态,进而社会始终无法达到充分就业状态。当经济面临不利冲击时,效率工资的存在会使得社会中出现更多的非自愿失业,进而加剧失业问题。

(二)隐性合同理论㉕

隐性合同理论是20世纪70年代中期发展起来的,阿扎里迪斯、贝利和戈登是该理论的创始人,他们奠定了隐性合同理论的基础。

在正常的长期经济中,工资是可以自由变动的,但劳动者只希望自己的工资可以增加,或至少不能减少,否则很难接受工作,因此企业便和劳动者做出约定,企业将会保持现行的名义工资、提高作为生活费用的工资水平。由于这种约定往往并不成文,因此这种约定就相当于一种企业和劳动者签订的隐性合同(Implicit Contract)。为了使企业得到做出约定后应得的补偿,便使之拥有在经营困难时根据产品需求来解雇员工的权力,因此这种隐性合同也被叫作"工资固定 – 就业可变合同"。

隐性合同下的固定工资取决于企业利用经济繁荣时的工资和经济萧条时的工资所计算得

⊖ 高鸿业.西方经济学[M].北京:中国人民大学出版社,2021:522.
⊜ 乔治·鲍哈斯.劳动经济学[M].7版.沈凯玲,译.北京:中国人民大学出版社,2018:442-445.
⊜ 劳动力市场的均衡工资是指能够使劳动力市场出清,进而实现充分就业的工资。
㉕ 坎贝尔·麦康奈尔.劳动经济学:第10版[M].徐玉龙,杨伟国,译.北京:中国人民大学出版社,2018:459.

到的期望值,如果期望值大于劳动者提出的固定工资,那么企业便会同意劳动者的要求。

隐性合同下的固定工资也是黏性工资的一种,这个工资不随经济周期而波动。当经济萧条时,按照企业与受雇劳动者的约定,企业不会降低工资,只能通过裁员来降低成本,进而出现大量劳动者失业的现象。不过这种失业却是劳动者自愿的,因为企业在对其做出固定工资约定的同时,也与之约定了必要时可以通过裁员来缓解经营压力。但这种劳动者自愿的失业仍然会使得实际产出水平低于潜在产出水平。阿扎里迪斯、贝利和戈登所创立的隐性合同理论较好地解释了工资黏性的原因以及由工资黏性所引发的失业现象。

隐性合同理论是为了解释黏性工资和就业波动之间的关系而发展起来的,但它并没有成功地解释全部非自愿失业。在完全信息的情况下,虽然隐性合同理论对黏性工资做出了较好的解释,但却未能对非自愿失业的形成原因做出令人信服的解释,例如,在完全信息的情况下,确实存在着就业的波动,但这种就业的波动并不是所谓的非自愿失业,而是一种均衡的波动。

(三)局内人-局外人理论[①]

局内人-局外人理论是在 20 世纪 80 年代由布兰查德和萨默斯发展起来的。他们利用局内人-局外人这一理论来解释黏性工资的产生原因,进而解释就业波动的产生原因。

局内人-局外人理论认为,企业招聘和解雇劳动者都是有成本的,这种成本叫作劳动力替换成本(Labor Turnover Cost),其减弱了企业更换劳动力的动力,于是企业已经雇用的劳动者(局内人,Insider)具有了某种优势,这种优势致使当他们的工资高于劳动力市场的均衡工资时他们也不会被企业解雇。局外人不能为他们的工作讨价还价,而局内人却可以,因为局内人在和企业打交道时拥有一定的垄断权。这时候企业为了控制成本,即使寻找工作的劳动者(局外人,Outsider)提出一个低于局内人的工资要求,企业也不会去雇用这些局外人。

局内人的垄断权来源于企业为其以前支付的培训和招聘费用,这种费用就是劳动力转换成本,它使得企业总觉得在任何工资水平上,雇用局内人要比雇用局外人划算得多。因此,局外人若想获得工作,就不得不接受比局内人更低的工资,进而形成了工资差额。这种局内人和局外人之间的工资差额反映了企业的劳动力转换成本的大小,这种成本就是黏性工资的来源。在这种黏性工资的情况下,劳动力市场中总会有劳动者无法工作的现象,他们只能被迫保持较长时间的失业状态。

局内人-局外人理论是用来解释就业的周期性波动的。在经济面临不利冲击而总需求减少时,总需求的减少会引起企业对劳动力的需求减少,而局内人的优势会导致企业不削减工资,进而导致失业率上升;在经济面临有利冲击而总需求增加时,局内人都被雇用后,若企业对劳动力有多余的需求,那么愿意接受较低工资的局外人才会被雇用。这些总需求的冲击,造成了就业波动。当不利冲击停止后,就业并不会自动回到长期均衡状态,其将仍保持在受到负面冲击后的就业状态,该状态需要受到另一个正面或负面的冲击才能得以改变。

[①] 托马斯·海克拉克.劳动经济学基础[M].来庆彬,李玉琳,译.北京:中国人民大学出版社,2016:372-373.

四、劳动力市场分割理论[一]

传统经济学认为市场是统一的,但是劳动力市场分割理论的观点却与此不同,该理论提出劳动力市场可能并不是统一的,而是分割的。劳动力市场分割是指劳动力市场并不是只有完整一个的市场,其至少可以被分为两个市场:第一劳动力市场(好的工作)和第二劳动力市场(较差的工作)。因此,劳动力市场分割理论也被称作二元劳动力市场理论,其从劳动力市场分割角度来解释失业的原因。

第一劳动力市场主要提供质量较好的工作,这种工作比较稳定,工资较高且有保障,包含的技术较高,资本更密集;第二劳动力市场主要提供质量较差的工作,工资较低且无保障,其他工作条件也远远比不上第一劳动力市场上的。第一劳动力市场上的工资较高,且具有黏性;第二劳动力市场上的工资较低,但也可以自由变动。若第一劳动力市场上的劳动者愿意,其可以自由地进入第二劳动力市场,但第二劳动力市场上的劳动者很难进入第一劳动力市场。劳动力市场分割的表现主要是在不同市场上存在不同的工资,这主要是由于两个劳动力市场的劳动力无法自由地相互流动。

劳动力市场分割主要有以下三个原因:①因为不同劳动力市场中的劳动者的技能水平不同,第二劳动力市场上的劳动者不能自由地进入第一劳动力市场是因为其技能不足;②因为不同劳动力市场中的行业的资本密集度不同,那些资本密集度高的行业只会在第一劳动力市场雇用劳动者,因为这些行业往往对劳动者素质的要求较高;③其他因素,比如地理因素、性别和民族等,主要是由于人们的歧视或偏见所造成的性别和民族的影响使得一些群体无法进入第一劳动力市场,并不代表他们真的属于第二劳动力市场。

劳动力市场分割影响失业主要有三个机制:①在第一劳动力市场,由于短期内其工资具有黏性,那么在外部冲击到来时,企业只能强行解雇这些劳动者才能生存,进而造成了对经济不利的失业;②这时候这些失业者可能会迫于生计而选择在第二劳动力市场就业,但这样就相当于把外部冲击传到了第二劳动力市场[二],这会夺走一些原本属于第二劳动力市场的劳动者的工作;③第二劳动力市场的工资还可能因为这些失业者的到来而进一步下降,只要工资无法降低到均衡水平[三],那么第二劳动力市场上就会出现对经济不利的失业。

五、菲利普斯曲线[四]

菲利普斯曲线(Phillips Curve)主要描述了通货膨胀率和失业率之间的负相关关系[五]。如图7-1所示,纵轴为通货膨胀率,横轴为失业率,将二者的组合绘制到坐标轴中就得到了菲利普斯曲线。该曲线主要表明经济需要在通货膨胀和失业之间进行取舍。当政府希望降低失业率时,需要通过提高通货膨胀率来实现这一目标。具体的做法是,政府通过财政政策和货

[一] 陆铭,梁文泉.劳动和人力资源经济学[M].上海:上海人民出版社,2017:211-212.

[二] 在外部冲击刚到来的时候,第二劳动力市场由于还可以自由变动工资,因此不会受到影响。

[三] 第二劳动力市场的工资确实有可能无法降低到均衡水平,因为现在第二劳动力市场中的劳动者不再是原来纯粹的第二劳动力市场的劳动者了,而且一般政府的最低工资政策也会导致工资高于均衡工资。

[四] 多恩布什,等.宏观经济学:第13版[M].王志伟,译.北京:中国人民大学出版社,2021:98-100.

[五] 通货膨胀率是指物价水平在一定时期内的上涨率,失业率是指处于失业状态的劳动者在劳动力人口中的占比,失业率中还有一个自然失业率的概念,其是指劳动力市场达到均衡(充分就业)状态时的失业率。

币政策来促进经济的扩张,即提高经济的有效需求水平。

图 7-1 这条菲利普斯曲线是经济学家菲利普斯(Phillips)在 1958 年用英国 1861 年—1957 年的通货膨胀率与失业率数据简单绘制出来的,后来美国的经济学家在 1970 年发现用美国的长期数据绘制不出这条曲线,因为通货膨胀率和失业率的关系十分复杂。

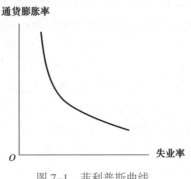

图 7-1　菲利普斯曲线

后来经济学家提出了长期菲利普斯曲线以解释这种复杂的关系,如图 7-2 所示。经济学家认为,因为有着自然失业率的存在,那么长期的菲利普斯曲线必然是在自然失业率水平上垂直的;由于自然失业率不随时间的变化而变化,因此在长期经济中,失业率会保持到自然失业率水平,通货膨胀率和失业率将不再存在相关关系,即垂直的菲利普斯曲线。也就是说,只有在不同的短期里,通货膨胀率和失业率才会有着不一样的负相关关系。

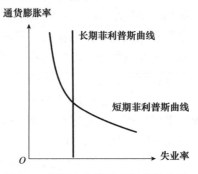

图 7-2　短期与长期的菲利普斯曲线

长期的菲利普斯曲线是垂直的,主要原因是由于劳动者预期的作用。当政府意图通过提高通货膨胀率来降低失业率时,即使在短期内劳动者无法预期到通货膨胀率的上升,在长期内劳动者也会预期到这个变化。例如,在短期内,找工作的劳动者可能无法预期到通货膨胀率的上升,会以为工资发生了实际的增加(其实并没有),但他的期望工资⊖并没有随着通货膨胀率的上升而相应地向上调整,所以劳动者愿意接受的工作数量增多了,其获得工作的可能性也就提升了,于是失业率会出现下降;但在长期来看,劳动者能够预期到通货膨胀率的上升,进而会相应地提高期望工资,因此愿意工作的劳动者的数量便不会发生变化,那么失业率也就稳定下来了。

⊖ 期望工资是指劳动者能接受的最低工资。当实际工资高于期望工资时,劳动者会接受工资,当实际工资低于期望工资时,劳动者会拒绝该工作。

第七章　国家就业安全

菲利普斯曲线的意义在于，它可以说明短期内政府可以通过扩张性的措施来降低失业率。虽然政府很难改变自然失业率（也没必要），但如果失业率过高（主要是高于自然失业率），威胁到潜在产出时，政府的措施还是有必要的。

第三节　国家就业安全的测度、监测与预警系统

一、国家就业安全的测度

国家就业安全测度建立于一系列可量化指标的基础上，对国家就业安全水平进行测度，根据其指标所反映的数值结果来判断威胁就业安全事件发生的概率，进而可以分析一国的就业安全状况。

（一）失业率与劳动参与率

1. 失业率

失业率是指处于失业状态的劳动者在劳动力人口中的占比，用来衡量社会中的失业风险，是就业安全的主要测度指标之一。通常情况下，较高的失业率意味着劳动者将面临较高的失业风险，而较低的失业率则意味着较低的失业风险，失业率越低就业安全越有保障。

其具体计算公式为

$$失业率 = \frac{失业人口}{劳动力人口} = \frac{失业人口}{就业人口 + 失业人口} \tag{7.1}$$

目前，获取失业率数据的方法主要有两种：登记法和调查法。登记法主要是根据在地方劳动就业机构登记的失业人数计算失业率；调查法主要是地方劳动就业机构定期对样本中的家庭进行追踪调查来计算失业率。我国调查失业率与登记失业率的主要区别是：①涵盖人群不同，调查失业率中的常住人口包括农业人口等外来常住人口，而登记失业率以城镇本地非农业户口为主；②统计方式不同，调查失业率通过抽样调查获得就业数据，而登记失业率通过行政记录获得就业数据；③主管单位不同，调查失业率的统计主管单位为国家统计局，而登记失业率的统计主管单位为人力资源和社会保障部。

在失业率中，一个重要的概念就是自然失业率。自然失业率是劳动力市场达到均衡时的失业率，一般在短期内是一个不变常数，其反映的失业对经济是没有影响的。有时为了便于理论处理，也假设其在长期内是一个不变常数。实际的失业率高于自然失业率，反映出社会中存在着不利于经济的周期性失业，就业安全缺乏保障。

2. 劳动参与率

劳动参与率（Labor Force Participation Rate）是指实际劳动力人口在潜在劳动力人口中的占比。实际劳动力人口是指就业人口和正在寻找工作的失业人口之和；潜在劳动力人口是指在法定年龄内的人口减去因身体因素而不具备劳动能力的人口和服刑人员的剩余部分。在实际计算潜在劳动力人口时，由于数据往往比较难以获得，因此直接以在法定年龄内的人口或总人口代替。

劳动参与率反映了潜在劳动者个人对于工作收入与闲暇的选择偏好。一般来说，太高的劳动参与率意味着劳动者的福利水平可能较低，国家应该适当地关注劳动者相关的社会保障，比如医疗保险、养老保险和子女抚养成本等；而太低的劳动参与率意味着处于就业年龄内的

人的工作意愿不够高，可能源于国家的福利过高，或劳动力市场的失灵让劳动者求职缺乏途径。

3. 失业率与劳动参与率的关系

在判断就业状态是否安全的时候，有时候需要同时考虑失业率和劳动参与率，这样才能准确分析就业的安全状况，因为不同的失业率、劳动参与率组合所反映的就业状态对经济的影响是不同的。如果将失业率和劳动参与率分别记为高、低和不变三种程度，依据以往的经验，可以得到三个有用的规律：

（1）失业率和劳动参与率同时上升。这意味着失业风险不高，这时候失业率较高，可能是因为一些劳动者退出了工作岗位而寻找新的工作，反映了劳动力市场上的信息还不够对称。这时候的失业主要是摩擦性失业，只要劳动参与率较高，说明劳动力市场的资源配置能力尚可，可以较快解决这种失业，因此其对就业安全没有负面影响。

（2）失业率上升，但劳动参与率却没怎么变化。这反映了社会中的劳动力人口变化不大，但由于经济结构的调整，出现了一些失业人口，这时候的失业主要是结构性失业。因为劳动参与率没有出现较大幅度下降，所以劳动力市场的配置能力也可以解决这些失业，可能只是时间稍长，其对就业安全也没有负面的影响。

（3）失业率上升，但劳动参与率却下降。这意味着社会出现了较严重的失业问题，劳动参与率下降反映劳动者对就业丧失信心，这主要是外部冲击造成的经济萧条和市场的全面失灵所导致的失业问题，会极大地影响经济的产出水平，进而会对就业安全产生严重的负面影响。

（二）就业弹性

就业弹性是指经济增长每变化一个百分点所对应的就业数量变化的百分点，即 GDP 每增长 1%，就业能变化多少个百分点，用就业增长率除以经济增长率的值来表示，其值也叫作就业弹性系数。就业弹性系数可能为正值，也可能为负值。正值表示在经济增长率为正的情况下，经济增长对就业数量有着促进作用；负值表示在经济增长率为正的情况下，经济增长对就业数量有着抑制作用。一般情况下，经济增长对就业主要起促进作用（就业弹性的值为正数）。

就业弹性系数是衡量经济发展保障就业安全的能力的指标。当就业弹性系数为正时，该正值的大小对就业安全来说有着不同的含义：在相同经济增长率的情况下，其正值越大，则说明经济增长带动就业数量增加的能力越大，那么失业风险也相应越低，就业安全越稳定；在相同经济增长率的情况下，其正值越小，则说明经济增长带动就业数量增加的能力越小，那么失业风险也相应越高，就业安全越缺乏保障。

就业弹性的测算方法主要有两种[一]：①根据就业弹性的定义进行测算，这种方法也叫作定义法；②构建计量模型，通过回归来测算，这种方法叫作模型法。

1. 定义法

根据就业弹性的定义，用就业增长率除以经济增长率的值来表示。其具体公式为

$$就业弹性 = \frac{\Delta L_t / L_t}{\Delta Y_t / Y_t} \tag{7.2}$$

[一] 赵建国，苗莉. 城市就业问题研究［M］. 北京：高等教育出版社，2005：42–43.

式中，L_t表示t时期的就业人数；Y_t表示t时期的GDP；ΔL_t表示t时期与$t-1$时期的就业人数相减的差值，即$\Delta L_t=L_t-L_{t-1}$；ΔY_t表示t时期与$t-1$时期的GDP相减的差值，即$\Delta Y_t=Y_t-Y_{t-1}$。

2. 模型法

具体测算步骤如下：

首先，建立就业人数与GDP之间的非线性函数表达式，如公式（7.3）所示

$$L_t = cY_t^a \tag{7.3}$$

式中，c表示常数；a表示就业弹性系数。

其次，对公式（7.3）左右两边取对数，可得公式（7.4）

$$\ln L_t = \ln c + a\ln Y_t \tag{7.4}$$

最后，将公式（7.4）中的$\ln c$记为截距项γ，并在等式右边加入一个随机扰动项ε_t，进而得到最终用以回归的计量模型，如公式（7.5）所示

$$\ln L_t = \gamma + a\ln Y_t + \varepsilon_t \tag{7.5}$$

将一定时期内的某地区的就业人数和GDP的时间序列数据放入模型中回归，得到的参数a的估计值$\hat{a}$即为就业弹性系数。

（三）就业波动

就业波动就是就业人口的波动性，就业波动被用来反映就业的动态变化。一般情况下，就业波动的频率和幅度可以反映就业安全的稳定性，就业的人数波动越频繁，或就业人数的波动越剧烈，或二者同时发生，则说明失业风险越高，就业安全的状态越不稳定。因此，需要对就业人口的波动进行测量，以判断或检验就业安全的稳定性。

1. 以就业不稳定性指数来测量就业波动

该方法来自于Kort[①]等人在1981年的研究和Malizia[②]等人在1993年的研究。就业不稳定性是指就业数量对就业趋势的平均偏离程度，采用实际就业数量与用计量模型回归出的就业趋势估计值的差值来表示就业波动的幅度，具体的测量步骤如下[③]：

首先，需要获取地区i每年的就业人数L、GDP、人口增长率、城市化水平和居民受教育程度等数据，并取对数。

然后，依据公式（7.6）的计量方程进行回归

$$\ln(L_{it}) = \alpha + \beta\ln(GDP_{it}) + \gamma X + \varepsilon_t \tag{7.6}$$

式中，α、β为待估参数；γ为待估参数的行向量；X为除去就业人数和GDP的其余变量的对数值所组成的列向量；ε_t为随机扰动项。

通过回归，可得出就业人数对数值$\ln L_{it}$的拟合值$\widehat{\ln L_{it}}$。该拟合值衡量的是就业无波动时的就业人数的稳定值。

最后，将拟合值$\widehat{\ln(L_{it})}$放入公式（7.7）以计算出就业波动的幅度

---

① Kort, John R. Regional Economic Instability and Industrial Diversification in the U.S.[J]. Land Economics, 1981(57): 596–608.

② Malizia E E, Ke S. The Influence of Economic Diversity on Unemployment and Stability [J]. Journal of Regional Science, 1993 (33): 221–235.

③ 胡安荣，杨明媚. 产业多样化对就业的影响：基于中国省级面板数据的实证研究[J]. 经济问题探索, 2016(5): 76–82.

$$\text{地区 } i \text{ 的就业波动} = |\ln(L_{it}) - \widehat{\ln(L_{it})}| \tag{7.7}$$

该式由地区 i 的实际就业人数 $\ln(L_{it})$ 和就业人数的拟合值 $\widehat{\ln(L_{it})}$ 相减所构成,但为了以一个正数的大小来表示就业波动的幅度,我们将该差值取绝对值,绝对值越大代表就业波动的幅度越大。

该方法的优点是易于计算和较为全面地测量就业波动的幅度,缺点是就业波动幅度的计算严重受限于第一个回归式(7.6)的设计,若存在变量的选取不全或不合理等问题,则拟合出来的数值是有误的,那么计算的就业波动幅度也就是不准确的。

2. 以就业增长率来测量就业波动

用一定时期内就业增长率的标准差来衡量就业波动的幅度,如公式(7.8)所示

$$\text{地区 } i \text{ 的就业波动} = \sqrt{\frac{1}{T-1}\sum_{t=1}^{T}\left(g_{it} - \frac{1}{T}\sum_{t}^{T}g_{it}\right)^2} \tag{7.8}$$

式中,g_{it} 表示地区的就业增长率;T 是总时期数(即时期的跨度)。

用该式计算的标准差值越大,则表示就业波动的幅度越大。

二、国家就业安全的监测系统

上述就业安全测度指标主要是对就业安全状态本身进行的测量与评价,但如果仅利用其中的一个或某几个指标来对失业风险进行测量,则会缺乏全面性。因此,需要一套指标体系来对失业风险进行测量,进而得到能够全面衡量且唯一准确的结果。下面介绍的失业风险监测系统就是这样的指标体系。

(一)失业风险监测系统概述 ⊖

失业风险监测系统是一种对失业风险进行实时监测的系统,以对失业风险程度进行全面客观的描述,同时反映失业对社会及经济发展造成的压力水平。在系统构建时,以城镇登记失业率和调查失业率为基础指标,再结合一系列参照指标(包括失业人员构成、社保覆盖面、失业救济水平以及失业人员主观性指标等)组成实时监测的指标体系,同时通过建立警度及其警戒线,计算警情值,以此评判失业事件发生后对社会及经济发展造成的压力水平。

构建失业风险监测系统主要有以下步骤:①将各个基础和参照指标进行标准化处理,并计算出各个指标的警情值;②对所收集的原始数据采用一定的方法(熵权法和德尔菲法)确定各单项指标的权重,在此基础上对各个指标的警情值进行加权平均,最终得到一个综合的警情值;③通过综合的警情值反映当前失业风险的程度。另外,由于失业风险监测涉及失业风险程度的评判问题,所以在计算出失业风险综合警情值之后,还需寻找不同警度之间的临界值,以帮助确定失业风险的警度类型。

在国内外的许多研究与实践中,一般将警度分为五种类型,即无警、轻警、中警、重警、后警。无警是指失业增长适度,劳动力市场基本处于充分就业状态;轻警是指失业增长稍快,但并不影响社会稳定;中警是指失业人数增长过快,就业形势严峻;重警是指失业率接近警戒线,失业人数剧增;后警是指失业率超过警戒线,人们处于社会动荡的威胁之中。

⊖ 陈仲常. 失业风险自动监测系统和预警系统研究[M]. 北京:中国社会科学出版社,2010:9;102.

（二）失业风险监测系统的构建过程

1. 构建失业风险监测指标体系

失业是一个复杂的社会现象，失业发生后会通过多种渠道向社会传导风险与压力。因此，对失业风险警情的量度仅用失业率这一个指标来反映会过于单一。另外，由于失业发生后的风险强度受多种因素的影响，因此有必要构建一套指标体系加以综合评价。

在构建指标体系时，可以将失业风险监测系统的指标体系划分为三个层次，如图7-3所示：①第一个层次是失业风险监测系统的指标体系；②第二个层次是五个失业风险警源因素指标，包括失业数量指标（X_1）、失业结构指标（X_2）、社会保障水平指标（X_3）、心理承受能力指标（X_4）和再就业指标（X_5）；③第三个层次是每个失业风险警源因素指标下面具体的三级指标。

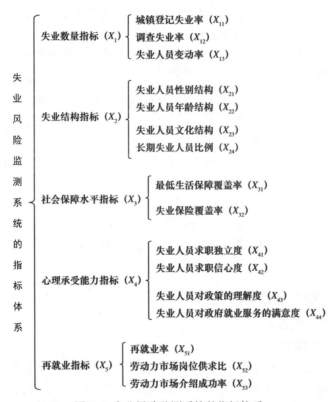

图7-3 失业风险监测系统的指标体系

2. 确定失业风险警情值

警情值是反映风险程度的数值。对于失业风险的程度，不能采用低、中、高等这种具有模糊性的语言来衡量，为了客观描述失业风险程度，需要有一个更加精确的度量指标，即失业风险警情值。失业风险警情值包含两类：各个指标的警情值和一个综合警情值。确定失业风险警情值的过程如下：首先，分别计算各个指标的警情值；其次，对各指标值进行标准化处理；最后，将各个指标的警情值加权平均，进而求得一个综合警情值。

㊀ 陈仲常. 失业风险自动监测系统和预警系统研究［M］. 北京：中国社会科学出版社，2010：97-103.

3. 确定失业风险监测指标体系中各指标的权重

在综合评价中，确定各个评价指标的权重是科学合理地评估失业风险的关键。权重是指在一个领域中对目标值起权衡作用的数值。在失业风险监测中，由于不同因素对失业风险影响不同，因此要对失业风险进行综合性评价，就必须对所建立的失业风险监测指标体系中的各项具体指标先进行赋权。权重的确定方法分为主观赋权法和客观赋权法两种。

主观赋权法确定的权重是主观权重，又称经验性权重，是指人们对分析对象的各个因素，按其重要程度，依照人们的日常经验主观确定的权重。客观赋权法确定的权重是客观权重系数，是指经过对实际发生的客观资料进行整理、计算和分析，从而得到的权重。

主观权重体现了权重的主观性，反映了社会对失业风险的各个来源的不同侧重程度，但缺乏一定的客观性，因为人们重视的因素不一定就对经济有着更加严重的威胁。客观权重体现了权重的客观性，反映了失业风险的各个来源对经济的不同威胁程度，但没有反映人们的主观看法，人们的主观看法也是失业风险的重要来源。

目前，主流的做法是将两种方法的优点相结合，并最终采用两种确立权重的方法：①以客观赋权的熵权法确定指标体系权重，赋予权重客观性；②在使用熵权法的基础上，结合当局在不同时期对失业风险监测的不同侧重点，通过德尔菲法调整指标体系权重，赋予权重主观性。

4. 确定失业警戒线与报告警度

报告警度是对失业风险进行监测的主要目的。警度是对警情的定性刻画，是判断失业变化是否有警和警情严重程度的参照系。失业警戒线是指失业风险不同程度之间的临界线（值），用于评价当前的失业风险是否达到了某一级警度。失业警戒线的确定在失业风险监测中十分重要，但又面临很多难题。警戒线的确定往往要综合考虑许多相关的因素，并且警戒线往往不是固定不变的，需要根据社会环境（如时间、地区）等因素的变化而进行调整。

三、国家就业安全的预警系统

（一）失业预警系统概述

1. 失业预警系统的概念[一]

失业预警系统是在高失业率出现前，预先报警的一种系统。失业监测系统对失业风险进行实时测量，而失业预警系统对失业风险做事前预测。在自然科学领域，已经有比较科学、成熟的大风警报、洪水警报、地震预报等预警系统。在社会经济领域，已经出现了宏观经济景气分析预测系统、粮食预警系统等预警系统。

2. 失业预警系统的功能与结构[二]

（1）失业预警系统的功能。预测未来失业率的变化情况，这是失业预警系统最主要的功能和作用。只有能够预测未来失业率的变化，才能够为政府制定应对政策提供重要的实证支持。在严重失业问题发生之前发出警报，这其实是对失业承受能力的一种评估。

（2）失业预警系统的结构。失业预警系统应该包括两大部分：失业预测系统和失业警报

[一] 莫荣，李建武，李宏. 中国失业预警理论、技术和方法［M］. 北京：科学出版社，2011：14.

[二] 莫荣，李建武，李宏. 中国失业预警理论、技术和方法［M］. 北京：科学出版社，2011：16.

系统。

1）建立失业预测系统。失业预测系统是实现预测未来的失业率这一目标的系统，主要是通过构造失业预测模型并以此来拟合预期失业率，来实现预测失业风险程度的目的，是进行失业预警的前提。具体来看：①要从分析失业问题入手，从理论上找出影响就业的宏观经济变量；②对各变量进行数量分析，找出相关系数较高且超前的变量，剔除不相关变量和滞后变量；③把所有相关、超前的宏观经济变量纳入一个模型加以综合考虑，剔除重复的变量，进而得出最有效的失业预测模型。

2）建立失业警报系统。失业警报系统是关于失业风险评判标准的系统，将失业风险的预测值放入其中，就可以判断关于预期失业风险是否会对就业安全产生不利影响，进而判断是否应该向社会发出警报和制定应对方案，这是构造失业预警系统的最终目的。理想的建立方法是通过设计问卷，进行大量随机抽样调查，以得出劳动者对失业的承受能力大小。但有限的资源往往制约了理想警报系统的建立，因此通常情况下仍然主要使用德尔菲法，并结合有限的实际调研结果予以说明。

（二）失业警报系统与失业警戒线[1]

失业警戒线是建立失业预警系统的关键指标。当失业率到达警戒线时，失业预警系统发出警报。主要分两步确定失业警戒线：第一步，确定当前的失业率；第二步，确定当前的失业承受能力，即失业警戒线。

一般来说，根据失业警戒线，失业警报系统分为五个区域，见表7-1。

表7-1 失业警报系统

项目	失业率	含义
绿灯区	<5%	充分就业
浅黄灯区	5%～6%	失业率开始上升，个别地区失业率较高，应予以解决
黄灯区	6%～7%	部分地区失业率过高，应密切关注失业率的变化，做好应对全国性严重失业的预案
红灯区	7%～10%	进行全国预警，立即实施预案，调整宏观政策
紫红灯区	>10%	发出警报，立即采取一些紧急措施，政府实施扩张性政策

（1）绿灯区。绿灯区代表失业率在5%以下，是充分就业区。一般认为，劳动力市场总是存在一个自然失业的状态，这是由于劳动力供求信息不完善，劳动者与用人单位结合过程中存在等待和考察的时间等。当失业率等于自然失业率时，就是充分就业状态。

（2）浅黄灯区。浅黄灯区代表失业率在5%～6%，处于失业率开始攀升的状态。这意味着在自然失业率外，还存在2%的周期性失业。这时，个别地区会出现失业率达到警戒线的情况，对社会经济产生了负面的影响，当地政府应引起注意，并相应采取培训、提高劳动力市场的供求匹配效率等措施，促进劳动者就业。

（3）黄灯区。黄灯区代表失业率在6%～7%，处于失业率警戒线的边缘。此时，失业率达到警戒线的地区增多，甚至在局部地区出现失业率超过警戒线的情况。一方面，要密切注意失业率的变化，做好应对高失业的全国预案；另一方面，要加大工作力度，尤其是要通过宏观经济政策的调整，解决局部地区失业率居高不下的问题。

---

[1] 莫荣，李建武，李宏. 中国失业预警理论、技术和方法[M]. 北京：科学出版社，2011：27-28.

（4）红灯区。红灯区代表失业率超过7%的警戒线，立即发出全国警报。此时，采用应对高失业的全国预案，包括使用失业保险金的节余和增加财政投入，以保证失业保险金的按时和足额发放，检讨并调整宏观经济政策，降低利率促进企业投资，实行更加积极的财政政策，鼓励消费等。与此同时，制定紧急措施预案，严密监控失业率的变化。

（5）紫红灯区。紫红灯区代表失业率超过10%的警戒线，立即发出严重警报。此时，采用应对全国性高失业的紧急措施，包括财政补贴充足的失业保险金，以保证失业保险金的按时足额发放，降低利率促进企业投资，政府发行国债用于基础设施投资和社会保障，调整宏观经济政策，发展劳动密集型企业，以增加投资、刺激和鼓励消费等。

【相关案例7–2】

我国调查失业率的内涵与独特性

我国失业率调查基本上是按照国际劳工组织推荐的标准进行统计的。失业率是失业人数除以劳动力供给，其中劳动力供给等于失业人数加上就业人数。失业人数是当前没有工作，近3个月积极寻找工作，如果有合适工作能在两周内去工作的人；就业人数是为取得报酬工作1小时及以上的人，包括因休假、临时停工等未上班但继续领取工资的人，这与国际劳工组织的推荐标准是一致的。由于在短时间难以获取全部失业人数和就业人数，国际劳工组织推荐了抽样调查，我国目前失业率数据也是通过抽样调查获取的，也就是在全国范围内按随机原则抽取一定住宅，然后对住宅内所有16岁及以上的人口就业失业状况进行调查，以获取就业人数和失业人数的数据。

国际劳工组织之所以提出的是推荐标准，就是考虑到各国实际情况的不同，各个国家按照推荐标准结合本国实际提出具体的做法，这是符合实际的。各国开展失业率调查时，在概念、方法等原则方面都是一致的，但在具体做法上又都存在不同程度的差异。如对于因单位原因暂时离岗但雇主给出明确返岗日期的人，美国将其直接视为失业，而欧盟要求必须有寻找工作行为，才视为失业。

我国在开展失业率调查时，始终坚守概念和方法等方面与国际标准一致，但也根据我国的情况，对一些具体问题做了一些符合实际的处理。我国调查失业率的独特性主要表现在以下几个方面：一是体现出了外来人口，外来常住人口虽然户籍不在城镇，但也在城镇调查失业率覆盖范围内；二是体现出了农业人口和非农业人口，对农业人口和非农业人口采用一致的就业失业标准，从事农业的人口农闲时间如果正寻找工作，但没有找到工作，也属于失业人口；三是体现出全年龄就业状况，考虑到农村老年人仍会继续务农，城镇许多人退休后也会选择继续工作，因此就业和失业人口没有年龄上限。

资料来源：李晓超.关于我国调查失业率统计的几个问题［EB/OL］.国家统计局，2021年09月28日.

第四节 国家就业安全的保障措施

一、国家保障就业需求侧的措施
（一）宏观政策
1. 利用公共支出影响就业

利用公共支出影响就业是各国政府调控就业总量的常用方法，其决策依据经济运行给就业所带来的正负效应，具体做法是利用政府的年度预算支出来调整劳动力供求的失衡。例如，瑞典的就业经费是由联邦政府财政拨付的，瑞典政府是根据经济增长、通货膨胀和失业率等情况的不断变化而确定就业经费的年度比例水平的，随着失业率逐步下降、就业形势好转，就业经费便向下调整①。

2. 平衡投资

投资水平的平衡化，可以防止经济过热和经济衰退。在投资快速扩张时，经济增长通常也较为高涨，但在投资萎缩时，经济增长通常也较为低迷，伴随着经济增长率的波动，用人单位对劳动力的需求也会波动，进而出现就业人口的波动，因此政府可以通过平衡经济中的投资水平来实现稳定就业。

为了控制企业的投资行为给就业造成的影响，政府往往并用和变换各种政策，比如税收政策、金融政策和补贴政策，甚至在必要时采用经营许可证②等直接规制的措施。北欧各国目前盛行的企业投资基金制度，即根据事先设计的税率，在经济景气期内把企业的部分利润留存在中央银行成为专项准备金，以防止经济过热，在经济衰退而失业增加时，根据政府劳动部门的请求，便可以把这笔专项准备金用于投资，从而增加就业并推动经济复苏③。

3. 刺激消费

社会消费不足会导致大量产品滞销积压，进而连带影响到就业的正常秩序。各国政府在这种情况下，主要是从政策入手，即调整货币信贷政策和税收政策，通过促进企业投资提高整个经济的总需求，进而带动消费。例如，英国为摆脱因消费不足而引起的某些部门解雇风潮，采取了刺激消费和促进生产的新思路，既放宽信贷控制和降低银行利率，又减少个人和企业的税负以降低劳动成本，取得了较好的促就业效果③。

4. 大力发展对外贸易

通过大力发展对外贸易，特别是积极扩大出口，甚至对外倾销商品来增加就业，是西方国家实施再就业工程的基本组成部分和重要途径。1994 年，德国、法国、西班牙以及北欧一些国家通过向亚洲和南美洲的发展中国家大幅度增加出口，加速经济复兴，结果使欧盟的失业率在一年内降低了 0.1%，使得 20 多万名失业者找到了工作④。

---

① 马永堂.瑞典的促进就业长效机制[J].中国劳动，2007（5）：24-26.
② 许可证，全称是经营许可证，是法律规定的许可企业经营的证明。政府通过许可证来控制企业进入市场的数量。
③ 郭士征.国外促进劳动就业的政策与措施[J].科技导报，1997（2）：33-35；48.
④ 穆怀中.社会保障国际比较[M].北京：中国劳动社会保障出版社，2014：241-242.

（二）微观政策

1. 激发企业保障就业的潜力

创造就业岗位以拓宽就业渠道的主要方法是挖掘企业创造就业岗位的潜力和激励企业扩大劳动力需求。具体来看，为鼓励企业雇用更多的失业者或减少企业裁减人员，政府通过向企业提供一定的优惠政策以保障就业，比如对失业人员多和就业压力较大的地区实行企业自动减税政策。例如，法国规定，创办工商企业，可享受两年免征所得税，以后三年对企业盈利分别减收75%、50%和25%的所得税。波兰对创造就业机会较多的中小企业实行低息贷款政策，在1996年为1660多家企业提供了优惠贷款①。

为扩大就业机会、解决失业人员再就业问题，日本政府在2002年编制了一项1844亿日元的预算用于鼓励创办研究型中小企业，大力培育高新技术新产业。这项支援措施的主要做法是，政府根据新办企业的技术含量和雇用员工的人数，提供对应数量的企业扶助金。如果是失业人员自己创办企业、自谋出路，只要提出申请，政府有关部门就将根据具体情况给予一定数额的事业扶助金②。

2. 奖励增加就业岗位的企业③

一些发达国家为了鼓励企业多雇用劳动者，会承诺对其增加雇用的行为予以奖励。日本制订了一项紧急增加雇用计划，对政府认定的经济和就业形势严峻地区，提高稳定雇用补助金数额，以增加扩大就业机会。例如，企业如果继续雇用已被裁减的员工，那么政府将在一定的期间内，为这些被重新雇用的人员支付一半以上的工资。另外，日本政府还鼓励企业自我消化富余人员，以服务业为中心，创造就业机会。如果企业对被裁减下的人员进行技能培训后重新为其安排岗位，那么政府也将为企业提供职工在培训期间的大部分工资④。

3. 缩短在职员工的劳动时间⑤

缩短劳动时间的本质是使得企业在职员工向寻找工作的劳动者分享其一部分就业机会，这也是西方国家为解决失业问题而普遍采取的措施，具体的形式有缩短工时、非全日制工作、提前退休和提倡非正规就业（小时工、临时工、季节工、自由职业等）等。法国的研究机构表明，企业如能平均削减在职员工工时的20%左右，即实行每周32小时工作制，那么就能创造出新的150万个工作岗位，而政府相应的配套措施是减免10%的企业社会保障支出或部分所得税，以弥补其下降的利润水平。

加拿大已在部分地区试行将每周五日工作制再缩短1～2天，并相应减少员工的工资，而其工资收入的损失由政府给予部分补偿，按日工资的60%给付。实施的前提条件是员工和企业双方要自愿接受，并且接受补偿的员工必须接受再培训。

德国主要是通过劳动力市场的弹性化和工作分享，来实现就业总量的增加。劳动力市场弹性化包括减少员工的工作时间、设置部分工作时间的工作岗位以及减少企业在用工方面的限制（如最低工资限制、最低工时限制和解聘职工的限制）；工作分享是指在职员工的工作时

---

① 穆怀中.社会保障国际比较[M].北京：中国劳动社会保障出版社，2014：242.
② 冯英，杨慧源.外国的失业保障[M].北京：中国社会出版社，2008：138.
③ 郭士征.国外促进劳动就业的政策与措施[J].科技导报，1997（2）：33-35；48.
④ 冯英，杨慧源.外国的失业保障[M].北京：中国社会出版社，2008：138-139.
⑤ 谭军，孙月平.应用福利经济学[M].北京：经济管理出版社，2016：197-198.

间减少20%，但其工资仅减少10%，政府再给予企业适当补贴。

丹麦在全国范围内推广"替换工作计划"，就是允许在职员工无薪休假1年去享受家庭生活或进修学习，1年后再回到原岗位。在此期间，由长期失业者来接替其工作，以使长期失业者得到一个工作机会。因休假而失去工资收入的员工，如果其选择进修学习，每月便可获得一定的政府补贴（该补贴水平相当于失业保险金的最高额度）；而对于选择照顾家庭或去度假的员工，其只能获得上述补贴金额的70%。

瑞典实行了逐步提前退休的在职养老金制度。瑞典法定退休年龄为65岁，但为了使在职员工能逐步提前退休以让出其工作岗位，在其60岁以后，企业会逐年减少其工作量和工资，但同时政府让其提前享用养老金以递补其工资差额。养老金递补额逐年增加，直到员工65岁正式退休时，再为其发放全额养老金。

4. 支持中小企业发展

中小企业在吸纳劳动力就业方面具有重要作用，因此各国普遍把发展中小企业作为促进就业的重要途径，为中小企业的发展提供了很多优惠政策。例如，美国、英国、法国、日本等发达国家都对中小企业所得税实施优惠税率，德国建立了中小企业开发促进基金，英国规定中小企业可将研发投入中符合要求的经常性支出按照150%的折扣率抵扣当年的应纳税所得额，研发费用中的资本性支出实行全额抵扣政策[一]。通过这些扶持中小企业的措施，增强了中小企业的竞争优势，改善了中小企业的盈利状况，进而创造了大量就业岗位。

二、国家保障就业供给侧的措施

（一）强化职业培训

1. 政府为再就业培训制定法律

政府将失业者的再培训制度化，将更有力地促进失业者更有效地适应劳动力市场需求。比如，1973年美国颁布《全面就业与培训法》；1993年美国《瓦格勒法》提出建立培训和就业服务司；1994年克林顿政府向国会提交《劳动保障法案》，其对美国20世纪30年代以来的失业保险制度做出全面修订，以使被解雇的工人得到他们所需的有效培训，联邦政府通过劳工部所属的就业培训局并根据有关计划向各州发放再培训资金，各州政府和企业也提供必要的资金为失业的劳动者提供培训。英国也颁布多项就业培训相关法律，比如《工业训练法》和《就业和培训法》等[二]。

2. 推行职业资格证书

职业资格证书通过劳动者技能等级划分来显示劳动者的技能水平，本质上是一项关于劳动者技能信息披露的制度安排。推行职业资格证书主要是为了使劳动者的技能水平显性化而实施的一项措施，政府通过推行职业资格证书，使企业能够更好地了解劳动者的技能水平，同时也反向地激励劳动者主动提高自身的技能水平以满足企业的劳动力需求，最终从劳动力供、求两方面来降低劳动者的失业风险。

英国为了推行职业资格证书，还以法律的形式规定企业新录用的员工必须持有职业资格

[一] 刘成龙. 发达国家支持中小企业发展的税收政策及启示 [J]. 经济纵横，2009 (9): 116–118.

[二] 杨斌，丁建定. 国外就业保障的发展及对中国的启示：以美国、英国和德国为例 [J]. 理论月刊，2016 (5): 177–181.

证书才能上岗，否则该员工必须经过 1 年以上的专业培训并获得资格证书后才能被录用。依据培训的程度，英国的职业资格证书共分为五个等级：1～2 级为初级证书；3 级为相当熟练技术工人证书；4 级为学完大学课程，并具有管理能力的劳动者；5 级主要为研究生或高级人员。由于英国实行职业资格证书与就业待遇挂钩，因而对职业资格证书的核发十分严格，比如职业资格考试由第三方而不是由培训机构负责组织，并且第三方会组成一个专家委员会来评判成绩①。

3. 职业培训与失业保障待遇相挂钩

为了推动职业培训，使职业培训能真正达到预期目标，许多国家采取了职业培训与保障待遇挂钩，即与个人利益结合在一起的办法，从而使得职业培训工作进展顺利，为扩大就业创造了条件。英国政府为了鼓励失业人员参加再就业培训，会给予即将参加培训的失业者一笔旅行补助和培训补贴，而受训后取得资格证书的失业者，可按资格证书上的等级获得一定的失业救济金②。

4. 社会各方力量共同组织职业培训

职业培训不仅仅是政府的事，职业培训可使社会减少失业，企业还可获得经过训练的各种合格人才，因此发展职业培训，需要依靠各方共同努力，共同分担培训经费。比如，英国政府同雇主实行联合就业培训制，对同意实行这种做法的雇主实行减税，每雇用一名不满 25 岁的青年即可减税 60 英镑（约 480 元），条件是每周为该青年提供一天培训③。

5. 职业培训方式多样化

各国的培训机构根据劳动者的培训需要确定培训方式，有讲课指导、专题讨论和班组培训等培训方式，还有全日制、夜间制、部分时间制、工读交替制和函授教育等培训形式。例如，日本为提高劳动者的职业能力，开发了短期大学的教育培训项目，并使该项目向正式的大学教育渗透，以促进学生的职业能力开发③。

6. 建立职业培训机构体系

从国家层面到地方层面，再到企业层面，都建立起不同等级的职业培训机构，以满足不同技能培训的需要。例如，日本厚生劳动省设立了生涯职业能力开发中心，对职工进行终身职业培训；日本政府还把四所职业能力开发短期大学合并，升格为职业能力开发综合大学，以培养更高层次的专业技术人才；同时，日本有关方面还设置了众多职业培训学校和培训中心，通过不同程度的技术培训，把一些传统行业裁减下来的人员培养成具有一定专业知识、能从事电子商务和信息通信业的技术人员④。

（二）失业保险制度改革

一些高福利发达国家，由于其失业保险覆盖人口范围较广，失业救济支付较高且支付期过长，导致社会上出现了很多失业者依赖政府救济而不愿积极寻找工作的现象，因此这些国家的政府又开始探索对失业保险制度的改革。日本已将失业保障改为就业保障，即从以往的救济失业为主转向促进再就业为主，保障政策的指导思想已发生根本变化。

---

① 张晓明. 英国对失业人员的开发 [J]. 外国经济与管理，1995（6）：43–45.

② 穆怀中. 社会保障国际比较 [M]. 北京：中国劳动社会保障出版社，2014：228–229.

③ 穆怀中. 社会保障国际比较 [M]. 北京：中国劳动社会保障出版社，2014：240.

④ 冯英，杨慧源. 外国的失业保障 [M]. 北京：中国社会出版社，2008：140.

为了促进再就业，许多西方国家还适度减少失业救济金，以提高失业者的就业意愿。比如，俄罗斯规定：失业者可在递减标准的基础上领取12个月的失业保险金，失业者在失业的头3个月里，可领取平均工资的75%（以失业前两个月的工资额为基数），接下来的3个月里领取平均工资的60%，最后6个月里可领取45%，对于工作年限超过25年的男职工和超过20年的女职工，其失业保险金可多发1个月。而对于那些因大批人员裁减而失业的工人，在失业的头3个月里可领取平均工资的100%[一]。

英国将传统的失业救济金改为求职者津贴，并配套实施了一系列措施来配合求职者津贴，实现促进失业者再就业的目的，具体来看[二]：

1）英国实行求职者津贴的办法，改变了传统的失业救济金福利制度，突出了激励失业者再就业的功能。求职者津贴的计算标准比较复杂，要考虑求职者生活状况的变化，还要根据求职者住房、抚养子女数量、配偶、住房贷款、生活费用支出、存款等多项因素综合确定。

2）申领者必须主动找工作，才能领取求职者津贴。就业服务中心还将为求职者提供求职服务和就业帮助，确保所有申领求职者津贴的失业人员在领取求职者津贴以保障生活的同时，都能够享用劳动力市场上出现的就业机会，但失业者自己也必须努力获得工作，否则将失去保障。领取求职者津贴的人员在一定期限后，如果不努力寻找工作或者不接受就业服务中心推荐的工作，又或者不在规定时间内与经办机构工作人员会面，经办机构将停发或减发求职者津贴。

3）为了防止冒领求职者津贴，英国建立了一套比较有效的防范制度。只要怀疑存在冒领，就可以随时要求求职者津贴的领取者到就业服务中心报到，并进行面谈，以检验其是否仍在找工作。另外，还会组织专门机构及专门人员对各个领取者进行调查，并从社会举报等多种渠道了解情况。若发现存在冒领，将采取相应的措施予以惩罚和补救。

三、国家提供广泛的公共就业服务

公共就业服务是指政府组织建立的以促进就业为目的的公共制度。公共就业服务体系是现代国家提升劳动力市场供需匹配效率的一项重要制度安排，其基本的功能主要包括职业中介服务、劳动力市场信息流通、劳动力市场管理和失业帮扶四项[三]。目前各国公共就业服务呈现以下特点：

（一）国家公共就业服务网络化

就业服务网络化主要是为了将就业服务覆盖到各个群体和各个地区。例如，美国的就业服务已达到了网络化水平，其遍及各州，在国家层面和地方层面都形成了复杂的服务网络。按照就业服务的功能划分，美国的就业服务网络有四类：①门户网站，即美国公共就业服务网，提供在线就业服务；②数据库资源，包括三个数据中心，分别为美国就业交易所、美国职业信息网和美国职业培训网，三个数据中心在运行上相互独立，主要负责收集和提供各种劳动力市场中的供求信息；③地区就业资源，即地方的公共就业服务系统，包括50个地区就业服务网和遍布全国各地的近3000个就业服务中心；④其他网络资源，即提供其他公共就业

[一] 十国社会保障改革课题组. 阿根廷等六国社会保障制度改革的新动向[J]. 经济学动态，1994（9）：69-74.

[二] 杨文忠. 英国的就业、失业保险状况[J]. 中国劳动保障，2006（1）：52-53.

[三] 张华新，刘海莺. 公共就业服务体系满意度的测评及实证[J]. 统计与决策，2010（9）：92-93.

服务的站点○。

（二）劳动力市场供求信息对称化

劳动力市场供求信息对称化是指使求职者和用人单位双方充分掌握对方的信息。英国于2002年4月成立的隶属于就业和退休金部的新型就业服务中心，是目前英国政府最大的政府服务机构，主要负责收集和为求职者传递用人单位的用工需求信息。

一方面，对于求职者，就业服务中心主要通过多种形式为求职者提供免费的服务：①面对面接触，即求职者每两周必须到就业服务中心报到一次，这是对领取求职者津贴的失业人员的强制性要求，也是实行职业干预的要求；②工作触摸屏，求职者可通过设在就业服务中心的触摸屏，及时了解所有网上的职位空缺信息，完成自助式服务；③就业服务中心与一些公司签订协议，委托合作伙伴为求职者提供多方位的就业服务；④安排失业人员与职业指导师见面，为其提供教育、培训和现有职位空缺方面的帮助和建议。

另一方面，对于用人单位，就业服务中心为其提供发布用工信息的服务：①电子通道，包括雇主网络直通车和岗位数据库，提供各种招聘信息；②电话通道，包括一个全国统一的电话号码供企业发布职位空缺，当然职位空缺也可通过传真或网站电子邮件发布；③岗位触摸屏，岗位触摸屏能够发布遍布全英国的企业职位空缺和工作机会○。

（三）劳动者的职业技能对接企业需求

劳动者的职业技能要对接用人单位，也就是说失业者的技能要满足用人单位的需要，就业服务机构根据失业者的技能水平来为其寻找合适的用人单位和岗位，这样才能更快地帮助失业者找到合适的工作。例如，德国政府将企业和失业者的信息进行匹配，为求职者介绍工作，并为雇主介绍合适的劳动者，同时重点考虑收入水平与失业者的实际工作能力，而不是过分拘泥于形式上的资格证明○。

【相关案例7-3】

新冠肺炎疫情下中国保就业的政策

保就业就是保民生，稳经济需要稳就业。习近平总书记多次强调，就业是最大的民生工程、民心工程、根基工程。当今世界正经历百年未有之大变局，全球经济持续低迷、贸易保护主义抬头、经济全球化遭遇逆流，叠加新冠肺炎疫情持续冲击，不稳定不确定因素明显增多。国内经济发展面临需求收缩、供给冲击、预期转弱三重压力，改革发展稳定任务艰巨繁重。在此宏观背景下，作为"六稳"之首的"稳就业"和"六保"之首的"保居民就业"，在发挥社会大局稳定"晴雨表"作用的同时，更体现了稳固宏观经济大盘的"压舱石"和"定盘星"作用。

当前，有些突发因素超出预期，给经济平稳运行带来更大的不确定性和挑战，稳就业、保就业面临的困难不可小觑。2022届高校毕业生规模和增量均创历史新高，"双减"政策下教培行业群体的转型和再就业压力较大，互联网、房地产等行业用人需求紧缩产生大量再就业需求，餐饮、住宿、零售、旅游、客运等行业受疫情影响，给就业带来巨大压力。加之，"就

○ 杨斌，丁建定.国外就业保障的发展及对中国的启示：以美国、英国和德国为例[J].理论月刊，2016（5）：177–181.

○ 杨文忠.英国的就业、失业保险状况[J].中国劳动保障，2006（1）：52–53.

○ 冯英，杨慧源.外国的失业保障[M].北京：中国社会出版社，2008：58–59.

业难"和"招工难"的结构性矛盾依然突出，产业结构转型升级需要的熟练工种、技术工种持续性短缺，大面积提高劳动者技能素养已成为当务之急。总的来看，解决就业问题需要努力围绕"扩容""提质""加力"三个方面做文章。

（一）努力创造更多就业岗位以实现"扩容"

扩大就业容量，增强经济发展创造就业岗位的能力，通过更加充分就业来实现经济增长和就业促进的良性循环。支持吸纳就业能力强的劳动密集型产业发展，注重发展技能密集型产业，开发更多技能型就业岗位。推动服务业与制造业深度融合，打造更多制造业就业新增长点。依托互联网等现代信息技术平台，不断拓展新就业形态，充分挖掘就业岗位资源。积极培育新兴产业，有效促进失业人员再就业，最大限度上保证就业岗位的供求平衡。

（二）着力提升劳动者就业能力以实现"提质"

重点是提高就业质量，以更体面的工作、更高的工资收入、更全面的社会保障、更好的发展机会、更平衡的工作生活、更和谐的劳动关系等促进更高质量就业。加大对劳动者技能素质培育，强化制造业人才培养培训，促进制造业产业链、创新链与培训链有效衔接。增加高校学生职业规划指导、技能培训、见习实践等，增强高校毕业生的职场适应力、就业成长力和岗位胜任力。提升职业技能培训质量，引导职业院校和培训机构大力开展订单培训、定向培训，拓展职业技能培训多元化供给，多管齐下提高劳动者技能水平和职业素养。

（三）强化对市场主体的政策支持以实现"加力"

强化就业优先政策，靠前发力，适时加力，增强就业政策的针对性、有效性。加快落实已出台的助企纾困的稳岗措施，持续推进降成本工作，在税费、融资等方面加大对中小微企业、个体工商户等市场主体的支持。对就业容量大、受疫情影响重的行业，加大帮扶政策倾斜力度。扎实做好保供稳价，加强煤电油气运的调节。延续执行降低失业和工伤保险费率等阶段性稳就业政策，对不裁员少裁员的企业，继续实施失业保险稳岗返还政策，明显提高中小微企业返还比例。

资料来源：蒲实.把稳就业保就业摆在更加突出位置［N］.学习时报，2022-04-15.

本章小结

（1）就业。就业是指处于法定就业年龄范围内的劳动者为获取报酬而从事合法工作的活动。

（2）就业安全。就业安全是指一个国家或地区的劳动者面临较低的就业风险，且劳动力市场处于能够使得经济达到潜在产出水平的充分就业状态。

（3）就业波动。就业波动是指劳动者和用人单位的主观需要的变化和就业环境的变化所造成的就业人数的变化。就业波动可以按个体经济行为的性质划分为正常波动和非正常波动。

（4）就业风险。就业风险是指劳动者失去就业机会并因此失去相应报酬的概率，也指威胁就业安全的事件发生的概率，是国家保障就业安全中所面临的挑战。广义的就业风险不仅包括了劳动者失去就业机会的不确定性，还包括了劳动者从事工作后出现就业状态不稳定和就业质量不高的不确定性；狭义的就业风险仅包括劳动者失去就业机会的不确定性，也就是失业风险。

（5）国家就业安全的相关理论。国家就业安全的相关理论包括马克思的失业理论、凯恩斯的失业理论、新凯恩斯主义的失业理论、劳动市场分割理论、菲利普斯曲线。

（6）失业率。失业率是指处于失业状态的劳动者在劳动力人口中的占比。

（7）自然失业率。自然失业率是劳动力市场达到均衡时的失业率，其反映的失业对经济是没有影响的，且一般在短期内是一个不变常数。

（8）失业风险监测系统。失业风险监测系统是一种对失业风险进行实时监测的系统，它对失业风险程度进行全面客观的描述，同时反映失业对社会及经济发展造成的压力水平。

（9）失业预警系统。失业预警系统是在高失业率出现前，预先报警的一种系统。失业预警系统包含两部分，即失业预测系统和失业警报系统。

本章荐读书目

[1] 乔治·鲍哈斯.劳动经济学［M］.北京：中国人民大学出版社，2018.

[2] 陆铭，梁文泉.劳动和人力资源经济学［M］.上海：上海人民出版社，2017.

[3] 冯英，杨慧源.外国的失业保障［M］.北京：中国社会出版社，2008.

[4] 陈仲常.失业风险自动监测系统和预警系统研究［M］.北京：中国社会科学出版社，2010.

[5] 莫荣，鲍春雷.失业预警模型构建与应用［M］.北京：中国劳动社会保障出版社，2016.

本章复习思考题

1. 试述国家重视就业安全的原因。

2. "国家为了保障就业安全需要尽可能地消除所有失业"这一说法正确吗？试结合本章相关理论阐述原因。

3. 试利用2011年—2020年《中国统计年鉴》中全国、三次产业的就业人数和GDP数据，估计中国的总就业弹性系数和三次产业各自的就业弹性系数。

4. 简要论述劳动力市场分割理论。

5. 请结合现实情况分析改革开放以来中国保障就业安全的实践经验。

第八章

国家金融安全

【本章关键词】
（1）国家金融安全　（2）外源性风险　（3）内源性风险　（4）金融脆弱性理论
（5）信息不对称理论　（6）货币危机理论　（7）银行危机理论　（8）外债危机理论
（9）金融安全预警指标　（10）金融安全预警体系

【导入案例】

国家动荡的幕后推手：金融

你能相信一朵花也能威胁国家金融安全吗？

400多年前的荷兰，99朵郁金香的价格被炒到9万荷兰盾，相当于当时一个普通家庭200年的收入。这种全民为之疯狂的"特殊奢侈品"造成了巨大的经济泡沫，极大影响了荷兰的金融产业，导致以金融、贸易立国的荷兰国力严重受损。最终，荷兰政府不得不下令中止所有的郁金香合同，郁金香投机的故事便在人们的恐惧和哀号声中戛然而止了。

同样不可思议的事情也发生在了津巴布韦。你能想象坐公交需要3万亿津巴布韦元、100万亿津巴布韦元只够买3个鸡蛋吗？可是，这件事情确实就发生在了2007年的津巴布韦街头。虽然世界历史上曾经有多个国家发生过恶性通货膨胀，比如说第二次世界大战前的德国。但是，其他国家的恶性通货膨胀发生后终究会有一个尽头，不会一直持续下去，经济秩序早晚有恢复的一天，没有一个国家像津巴布韦这样通货膨胀时间如此之久、货币贬值如此之大，最后政府干脆选择"躺平"，完全放弃采取措施。

相比于荷兰、津巴布韦金融安全引起的动荡而言，冰岛的情况更是令人唏嘘。一说到冰岛，大家肯定会联想到梦幻的极光，这是一个多么美好和浪漫的国家啊！可是你知道吗？它也是世界上第一个"破产"的国家。2008年，冰岛政府因欠下巨额外债，没有能力偿还，加之美国次贷危机对冰岛国内的金融支柱——银行业造成了巨大的冲击，使国家金融陷入了瘫痪，最终导致国内经济危机越来越严重，冰岛政府被迫宣告破产。

无论是投机者引发的金融泡沫、恶性的通货膨胀，还是政府无力偿还外债，其无疑都对一国金融安全造成了巨大的威胁，最终引起国内经济动荡甚至国家宣告破产。因此，维护国家金融安全、防范金融风险对一国经济安全至关重要。

资料来源：根据网上资料编写. https://zlme.com/1812356.html。https://www.163.com/dy/article/H76E9N9B0552OU1F.html.

第一节 国家金融安全概述

一、国家金融安全的界定

20世纪90年代以来,接连发生的金融危机表明,世界各国尤其是发展中国家面临的国家金融风险威胁增大,国家金融安全已成为国家安全的重要内容[1]。要想了解什么是国家金融安全,首先要了解金融的含义,其次要区分国家金融与一般"金融"的不同,最后才能对国家金融安全有较为深入的理解。

(一)金融

简单地说,金融就是资金的融通,或称融资。由于收入增加、延迟消费或者预防性准备等原因,社会体系中总是存在一些人,他们手中拥有暂时没有明确使用意愿的盈余货币,这些拥有盈余货币的人可以被称为盈余单位(Surplus Units)。与之相对应,因收入减少、提前消费或者意外发生,一些人有消费意愿但手中没有所需要的货币,他们可以被称为短缺单位(Deficit Units)。

盈余单位和短缺单位同时存在,使社会体系中的货币出现了一种流动倾向。但是,要想让货币真正流动起来并不是一件简单的事情。人们与生俱来的流动性偏好,会使他们在货币没有明确使用目的的情况下仍然愿意持有货币,也就是说,人们更愿意持有货币而不是借出货币,除非有利可图。而且,当盈余单位将货币借出后,还将面临一种不确定性,即无法收回的风险。于是,聪明的人开始以在归还本金的同时支付利息作为利诱,使货币在盈余单位与短缺单位之间流动,这就形成了最早的融资活动。这种能够带来收益的货币,被称为资本(Capital),而资本的融通活动就是金融(Finance)。

(二)国家金融[2]

与一般的"金融"不同,"国家金融"从一国金融发展最核心且最迫切需要解决的问题着手——在国家金融的顶层布局与监管模式选择之后,纵向涉及国家与地方的金融发展难题,横向涉及离岸与在岸的金融发展难题。面对世界各国的金融崛起,一国金融如何超越?面对世界"人工智能+区块链"高科技的突飞猛进,一国金融如何应对?金融的永恒主题是安全、流动和盈利,如何防范和处置一国系统性或区域性金融风险?一国在面对国际金融群雄时,如何构建并推动国际金融新体系和国际金融新秩序?这些才是国家金融最高层面必须面对的问题。概括来讲,国家金融所站的角度更为宏观。

(三)国家金融安全

国家金融安全,是指一国(或地区)金融业(包括金融机构、金融市场以及外汇市场)在其发展过程中,对来自国内外不利因素的干扰和冲击具有足够的抵御和抗衡能力,能够成功化解各种金融风险,并保持正常运行和发展的一种状态,具体包括金融机构的安全、证券市场的安全以及外汇市场的安全。

---

[1] 李翀.论国家金融风险与国家金融安全[J].中国经济问题,2000(1):10-15.

[2] 陈云贤.国家金融学[M].北京:北京大学出版社,2018:1.

1. 国内外对金融安全界定的差异

关于金融安全的界定，国内外存在明显的差异。国外的相关界定更多是从金融安全的反面，即金融不安全的极端状态——金融危机切入的，而且对于危机的界定也主要是由危机状态的外在表现来判断。国内的研究大多直接对金融安全进行定义，不同的定义所考虑的角度存在较大的差异，但大都集中于两个方面：一是国家的整体金融竞争力；二是国家金融体系的正常运转及发展不受外部不利因素的严重干扰和破坏，国家的重大经济利益不受损害。

2. 国家金融安全与国际金融安全的区别

保证国家金融安全的意义在于维护国家利益，这是国家在国际环境中运用合理合法的手段保证自身利益的一个体现。国际金融安全则更多关注国际经济金融体系的整体稳定性和安全性。

二、国家金融安全的性质

（一）动态性

国家金融安全的动态性，是指面对不断变化的国际国内金融环境一国所具备的应对能力的状态，其伴随时间变化而不断变化。在经济、政治、文化等环境变化时，金融系统可以从不安全状态发展到安全状态，也可以从安全状态发展到不安全状态，不会在一个状态下相对静止。在金融全球化的过程中，一国的金融不安全会迅速扩散，并具有放大效应，国际金融环境动荡成为常态，国家金融安全也会随之产生波动。

（二）外部性

国家金融安全是一国经济安全的重要组成部分，通过资金的运作，影响到经济结构的各方面，作用于不同的经济领域。从金融安全与产业安全来看，金融行业为各行各业提供直接的现金流动，通过信贷政策和其他资金运行的方式，可以有效淘汰落后产能，支持新型产能。从金融安全与国家安全来看，无论是外部的"贸易战"、外汇冲击，还是内部的科技创新、经济发展，都离不开金融的支持。

三、国家金融安全的分类[一]

国家金融安全的表现形式多种多样，一般将其从四个维度进行划分。

（一）基于时间维度的划分

从时间推移与金融发展形势变化的角度来看，在不同的时期，国家金融安全的影响因素必然会有所变化，因此从理论上可以基于时间维度，将国家金融安全划分为短期金融安全、中期金融安全与长期金融安全。

（二）基于空间维度的划分

随着空间的辐射推移与各地区金融发展形势的变化，不同的空间地域范围内，金融安全面临的主次影响因素也会呈现不同的变化。因此，从理论上可以基于空间维度，将国家金融安全划分为国家总体金融安全、区域金融安全、省份金融安全、市级金融安全、县级金融安全等。

[一] 张安军.中国金融安全监测预警研究［M］.北京：中国社会科学院出版社，2015：38-40.

(三)基于逻辑层次维度的划分

根据内在的逻辑关联层次不同,国家金融安全可以分为宏观层面的金融安全、中观层面的金融安全与微观层面的金融安全。宏观金融安全主要是指金融风险的影响范围波及整个国家金融市场或金融体系,金融风险程度影响到国家金融主权的独立性与金融系统健康稳定性,从而威胁国家金融的安全性。中观金融安全主要包括区域金融安全与产业金融安全。微观金融安全主要指企业等金融机构的金融安全。

(四)基于内在机制维度的划分

从国家金融体系的内部主要问题来考察,可以将国家金融安全分解为汇率安全、金融机构安全等。汇率安全是指遭受国际收支变动、国际游资冲击、内外利差变化、通货膨胀以及国内外政局变动等非经济因素影响时,本国汇率在短期内仍不会发生较大幅度波动(主要是贬值)的状态。金融机构安全是指金融机构不受资产流动性、营利性、不良贷款、资本充足率等风险威胁的状态。

不同维度的国家金融安全的表现形式如图 8-1 所示。

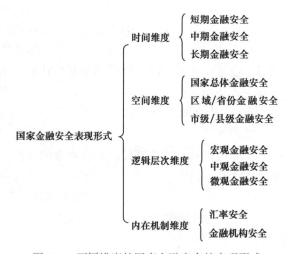

图 8-1　不同维度的国家金融安全的表现形式

四、国家金融安全的影响因素

影响国家金融安全的因素可以分为外源性风险因素和内源性风险因素。其中,外源性风险是指国家金融系统由于外部环境的不确定性而承受的风险,而内源性风险主要是由于国家金融系统内部运作不当所产生的风险。

(一)外源性风险

1. 主权债务危机

由一国中央政府统一对外筹措或担保的外债被称为主权债务。主权债务危机是指一国所欠短期外债过多、外汇储备不足,导致外汇市场剧烈波动,如本币大幅度贬值,从而影响国内金融安全。

2. 外资银行等金融机构大举进入

外资银行进入有利有弊。一方面,外资银行进入可以使本土机构学习其先进的管理经验与风险控制技术,改善本土银行内部治理结构,提高银行业经营效益,提升本土银行业的整体竞争实力。另一方面，外资银行大举进入本国境内的主要目的是盈利，其对本土银行业形成的威胁是多方面的：第一，外资银行进入会抢占国内银行业市场份额；第二，外资银行能够通过各种方式参股本土银行从而达到控制股权的目的。

3. 国际游资的冲击[①]

国际游资流入可能对一国造成通货膨胀压力、实际汇率升值、竞争程度降低、国际收支不平衡、国内金融市场不稳定等后果，进而会给国家金融安全造成极大危害。具体而言，如果一国在短期资本大量外逃时动用外汇储备来维持汇率稳定，将导致外汇储备短期内大量减少，同时会引发短期债务偿还问题，当一国外汇储备不足以支撑本币汇率稳定时，外汇储备出现衰竭，汇率将在短期内大幅度贬值，金融市场剧烈动荡；如果一国采取提高国内利率方式吸引外资注入，将抑制国内投资，导致国内经济形势进一步恶化，本国经济将陷入恶性循环。

【相关案例8-1】

泰铢瞬间暴跌：是国际游资"空袭"还是泰国央行出手？

泰国时间2020年1月2日，泰铢兑美元在亚洲早盘交易中一度下跌了1.8%，至30.226泰铢兑1美元，系2007年以来泰铢兑美元最大跌幅。然而，就在2019年12月30日，泰铢的汇率曾一度升至29.92泰铢兑1美元，创下自2013年来的新高。

此次泰铢突然暴跌，让外界联想到1997年国际游资"空袭"泰铢的场面。1997年，国际游资看中了泰国的"一篮子货币"的固定汇率制度所产生的缺陷。当时美元是"篮子"中的主要货币，其权重占80%～82%，换句话说，泰铢当时主要钉住美元汇率，泰铢兑美元的汇率长期维持在25∶1。

1997年2月，国际游资开始行动，与泰国央行签订远期合约，利用抵押当地资产的方式，借入大量泰铢后在外汇市场抛售泰铢换成美元；1997年5月月底，国际游资开始大量做空泰铢，泰铢兑美元汇率从25∶1下跌到26.6∶1；1997年6月月底，泰铢兑美元汇率已经跌破28∶1；1997年7月2日，泰国政府被迫宣布放弃固定汇率制度，当天泰铢兑美元汇率直接崩盘，跳水30%。随后25天内，泰铢汇率继续疯狂跳水60%。

事实上，在2019年，泰铢升值了近9%，成为亚洲表现最好的货币之一，不少投资者甚至将泰铢作为避险资产来投资。泰国的外汇储备和经常账户盈余是吸引投资者投资泰铢的关键因素。2019年，泰国央行的外汇储备为2220亿美元，2019年11月的经常账户盈余为33.8亿美元。然而，泰铢的上涨已经对泰国经济产生了不小的影响。从泰国旅游委员会2019年10月公布的数据来看，2019年到泰国旅游的人数已下降到不足4000万人。

泰国央行也一直想要控制泰铢的涨幅，采取了包括降息和放宽资金流出规则等措施以解决问题。因此，市场上也预估，此次泰铢突然跳水可能系泰国央行所为。从泰国时间2020年1月2日公布的泰国央行最新利率会议纪要来看，该央行明确表示对泰铢升值感到担忧，并准备考虑采取其他措施。

2019年，泰国当局就已采取措施遏制短期资本流入，包括削减国债销售等手段。2019年7月，泰国当局将非居民银行账户上限从3亿泰铢下调至2亿泰铢（约合660万美元），并表示为加强监管，必须报告地方债务证券的实际所有人。2019年8月，泰国央行将基准利率下

[①] 吴腾华. 国际金融学[M]. 上海：上海财经大学出版社，2008：303.

调25个基点至1.5%。

2019年10月，泰国央行表示将放松资本管制，以方便当地人将资金转移到海外。泰国央行行长也呼吁增加国内投资，以缩小经常账户盈余。

但截至2020年1月3日，除了1月2日泰铢出现的波动外，泰铢兑美元依旧处于高位。泰国央行货币政策委员会的一位成员曾表示，央行进一步降低利率对抑制泰铢上涨并没有多大的帮助。曼谷AxiTrader平台首席亚洲市场策略师斯蒂芬·英尼斯（Stephen Innes）则认为，泰国如果想要摆脱泰铢高居不下的问题，政策制定者需要鼓励本地投资者进行海外投资，以减少经常账户盈余。

资料来源：张者昂.泰铢瞬间暴跌，系国际游资"空袭"，还是央行出手［N/OL］.国际金融报，2020-01-03［2022-09-01］.https：//mp.weixin.qq.com/s/F38QqGx7OIOIKzsC1S1ckQ.

4. 国际信用评级对国内市场的渗透

信用评级是指通过对企业和政府的债务偿还风险进行评判，来引导金融资本投资和决策行为。信用评级会直接关系金融产品的定价权，并直接影响一国信贷市场利率和汇率形成，与国家金融和经济安全密切相关。如果一国主权信用遭受危机（如被国际三大评级机构下调信用等级），将直接影响国内外投资者或债权人的市场信心，从而造成国际资本特别是短期国际游资大规模跨境流出，引发国内证券市场与外汇市场等剧烈动荡，金融资产价格大幅度下跌，直接威胁国内金融市场的安全与稳定。

（二）内源性风险

1. 国家整体经济实力与经济运行态势

经济决定金融，实体经济决定虚拟经济。国民经济保持平稳较快增长，全社会物价水平保持合理稳定，国家净财富不断累积增加，不仅能为国内金融市场的发展与稳定提供强有力的实体经济支持，也能为各层次的货币发行提供现实经济需求，更能为稳定微观主体的市场信心提供根本保证。

2. 国内金融机构自身风险防范能力

金融机构是金融市场主体，是国际金融市场激烈竞争中的直接参与者。金融机构能否有效应对国内外金融市场的各种冲击，是影响国家金融安全的重要因素。通常来讲，一国内部金融机构的稳定性和安全性越高，其抵抗风险的能力就越强，国家金融安全就越有保障。

3. 金融体制建设程度

资本账户的开放要坚持稳步有序，如果短时期内过度开放，而忽略了保持汇率稳定和国际收支平衡能力，可能导致货币危机和债务危机。例如，韩国1995年为加入经济合作与发展组织（OECD）而急于进行自由化，造成开放过度危机；1997年亚洲金融危机前夕，泰国、马来西亚、菲律宾等急于取代中国香港的地区金融中心地位而过早开放资本项目，带来危机。

4. 金融资产价格泡沫的形成

金融资产价格泡沫是金融资产的价格严重偏离金融资产实际内在价值，造成经济虚拟化而严重偏离实体经济的脱实向虚过程。金融资产价格泡沫多是金融市场上的投机盛行所造成的。由于缺乏实体经济支撑，一旦发生泡沫破灭的情况，就将给金融与实体经济带来巨大破坏。金融资产价格泡沫主要表现为：在股票市场上，股票价格虚高，受市场风气与非理性"羊群效应"（也称从众心理）驱使，严重偏离上市公司内在价值。

5. 国家内债规模与偿债能力

适当举债有利于一国经济更快、更好发展，但是举借外债的关键是要利用好债务，把债务风险控制在一国政府可承受的范围内。欧盟的《欧洲联盟条约》(也称《马斯特里赫特条约》)规定，欧盟成员国的政府公债不能超过该国GDP的60%。

第二节 国家金融安全的相关理论

国家金融安全与金融风险、金融危机密不可分。金融风险集聚到一定程度会触发金融危机，危害国家金融安全。金融危机的爆发不仅会使一个国家的金融领域发生严重的混乱和动荡，还会对该国银行体系、货币金融市场、对外贸易、国际收支乃至整个国民经济造成重大影响。本节将从金融风险理论、货币危机理论、银行危机理论和外债危机理论四个方面对国家金融安全相关理论进行介绍。

一、金融风险理论

（一）金融脆弱性理论[1]

由于金融行业是高风险行业，因此金融体系不可避免地存在脆弱性。海曼·明斯基（Hyman Minsky）最早对金融体系内在脆弱性进行研究，并提出"金融脆弱性假说"。该假说包括两个方面：一是信用创造机构（以商业银行为代表）和借款人的相关特性使金融体系具有天然的内在不稳定性；二是现实经济存在三种融资行为，使得金融体系存在不稳定性，三种融资行为分别是套期保值融资（Hedge Finance）、投机性融资（Speculative Finance）和庞氏融资（Ponzi Finance）。

套期保值融资是指通过债务融资后，行为主体预期在未来的某一个时期所期望的现金流入远大于现金流出，因而它们可以通过其现金流入偿还其债务。

投机性融资是指行为主体在某些时期，尤其是在较近的时期，其预期的现金流入无法保证其现金支出，因而必须借助于负债，通过借新债还旧债的方式来使债务延期，维持正常运转。

庞氏融资是指正常的现金支出（如债务利息部分）大于现金流入的融资行为。由于现金流入尚不足支付正常性支出，因而为了维持生存就必须通过继续增加债务融资来应付那些到期债务合同[2]。

明斯基的理论强调，企业经营的高负债以及由此引发的高风险是由商业周期诱发的。经济的周期性（即从一个周期到另一个周期的过程中）使得绝大多数的企业都会随着经济周期的变化从套期保值企业逐步发展为庞氏融资企业，且比例越来越大。在这一变化中，信贷资金的正常运转尤为重要，任何影响信贷资金在不同实体之间流转的事件都可能会引发企业的危机甚至破产，继而出现引发金融危机的可能。

---

[1] 张志英.金融风险传导机理研究[M].北京：中国市场出版社，2009：17.

[2] 陆阳.金融企业激励与风险管理[M].北京：中国经济出版社，2012：169.

（二）信息不对称理论

信息不对称理论是由美国经济学家约瑟夫·尤金·斯蒂格利茨（Joseph Eugene Stiglitz）、乔治·A. 阿克尔洛夫（George A. Akerlof）和 A. 迈克尔·斯宾塞（A. Michael Spence）提出的，是指在市场经济条件下，市场的买卖主体不可能完全占有对方的信息，这种信息不对称必定导致信息拥有方为谋取自身更大的利益使另一方的利益受到损害。信息不对称可以发生在当事人签约之前或者签约之后，发生在事前的信息不对称表现为逆向选择，发生在事后的则表现为道德风险。

在金融机构的运行中，信息不对称主要存在于两个方面。一是负债业务。由于金融机构的信息不对称，存款人通常难以理解金融机构的真实经营情况、风险状态，也难以识别有问题的银行和健康的银行，一旦金融机构经营不善导致亏损甚至倒闭，就会影响到不知情的公众投资者的利益。二是资产业务。金融机构也无法精确判断贷款人违约概率，一旦贷款人资信条件不好，金融机构就有可能产生呆账。信息不对称的存在，会使得金融机构在处理业务的时候存在很多风险，进而威胁整个金融体系的安全。

二、货币危机理论

货币危机理论迄今经历了四代发展。第一代货币危机理论由保罗·克鲁格曼（Paul Krugman）于 1979 年提出，该理论强调了扩张型财政、货币政策与固定汇率之间的内在矛盾；第二代货币危机理论以奥波斯特菲尔德（Obstfeld）为代表，强调预期在危机中的关键作用；第三代货币危机理论在 20 世纪 90 年代末期得到发展，强调金融系统道德风险问题与资产泡沫之间的关系；进入 21 世纪，克鲁格曼等经济学家又在前三代货币危机理论的基础上，提出了第四代货币危机理论，但是相关模型尚不成熟，有待进一步完善。

（一）第一代货币危机理论

第一代货币危机理论是克鲁格曼于 1979 年提出来的，所以又称为克鲁格曼危机理论。该理论认为，货币危机产生的根源在于政府的宏观经济政策（主要是过度扩张的货币政策与财政赤字货币化）与稳定汇率政策（固定汇率）之间的不协调，财政扩张造成大量财政赤字，为弥补赤字，中央银行不顾外汇储备的限制扩大货币供给。但是，在固定汇率制度下，政府能够增发的货币受公众私产选择的制约，超出公众实际货币需求的那部分货币将会转化为对政府外汇储备的购买，因此，随着赤字的货币化，中央银行的外汇储备将不断减少。当外汇储备耗尽时，固定汇率崩溃，货币危机发生。

然而，当存在对货币的投机冲击时，危机不会等到央行的外汇储备减少到零时才发生。这意味着当外汇储备下降到一定程度时，投机者预期本币会贬值，为避免损失或获取利益，会大量买入外汇并抛售本币。当一国的外汇储备降低到某一关键水平时，尽管外汇储备量仍能支付国际收支逆差，但突然性的投机冲击会在极短时间内耗尽中央银行的外汇储备，迫使当局放弃固定汇率制，使货币危机提前爆发。

但是，第一代货币危机理论忽视了引发货币危机的外部因素，把危机的成因完全归结为一国的宏观政策，这无疑是片面的，同时其对政府行为的假设过于简单，它不仅忽视了当局

㊀ 宫汝凯. 信息不对称、过度自信与股价变动 [J]. 金融研究, 2021（6）: 152–169.

㊁ 丁志国，赵晶. 金融学 [M]. 2 版. 北京：机械工业出版社，2019: 433.

可用的政策选择，而且忽视了当局在决策过程中的成本收益权衡。因此，虽然第一代货币危机理论开创了货币危机理论模型的先河，但由于上述不足，其使用受到了一定的局限，随后发展起来的第二代货币危机理论和第三代货币危机理论在一定程度上弥补了这些问题。

（二）第二代货币危机理论①

第二代货币危机理论是由奥波斯特菲尔德提出的。他认为，投机者之所以对货币发起攻击，并不是由于经济基础的恶化，而是由贬值预期的自我实现导致的，因此，这种货币危机又被称为"预期自我实现型货币危机"（Expectations Sell-fulfilling Currency Crisis）。换句话说，即便宏观经济基础并没有进一步恶化，但是市场预期的突然改变、人们普遍形成贬值的预期，也会引起货币危机。该理论强调了危机的自促成性质，即投机者的信念和预期最终可能导致政府捍卫或放弃固定汇率。

与第一代货币危机理论相比，第二代货币危机理论在前提上进行了巨大的改进。首先，假定市场投资者并不能准确预见到固定汇率在何时被放弃，但投资者估计到如果发生危机，汇率将改变；其次，政府的财政政策和货币政策是健全的，外汇储备处于高水平。在政府坚持正确的宏观政策的情况下：第一代货币危机理论断言，危机不会发生；但是，在第二代货币危机理论中，在市场缺乏准确预期的情况下，货币危机仍会发生。

（三）第三代货币危机理论②③

第一、二代货币危机理论较好地解释了大量的货币危机现象，但是，1997年的亚洲金融危机却无法用上述两个货币危机理论进行解释。这意味着，亚洲金融危机的背后还有其他因素在起作用，因此许多学者从不同的角度提出了新的理论，形成了所谓的第三代货币危机理论。

1. 道德风险理论

道德风险理论指出发展中国家的企业或金融机构普遍存在着高杠杆借债和过度投资的倾向，外国银行相信政府的信用权威和国际组织的救助机制而放低了贷款的限制，过于轻率地迎合贷款愿望，从而引发很多无效投资和不良贷款，导致严重的资产泡沫。在资产价格出现下降的情况下，企业就没有办法偿还债务而出现偿还危机，引起金融市场动荡，投资崩溃而导致货币危机爆发。

2. 金融恐慌理论

金融恐慌（Financial Panic）理论最初是由戴蒙德（Diamond）和迪布维格（Dybvig）在分析银行挤兑现象时提出的，因此又称为D-D模型。该理论认为，市场上"恐慌性"的投机冲击是货币危机的原因，并提出冲击的产生与国家的金融体系密切相关，特别是与银行流动性不足相关。因为恐慌性资本大量流出，长期投资项目被迫中途变现，从而使企业陷入资不抵债的境地。在汇率固定但中央银行承担"最后贷款人"角色的情况下，最终这将转化为中央银行的挤兑，即货币危机爆发。

3. "羊群效应"理论

"羊群效应"是指投资者在交易过程中存在学习与模仿现象，从而导致他们在某段时期内

---

① 宋玮. 金融学 [M]. 北京：对外经济贸易大学出版社，2010：323.
② 邵诗卉. 基于第三代货币危机理论对中国经济的简要研究 [J]. 现代经济信息，2016（4）：1.
③ 魏文静. 金融学 [M]. 上海：上海财经大学出版社，2015：266.

做出相同的投资行为。该理论认为金融市场上容易发生"羊群效应",是因为大部分的投资是由资本代理人(如基金管理人)来完成的。投资于新兴市场的基金管理人在明知实际经济形势并没有投资者预期得那样乐观的情况下,也倾向于跟进投资。因为如果其他基金管理人从中获利而自己没有投资的话,就会被投资者指责判断失误,错过了好的投资机会;反之,如果投资失败,那么众多的投资者都遭受损失,不会显得自己无能。与此同时,基金管理人的投资也会吸引更多的其他投资者盲目跟风来投资。

羊群效应的另一方面是,如果因为某个传言或是某项突发事件,引起一些基金管理人抽走资金,就有可能产生"恐慌性"的"羊群行为",从而发生银行挤兑,股市、汇市狂跌,进而爆发货币危机。

(四)第四代货币危机理论[一]

经济学家对货币危机问题的广泛讨论,并没有让危机与20世纪一起离我们远去。21世纪伊始,土耳其金融危机和阿根廷金融危机的相继爆发,引起学术界和各国政府的高度关注。这两个国家都曾经有货币和经济动荡的历史,它们在经济重建安排中都接受了"华盛顿共识"并被视为成功案例,一度得到普遍赞许。两国都致力于平衡财政收支,推动私有化进程,采取稳定汇率政策,实现贸易和金融自由化。其中,为了平抑国内的恶性通货膨胀,阿根廷采取了以美元为基础的货币委员会制度,土耳其选择了爬行钉住[二]包括美元和德国马克(现为欧元)在内的货币篮子。尽管两个国家都经历了稳定后的短暂繁荣,但宏观经济的脆弱性还是非常显著,它们分别于2001年和2002年放弃稳定的汇率制度。21世纪之初的这两次危机无疑对货币危机理论提出了更多的挑战,并促使人们重新思考一直以来关于新兴市场国家经济发展的指导思想是否恰当。

在货币危机理论发展方面,克鲁格曼等人在第三代货币危机理论的基础上提出了"资产负债表效应假说",从企业和金融机构资产负债表的期限不匹配与币种不匹配等问题入手,强调在开放经济条件下银行或企业的流动性危机很容易转化为货币危机。也有人基于信息不对称的分析,强调银行体系的脆弱性最终将导致银行和货币的双重危机。尽管第四代货币危机理论的模型还没有正式提出,但是学术界已经形成了这样的共识:如果一国宏观经济已经出现了某种程度的内外不均衡,那么国际短期资本流动所形成的巨大冲击很容易成为最终引起银行危机、货币危机和金融危机全面爆发的导火索。这也是金融全球化背景下新兴市场国家发生金融危机的一个共性特征。

三、银行危机理论

银行危机一般是指系统性银行挤兑导致大范围的储蓄存款难以兑换成现金,引起大批银行破产倒闭。银行体系的重要特征之一就是银行负债主要由存款组成,如果储户选择同一时间要求银行兑付,银行体系将难以满足要求。正因为如此,当储户相信银行资不抵债将会破产时,或者仅仅因为储户相信其他储户也要提存时,就会出现挤兑现象。当挤兑使整个银行

[一] 丁志国,赵晶. 金融学[M]. 2版. 北京:机械工业出版社,2019:436.

[二] 爬行钉住(Crawling Peg)汇率制是指视通货膨胀情况,允许货币逐渐升值或贬值的一种汇率制度。在此制度下,平时汇率是固定不变的,但视通货膨胀的程度而定,必要时可每隔一段时间做微小的调整。

体系流动性下降时，恐慌与危机就发生了。银行危机是金融危机的主要表现○。银行危机理论主要包括以下几个。

（一）货币政策失误论○

货币政策失误导致银行危机的理论是由美国著名的货币主义者米尔顿·弗里德曼（Milton Friedman）提出来的。弗里德曼认为，导致金融动荡的根本原因是货币政策失误。由于货币乘数是相对稳定的，货币需求是一个稳定的函数，因而货币数量决定了物价和产出量。货币供给变动的原因在于货币政策，也就是说，金融动荡的根源在于货币政策，货币政策的失误可以使一些小规模的、局部的金融问题发展为剧烈的、全面的金融动荡。

货币政策失误导致2008年美国金融危机发生的机制可以用图8-2来表示。

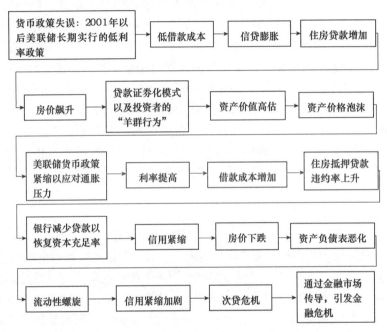

图8-2　货币政策失误导致2008年美国金融危机发生的机制○

（二）银行体系关键论

詹姆斯·托宾（James Tobin）于1981年提出银行体系关键论，其核心思想是银行体系在金融危机中起着关键作用。托宾认为，在过度负债状态下，如果银行能够提供贷款，就可以避免"债务－通货紧缩"过程。但在过度负债的经济状态下，经济、金融扩张中积累起来的风险增大并显露出来，银行可能遭受贷款损失，甚至破产。因此，银行为了控制风险，必然不愿提供贷款，甚至提高利率、减少贷款。银行的这种行为会使企业投资减少，或引起企业破产，从而直接影响经济发展，或者使企业被迫出售资产以清偿债务，从而造成资产价格急剧下跌。同时这种状况会引起极大的连锁反应，波动也极强烈，使本来已经脆弱的金融体系

○ 刘立峰．宏观金融风险：理论、历史与现实［M］．北京：中国发展出版社，2000：13．
○ 丁述军，沈丽．金融学［M］．济南：山东人民出版社，2017：376．
○ 昌忠泽．流动性冲击、货币政策失误与金融危机：对美国金融危机的反思［J］．金融研究，2010（7）：18-34．

崩溃得更快[1]。

四、外债危机理论

外债危机是指一国处于不能支付其外债利息的情形。实际上，外债危机本质仍然是货币危机，如20世纪80年代和90年代南美洲部分国家的金融危机就是起源于债务引发的货币危机[2]。

（一）债务通货紧缩理论[3]

债务通货紧缩理论是欧文·费雪（Owen Fisher）在1933年提出的，是指经济主体的过度负债和通货紧缩这两个因素会相互作用、相互增强，从而导致经济衰退甚至引起严重的萧条。

该理论的核心思想：企业在经济上升时期为追逐利润过度负债，当经济陷入衰退时，企业逐渐丧失清偿能力，引起连锁反应，导致货币紧缩，并引发金融危机。其传导机制：在经济繁荣时期，物价和利润水平上升，激发企业进行更多投资，企业借贷活动规模扩大；到了经济衰退时期，企业未清偿债务需要将商品廉价销售，债务的清偿使其存款货币减少，商品廉价销售又使整个社会的货币流通速度降低，从而导致物价水平的下降；企业的债务负担进一步上升，企业净值进一步下降，从而引起企业利润水平下降甚至破产，进一步造成产出和就业水平下降；破产、失业等现象又会引起人们悲观和丧失信心，从而进一步降低了货币流通速度。以上过程会造成一国名义利率下降和实际利率上升，这又会加剧上述过程，于是就形成了"债务－通货紧缩"的循环过程，最终导致"债务越还越多"，金融危机就此爆发。

（二）资产价格下降理论[4]

资产价格下降是沃尔芬森（Willfenshen）提出的，该理论指出，企业在负债累累、难以为继的状况下，必然降价出售资产。资产降价出售导致资产负债率提高和企业拥有的财富减少，因而削弱了企业的偿债能力。其核心思想是由于债务人的过度负债，在银行不愿提供贷款或减少贷款的情况下，债务人被迫降价出售资产，造成资产价格的急剧下降。由此产生两方面的效应：一是资产负债率提高；二是使债务人拥有的财富减少。两者都削弱了债务人的负债承受能力，增加了其债务负担。债务欠得越多，资产降价变卖得就越多，资产降价变卖得越多，资产就越贬值，债务负担就越重，依此恶性循环，导致外债危机的爆发。

（三）综合性国际债务理论

苏特（Suter）根据发展中国家经济增长过度依赖国际资本的基本事实，从经济周期角度提出了综合性国际债务理论。该理论认为：处于国际经济秩序的"外围"国家（发展中国家）经济发展依赖国际资本，属于国际信贷需求方；而"中心"国家（发达国家）属于国际信贷供给方。当世界经济处于上升周期时，发展中国家大量举借外债用于国内经济发展，发达国家的剩余资本为追求更高收益而流向发展中国家；当世界经济处于下降周期时，发展中国家用于偿还债务的初级产品出口收入下降，致使债务清偿能力急剧降低并引发债务危机。综合

---

[1] 郑长德，杨海燕. 现代西方金融理论［M］. 北京：中国经济出版社，2011：432.

[2] 魏文静. 金融学概论［M］. 上海：上海财经大学出版社，2010：336.

[3] 宋玮. 金融学［M］. 北京：对外经济贸易大学出版社，2010：326.

[4] 刘革，李姝瑾. 金融学［M］. 北京：北京理工大学出版社，2015：366.

性国际债务理论能够从世界经济周期角度,解释发展中国家爆发主权债务危机的原因[1]。

【相关案例8-2】

货币战争:拉丁美洲债务危机

在18世纪末到19世纪初,拉丁美洲各国开展了独立运动,摆脱了西班牙和葡萄牙的殖民统治。然而,美国和英国取代了西班牙和葡萄牙的地位,对拉丁美洲各国经济进行了新的控制。

这里就要提到美国一个著名的经济学派——芝加哥经济学派。这个学派推崇自由市场经济模式,鼓励自由市场竞争。美国当局将其自由市场经济学说输入拉丁美洲,相关政策也确实在短时间内解决了经济难题。只不过,副作用是拉丁美洲各国从此患上了"外债依赖",重点是其中绝大部分都是美元外债。

换言之,拉丁美洲的经济发展依赖于举债刺激经济,对"热钱"依赖程度极高。到了1979年,美联储进行加息和缩表,一下子大幅收紧了美元流动性。习惯了充裕流动性的拉丁美洲各国一下子不知所措。它们开始无力偿付短期债务,而利滚利之下,债务滚雪球一般越来越大。截至1985年,拉丁美洲各国债务高达8500亿美元!那时候的8500亿美元,购买力超过今天的3万亿美元。为了偿还债务,拉丁美洲各国开始走上印钞的不归路,到了1990年,整体通胀率竟然达到1500%!这也就是史上著名的"拉美债务危机"!

其实,与其说是债务危机,不如说是货币战争!在你需要资金时,对你鼓吹自由市场经济模式,也就是让你放弃金融壁垒,彻底不设防,这样一来大量"热钱"就进出方便了。源源不断的"热钱"流入确实短期内拉动了经济,但是也在逐渐吹大资产泡沫,到了泡沫足够大的时候,热钱就开始高位撤离了。与此同时,空头们可以反手做空,配合美元加息等消息,加速资产泡沫破裂,一来一去两边赚钱。

这种货币战争的手法已经被使用过多次,从拉丁美洲到苏联再到日本,"热钱"和空头屡试不爽。因此,一国在足够强大之前,一定不可轻信所谓的自由市场经济模式和开放市场,否则就是门户大开。

资料来源:作者根据网上资料整理。

第三节 国家金融安全预警

国家金融安全预警是指对金融领域未来可能出现的、威胁国家金融安全的危险或危机提前发出警报的监测活动。目的在于减小或避免经济损失,维护国家金融主权、金融财产的安全。国家金融安全预警体系是运用某种统计方法,预测在一定时间范围内发生货币危机、银行危机和股市崩溃可能性的监测系统。

一、金融安全预警指标

金融安全预警指标主要包括能够在国家金融安全形势恶化之前发出预警信号的先导性指标和从抵御国家外源性金融风险能力视角考虑的免疫性指标。

---

[1] 蒋冠,张萌.货币国际化视角下的系统性风险传导机制与监管策略研究[M].昆明:云南大学出版社,2015:48.

（一）先导性指标[1][2][3]

1. 货币供应量（M2）增长率

货币供应量增加过快，有可能造成金融资产泡沫，金融资产泡沫的破裂使银行出现呆账，容易带来金融风险。货币供应量增长过快，不仅容易引发通货膨胀，还会导致货币政策的低效率。如果货币供给量的增速大大超过货币需求，将加剧国外投资者对通货膨胀的预期，引发资本外逃。

2. 通货膨胀率

通货膨胀率上升对一国金融安全有危害，会影响该国在国际金融中的地位。一般来说，一国通货膨胀率上升，说明该国货币购买力下降，汇率水平长期看跌。严重的通货膨胀容易引发经济衰退和投机盛行，导致金融混乱。另外，财政赤字与通货膨胀关系密切，如果财政赤字是通过中央银行增发货币加以弥补的，则不可避免地造成通货膨胀，形成本币贬值压力。根据通货膨胀率，通货膨胀可以分为四种类型，分别是爬行的通货膨胀、温和的通货膨胀、飞奔的通货膨胀、恶性通货膨胀（见表8-1）。

表8-1　通货膨胀的类型

通货膨胀类型	通货膨胀率（π）
爬行的通货膨胀	$\pi < 3\%$
温和的通货膨胀	$3\% \leq \pi \leq 10\%$
飞奔的通货膨胀	$10\% < \pi \leq 100\%$
恶性通货膨胀	$\pi > 100\%$

3. 外汇储备占比

外汇储备占比是指外汇储备在GDP中的占比。外汇储备是一个反映国家抵御金融风险能力的重要指标。从正面来说，外汇储备既可以用于偿还外债，又可以用于稳定本国货币的币值。若外汇储备占比大幅度下降，即外汇储备不足，则会导致本币贬值或出现外债支付危机，还会影响正常的进出口贸易。一般认为，外汇储备占比小于1.5%则存在风险[4]。

4. 国内外利率差

国内外利率差是指一国在某个期限（如一年）的存款利率与国际同期存款利率（通常取美国的同期存款利率或钉住国的同期存款利率）之差。当资本项目下可完全兑换时，该指标及其变化可用来估计该国短期资本的流向。

5. 偿债能力

偿债能力是以短期外债规模在外汇储备中的占比来衡量的。该指标被认为是最重要的信号，能够反映一国的偿债能力。投资者十分关注一国的偿债能力，如果对国家的偿债能力有怀疑，就不愿意让该国延期即将到期的贷款。一国偿还外债的能力，不仅与外汇储备有关，而且与整个国家的经济实力有关。国际上经常使用负债率（负债率＝外债余额/当年GDP）来衡量一国资本项目对外支付的潜在能力。一般说来，外债规模必须与外汇储备水平相适应。

---

[1] 张安军. 国家金融安全动态预警比较分析（1992—2011年）[J]. 世界经济研究, 2015（4）: 3-12.

[2] 李成. 金融监管学[M]. 北京：高等教育出版社, 2016: 240.

[3] 刘志强. 金融危机预警指标体系研究[J]. 世界经济, 1999（4）: 17-23.

[4] 余湄. 我国外汇储备与金融安全[M]. 北京：对外经济贸易大学出版社, 2020: 61.

（二）免疫性指标

1. 资本充足率

所谓资本充足率，也叫作资本风险资产率，是指银行资产与其加权风险资产总额的比率。资本充足率是保证银行等金融机构正常运营和发展的最低资本比率，主要指标包括资本对存款的比率、对负债的比率、对总资产的比率、对风险资产的比率等。它反映的是商业银行能够以自有资本承担多大损失的程度。根据2010年9月12日27国通过的《巴塞尔协议Ⅲ》，全球各商业银行的核心一级资本充足率下限都要在2015年1月提高到6%，目的就是保护各国金融体系的整体稳定[一]。

2. 不良债权率

不良债权率是指不良债权占总资产比重，即国内金融结构的不良债权（坏账、呆账）与其总资产之比，它反映了金融机构的资产质量。如果银行不良债权率太高，货币不断贬值（据估计，受银行不良债权的影响，居民储蓄存款每年平均贬值6%），城乡居民将会对国内货币失去信任，抛售国内货币，而换成其他金融资产或实物资产以保值，从而引起储蓄存款下降，进而造成金融货币危机[二]。

3. 管理质量指标[三]

这项指标重点反映内部控制制度是否健全、有效。尽管管理质量很难被量化，但是支出结构、支出与收入的比率、人均盈利、金融机构准入和退出数量等量化指标可作为参考。例如，金融机构准入过少可能反映竞争不充分，过多则可能反映监管过松；而退出过少可能意味着监管和市场约束不力，退出过多则可能预示发生金融恐慌的风险。此外，金融机构是否具备合理的激励机制，违规违法案件数量及金额多少也可作为参考指标。

【相关案例8-3】

"黑色星期一"恐慌

20世纪80年代初，虽然美国经济告别了20世纪五六十年代的黄金时期，处于新旧经济模式转换的低速增长期，但基本面还算健康，并未出现1929年—1933年的"大萧条"，在时任美联储主席保罗·沃尔克的努力下，美国通胀得到控制，利率下行。同时在美国政府的"新经济政策"刺激下，财政支出扩大，税收降低，大力吸引外资流入，加之股票投资免税，全球资本进入美国股票市场，美国股票市场向好。截至1987年9月月底，标普500指数相较1982年的最低点已经上涨215%，当年累计涨幅也高达36.2%。

然而，因为布雷顿森林体系瓦解、美元的贬值预期，为维持汇率稳定，继"广场协议"后，1987年2月，G7国家达成"卢浮宫协议"，日、德等国相继降低利率，美国则提高利率，以抑制美元继续走低。但随着日、德等国国内通胀上升，这一协议难以维系，德国在1987年10月14日和15日接连提高短期利率，美元再次被看跌。1987年10月18日，美国财政部长宣布美元或主动贬值，加上上市公司并购税收优惠取消、海湾战争升级的传言等坏消息的冲击，叠加当年3月—9月联邦基金利率上调的影响，美股开始调整，1987年10月14日—16日，连续三个交易日标普500指数接连下跌，累计下跌10.1%。1987年10月19日，先于美股开盘

[一] 严行方. 看懂财经新闻 [M]. 厦门：厦门大学出版社，2013：355.

[二] 刘海虹. 商业银行资产配置问题研究 [M]. 北京：中国经济出版社，2000：202.

[三] 姜洪，焦津强. 国家金融安全指标体系研究 [J]. 世界经济，1999（7）：9-16.

的欧洲等地股市接连暴跌,美股开盘后更是暴跌 20.5%(标普 500),史称"黑色星期一"。

1987 年 10 月 19 日,在纽约股票交易所挂牌的 1600 只股票中,只有 52 只股票上升,其余全部下跌。其中,1192 只股票跌到 52 个星期以来的最低水平,而且许多具有代表性的蓝筹股也在劫难逃。几乎所有大公司的股票均狂跌 30% 左右,如通用电气公司下跌 33.1%,美国电报电话公司下跌 29.5%,可口可乐公司下跌 36.5%,西屋电气公司下跌 45.8%,美国运通公司下跌 38.8%,波音公司下跌 29.9%。

"一切都失去了控制",《纽约时报》这样报道。这一天损失惨重的投资者不计其数,当时的世界首富萨姆·沃尔顿一天之内股票价值损失 21 亿美元,比尔·盖茨损失 39.45 亿美元,当时的"电脑大王"王安仅在 19 日下午就损失了 3100 万美元。许多百万富翁一夜之间沦为贫民,最苦的是那些靠自己多年积存的血汗钱投资于股票的投资者。受股价暴跌影响,股民的心理变得极为脆弱。因股市暴跌而不堪债务重压的许多人,精神彻底崩溃,自杀的消息不绝于耳。银行破产,工厂关门,企业大量裁员,人心惶惶。

资料来源:腾讯财经.历次股灾原因及救市、效果和启示[EB/OL].(2015-07-03)[2022-09-01].https://mp.weixin.qq.com/s/iWycuJsqwFNghUezWyWx7Q.

美国"87 股灾"逃生记[N/OL].国际金融报,2015-05-05[2022-09-01].https://www.ifnews.com/news.html?aid=8746. 有删减。

二、金融安全预警体系①

1.BOPEC 评级体系

BOPEC 评级体系是美联储用来衡量银行持股公司综合级别的评价体系。其所考察的五项指标分别是子银行(Bank)、非银行子公司(Other)、母公司(Parent)、总收益(Earnings)、总体资本适宜度(Capital)。BOPEC 综合评级范围从 A(最好)～E(最差)共五个等级。其中,A 级表示银行经营活动的每个方面都健全;B 级表示经营基本健全,但在某些方面有少量弱点;C 级表示经营不太健全,在财务上、经营上或遵守法规方面存在缺陷,需加强监管;D 级表示不满意,经营中存在严重问题,财务上的缺陷会危及该银行或银行持股公司未来的生存,破产的可能性较大;E 级表示不合格,有致命的财务缺陷,财务状况极度恶化,极易倒闭。

2. UBSS 系统

20 世纪 70 年代末,美国监管当局开始引入非现场计算机监测系统,按季度分析监管核心报告的有关数据。20 世纪 80 年代中期,美联储对以前的金融监测系统进行了改进,开发出了"统一银行监测屏幕"(Uniform Bank Surveillance Screen,UBSS)系统。UBSS 系统的评级原理是运用同类组分析法,按资产规模将银行分成九个组别。每组都计算出所有银行各自的金融比率及同类银行各项金融比率的平均值,然后将两者进行比较,以便发现银行的经营是否出现恶化的迹象。

3. FIMS

由于早期模型存在一定的局限性,美联储于 1993 年开发了一种更为完善的新模型——金融机构监督系统(Financial Institution Monitor System,FIMS)。它包括 30 个参数以及一些

---

① 李成.金融监管学[M].北京:高等教育出版社,2016:240.

② 胡敬新.农村信用社深化改革与金融制度管理创新[M].北京:经济日报出版社,2014:1239.

根据地区经济条件设立的附加参数。FIMS 是由 FIMS 评级和 FIMS 风险排列两套不同的经济计量模型组成。FIMS 评级模型是基于复合的"骆驼评级体系"[①]，取整数值按 1～5 级排列。FIMS 风险排列模型可以预测银行未来状况的长期趋势，它用前两年相同季度的核心报表中财务比率数据来测量银行财务状况，估计银行在以后两年倒闭的可能性。用该模型分析有问题的银行，准确率非常高。实证结果表明，被 FIMS 评为第 5 级的机构，最后有 97.7% 的会倒闭。

第四节　国家金融安全监管

国家金融安全监管是指政府通过建立金融法律法规制度，完善金融监管体系和金融监管手段，使整个金融体系在有序竞争的前提下，保持金融市场的长期稳定和金融体系的有序发展。

一、国家金融安全监管的体制[②]

国家金融安全监管体制是金融监管体系和基本制度的总称。设立金融安全监管体制实质上就是在解决由谁来监管、由什么机构来监管和按照什么样的组织结构进行监管，相应地由谁来对监管效果负责和如何负责的问题。只有明确和完善国家金融安全监管体制，才能为维护国家金融安全提供坚实的基础。

1. 双线多头的金融安全监管体制

中央和地方两级都对金融机构有监管权，即所谓"双线"；同时，每一级又有若干机构共同行使监管职能，即所谓"多头"。

双线多头的金融安全监管模式适用于地域辽阔、金融机构多而且情况差别大，或政治经济结构比较分散的国家，如美国和加拿大。这种监管体制的优点：能较好地提高金融监管的效率，防止金融权力过分集中；能因地制宜地选择监管部门，有利于金融监管专业化，提高对金融业务服务的能力。这种监管模式的缺点在于：管理机构交叉重叠容易造成重复检查和监管真空，影响金融机构业务活动的开展；金融法规不统一，容易使不法金融机构钻监管的空子，加剧金融领域的矛盾和混乱，降低货币政策与金融监管的效率。

2. 单线多头的金融安全监管体制

全国的金融监管权集中在中央，地方没有独立的权力，即所谓"单线"；在中央一级由两家或两家以上机构共同负责监管，即所谓"多头"。德国、法国均属这种体制。这种体制反映了这些国家权力集中的特性和权力制衡的需要。

单线多头的金融安全监管体制的优点是有利于金融体系的集中统一和监管效率的提高，但需要各金融管理部门之间的相互协作和配合。从德国、日本和法国的实践来看，人们习惯

---

① "骆驼评级体系"（CAMEL，因评级体系中五项考评指标的英文单词的首字母组合而得名）。"骆驼评级体系"中的五项考评指标分别是资本适宜度（Capital Adequacy）、资产质量（Asset Quality）、管理水平（Management）、盈利水平（Earnings）和流动性（Liquidity）。检查中，要分别对这五个指标评出一个级别，其中第 1 级最高，第 2、3、4、5 级依次递减，第 5 级最差；然后，对这五个指标的级别进行综合，再给出一个综合级别。

② 祁敬宇. 金融监管学 [M]. 西安：西安交通大学出版社，2013：96.

和赞成各权力机构相互制约和平衡,金融管理部门之间的配合是默契的和富有成效的。然而,在一个不善于合作并且法制不健全的国家里,这种体制难以有效运行,也容易存在机构重叠、重复监管等问题。

3. 集中单一的金融安全监管体制

这是由一家金融机构集中进行监管的体制。在历史上,这种监管体制较为普遍,其监管机构通常是各国的中央银行。这种监管机制在发达国家和发展中国家都很普遍。英国的金融服务监管局、荷兰的中央银行都是对金融业进行全面监管的监管机构。大多数发展中国家的银行监管体系是高度集中的单一体制,如埃及、坦桑尼亚、巴西、菲律宾、泰国和印度等国都由中央银行负责监管银行体系的。

这种监管机制的优点:金融管理集中,金融法规统一,金融机构不容易钻监管的空子,克服了其他机制下存在的相互扯皮、推卸责任等弊端;能为金融机构提供良好的社会服务。但是,这种体制容易使金融管理部门养成官僚化作风、滋生腐败。

二、国家金融安全监管的法律体系[1]

法律监管受行政机构委托颁布相应的监管法律规范,为行政监管提供一般性规范指引,将行政监管行为合法化,通过法律运行,确保金融公平、稳定金融秩序[2]。狭义的金融安全监管法律主要包括中央银行法、商业银行法、票据法、证券交易法、外汇管理法等金融类法规;广义的金融安全监管法规还包括公司法、破产法、合同法、税法等与商业活动有关的法律。健全的法律体系是对金融机构进行有效监管的基础,各国金融安全监管的法律体系总体上由民法、商法、经济法、行政法和刑法五部分组成。

(一)民法

民法是调整平等主体之间的经济关系和人身关系法律规范的总称,包括法人制度、代理、物权、债权等法律规范,主要是确认市场主体资格、规定市场主体的权利义务和行为规则。如《中华人民共和国民法典》对贷款行为进行了规范,保护商业银行的债权和借款人的合法权益。

(二)商法

商法是规范商事行为的法律规范的总称,包括公司法、商业银行法、票据法、证券交易法等。商法主要是规范商事活动的组织,确认活动的行为规则,规定商事活动的融资手段,减少经营风险的途径等。例如,《中华人民共和国商业银行法》规定商业银行必须接受中国银保监会监督管理。未经中国银保监会批准,任何单位不能从事吸收公众存款的业务,不能使用"银行"字样。

(三)经济法

经济法是国家金融安全监管的重要法律,是国家为了克服市场盲目性和局限性而制定的全局性经济关系法律规范的总称。经济法的主要作用在于创造竞争环境,维护市场秩序规则,规范和保护金融机构活动的经济法规,包括反不正当竞争法、消费者权益保护法、经济合同法、担保法、贷款通则、信贷法规等。

---

[1] 李成. 金融监管学[M]. 北京:高等教育出版社,2016:238-240.

[2] 李晓安,翟啸林. 金融监管"两系统"功能互补分析[J]. 中国行政管理,2020(3):106-111.

（四）行政法

行政法的作用是保证行政权力的行使，保护公民、组织和法人的合法权益，防止权力的滥用。例如，我国的银行业监督管理相关法律规定，中国银保监会是我国商业银行和其他金融机构的监督管理机构，中国银保监会有权对商业银行在市场准入、业务范围、贷款集中性程度等方面进行审批和监管，对违规活动做出相应的处罚。

（五）刑法

刑法是以国家名义颁布的，规定犯罪、刑事责任和刑罚的法律，也就是统治阶级为了维护本阶级在政治上的统治和经济上的利益，根据自己的意志，规定哪些行为是犯罪、是否应负刑事责任，以及应给予犯罪人何种刑罚处罚的法律[一]。在金融法律中，如果当事人有严重违法行为，构成犯罪，就要运用刑法进行处罚。因此，刑法规范也成为监管金融机构的法律体系中的重要组成部分。例如，《德国刑法典》的金融安全立法散见于第八章"伪造货币和有价证券"、第二十一章"包庇和窝赃"及第二十二章"诈骗和背信"，《日本刑法典》在"对公共信用的犯罪"一章中规定了伪造货币的犯罪和伪造有价证券的犯罪[二]。

三、国家金融安全监管的政策工具[三][四]

宏观审慎监管将金融体系视为一个整体，而非只聚焦于单个机构，它更加关注由于机构之间的联系和在金融体系内部产生的风险及其蔓延。它的作用是发现并管理整个金融体系的风险。总的来说，宏观审慎监管被定义为用于防范和管理金融系统性风险的自上而下的金融监管政策框架。

宏观审慎政策工具的目标是减少系统性风险，增强金融体系的弹性和韧性。宏观审慎政策工具可以被分为"时间维度"的政策工具、"跨行业维度"的政策工具两大类。

1."时间维度"的政策工具

"时间维度"政策工具主要通过在经济的繁荣时期建立足够的资本缓冲来实现其政策功能。一方面，在经济繁荣期，资本积累的过程相对容易且成本不高，同时还能起到抑制金融市场主体的过度风险承担行为的作用，充当经济繁荣的"制动器"；另一方面，在经济萧条期，通过释放已积累的资本缓冲可以吸收损失，缓解金融体系的内生性危机放大机制。

2."跨行业维度"的政策工具

"跨行业维度"的政策工具采用自上而下的方式，根据个体机构对系统性风险的贡献度进行调整：首先，需要测定系统范围内的尾部风险（通俗来讲就是罕见事件发生的风险），计算单个机构对风险的影响；其次，相应地调整政策工具（资本金要求、保险费等）。这意味着对于影响大、贡献度高的机构，需要执行更高的监管标准。

[一] 刘源作. 刑法专论［M］. 上海：华东理工大学出版社，2021：1.

[二] 李娜. 论金融安全的刑法保护［M］. 武汉：武汉大学出版社，2009：167.

[三] 廖岷，孙涛，丛阳. 宏观审慎监管研究与实践［M］. 北京：中国经济出版社，2014：50.

[四] 宋科. 宏观审慎政策研究［M］. 北京：中国商务出版社，2018：57.

第五节　国家金融安全的实践

一、美国[1]

（一）增加资本市场的稳定性

与其他经济体相比，美国的贷款和借款较少依赖银行信贷，而更多依赖于经由各种资本市场渠道的资金。这种以资本市场为中心的体系虽然有很多好处，但也存在很多可能出现的系统性风险。作为应对，国会和监管机构在银行体系之外进行了许多增强稳定性的改革。例如，集中清算许多衍生品交易，这些交易通过净额结算减少了风险敞口，并能够更好地管理交易对手风险；三方回购协议（回购）改革大大提高了市场的弹性，特别是通过限制日内信贷，引导投资者倾向于选择仅限政府型资产的货币市场基金，这些基金更安全且不易受到挤兑影响。

（二）监测系统风险框架

美联储制定了一个框架，帮助监控复杂且快速发展的金融体系中的稳定性风险。该框架对风险漏洞进行了区分，主要包括四个方面：一是金融部门的过度杠杆；二是银行或非银金融实体迅速撤回资金时产生的融资风险；三是家庭和企业的过度债务负担；四是资产价值远远超过传统的、历史上观察到的估值基准时出现"泡沫"。

（三）及时监控金融风险的触发点

除了监控美联储的框架下的四类漏洞之外，美联储还广泛咨询了有关风险来源的关联方，讨论美国和其他地方货币政策正常化所带来的风险、贸易谈判未妥善解决的状况及英国退欧谈判等。确定了可能的风险触发点后，美联储会评估特定触发点如何与已知的风险相互渗透，如召集美国银行和经纪交易商评估最有可能受英国退欧影响的市场风险。此外，还可以通过压力测试，评估如果出现严重的全球收缩，美国银行是否有资金可以应对高度破坏性的事件。

二、日本[2]

在近30年时间里，日本政府持续与挥之不去的通货紧缩风险做斗争。而其丰富的"零（负）利率＋量（质）化宽松＋通胀目标承诺"的货币政策组合实践，一度成为2008年金融危机之后美联储、欧央行、英央行等各国央行的效仿榜样。

（一）零利率政策

20世纪90年代初，为了刺激经济复苏，日本政府扩大公共事业投资，年年增发国债，导致中央政府和地方政府负债累累，财政濒临崩溃的边缘，国家几乎无法运用财政政策调节经济。为了防止经济进一步恶化，刺激经济需求，日本银行于1999年2月开始实施零利率政策。

（二）宽松的货币政策

日本央行是全球货币政策宽松的鼻祖。自20世纪90年代初开始，不断下调政策基准利

---

[1] 腾讯财经. 美联储主席鲍威尔重磅演讲全文［EB/OL］.（2018-11-29）［2022-09-01］. https://finance.qq.com/a/20181129/002311.htm.

[2] 关照宇. 日本维系金融稳定的经验分析［N］. 金融时报，2021-06-07（9）.

率，到1999年2月执行"零利率"，到2001年3月引入"量化宽松"，再到2013年4月升级至"量化质化宽松"、2016年1月推出"定性和定量宽松（QQE）+负利率"，并于2016年9月进一步升级至"QQE+收益率曲线控制"的货币政策框架。

（三）通胀目标承诺

日本在20世纪90年代后陷入了经济衰退，经济增长缓慢、通货紧缩和产出缺口转向负值。为刺激经济、摆脱困境，日本压低名义利率和提高通胀预期，旨在压低实际利率，进而推动经济主体的投资和消费需求，带动信贷增速缺口、产出缺口和通胀缺口向零值收敛。

三、中国

（一）我国金融安全的法律和制度保障

2017年第五次全国金融工作会议以来，中国金融监管体制发生了一系列重大变化。建立国务院金融稳定发展委员会，承担金融发展规划、金融监管协调、指导地方金融改革发展与监管等职能；银监会和保监会合并；增强中国人民银行监管职能，由中国人民银行拟订金融业重大法律法规和其他有关法律法规草案等[一]。

1. 宏观法律保障

我国形成了以《中华人民共和国中国人民银行法》《中华人民共和国商业银行法》《中华人民共和国证券法》《中华人民共和国保险法》等金融基础法律为统领，以金融行政法规、部门规章和规范性文件为重要内容，以地方性法规为补充的多层次金融法律体系[二]，共同维护国家金融安全。

2020年9月，中国人民银行、银保监会联合发布《关于建立逆周期资本缓冲机制的通知》，明确建立逆周期资本缓冲机制，同时根据系统性金融风险评估状况和疫情防控需要，设置银行业金融机构初始逆周期资本缓冲比率为零。该机制有助于进一步促进银行业金融机构稳健经营，提升宏观审慎政策的逆周期调节能力，缓解金融风险顺周期累积和突发性冲击导致的负面影响，维护我国金融体系稳健运行。

2022年4月，为防范化解金融风险、健全金融法治的决策部署，建立维护金融稳定的长效机制，中国人民银行起草了《中华人民共和国金融稳定法（草案征求意见稿）》，并公开征求意见。该法律的出台将建立起金融风险防范、化解和处置的制度安排，与其他金融法律各有侧重、互为补充，共同维护国家金融安全。

2. 金融机构监管

2020年9月，国务院发布了《关于实施金融控股公司准入管理的决定》，明确了对金融控股公司实施准入管理，由中国人民银行颁发许可证。中国人民银行也发布了《金融控股公司监督管理试行办法》（以下简称《金控办法》），细化准入条件和程序。《金控办法》对金融机构、非金融企业和金融市场有正面影响，有助于整合金融资源，提升经营稳健性和竞争力[三]。

[一] 王华庆，李良松. 金融监管有效性的法律安排[J]. 中国金融，2019（17）：26-28.

[二] 中国人民银行就《中华人民共和国金融稳定法（草案征求意见稿）》公开征求意见[EB/OL].（2022-04-07）[2022-09-01].http://www.gov.cn/xinwen/2022-04/07/content_5683802.htm.

[三] 新华社. 监管短板加快补齐、金控公司实施准入管理[EB/OL].（2022-09-14）[2022-09-01].https://baijiahao.baidu.com/s?id=1677771734897731214&wfr=spider&for=pc.

2020年12月，中国人民银行、银保监会联合发布《系统重要性银行评估办法》，对中国系统重要性银行的评估方法、评估指标、评估流程和工作机制等做出了规定，确立了中国系统重要性银行评估规则体系。

2021年9月，中国人民银行、银保监会联合发布《系统重要性银行附加监管规定（试行）》，从附加资本、杠杆率、流动性、大额风险暴露、公司治理、恢复处置计划、数据报送等方面，提出附加监管要求[一]。

3. 存款保险制度

2015年5月生效的《存款保险条例》对存款类金融机构确立了差别费率的存款保险费征收机制，明确赋予存款保险基金管理机构早期纠正和风险处置的职责。对严重危及存款安全和存款保险基金运行的银行，可以从"补充资本、控制资产增长、控制重大交易授信和降低杠杆率"四个方面采取早期纠正措施[二]。

（二）我国维护金融稳定的做法[三]

1. 化解金融机构风险

金融管理部门按照"分类施策、一行一策"的原则，对金融机构进行风险化解。对高风险金融集团，依照既定方案和分工依法依规处置；对农村金融机构，坚持县域法人地位总体稳定，鼓励采用多种方式补充资本、引进战略投资者；对城商行和信托等地方法人机构，支持省级政府制定并实施处置方案，金融管理部门加强专业指导。

2. 加强金融政策统筹协调

（1）及时采取逆周期调节政策。确定了"稳预期、扩总量、分类抓、重展期、创工具"的工作方针，创设直达实体经济的货币政策工具，推动货币信贷实现"量增、价降、面扩"，既做到在较短时间内促进经济正增长，又推动金融服务实体经济的体制机制更加完善。

（2）统筹推动打好防范化解重大金融风险攻坚战。继续抓好存量风险化解，切实加强增量风险防范，加大中小银行资本补充力度，加强对金融创新的审慎监管，强化反垄断和防止资本无序扩张。

（3）统筹深化金融改革。确立"建制度、不干预、零容忍"的工作方针，部署实施创业板注册制和"新三板"改革试点，严厉打击财务造假。推动中小银行和开发性、政策性金融机构改革。

（4）推进更高水平对外开放。彻底取消银行、证券、保险业外资持股比例限制，取消合格境外机构投资者（QFII）和人民币合格境外机构投资者（RQFII）投资额度及RQFII试点国家和地区限制。

3. 加强系统性风险监测评估

对全国4000余家银行业金融机构进行压力测试，不断扩大测试范围，及时提示风险，引

[一] 中国人民银行金融稳定分析小组. 中国金融稳定报告（2021）[EB/OL]. [2022-09-01]. http://www.pbc.gov.cn/jinrongwendingju/146766/146772/4332768/20211111616012855737.pdf.

[二] 吴振宇，王洋. 防范化解金融风险：进展和挑战[M]. 北京：中国发展出版社，2020：149.

[三] 中国人民银行金融稳定分析小组. 中国金融稳定报告（2021）[EB/OL]. [2022-09-01]. http://www.pbc.gov.cn/jinrongwendingju/146766/146772/4332768/20211111616012855737.pdf.

[四] 吴振宇，王洋. 防范化解金融风险：进展和挑战[M]. 北京：中国发展出版社，2020：150.

导金融机构稳健经营。稳步推进央行金融机构评级工作，按季对全国 4000 多家金融机构开展央行金融机构评级，摸清风险底数，精准识别高风险机构。建立重点银行流动性风险监测报告机制，密切监测流动性状况，测算流动性缺口，及时进行风险警示。继续针对上市公司大股东股票质押风险、公募基金流动性风险等开展压力测试，运用金融市场压力指数监测股票、债券、货币和外汇等市场风险。积极开展保险公司稳健性现场评估和非现场监测，重点关注不当关联交易、大股东占款、股权结构不稳定等风险，密切跟踪偿付能力不足的保险公司风险状况。继续开展大型有问题企业风险监测，加强对宏观经济形势、区域金融风险及房地产等特定行业趋势的研判。

4. 完善资管业务标准规制〇

建立资管业务整改联络协调机制，加强政策协调统筹和监测分析，推进资管业务整改政策落实。持续加强非现场监管，按月监测资管业务运行情况。针对部分银行保本理财有所反弹、现金管理类产品规模快速增长等问题，及时提示风险，确保资管新规及各项配套制度有效落实。

【相关案例 8-4】

中美贸易摩擦冲击我国金融稳定

2018 年 3 月，美国总统特朗普签署对华贸易备忘录，悍然举起贸易大棒，中美贸易摩擦拉开序幕并反反复复。贸易摩擦会通过实体经济部门对我国金融体系产生影响，也会通过影响市场预期而冲击我国金融市场，造成我国的股市、债市、汇率波动增大，外贸行业经营压力加大、信用风险上升等问题，对我国的金融运行、金融改革、金融开放造成冲击，甚至给全球资本市场带来阶段性冲击。

以人民币汇率为例，在 2018 年上半年，人民币汇率总体保持稳定；然而进入下半年，人民币汇率的波动明显增强，到 10 月中旬，累积跌幅已接近 7%；2019 年 5 月，离岸人民币对美元一度下跌超过 3%，这完全是美国升级贸易摩擦进而影响市场情绪的结果。再以资本市场为例，在中美贸易摩擦导致避险情绪升温的情况下，境外机构资金多次出现明显连续的流出，从 2018 年 3 月开始，上证指数从 3200 多点一度跌破 2500 点，我国股票市场维持弱势，风险集聚。我国经济复苏的进程被迫"中断"，人民币贬值预期显著加强，外汇大规模流出以及外储大量损耗，进一步收紧了国内金融条件。全球资本市场也出现明显下跌，美国股市、欧洲股市、亚太股市无一幸免。可以预见，中美贸易摩擦将直接影响全球经济增长。

金融的一个重要内涵是风险估值。通过梳理过去发生的金融危机，我们不难发现，一旦爆发金融危机或者系统性金融风险，经济体的估值会受到沉重打击。该经济体的信用也会相应受挫，市场会对其发展前景和发展预期失去信心，经济恢复会变得越发困难。因此，经济体的估值一旦受挫便很难恢复，有可能进入恶性循环。面对严峻的内外部形势，考虑到中美贸易摩擦可能的长期化、金融化，提高国家金融安全意识、加强金融防风险建设迫在眉睫。

资料来源：王文，贾晋京，卞永祖.大金融时代：走向金融强国之路［M］.北京：人民出版社，2019：131.

〇 资管即集合资产管理。集合资产管理是将所有顾客的财产进行集中，由专业的投资者（例如证券公司）进行管理的一种方法。

本章小结

（1）国家金融安全。国家金融安全是指一国（或地区）金融业包括金融机构、金融市场以及外汇市场在其发展过程中对来自国内外不利因素的干扰和冲击具有足够的抵御和抗衡能力，能够成功化解各种金融风险，并保持正常运行和发展的一种状态。

（2）国家金融安全的表现形式。国家金融安全的表现形式多种多样，具体可将其从四个维度进行划分。以时间为划分标准，可划分为短期金融安全、中期金融安全与长期金融安全；以空间为划分标准，可划分为国家总体金融安全、区域金融安全、省份金融安全、市级金融安全、县级金融安全等；以逻辑层次为划分标准，可划分为宏观金融安全、中观金融安全与微观金融安全；以内在机制为划分标准，可划分为汇率安全、金融机构安全等。

（3）国家金融安全相关理论。国家金融安全相关理论主要包含金融风险理论、货币危机理论、银行危机理论、外债危机理论。金融风险理论包括金融脆弱性理论和信息不对称理论。货币危机理论经历了四个时期的发展与演变。银行危机理论包括货币政策失误论和银行体系关键论。外债危机理论包括债务通货紧缩理论、资产价格下降理论和综合性国际债务理论。

（4）国家金融安全预警。国家金融安全预警指标包括先导性指标和免疫性指标两大类。其中，先导性指标包含货币供应量（M2）增长率、通货膨胀率、外汇储备占比、国内外利率差、偿债能力等；免疫性指标包含资本充足率、不良债权率、管理质量指标等。

（5）国家金融安全监管。国家金融安全监管是指政府通过建立金融法律法规制度，完善金融监管体系和金融监管手段，使整个金融体系在有序竞争的前提下，保持金融市场的长期稳定和金融体系有序发展。主要表现为国家金融安全监管法律体系和国家金融安全的宏观审慎监管。

本章荐读书目

[1] 丁志国，赵晶. 金融学 [M]. 2版. 北京：机械工业出版社，2019.
[2] 余湄. 我国外汇储备与金融安全 [M]. 北京：对外经济贸易大学出版社，2020.
[3] 陈云贤. 国家金融学 [M]. 北京：北京大学出版社，2018.
[4] 张安军. 中国金融安全监测预警研究 [M]. 北京：中国社会科学出版社，2015.
[5] 李成. 金融监管学 [M]. 北京：高等教育出版社，2016.

本章复习思考题

1. 简要分析国家金融安全与国际金融安全的差别。
2. 影响国家金融安全的因素有哪些？
3. 国家金融安全预警指标具体包含哪些指标？
4. 国外维护国家金融安全的实践中有哪些值得我国借鉴的？
5. 试分析我国应该如何维护国家金融安全。

第九章

国家资源安全

【本章关键词】
（1）国家资源安全　（2）自然资源　（3）能源地缘政治　（4）资源依赖
（5）生态承载力　　（6）生态价值　（7）物质价值　　　（8）矿产资源安全
（9）能源安全

【导入案例】

历史上三次经典的石油危机

石油被称为"工业血液"，足以说明石油的重要性，从某种角度来看，没有石油，一切都会瘫痪。据不完全统计，以目前掌握的技术，人类可以从石油中提炼出 8000 多种产品，包括燃料和各种油料，以及广泛使用的化工原料等。可以说，石油是一种战略资源，是关系到一个国家经济安全、经济发展的资源。回顾历史，世界上曾发生过三次典型的石油危机，对世界各国都造成了一定的影响。

第一次石油危机（1973 年—1975 年）：经济和政治因素是导致第一次石油危机的重要因素。

从经济因素来看，产油国与西方石油垄断公司的利益冲突是第一次石油危机爆发的主要原因。由于西方石油垄断公司对油价的控制，油价在危机发生前长期维持在每升 1～3 美元的低位，产油国对国际石油长期低价的不满，以及西方石油垄断公司的坚决态度，使得双方的矛盾日益尖锐。

从政治因素来看，这次石油危机的根本原因是，阿拉伯国家想利用石油武器，要求美国等放弃对以色列的支持立场，迫使以色列退出占领的阿拉伯国家领土。1973 年 10 月，第四次中东战争爆发后，美国公开向以色列空运武器、提供军事援助，此后阿拉伯国家开始实施一系列削减石油产量、石油禁运措施，将石油危机推向高潮。

第二次石油危机（1979 年—1980 年）：在此次石油危机中，战争因素与心理预期因素都扮演着重要作用。

一方面，从战争因素看，战争导致石油供应量减少，使得国际油价飙升。1978 年年底，伊朗爆发革命，导致石油供给严重不足，油价从 13 美元每桶一路攀升到 34 美元每桶。1980 年 9 月 22 日，伊拉克向伊朗发动全面进攻，"两伊战争爆发"，产油设施遭到破坏，市场每天有 560 万桶的缺口，国际油价一度攀升到 41 美元每桶。

另一方面，市场的心理预期也扮演了重要的推动者角色。1978 年，洛克菲勒基金会在报告中称"世界将逐渐经历石油供给的长期紧张，甚至是严重的不足"，使得市场对油价上涨的预期不断升温。受该报告影响，各大石油公司开始囤油，个体消费者也开始抢油，原油供给每天约减少 300 万桶，而原油需求却每天增加约 300 万桶。这种市场心理预期助推油价加剧上涨。

第三次石油危机（1990 年—1992 年）：战争因素在本轮石油危机中扮演了主要角色。

1990 年，伊拉克对科威特发动海湾战争，两国石油设施遭到严重破坏，石油产量骤降，

1990年8月初,伊拉克占领科威特之后,受到国际经济制裁,石油供应中断。仅仅三个月的时间里,国际油价从14美元每桶急剧攀升至42美元每桶,石油危机爆发。随后美国经济在1990年第三季度陷入衰退,拖累全球经济增长。

不过相比于前两次石油危机,第三次石油危机的影响并没有那么大。一方面,战争维持时间较短,主要作战时间在一个月左右,同时世界其他国家的产油水平也在不断提升。另一方面,国际能源机构(IEA)充分的紧急预案也发挥了关键作用。

资料来源:王眉.历史上的三次石油危机是如何影响产业链的[EB/OL].(2022-03-06)[2022-09-01].http://finance.sina.com.cn/money/future/fmnews/2022-03-07/doc-imcwipih6930518.shtml.

第一节 国家资源安全概述

一、资源的定义与分类

(一)资源的定义

资源是指一国或地区所拥有的物力、财力和人力等各种物质要素的总称。蒙德尔(Maunder)在《经济学解说》中将资源定义为生产过程中所使用的投入,从本质上讲就是生产要素的代名词,这一定义很好地反映了资源的经济学内涵[一]。

资源不仅是国家政治及经济战略的有力支撑,也是发达国家、发展中国家之间外交的重要筹码。由于资源的有限性、资源分布的地域性和不均衡性,任何一个国家或地区都难以拥有经济发展所需的全部资源,因此谋求资源供给,弥补国内资源的缺口,一直是国际经贸往来的重要动力,也是经济全球化不断深入的根本原因之一[二]。

(二)资源的分类

资源可从性质、用途等不同角度进行分类[三]。按照资源性质分类,可以将资源分为自然资源和社会资源两大类别,二者都是人类社会经济活动中必不可少的投入。

关于自然资源,不同学者对自然资源的定义与内涵有着不同的认识。有学者认为,只要是能够(或被认为能够)满足人类需要并为人类提供福利的资源,就属于自然资源[四]。有学者认为,自然资源仅指那些天然存在的未经过人类后期加工的物质或能量[五]。二者的区别在于,前者认为自然资源除了天然存在的资源外还包括人工加工过的能满足人类需要的资源,而后者认为自然资源必须未经加工。

社会资源主要包括人群、财富、知识和暴力四种,它们是人类社会运行的四种主要资源。四种资源之间的交换、配置模式,决定了社会发展的成熟程度和运行特点。这四种资源是影响人类社会复杂化和秩序化的决定性因素,可以称为社会演化的四要素。人群、财富、知识和暴力四种资源在交换和流动中会出现不均衡分布的现象,导致资源高度集中于部分行业或

[一] 彼得·蒙德尔.经济学解说[M].胡代光,译.北京:经济科学出版社,2000.

[二] 陈曦,曾繁华.国家经济安全的维度、实质及对策研究[M].北京:中国经济出版社,2010:66.

[三] https://baike.baidu.com/item/资源/9089683?fr=aladdin.

[四] 孙鸿烈.中国自然资源百科全书[M].北京:中国科学院地理科学与资源研究所,2000.

[五] 辞海编辑委员会.辞海(缩印本)[M].上海:上海辞书出版社,1980.

地区，出现资源配置和资源占有地区间、行业间的差异○。

按照用途分类，资源还可以分为农业资源、工业资源和信息资源（含服务性资源）。此外，按照资源可利用状况分类，也可将资源分为现实资源、潜在资源和废物资源。

二、国家资源安全

（一）国家资源安全的定义

当今世界，国家安全已经不仅仅局限于传统的军事安全或政治安全，经济安全、环境安全、社会安全等概念也包含其中。而资源安全作为经济安全的重要组成部分，其在国家安全中占有基础性地位○。

国家资源安全是指，在一国国民经济运行的过程中，从国家、企业到个人，都能够在生产、生活及消费的各个领域稳定、持续、及时、经济地获取足量的自然资源，且自然资源赖以生存的生态环境也最大限度地处于良好或免遭不可修复破坏的状态。国家资源安全以国家战略性资源安全为核心，具有主体目标利益导向性、过程可调控性、演化发展长期性、空间组合层次差异性以及系统内外互动性等特点。保障国家资源安全的根本目标是保障一国的资源、人口、国民经济和环境协调发展，综合来看，可以概括为保障资源供给和促进可持续发展两个方面○。国家资源安全的影响因素共有七个，分别是结构、质量、数量、空间区位、价格、技术及制度。

（二）国家资源安全问题的由来

在经济活动中，资源投入是经济产出的前提条件，投入和产出规律要求必须长期维持资源的不断供给才能保证经济的持续稳定发展。资源安全问题由资源短缺问题演变而来，本质上表现为资源的供需矛盾，也即资源供给能力的有限性与人类社会需求的无限性之间的矛盾。在一定的技术条件和时空范围内，资源短缺正是由供需不平衡产生的明显资源缺口问题而导致的。随着经济社会的高速发展以及社会日益多元化的需求，资源供给越发不能满足社会对资源的需求，从而导致世界各国对资源安全问题的担忧。国家资源安全问题正是在这一背景下提出的。

第二节 国家资源安全的相关理论

一、能源地缘政治思想

地缘政治学是在自然地理和政治地理相结合的基础上对国际政治空间现象所做的系统研究。就其延伸影响来说，地缘政治学涉及国际关系的政治地理因素和国家对外政策（包括军事战略）的地理因素○。

能源地缘政治的影响因素包括"地理"和"能源"两个方面。其中，自然地理因素（如区位、地形、地貌和水域等）和能源资源蕴藏量因素是固有的、不可改变的。但是，人文地

○ 徐义华，冯群. 社会资源视角下的文明与国家概念[J]. 中国史研究动态，2022（1）：40-44.

○ 王东方，陈伟强. 中国铝土矿贸易与供应安全研究[J]. 资源科学，2018，40（3）：498-506.

○ 谷树忠，姚予龙. 国家资源安全及其系统分析[J]. 中国人口·资源与环境，2006（6）：142-148.

○ 李义虎. 地缘政治学：二分论及其超越——兼论地缘整合中的中国选择[M]. 北京：北京大学出版社，2007.

理（区域经济、产业发展、交通通道和基础设施）和能源资源勘探开发程度等是与人类活动关联的、可控的，所以，能源地缘政治的优劣在一定程度上是可控的[一]。

严格地说，能源地缘政治还不能称为理论或学说，而是一种影响各国能源政策与外交策略的思维方式。比如，由于美国对日本的石油禁运政策，日本将法西斯扩张主义的视线转向盛产石油的东南亚国家；英国通过其海上力量控制着产量有限的中东石油的"阀门"；罗马尼亚石油根本不足以满足德国摩托化兵团和坦克集群的能源需求，导致希特勒在进攻苏联时把夺取高加索石油当作南方集团军群的一项重要任务[二]。

能源的地缘政治属性是确凿无疑的：一方面，能源的生产、运输和分配活动都受制于复杂的地理结构；另一方面，能源是地缘政治权力的重要来源，能源政治受到地理因素的支配[三]。以金属资源安全为例，地缘政治对国家金属资源安全的影响主要是指少数金属资源充裕国家通过对金属资源市场供应或金属资源国际贸易规则的改变，造成金属资源供应受限以及价格动荡，从而影响国家金属资源安全[四]。科马尔·哈比卜（Komal Habib）等测算了全球范围内 52 种金属的赫芬达尔－赫希曼指数（HHI），用以判断其地缘政治供应风险，认为未来的地缘政治风险更多取决于现有以及将新被勘探出的金属资源的储量分布，而不是现有金属产量的全球分布[五]。Gemechu 等学者通过评估 14 种矿产资源的地缘政治风险，发现未来稀土、锑、铍等金属将会面临更大的地缘政治供应风险[六]。

二、资源依赖理论[七]

资源依赖理论假设没有组织是完全自给自足的，一切组织都在与环境进行交换，并由此获得生存与发展。正是在组织与环境的交换中，环境给组织提供关键性资源（稀缺资源），组织对资源的需求便构成了组织对环境的依赖。在环境中，与组织交换资源的是另一些组织，组织与环境的关系，实质是拥有不同资源的组织之间的关系，组织之间在资源上的依赖关系是资源依赖理论探讨的对象。所谓资源依赖理论，是指一个组织最重要的存活目标就是要想办法减低对外部关键资源供应组织的依赖程度，并且寻求一个可以影响这些供应组织以使能够稳定掌握关键资源的方法。国家可以通过降低对外部关键资源供应组织的依赖程度，从而保障本国资源安全。

在该理论中，讨论组织间依赖关系的一个重要框架是"资源依赖－权力不平等"模式。它站在弱势组织的立场，关注组织间因资源依赖而导致的权力不平等，关注组织如何通过改变资源依赖关系等方式来降低对环境的依赖程度，以增强自身权力的策略。

[一] 郎一环，王礼茂，李红强. 中国能源地缘政治的战略定位与对策［J］. 中国能源，2012，34（8）：24-30.

[二] 张建新. 能源与当代国际关系［M］. 上海：上海人民出版社，2014：304.

[三] 张建新. 能源与当代国际关系［M］. 上海：上海人民出版社，2014：302.

[四] 王昶，宋慧玲，左绿水，等. 国家金属资源安全研究回顾与展望［J］. 资源科学，2017，39（5）：805-817.

[五] Habib K, Hamelin L, Wenzel H. A Dynamic Perspective of the Geopolitical Supply Risk of Metals［J］. Journal of Cleaner Production, 2016, 133：850-858.

[六] Gemechu E D, Helbig C, Sonnemann G, et al. Import-Based Indicator for the Geopolitical Supply Risk of Raw Materials in Life Cycle Sustainability Assessments［J］. Journal of Industrial Ecology, 2015, 20（1）：154-165.

[七] 邱泽奇，由人文. 差异化需求、信息传递结构与资源依赖中的组织间合作［J］. 开放时代，2020（2）：180-192；9.

资源依赖理论的主要观点认为，一个组织对另一组织的依赖程度取决于三个决定性因素：①资源对组织生存的重要性；②组织在多大程度上能够对资源的分配和使用做自主裁决；③替代性资源的可获得程度。简单地说，三个决定性因素即资源的重要性、使用资源的自主性、替代性资源的获得性。

就国家资源安全来说，不同国家之间容易因资源依赖而产生权力不平等问题，通常情况下，一个国家对其他国家的资源依赖程度越高，受到其他国家的约束程度就越高。国家需要科学调整资源依赖关系，增强自身权力，维护一国国家资源安全，避免出现对某个国家资源依赖程度过高的现象。

三、资源永续利用理论 ⊖

资源永续利用理论的认识论基础是：人类社会能否可持续发展，取决于人类社会赖以生存发展的自然资源是否可以被永远地使用下去。基于这一认识，该理论致力于从资源角度来探讨自然资源得以永续利用的理论和方法。一国资源安全的持续保障与资源的可持续发展息息相关，因此资源永续利用理论也是国家资源安全的重要理论基石。

资源永续利用理论认为，不可再生资源可持续利用是指其利用消耗速率要低到在其存量枯竭之前能发现新的替代品，也就是说，可持续利用的速率必须低于或至多只能相当于替代品出现的速率。不可再生资源可持续利用的经济学原理是著名的霍特林法则（Hotelling Theorem），即开采的不可再生资源的价格增长率必须等于贴现率。然而，它关心的是资源开发的收益是否最大化，而不是资源存量本身的变化或枯竭与否，因此它的可持续利用是针对资源拥有者而言的。

为了实现资源永续利用，世界各国纷纷从能源开发及能源消费两方面入手。在能源开发方面，实施"清洁替代"策略，即以太阳能、水能、风能等清洁能源代替化石能源，实现以清洁能源作为主导的能源使用方式，从根本上解决人类能源供应正在面临的资源约束及环境约束问题。在能源消费方面，实施"电能替代"策略，即以电能替代石油、煤炭等较高污染性的化石能源，提升电能在终端能源中的占比，大力倡导"以电代煤，以电代油"的能源发展战略。

【相关案例 9-1】

阿联酋积极探索可持续发展

漫步在茂密森林的交织根系之中、徜徉于海洋深处，当人们正享受自然界的美妙时，迎面却看见成堆的塑料瓶、飘动的垃圾袋、废弃的电子设备……这是近日向公众开放的2020年迪拜世界博览会（延期至2021年举行）首个主题场馆"Terra 可持续发展馆"中的场景。Terra 在拉丁语中是"地球"的意思，展馆用沉浸式体验向游览者诠释人与自然和谐相处之道，警示人们积极探索可持续发展。

"Terra 可持续发展馆"顶部宽130m，由1055个光伏面板组成，馆内则利用循环水和替代水源实现自给供电、供水。从主题设计到技术支撑，体现了阿联酋希望通过该展馆激发人们对可持续发展的思考的努力。近年来，随着城市化和人口增加，减排压力不断增大，阿联酋将能源转型和节能减排列入国家发展规划，努力实现经济可持续增长。

在"2021愿景战略"中，阿联酋政府提出了能源多样化、减少化石燃料使用的目标。其

⊖ 余敬.重要矿产资源可持续供给评价与战略研究[M].北京：经济日报出版社，2015：27.

"2050能源战略"进一步指出,到2050年,清洁能源在阿联酋能源结构中占比要从2021年的25%提高至50%,发电过程中碳排放减少70%,能源使用效率提升40%,为阿联酋节省开支约7000亿迪拉姆(1元人民币约合0.56迪拉姆)。

为实现这一目标,阿联酋政府持续布局相关产业和项目。日前,阿联酋国家核监管机构宣布向巴拉卡核电站2号机组颁发运行许可证,核电站整体运营后,将为该国提供约25%的电力,每年碳排放量减少多达2100万t;阿布扎比酋长国(以下简称阿布扎比)正在建设扎夫拉光伏电站项目,这是当前阿联酋四个主要清洁能源项目中最大的一个。该光伏电站总装机容量为2GW,2022年下半年投入使用后将满足约16万户家庭的用电需求,每年减少碳排放超过360万t;沙迦正在建设中东地区首座垃圾发电站,计划改造一座占地面积0.47km^2的垃圾填埋场并安装太阳能光伏板。投入使用后,每年可处理30万t城市固体垃圾,生产电力超42MW,减少二氧化碳排放45万t。

在不久前举办的阿布扎比可持续发展周活动上,阿联酋还宣布了两大氢能合作计划:一是阿布扎比国家石油公司与两大主权基金组建氢能联盟,助推氢气在阿联酋交通运输和工业领域的应用;二是阿布扎比可再生能源开发商马斯达尔与西门子等公司携手推进"绿氢"示范应用。"随着全球人口增长,实现可持续发展的使命变得越来越迫切。"阿联酋国务部长苏尔坦表示,阿联酋希望积极实践并搭建可持续发展对话的桥梁,为本地区可再生能源的发展注入信心。

资料来源:阿联酋积极探索可持续发展[N].人民日报,2021-04-02(16).

四、生态承载力理论[一]

生态也是国家资源的重要组成部分,保持自然生态环境状况,能够维持社会经济的生存与可持续发展的需求,也是保障国家资源安全的重要内容。生态承载力理论即研究生态承载力的相关理论。生态承载力即生态环境的承载能力,是自然体系调节能力的客观反映。人类的一切生产活动都必须依赖于周围的水、土、大气、森林、草地、海洋、生物等自然生态系统,这些自然生态系统为人类提供了必不可少的生命维护系统和从事各种活动所必需的最基本的物质资源,是人类赖以生存、发展的物质基础。人类与其所处的自然生态环境是互动的,当人类生存和发展所需的生态环境处于不受或少受破坏、威胁的状态,即人类的各种生产和生活活动对周围生态环境造成的影响未超过生态系统本身的调节能力,其所处的自然生态环境状况能够维持社会经济的生存与可持续发展的需求,这种状态就处于生态承载力的范围之内;反之,则超过了生态承载力的范围。

五、自然资源价值理论

自然资源价值理论即对自然资源的价值进行测算、衡量、评估的理论,在经济社会发展及人民生活水平较低时,自然资源开发利用程度也较低,资源相对比较丰富,因此,传统观点认为自然资源是没有价值的,这导致了资源的无偿占有、掠夺性开发和浪费使用,造成了资源损毁和生态破坏等问题[二]。然而,自然资源作为一种客观存在的物质,不仅为人类提供直接的生活资料、生产资料,还为人类提供赖以生存的环境空间。因此可以看出,自然资源是

[一] 黄青,任志远.论生态承载力与生态安全[J].干旱区资源与环境,2004(2):11-17.

[二] 李金昌.关于自然资源的几个问题[J].自然资源学报,1992(3):193-207.

有价值的[⊖]。

自然资源的价值还可以分为物质价值和生态价值。自然资源的物质价值首先取决于它的有用性，其价值大小则取决于它的稀缺性和开发利用条件。由于自然资源的再生产过程既包括自然再生产过程，也包括社会再生产过程，即通过人、财、物等社会投入，保护、恢复、再生、更新、增殖和积累自然资源的过程，所以自然资源的物质价值包括两个部分：一是自然资源本身的价值，即未经人类劳动参与的天然产生的那部分价值；二是基于人类劳动投入所产生的价值。对于供给量非常大，需求量非常小的自然资源，其价值就很小，甚至趋于零；对于资源需求量非常大，而供给量却极少的自然资源，总体价值就会很高，甚至成为无价之宝。

自然资源的生态价值是客观存在的，但量化比较困难。国际上，一些学者用替代法或机会成本法等估算生态价值，给人们提供了一个量化生态价值的途径。如20世纪70年代，日本科学家对日本全国树木的生态价值进行了综合调查和计算，得出了惊人的数据：在一年内，全国树木可储存水量2300多亿t，防止水土流失57亿m^3，栖息鸟类8100万只，供给氧气5200万t。将这几项按规定价格换算成金额，其总的生态价值达12兆8亿日元，相当于日本1972年全国的经济预算。

第三节 国家资源安全的测度指标

一、国家资源储备规模

国家资源储备规模是衡量某个国家自然资源安全状况的重要指标，是一个国家可用于经济和社会发展的自然资源的数量，即各类可用于生产的要素储备量。一般情况下，一个国家的自然资源储备规模与其资源安全状况成正比例。自然资源储备规模越大，其国家资源安全状况越好。表9-1是世界前十大国家的石油、天然气储备量情况。

表9-1 世界前十大国家石油、天然气储备量

国家	石油（10亿桶）			国家	天然气（万亿m^3）		
	2000年	2010年	2020年		2000年	2010年	2020年
委内瑞拉	76.8	296.5	303.8	俄罗斯	33.2	34.1	37.4
沙特阿拉伯	262.8	264.5	297.5	伊朗	25.4	32.3	32.1
加拿大	181.5	174.8	168.1	卡塔尔	14.9	25.9	24.7
伊朗	99.5	151.2	157.8	土库曼斯坦	1.8	13.6	13.6
伊拉克	112.5	115	145	美国	4.8	8.3	12.6
俄罗斯	112.1	105.8	107.8	中国	1.4	2.7	8.4
科威特	96.5	101.5	101.5	委内瑞拉	4.6	6.1	6.3
阿联酋	97.8	97.8	97.8	沙特阿拉伯	6	7.5	6
美国	30.4	35	68.8	阿联酋	5.8	5.9	5.9
利比亚	36	47.1	48.4	尼日利亚	3.9	4.9	5.5

数据来源：British Petroleum（BP）数据库.https://www.bp.com/en/global/corporate/energy-economics/statistical-review-of-world-energy.html.

⊖ 罗丽艳.自然资源价值的理论思考：论劳动价值论中自然资源价值的缺失[J].中国人口·资源与环境，2003（6）：22-25.

二、国家资源自给率

资源自给率是评估一国资源自给程度的指标,通常用当年资源产量占当年资源消费量的比重来计算,反映一个国家的资源安全水平。国家资源自给率取决于该国的资源总体储备量、资源开采能力以及经济发展程度等。资源储备量越高、资源开采能力越强的国家,通常其资源自给率也越高。然而一个国家经济越发达,其资源消耗量也越大,可能其资源自给率水平越低。表9-2列示了2000年—2021年主要石油生产国的石油资源自给率。

表9-2 2000年—2021年主要石油生产国的石油资源自给率

国家	2000年	2010年	2020年	2021年
美国	39.58%	40.96%	96.25%	88.49%
俄罗斯	265.18%	384.03%	361.66%	349.67%
沙特阿拉伯	608.18%	350.72%	342.97%	337.93%
加拿大	135.54%	151.65%	265.54%	278.23%
伊拉克	541.18%	481.27%	671.10%	582.03%
中国	73.54%	46.05%	28.83%	27.68%
伊朗	296.75%	273.90%	195.36%	226.93%
阿联酋	626.29%	434.73%	449.06%	395.19%
巴西	78.11%	104.89%	163.55%	153.42%
科威特	1077.45%	584.83%	693.09%	686.39%

数据来源:根据British Petroleum(BP)数据库计算所得.https://www.bp.com/en/global/corporate/energy-economics/statistical-review-of-world-energy.html.

三、国家资源外贸依存度[①]

国家资源外贸依存度是一国的资源需求依赖于对外进口的程度,是指一个国家某一年净进口的所有资源总量占资源消费总量的比重。该指标反映的是该国所消费的全部资源的总体对外依存状况,是综合评判一个国家资源安全状况的重要指标。

其具体计算公式如下

$$R = \frac{N_i}{C} \times 100\% \quad (9.1)$$

$$N_i = I - E \quad (9.2)$$

$$C = P + N_i + \Delta S \quad (9.3)$$

式中,R表示某种资源的对外依存度;N_i表示资源净进口量;C表示资源总消费量;I表示进口量;E表示出口量;P表示某种资源的国内产量;ΔS表示该种资源存量的变化量。

由于ΔS的数据难以统计,在计算中一般可以忽略,因此对公式(9.1)做如下调整

$$R = \frac{N_i}{P + N_i} \times 100\% \quad (9.4)$$

资源外贸依存度不仅表明一国资源依赖于对外进口的程度,还可以在一定程度上反映一国的资源开发能力、经济发展水平以及参与国际经济的程度。一般而言,在开放经济条件下,

---

[①] 王东方,陈伟强.中国铝土矿贸易与供应安全研究[J].资源科学,2018,40(3):498-506.

发展中国家的资源外贸依存度大于发达国家的,其主要原因是发展中国家本身的可用资源和开采能力都有限,为满足国民经济发展及社会需求,资源在很大程度上必须依靠进口。相比之下,发达国家由于本身资源丰富、国内市场广阔、开采能力及效率更具优势等因素,对外部资源依赖程度不大,资源外贸依存度相对较小。表9-3是2010年—2021年部分国家天然气资源外贸依存度情况。

表9-3 2010年—2021年部分国家天然气资源外贸依存度

国家	2010年	2020年	2021年
美国	11.05%	−8.50%	−12.43%
巴西	43.84%	30.25%	42.33%
俄罗斯	−41.07%	−53.96%	−47.66%
中国	15.06%	41.33%	42.96%
印度	19.49%	60.66%	54.02%

数据来源:根据British Petroleum(BP)数据库计算所得.https://www.bp.com/en/global/corporate/energy-economics/statistical-review-of-world-energy.html。

四、国家资源进口市场集中度[1]

国家资源市场进口集中度可用于判断国家是否集中从某一或某几个国家进口资源。资源进口市场的多元性越强,国家资源安全受到地缘政治等不确定性风险的可能性越小。赫芬达尔-赫希曼指数(HHI)是反映市场集中度的指数,该指数能够全面、准确地反映资源出口国(即进口来源国)对资源进口国进口市场的影响程度,能够较好地反映进口来源国市场规模分布变化情况。

其计算公式如下

$$\mathrm{HHI} = \sum_{i=1}^{N}\left(\frac{X_i}{X}\right)^2 = \sum_{i=1}^{N} S_i^2 \qquad (9.5)$$

式中,X_i表示排在第i位(按进口规模排序)的该种资源进口来源国的进口规模;X表示资源进口国的进口总规模;S_i表示排在第i位(按进口规模排序)的该种资源进口来源国的市场占有率;N表示这一资源进口国进口该种类资源的资源进口来源国总数。

当进口来源国独家垄断时,该指数等于1;当从所有国家进口的规模相同时,该指数等于$1/N$。故该指标在$1/N$到1之间变动,数值越小,表明进口来源国的规模分布越均匀。表9-4是2020年部分国家石油进口来源国或地区的市场占有率情况,可以看出,加拿大的石油进口来源市场集中度最高,中国的石油进口来源市场集中度最低。

表9-4 2020年部分国家石油进口来源国或地区的市场占有率

石油进口来源国或地区	国家				
	加拿大	美国	中国	印度	日本
加拿大	0	61.18%	0.57%	0.49%	0
墨西哥	0	11.17%	0.07%	3.92%	0.08%
美国	76.34%	0	3.55%	5.25%	1.62%

[1] 王东方,陈伟强.中国铝土矿贸易与供应安全研究[J].资源科学,2018,40(3):498-506.

（续）

石油进口来源国或地区	国家				
	加拿大	美国	中国	印度	日本
中南美洲	1.43%	10.32%	12.92%	7.85%	1.78%
欧洲	3.23%	0.72%	3.37%	0.78%	0
俄罗斯联邦	0	1.26%	14.97%	1.28%	4.13%
其他独联体国家	0	0.31%	1.13%	1.77%	0.73%
伊拉克	0	3.03%	10.79%	23.20%	0.4%
科威特	0	0.34%	4.94%	4.86%	9.15%
沙特阿拉伯	13.26%	8.48%	15.24%	18.44%	40.16%
阿拉伯联合酋长国	0	0.10%	5.60%	10.89%	31.01%
其他中东国家	0	0	9.53%	6.33%	9.31%
北非	0	0.31%	0.61%	2.21%	0.40%
西非	5.73%	2.42%	12.89%	10.50%	0.16%
东南非洲	0	0.14%	0.38%	0.29%	0.08%
大洋洲	0	0	0.25%	0.05%	0.24%
中国	0	0	0	0.05%	0.08%
HII	0.60%	0.41%	0.11%	0.13%	0.28%

数据来源：根据 British Petroleum（BP）数据库计算所得. https：//www.bp.com/en/global/corporate/energy-economics/statistical-review-of-world-energy.html.

第四节 不同类型资源的安全

一、能源安全

（一）能源安全的影响因素[①]

能源安全的概念由两部分组成：一部分是能源供给的稳定性，也即经济安全性，是指国家能够保障国民经济发展及人民生活所需的各类能源，国家能够有效地防御影响能源供给的突发事件，从长远角度看，国家能够满足未来社会及经济发展的需求；另一部分是指能源使用的安全性，即生态环境的安全性，是指能源的消费和使用不会对人类自身生存发展及环境造成任何破坏和威胁。

影响能源安全的因素有很多，归纳起来主要有以下六个方面：禀赋因素、政治因素、运输因素、经济因素、军事因素和可持续发展因素。

1. 禀赋因素

禀赋因素是影响国家能源安全的一个最重要、最直接的因素。一般情况下，一国自身的能源越丰富，对经济及社会发展的保障程度也就越高，相应其能源供应的安全性也越高。当然，这并不意味着能源匮乏的国家就一定面临着严重的能源安全问题。以日本为例，日本在

---

① 迟春洁，黎永亮. 能源安全影响因素及测度指标体系的初步研究［J］. 哈尔滨工业大学学报（社会科学版），2004（4）：80-84.

经历了第一次石油危机的严重影响之后，通过建立完善的战略石油储备系统等措施，有效降低了其能源供应的风险，缓解了国家面临的能源安全问题。

2. 政治因素

政治因素主要通过两个途径对国家能源安全产生影响。第一，由于能源的进出口国之间的政治关系变化使能源供应安全受到威胁。例如，第一次石油危机就是阿拉伯国家和西方国家的政治局势动荡所造成的。第二，由于能源生产国国内的一些政治因素使能源供应安全受到威胁。例如，第二次石油危机即能源生产国国内的一些政治相关因素，造成石油产量骤减，对能源的安全供应造成了影响。

3. 运输因素

运输因素主要是指能源的供应链安全。供应链安全和资源控制以及储备的建立具有同等重要的地位，供应链安全是一国整体能源安全的前提条件。

4. 经济因素

经济因素会对能源安全产生间接影响。对于能源进口国，主要影响在于是否能够满足进口能源的外汇储备需求。能源价格上涨将会对其能源进口能力以及能源进出口平衡产生一定的影响。在非战争时期，能源价格的大幅度波动是造成能源安全问题的主要因素之一。

5. 军事因素

军事因素也会对能源安全产生多方面的影响。一国若拥有强大的、反应迅速的海上军事力量，将会对能源的海上运输线路起到良好的保护效果，对关键海峡的有效控制也是保证能源运输安全的重要一环。

6. 可持续发展因素

资源安全问题在一定程度上依赖于资源的利用效率及资源的可持续利用程度。资源可持续利用的实质便是在资源可持续利用的前提下发展经济。因此，通过加快清洁能源开发替代、加速可再生能源技术进步、减少污染性能源消费等措施，可以有效改变国家的能源安全态势。

（二）能源安全保障措施⊖

1. 提高能源利用效率

以欧盟为例，欧盟致力于提高本国能源使用效率，打造节能欧洲。交通和建筑行业是欧盟能源消费的最大市场（超过30%的能源为建筑业所耗），具有很大的节能潜力。因此，欧盟节能政策集中在建筑业和交通领域。在建筑物节能方面，欧盟推行建筑物能源证书制度，鼓励建筑物节能改造。在交通节能方面，欧盟重视汽车发动机的改造，推广新型燃料以及对二氧化碳排放量征税。除此之外，政策公关也是重要的一环，欧盟致力于做好政策宣传、项目咨询等服务，广泛与国际组织沟通和交流，从根本上提高能源利用率。

2. 加快能源技术创新

加快能源技术创新的步伐、开发利用可再生能源也是欧盟能源安全战略的重要内容。欧盟提出要提高可再生能源使用比例，加大低碳技术研发力度，以确保其在能源技术的领先地位。目前，欧洲能源转型已引起全球的关注。例如，欧洲必须在2050年前完全淘汰化石能源，凭借现有的储能技术，实现能源体系的100%可再生能源转型在技术上没有问题；提高能源效率，整个欧洲的能源需求可以在2050年实现减半；数字化能够使能源转型更加公平和有效等。

⊖ 邢梦玥. 世界主要国家能源安全战略以及对我国经验借鉴[J]. 现代管理科学，2019（10）：9-11.

3. "消费者友好型"能源政策

推进"消费者友好型"能源政策是欧盟能源安全战略不可忽视的组成部分。能源政策如果可以做到更加贴近消费者，保障消费者权利，维护消费者利益，能源消费的安全性就能够得到保障，能源的安全性和可靠性也会因此得到提高。欧盟计划推出同时促进能源技术竞争和保障消费者能源权益的政策，这对国家能源安全起到一定的积极作用。

4. 完善能源储备体系

与美国减少石油储备的战略不同，欧盟重视建立完善的石油储备体系。1968年欧盟的石油战略储备制度就出现了，该制度符合国际能源机构对于成员国维持90天石油需求的要求，并且建立了石油战略储备和商业储备组合机制。2022年3月，欧盟的执行机构通过了一项法规草案，要求各国确保在2022年冬天来临前，天然气储量达到总储量容量的80%，而在接下来的几年，冬天来临前，储量要达到总储量容量的90%。此外，它还引入了一个认证系统，以更好地控制由俄罗斯天然气工业股份公司等第三国运营商所拥有的设施。同时，欧盟还呼吁各成员国联合购买天然气，以便获得更好的购买条件。这一极为严格的条例，目的是迅速补充其已枯竭的天然气储备。相关法律条文中还列出了短期应急方案，以保护欧盟成员国的经济免受俄乌冲突所导致的能源危机影响○。

5. 国际化能源战略

根据自身的能源储备情况及发展目标的需要，美国政府会阶段性地对自身能源战略进行调整。近年来，美国重点实施了能源多元化战略。主要包括四点：长期能源战略、以国内为主的能源供给体系、能源品种多元化以及油气来源多元化○。

欧盟在保障能源安全方面也实施国际化能源战略，在减少对俄罗斯能源依赖的同时，继续推进能源供应多元化的战略，计划增加从里海、中东等地区的能源进口，减轻对俄罗斯和中亚国家的能源依赖，保障能源供应安全。

6. 构建国际能源供应网络

在夯实与能源伙伴合作基础的同时，欧盟还致力于构建国际能源供应网络，确保能源供应稳定性，加强国际能源对话与合作，实施统一的对外能源政策，营造有利于欧盟能源发展的市场外部空间，推动能源低碳绿色转型升级。美国明确表示，在石油供应方面，将首先稳定西半球的石油供应链，保卫在中东的石油利益，并通过政治和外交手段努力支持美国本土石油公司挺进和控制里海的石油资源○。

【相关案例9-2】

德国能源转型面临多重挑战

当前，德国正加速推进以可再生能源为主体的能源转型。德国联邦政府近期制定《可再生能源法（修正案）》草案，计划加快风能和太阳能等可再生能源项目的进度，决定到2030年，风电和光伏发电占发电总量的比例将达80%，原定到2040年实现100%可再生能源发电的目标则提前至2035年。

根据德国联邦统计局公布的最新数据，2021年，德国能源结构中风力等可再生能源发电

○ 陈光伟，李来来. 欧盟的环境与资源保护：法律、政策和行动[J]. 自然资源学报，1999（3）：97-101.

○ 王宇. 国际矿产资源战略对我国重要矿产资源安全影响及对策研究[M]. 北京：经济管理出版社，2015，10-13.

量占比达42.4%，煤炭、天然气等传统能源占比为57.6%。

为实现能源转型目标，德国计划扩大数十亿欧元投资，加速电力、交通、工业、建筑和农业五大行业的全面"脱碳"进程。德国副总理兼德国联邦经济和气候保护部长罗伯特·哈贝克说，加快提高可再生能源发电产能，是德国减少对进口化石能源依赖的一大关键。德国联邦经济和气候保护部表示，将加速推动该草案的通过与实施，以使其在2022年7月前正式生效。

德国加快能源转型的决心和力度空前，但仍面临多重挑战。过去20年间，德国政府通过一系列激进措施，将可再生能源占比从3%提升到40%以上。不过，可再生能源的成本高于传统化石能源，给经济带来巨大压力。

德国风电产业发展步伐放慢。在许多农村地区，当地民众经常出于保护森林和鸟类、降低噪声污染等目的，反对风能企业投资建设，加之相关政府机构冗长繁复的审批程序，陆上风电的扩张进度在过去几年明显放缓。由于高昂的投资，海上风电场进展同样缓慢。

近期，全球石油、天然气等化石能源价格大幅上涨，高度依赖能源进口的德国受到严重冲击。在能源供给持续紧缩的情况下，德国政府不得不从2022年7月开始，暂时取消为扩大可再生能源而征收的税款，以缓解通胀压力，但这同时也削弱了发展可再生能源的融资能力。

由于面临较大能源缺口和价格压力，德国政府还考虑延迟煤电和核电的退出时限。根据原计划，德国最后3座核电站将于2022年年底关闭，并在2030年彻底告别煤电。哈贝克表示，可能会将德国煤电厂的使用期限推迟到2030年后，同时还考虑延长剩余核电站的使用。核电站运营方则表示，核电站正按照原定关闭进度推进，如继续运行，在安全方面需要额外采取更多措施。

资料来源：李强. 德国能源转型面临挑战［N/OL］. 人民日报，2022-05-06（16）. http：//paper.people.com.cn/rmrb/html/2022-05/06/nw.D110000renmrb_20220506_6-16.htm.

二、矿产资源安全

（一）矿产资源安全的概念

矿产资源安全是指满足国家生存与发展正常需求的矿产资源供应保障处于稳定状态，并确保矿产资源开发及使用不对人类自身的生存与发展环境构成威胁，即保障矿产资源供应的稳定性和开发使用上的安全性[一]。从矿产资源的角度讲，国家资源安全是指一国经济发展所依赖的矿产资源尤其是战略资源的供给得到有效保障，避免资源供给中断或资源价格异常波动而对经济产生不利冲击[二]。

随着新兴工业化国家不断崛起，各类新兴产业领域所需的金属等矿产资源的重要性日益凸显。而矿产资源作为不可再生资源，其需求的不断增长使得其供求关系发生了深刻的结构性变化。21世纪以来，科学技术快速更新迭代，在世界范围内战略性新兴产业高速发展，这些在客观上加剧了国际上关键性战略矿产资源的供需矛盾，在全球化进程逐步加深的大背景下，世界各国的矿产资源博弈将长期存在。如何制定科学有效的稀有矿产资源竞争策略及安全保障举措，存在极为重要的现实意义。

[一] 汪云甲. 经济全球化下的矿产资源安全［J］. 煤炭学报，2002（5）: 449-453.

[二] 方敏，胡小平. 加入世贸组织对中国矿产资源国家安全的影响和策略［J］. 中国地质矿产经济，2002（8）: 12-15.

（二）矿产资源安全的影响因素

影响矿产资源安全的因素主要包括资源规模、经济发展状况、技术进步和制度性因素等。

1. 资源规模

资源规模是影响一国矿产资源安全的最重要的因素之一。矿产资源安全驱动因素中的基础因素是资源禀赋，一国的资源数量多寡、种类齐缺、质量优劣等均会直接关系到国家或地区的金属资源安全程度及保障水平。国家自身拥有的资源规模越大，种类越丰富，对国民经济发展的保障性越高，资源供应的安全程度也相应越高。

2. 经济发展状况

一国经济发展状况通过影响其外汇储备，决定其是否有充足的外汇支持进口资源、抵御进口资源价格的上涨，进而影响一国的矿产资源安全状况。经济发展良好的国家还可以在开发国内资源与进口国外资源之间进行权衡，优化配置，以达到整体最优解。同时，经济发展越繁荣的国家，其不论是在矿产勘探及开采能力、资源储备能力方面，还是在国际矿产交易市场上的话语权方面，都会有更大优势。

3. 技术进步

技术进步是影响矿产资源安全的重要因素之一。技术进步将有效降低矿产资源的开采成本。

4. 制度性因素

制度性因素也在很大程度上影响着矿产资源的安全态势。制度性因素的影响效应主要取决于国家政府所制定的有关资源开发、利用的相关政策以及与能源消费相关的法律、法规等。

上述影响矿产资源安全的因素往往具有相关性。例如，若一国的经济实力较强，在矿产资源安全的政策方面会具有更大的选择余地，也就有能力在进口外国资源和开发本土资源之间选择最优化决策。同时，经济实力较强的国家在技术进步方面往往会取得更优成果，资源开发利用相关的新技术将会降低国家对原有资源储备量的依赖性，从而提升矿产资源的安全程度。当然，由于空间与时间的不同，上述影响因素表现出的影响作用可能会发生排序变化，即上述因素在影响矿产资源安全方面会表现出一定的动态性。

（三）部分国家矿产资源安全政策

1. 美国矿产资源安全政策

美国既是重要矿产资源的生产大国，也是消费大国。美国的大宗支柱性矿种多居于世界前列。美国矿产资源政策具有市场化、法制化和国际化等特点。美国是最早将出口管制运用于内政外交并服务于其国家核心利益的国家之一。《1949年贸易管制法》奠定了美国现代出口管制体系的基础。1979年，《出口管理法》和《出口管制条例》对军民两用物质、技术和相关服务的出口进行了管制，规定矿产品出口量要与其自身矿产品存储量形成一定合理的比例。矿产品的出口许可证发放形式取决于商品的类别、价值和出口目的国等因素，涉及国家安全利益或直接禁止出口的特定矿产品不在出口许可范围内。近年来，美国对出口管制政策进行

---

① 孙永波，汪云甲.矿产资源安全评价指标体系与方法研究［J］.中国矿业，2005（4）：36-37；81.

② 王昶，宋慧玲，左绿水，等.国家金属资源安全研究回顾与展望［J］.资源科学，2017，39（5）：805-817.

③ 王宇，谭之勤，淳伟德.国际矿产资源战略对我国重要矿产资源安全影响及对策研究［M］.北京：经济管理出版社，2015：10-13.

了一系列改革，如2018年通过的《出口管制改革法案》将出口管制扩展到新兴和基础技术的出口、再出口或转让层面。根据上述法律法规规定，美国只向特定国家出口纯金属铍，且未经美国政府同意，不能将原产于美国的金属铍卖给其他国家。

2. 巴西矿产资源安全政策

巴西以矿产资源丰富而著称，在1998年以前，巴西矿产资源策略具有很强的保护性。巴西政府重视采矿活动对环境生态的影响，环境保护意识强，法律法规制度较为健全，执行也较严格。其主要原则是"谁采矿，谁复垦"①。即采矿者必须及时对自己采矿造成的生态破坏进行复垦修复。20世纪90年代后，巴西矿产资源政策的开放性不断提高，为将资源优势迅速转化为经济优势，巴西致力于鼓励境外投资者进入矿业这一国民经济的支柱性产业。

3. 印度矿产资源安全政策

印度矿产资源较为丰富，已经开发利用的有89种。但是，印度现有的矿产资源种类和储备并不算富足，因此印度政府也特别强调从源头上杜绝浪费，并提高开采和利用的效率。为使其矿产资源得到有效勘查和开发利用，印度政府努力吸引外资开发矿业，使资源优势转化为经济优势。为了满足国家可持续发展的需要，印度政府鼓励企业积极走出国门，到海外开发所需资源，大量进口矿产品和能源②。

4. 中国矿产资源安全政策

我国矿产资源禀赋具有双重性的特点，即矿产资源总量丰富，矿种比较齐全，但人均占有量偏低③。我国主要依靠开发本国的矿产资源来保障经济发展的需要。我国鼓励勘查开发有市场需求的矿产资源，特别是西部地区的优势矿产资源，以提高国内矿产品的供应能力。同时，引进国外资本和技术开发我国矿产资源，利用国外市场与国外矿产资源，推动我国矿山企业和矿产品进入国际市场，是我国的一项重要政策。国外矿业公司进入我国，我国矿山企业走向世界，实现各国资源互补，对推进世界矿产资源勘查开发的共同繁荣和健康发展具有重要意义。

三、其他资源安全

（一）水资源安全

水资源安全是指一个国家或地区可以保质保量、及时持续、稳定可靠、经济合理地获取所需水资源的状态或能力④。水资源政策的主要目的是保证生活、生产及生态（"三生"）的用水需求。对于水资源缺乏的国家而言，水资源政策的重点有三：其一是节约用水；其二是要保证并强化水资源的可用性；其三是利用水资源的储量及水环境总容量来控制国民经济和社会的发展速度、结构及规模等。

世界各国和地区由于气候和地理环境的不同，拥有的水资源数量差距巨大。但是对于任何一个国家而言，水资源都极为重要，这也是众多国家大力治理水污染的原因。以芬兰为例，

---

① 王瑞生．秘鲁和巴西矿产资源管理制度研究［J］．中国国土资源经济，2007（11）：4-7；46.
② 王宇，谭立勤，淳伟德．国际矿产资源战略对我国重要矿产资源安全影响及对策研究［M］．北京：经济管理出版社，2015：10-13.
③ 汪小英，成金华．我国在全球矿产资源配置格局中的地位及对策［J］．理论月刊，2010（6）：78-80.
④ 谷树忠，李维明．关于构建国家水安全保障体系的总体构想［J］．中国水利，2015（9）：3-5；16.

芬兰是一个特别注重保护水资源的国家。芬兰处理水资源的水平在全世界名列前茅，享用干净饮用水的人口比例位居全球第一，同时其水源质量也是位列全球第一位的。芬兰水资源优越，一方面取决于高质量的环境因素，另一方面也与当地政府花费了大量资金对水资源进行保护密切相关。为了确保水质，芬兰在地下36m处修建了120km的管道，再加上各种防治水污染的先进技术，使得干净水源成为全国人民的首选。此外，芬兰具有严格的企业污染治理规定，任何会产生污染的企业都不能在其国内进行生产。

（二）土地资源安全

作为人类赖以生存的自然资源，土地资源是国家社会经济发展的重要基础，也是国家安全的重要保障[1]。土地作为农业自然资源的一个自然综合体，它是由气候、地貌、岩石、土壤、植物和水文等组成的一个垂直剖面，也是人类过去与现在生产劳动的产物。具有生产能力且可生产出人类所需的动植物产品是土地的基本特征。若合理利用改造，土地的生产力将不断提升，随着生产周期不断提高产量，基于这一角度，土地是一种可更新资源。相反，若缺乏合理利用手段，肆意开垦破坏土地资源，那么，土地的生产力将会恶化衰竭，更严重的甚至可能会影响人类的生存。

在土地资源安全保障上，荷兰的相关经验值得借鉴。荷兰是一个注重土地资源保护的国家，尽管陆地面积仅33.8万km^2，但是其中60%为农业用地。荷兰是世界人均耕地面积最少的国家之一，但其农产品出口却占据了世界农产品出口总量的9%，是世界第二大农产品出口国。荷兰成为农业大国，与其保护耕地、提高农业生产效率的努力紧密相关。荷兰人极为珍惜土地，特别是耕地。荷兰国土的1/5是人工填海造出来的。由于27%的耕地和60%的人口处于海平面以下，为了保护土地和家园，几代荷兰人不懈努力，修建了防潮大堤。荷兰政府很早以前就对农产品销售减免消费税，不收取耕地使用税，通过税收调控政策鼓励农户耕种。作为一个高税收国家，税费优惠措施对于促进农业发展具有显著激励效应。与此同时，荷兰政府还开征高额的资产税或土地开发交易税，以制约对耕地的过度开发[2]。

（三）海洋资源安全

海洋资源安全具有非传统安全特质，与政治安全等传统安全交织在一起，既表现为海洋战略资源所有的安全，也表现为资源开发和收益的安全，其手段是经济合作等非传统安全手段，目的是使一国在不影响下一代人使用资源的情况下，能够及时、稳定、经济地获取各种海洋战略资源，以满足经济发展和社会稳定的需要，同时也能维持资源的健康状态[3]。

以英国为例，英国是海洋资源保障措施较为完善的国家之一。鉴于英国地理位置的先天优势，一直以来，英国都十分重视对海洋的综合开发与利用。英国在海洋资源管理方面的重要手段是加强海洋立法，采用分门别类、缜密而交叉的法律法规系统限定海洋开发行为。根据不同用途可分为渔业方面、油气勘查和开采方面、与皇室地产有关、与规划有关等的法律法规。2003年，英国政府发表了题为《变化中的海洋》的报告，建议用新的管理方法对各类海洋活动进行综合管理和制定一部综合性海洋法。2005年，英国政府宣布将制定新的海洋法，

---

[1] 魏婵娟，蒙吉军.中国土地资源生态敏感性评价与空间格局分析[J].北京大学学报（自然科学版），2022，58（1）：157-168.

[2] 确保耕地数量，提升耕地质量[N].人民日报，2021-02-02（18）.

[3] 陈秀莲，樊兢.中国南海海洋战略资源安全的困境与合作对策[J].世界地理研究，2018，27（2）：55-64.

随后组织了一系列由有关各方代表参加的磋商、专题会与研讨会。直至2009年11月12日，英国王室正式批准《英国海洋法》。《英国海洋法》的出台为英国建立新的海洋工作体系和进一步发展海洋事业奠定了坚实的法律基础。

英国对海洋资源的开发活动长期以来贯彻以经济效益为主线，即开发利用与自然补偿对等的原则，宏观上既要求海洋资源的保值、增值和盈利，又强调海洋资源的再生和可持续发展，注重环境保护和生态平衡。

为了适应新世纪海洋战略的新要求，英国海洋资源开发的管理手段为实施海域使用许可证制度，即对任何海洋资源的开发都必须取得双重许可证——作为政府管理行为所发放的允许开发许可证和作为产权所有者所发放的有偿租赁许可证，而且开发活动都必须严格依照许可证规定的开发项目及期限进行。开发商在对某海域进行开发的时候，必须先就开发项目制作成书面报告，并提交海洋管理组织，根据《英国海洋法》的规定，海洋管理组织的职能之一就是要审批海洋允许开发许可证，通过审批的开发商再从英国政府手中取得有偿租赁许可证。《英国海洋法》中的这一制度不仅有利于英国政府将海洋资源开发的项目放权给有能力的个人，缩减政府对于开发海洋资源的财政支出，还促使市场人才竞争最优化，使有实力者得以开发海洋资源，从而使他们在满足个人经济效益的同时，也能符合国家建设对于海洋资源开采的要求。

（四）森林资源安全

森林资源作为自然资源以及陆地生态系统的重要组成，在稳定陆地生态系统、保障社会经济的可持续发展进程中也有着无法代替的战略地位。广义上的森林资源安全是指国家利益不会因为森林资源的短缺、乱砍滥伐以及森林资源环境的破坏而遭受严重损失，森林生态系统不受到严重破坏或威胁，森林能够满足国民经济和社会的可持续发展需要的状态。而狭义的森林资源安全，则是指在不超出森林资源的承载能力的前提下，森林资源供给能在保质保量的基础上满足人类生存、社会进步及经济发展，并维系良好生态环境的需求[1]。

以俄罗斯为例，俄罗斯拥有丰富的森林资源，据统计，俄罗斯森林面积占世界总量的1/5，在稳定全球气候方面发挥着重要作用。近年来，俄罗斯在实现碳达峰、碳中和过程中越发重视森林功能，在森林保护和恢复上不断"加码"。2021年2月，俄罗斯总理米舒斯京批准《2030年前林业发展战略》，从经济和环保两方面对俄罗斯林业发展做出规划。俄罗斯副总理阿布拉姆琴科表示，该战略的推出将有效防止森林违法行为的发生，每年将减少高达数百亿卢布的损失；同时该战略也将致力于保护并修复国家森林资源，将使该国森林覆盖率增加3%。

在森林保护上，改善治理方式的变化也发挥了一定作用。2021年5月14日，俄罗斯总统驻远东联邦区全权代表特鲁特涅夫表示，在改善森林治理、推动林业数字化实验框架下创建的信息系统已开始在后贝加尔边疆区运行。特鲁特涅夫表示，这是一种基于现代技术和空间监测数据的新型林业管理系统，是森林治理的新办法。据了解，该信息系统基于电子交互式地图，重要森林信息以数字形式在地图上反映出来，利用卫星图像可对森林的变化进行识别、分析。

除此之外，俄罗斯"生态"国家项目下专门设了"森林保护"联邦项目，该联邦项目规定每年森林种植面积将与砍伐、消逝的森林面积相同，还规定为林业发展和森林恢复提供专用设备、创新林业技术等。

---

[1] 周少华. 中国森林资源安全现状及发展态势 [J]. 湖南城市学院学报, 2008, 29（6）: 27-30.

俄罗斯为增加造林面积、减少森林火灾，2020 年"森林保护"项目共拨款 24 亿卢布用于恢复约 1.1 万 km² 森林，拨款 6.5 亿卢布购买 1000 多套林业机械和设备以及 4100 万卢布种植近 7 亿株幼苗，并形成 243t 种子储备。此外，为确保发生自然灾害后繁育森林，俄罗斯还建立了森林资源战略储备——俄联邦森林种子基金。2020 年 11 月，俄联邦林业局宣布拨款 5650 万卢布用于补充种子基金，该部门称，补充后的基金能够保障在发生紧急情况或自然灾害后恢复和繁育森林。

【相关案例 9-3】

日本的《资源有效利用促进法》

日本是原生资源总量相对匮乏的国家。21 世纪初，日本开始推行循环型社会建设。通过资源的可循环利用以及再生资源的创造，日本已经成为世界上金、铅等重要金属资源储量最为丰富的国家之一，铜、铂、银等金属资源储量也均位居世界前五位。从日本的《资源有效利用促进法》相关条例可以看出日本相关法律对资源保护及资源可持续发展的重视程度。

第一条　为控制废弃物的产生以及保护环境，控制使用过的物品以及副产品的产生，并采取能促进再生资源及再生零件利用的必要措施，以促进国民经济的全面发展。

第三条　通过控制使用过的物品和副产品的产生，以及利用再生资源和再生零件，主务大臣为综合并有计划地推进资源的有效利用，制定并公布资源有效利用促进的基本方针（以下称"基本方针"）。

第四条　在工厂或者生产单位工作人员或者销售人员或者建设工程的中标者，从事工作或者进行工程建设，合理地使用原材料的同时，必须使用再生资源及再生零件。

第五条　消费者尽量长期使用产品，并且努力促进再生资源及再生零件的利用，同时国家、地方的公共团体及其经营者应给予措施上的协助以保证实现本法律的目的。

第六条　国家为促进资源的有效利用，必须努力确保必要资金的到位，并采取其他措施。国家在进行物品的调度时，必须要考虑促进再生资源及再生零件的利用。

第七条　国家为实现科学技术的振兴，以促进资源的有效利用，必须采取必要的措施，如促进技术研究开发及推广运用其成果等。

第八条　国家通过教育活动、公关活动等来加深国民对促进资源有效利用的理解，同时，必须努力要求国民给予实施上的协助。

第九条　地方公共团体，必须根据其地区的经济和社会各个方面的条件，促进资源的有效利用。

资料来源：日本《资源有效利用促进法》.https: //wenku.baidu.com/view/f67545d6dd88d0d233d46ae5.html。

本章小结

（1）国家资源安全的概念。国家资源安全是指一国国民经济运行的过程中，从国家、企业到个人，都能够在生产、生活及消费的各个领域稳定、持续、及时、经济地获取足量的自然资源，且自然资源赖以生存的生态环境也最大限度地处于良好或免遭不可修复破坏的状态。

（2）国家资源安全的相关理论。国家资源安全的相关理论包括能源地缘政治思想、资源依赖理论、资源永续利用理论、生态承载力理论及自然资源价值理论等。

（3）国家资源安全测度指标。国家资源安全测度指标包括国家资源储备规模、国家资源自给率、国家资源外贸依存度及国家资源进口市场集中度。国家资源储备规模是衡量某个国家自然资源安全状况的重要指标，是一个国家可用于经济和社会发展的自然资源的数量，即各类可用于生产的要素储备量。国家资源自给率是评估一国资源自给程度的指标，通常用当年资源产量占当年资源消费量的比重来计算，由此来衡量一个国家的资源安全水平。国家资源自给率取决于该国的资源总体储备量、资源开采能力以及经济发展程度等。国家资源外贸依存度是一国的资源需求依赖于对外进口的程度，是指一个国家某一年净进口的所有资源总量占资源消费总量的比例。国家资源进口市场集中度借鉴赫芬达尔 – 赫希曼指数，能够全面准确地反映资源出口国对资源进口国进口市场的影响程度，较好地反映进口来源国市场规模分布变化情况。

（4）不同类型资源的安全情况。能源、矿产资源、水资源、土地资源、海洋资源、森林资源等均属于不同类型的资源范畴，各类资源安全的影响因素不一，在不同国家的储量及空间分布也有较大差异。

本章荐读书目

[1] 杨宇，何则. 能源地缘政治与能源权力研究[J]. 地理科学进展，2021（3）.
[2] 白益民. 能源就是命脉[M]. 北京：中国经济出版社，2018.
[3] 张建新. 能源与当代国际关系[M]. 上海：上海人民出版社，2014.
[4] 余敬. 重要矿产资源可持续供给评价与战略研究[M]. 北京：经济日报出版社，2015.
[5] 王昶，宋慧玲，左绿水，等. 国家金属资源安全研究回顾与展望[J]. 资源科学，2017（5）.

本章复习思考题

1. 简述国家资源安全的基本概念。
2. 简要论述能源地缘政治思想和资源依赖理论，并阐明其与国家资源安全的关联性。
3. 简述国家能源安全的影响因素和保障措施。
4. 简述矿产资源安全的定义、影响因素和保障措施。
5. 简述国家资源安全的测度指标及其计算方式。

第十章

国家科技安全

【本章关键词】
（1）国家科技安全　（2）科技人才安全　（3）科技活动安全　（4）科技成果安全
（5）技术生命周期理论　（6）后发优势假说　（7）吸收能力假说　（8）研发投入指标

【导入案例】

人工智能与美国经济安全

近10年来，人工智能（Artificial Intelligence，AI）的发展大大超出了人们的预期，它极大地改变了人们的生活方式，并给许多行业带来了巨大的经济效益。例如，无人驾驶技术的出现深刻改变了交通运输的发展模式与发展方向；人脸识别等生物技术的应用，极大地推动了金融、司法、公安等领域的进步；智能客服机器人应用，在很大程度上解决了商业服务与营销困境等。但是，正是因为人工智能在经济等关键领域的重要地位，掌握和发展人工智能以维护国家经济安全目前已经成为各国的主要任务之一。2017年，哈佛大学肯尼迪政治学院发布的《人工智能与国家安全》报告就曾指出，人工智能的每一种技术都为国家安全机构的战略、组织、优先事项和资源分配带来重大变革，其未来影响力至少可与核武器比肩。发展人工智能技术、维护美国经济安全已经刻不容缓。

从实践角度看，美国官方的多项举措表明，美国正将人工智能技术发展作为维护其国家安全的重中之重。通过贸易制裁、争夺科技人才、构建美国主导的人工智能技术标准，美国将遏制他国的人工智能技术发展作为其保持科技领先地位的手段。

早在奥巴马政府期间，美国官方就发布了人工智能相关报告，重点关注人工智能带来的经济利益。拜登政府将人工智能技术作为影响美国经济安全和霸权地位的关键考量因素，并在多份文件中公开强调中国人工智能技术发展对其产生的威胁。为了保持人工智能领域的领先地位，美国政府计划加大对创新投入的力度。在国家层面建设人工智能研究基础设施，为大众提供人工智能研究资料。在最近公布的2万亿美元基础投资计划中，拜登政府明确表示1800亿美元将应用于发展芯片、半导体制造、量子计算等领域。而这些领域的发展正是加速人工智能应用以及提高其计算能力的技术基础。

在加紧发展自身人工智能技术实力的同时，美国也已经开始在人工智能关键技术领域对中国采取遏制手段。对华为、海康威视等中国科技公司的制裁和出口管制便是典型例子。美国国会研究处在一份报告中表明，如果将发展人工智能的领导权拱手让给中国和俄罗斯，不仅会使美国在技术上处于不利地位，而且可能会威胁美国的国家安全。尽管目前中国在人工智能关键技术方面仍落后于美国，但中国在未来超越美国成为人工智能领域世界领导者的威胁不可小觑。美国人工智能安全委员会在2021年3月发布的报告中特别提出在微电子技术领域对中国实施"卡脖子"计划。通过出口管制等方式，达到让中国芯片技术落后于美国最少

"两代"的最终目的。2022年2月4日，美国通过了《2022年美国竞争法案》，明确出台了对芯片行业的扶持计划。美国将创立芯片基金，拨款520亿美元鼓励私营芯片企业在美国建厂，创造就业机会的同时，支撑国家经济安全。在该法案的特别条款中，美国放宽了包括人工智能专业人才在内的科技人才绿卡配额。目前在美国就读理工科专业的国际学生中，中国学生占比最多。该条款通过后，中国顶尖科技人才留美工作将更加便利，届时中国将面临一场同美国的科技人才争夺战。

除此之外，美国正在国际范围内建立遏制中国人工智能技术发展的科技联盟。2021年6月美国与欧盟携手成立了美欧贸易和技术委员会。其目的，一方面是通过技术确保美国及其盟友在包括人工智能在内的新兴技术领域的领先地位，另一方面是通过出口管制、投资审查等方式控制关键技术的出口与转让，遏制他国技术发展。

人工智能的发展正在产生新的地缘政治现实。为了保持其全球权力中心的地位，美国已将人工智能的发展提升到国家安全的高度。可以预见的是，未来中国在人工智能及相关领域将面临来自美国的更为严峻的竞争。如何掌握人工智能等关键技术的发展机遇，保障国家科技安全和经济安全，目前已经成为各国广泛讨论的话题之一。

资料来源：人工智能与美国国家安全：保持领先，遏制他国.https://buzzly.net/p/vHBVzUmJ/.

第一节　国家科技安全概述

一、国家科技安全的定义

（一）科技

科技指的是人类对自然界规律的认识和运用。科技是科学与技术的统称，二者既有区别又相互联系。其中，科学要解决的问题是发现自然界中确凿的事实与现象之间的关系，并建立理论把事实与现象联系起来；技术的任务则是把科学的成果应用到实际问题中去。科学与技术是辩证统一体：技术提出课题，科学完成课题，科学是发现，是技术的理论指导；技术是发明，是科学的实际运用。随着科技不断进步，科技对各领域的赋能效果日益凸显，极大丰富了人类的生活体验。

（二）国家科技安全

国家科技安全是国家经济安全的重要组成部分，是支撑和保障其他领域安全的力量源泉和逻辑起点[一]。科技安全的首要目标是保证国家整体的安全，与此同时，科技安全对国家经济、政治、军事等各领域有着重要影响，是维护其他领域安全的物质技术基础[二]。

长期以来，科学技术与国家安全的关系受到世界各国的高度重视。早在1945年，美国科学发展局局长布什（Bush）就在其著作《科学：没有止境的前沿》（*Science: The Endless*

[一] 王志刚. 加强自主创新，强化科技安全，为维护和塑造国家安全提供强大科技支撑[N]. 人民日报，2020-04-15（011）.

[二] 赵世军，董晓辉. 新时代我国科技安全风险的成因分析及应对策略[J]. 科学管理研究，2021，39（3）：27-32.

Frontier）中指出了科技在国家安全中的重要地位[一]。但是，到目前为止，关于国家科技安全的界定还没有得到普遍认可。有学者认为，国家科技安全表示由科学技术因素以及科学技术与国家安全因素的相关性所构成的国家安全的一种状态，这种状态描述了国家利益免受国外科技优势威胁的能力、国家发展科学技术和依靠科学技术提高整体竞争力的能力、国家以科学技术手段维护国家综合安全的能力，以及健全高效的科技安全预警与防范系统。有学者基于国家安全状态提出了"国家科技安全"的定义，认为国家科技安全就是关系到国家利益和安全的科学技术的存在与发展不受侵害与威胁的状态。

其实，国家科技安全不应被限定为国家科技的一种状态，而应从多个方面、多个视角出发，综合体现一国的科技情况。基于科技安全的实质，国家科技安全是指科技体系完整有效、国家重点领域核心技术安全可控、国家核心利益和安全不受外部科技优势危害以及保障持续安全状态的能力[二]。

二、国家科技安全的分类[三]

根据科技从研究到应用的各个阶段，可以将科技安全分为以下四类：科技人才安全，科技活动安全，科技成果安全，科技成果应用安全。

（一）科技人才安全

科技人才是指实际从事或有潜力从事系统性科学和技术知识的产生、促进、传播和应用活动的人力资源[四]。科技人才是国家经济社会发展的第一资源，人才竞争现已成为世界各国综合国力竞争的核心。科技人才安全是保障国家科技安全的首要关注问题。科技人才安全的主要内容在于三个方面：一是对科技人员的人身保护，二是科技人才培养与科技人员流失问题的预防，三是防止科技人员泄密。

首先，保障科技人员的人身安全是各国应当重视的问题。科技人员尤其是国家尖端科技人才的人身安全直接影响前沿科技发展进程。例如，2020年11月27日，被西方誉为"伊朗核弹之父"的高级核物理学家穆赫辛·法克里扎德（Mohsen Fakhrizadeh）在首都德黑兰附近遇袭身亡。法克里扎德是伊朗国防部核计划负责人，是伊朗科研和国防创新领域的带头人，该事件对伊朗核技术发展造成了重大影响[五]。

其次，对科技人员保护不力将会对国家核心产业安全造成威胁，而国家科技人员的流失以及对科技人员培养的缺失，则会从根本上阻碍一国的科技自主创新能力。当前，各国政府对高层次的科研人员，一方面，应让其积极参与国际的科技合作与交流；另一方面，在这种合作与交流中，又应加强对防止掌握关键技术的科技人才流失的重视。在经济发展水平极度不均匀的当今，对国家科技人才安全造成威胁的主要问题是物质利益的诱惑。如

[一] 游光荣，张斌，张守明，等. 国家科技安全：概念、特征、形成机理与评估框架初探［J］. 军事运筹与系统工程，2019，33（2）：5-10.

[二] 总体国家安全观普及读本编委会. 国家科技安全知识百问［M］. 北京：人民出版社，2021：3.

[三] 刘跃进. 科技安全是国家安全战略的重要内容［EB/OL］.（2014-11-16）［2022-09-01］. http://scitech.people.com.cn/n/2014/1116/c1057-26032522.html.

[四] 曾晓娟，刘元芳. 创新之忧：中国科技人才流失严重［J］. 科学管理研究，2008（3）：91-94.

[五] 鞠峰. 伊朗顶级核物理学家突遭暗杀身亡［EB/OL］.（2020-11-28）［2022-09-01］. https://www.guancha.cn/internation/2020_11_28_572836.shtml.

何防止本国重要科技人才大量流向发达国家而影响本国科技发展，是科技相对落后的发展中国家应给予高度重视的问题。对科技人才的培养是保护国家科技安全的根本之道。但由于规模经济效应，科技人才更多地聚集于发达的科技强国。尽管发展中国家认识到培养科技人才的重要性，但限于教育水平、技术和资金等因素，仍然很难实现高水平科技人才的快速突破。

最后，科技人员泄密也是导致国家科技安全遭受威胁的重要原因。例如，某军工研究所工作人员张某，在赴国外访学的过程中遭到间谍策反。该间谍多次为其解决生活问题，不仅用豪华轿车带他出去旅游，去高档餐厅用餐，为他提供高薪兼职工作，还允诺要为其女儿赴外国留学和取得居住权提供帮助。得知对方间谍身份后，张某在巨大的利益面前仍然选择出卖国家机密，在回国后立即开始搜集军工情报，导致国家多种武器装备还没有投入现役、没有列装就被泄露出去。最终，张某因犯间谍罪被法院判处有期徒刑15年。

（二）科技活动安全

科技活动安全包括科研行为、设施、场所、基地等的安全。科学技术发展到今天，科研活动早已不是作坊时代的个体行为，而是大规模的团体行为甚至国家行为。科研活动的集团化和国家化，使得科技投入大大增加。人们经常注意到科技成果给企业、社会和国家带来的巨大利润和利益，但却很少知道这些科研成果在财力上的巨大投入和长期经营的艰辛。保护科研场所、科研设施等安全，是科研活动顺利进行的前提条件之一，是科研活动安全的具体内容。科研操作行为、研究场所和设施的安全得不到保障，科研活动不能安全顺利地进行，就不可能产生预期的科研成果，而不恰当的研究操作和不安全的科研场所甚至还可能引发严重的社会安全问题。

（三）科技成果安全

科技成果是指人们在科学技术活动中通过复杂的智力劳动所得出的具有某种被公认的学术或经济价值的知识产品。科技成果按其研究性质分为基础研究成果、应用研究成果和发展工作成果。因此，科技成果安全可以被定义为与科技有关知识产成品的安全状态。科技成果是科技活动的最终结晶，代表了科技的最终水平，是国家科技实力的表现，正因如此，科技成果也成为各国重点保护的对象之一。

科技成果安全是保障国家科技优势的重要条件，而科技成果不安全会对经济发展乃至国家的安全造成威胁。科技成果不安全主要表现在以下两个方面。第一，科技成果保密性不强，容易被竞争对手模仿或抄袭。在当今社会，科技成果安全主要是指科技成果的保密性以及不能被外国所窃取的状态。由于国家综合国力依赖于科技实力，而科技成果又是科技实力的体现，所以部分国家常常通过间谍以非法手段窃取他国科技成果，以保持自身科技实力甚至实现赶超。第二，无法保障科技成果的安全稳定状态。随着科学技术的飞速发展，科技成果是否具备能够稳定地存在于自然界也成为人们比较关心的问题。例如，核武器的存放与保养是否安全、科学，生物技术、基因编辑的成果是否稳定等，都是具有代表性的科技成果安全问题。科技成果的稳定性得不到保障，科技的应用就会受到限制。

---

① 刘跃进．国家科学技术安全浅议［J］．国家安全通讯，2000（3）：45-46．

② 总体国家安全观普及读本编委会．国家科技安全百问［M］．北京：人民出版社，2021：09．

【相关案例 10-1】

切尔诺贝利核电站事故

1986年4月26日当地时间1点23分，苏联的乌克兰共和国切尔诺贝利核能发电厂发生严重泄漏及爆炸事故。这是有史以来最严重的核事故，有数百万人受到核辐射的影响而患病，约有50t核燃料化作烟尘进入大气层，另有70t核燃料和900t石墨迸溅到反应堆周围，引起30余场火灾。

事后调查发现，切尔诺贝利核电站事故是一个典型的由科技活动安全问题引发的灾难，工作人员的违规操作和研究设施故障在本次事故中充当了主要角色。一方面，在研究设备各项指标超出安全章程所规定的数值条件下，工作人员仍然对其进行了违规操作。另一方面，压力管式石墨慢化沸水反应堆（RBMK）的设计有缺陷，并且核反应堆的不稳定状态并没有在控制板上显示出来，导致工程师们对反应堆的安全状态做出了误判。也正是这些极其不稳定的危险操作和设施故障，最终导致了灾难的发生。

意外发生后，有203人立即被送往医院治疗，其中31人死亡，当中有28人死于过量的辐射。为了控制核电辐射尘的扩散，约135000人被迫离开家园。此外，有上万人由于放射性物质的远期影响而致命或重病，此后一段时间还有被放射线影响而导致畸形的胎儿出生。外泄的辐射尘随着大气飘散到苏联的西部地区、东欧地区、北欧的斯堪的纳维亚半岛。乌克兰、白俄罗斯、俄罗斯受污染最为严重，由于风向的关系，据估计约有60%的放射性物质落在白俄罗斯的土地。根据联合国国际原子能机构的数据，发生于1986年4月26日凌晨的切尔诺贝利核电站爆炸事故，大约有9000余名受害者死于辐射尘地区。核辐射还对乌克兰数万平方千米的肥沃土地造成污染，更有250多万人因辐射患上各种疾病，其中包括47.3万名儿童。

切尔诺贝利核电站事故引起了大众对于苏联核电厂安全性的关注。苏联解体后，俄罗斯、白俄罗斯及乌克兰等每年仍然投入经费与人力致力于灾难的善后以及居民健康保健。因事故而直接或间接死亡的人数难以估算，且事故后的长期影响仍是个未知数。到2006年，绿色和平组织基于白俄罗斯国家科学院的数据研究发现，在过去20年间，切尔诺贝利核事故受害者总计达9万多人，随时可能死亡。

资料来源：中华人民共和国商务部. 切尔诺贝利核泄漏事故影响深远［EB/OL］.（2002-10-25）［2022-09-01］.http：//www.mofcom.gov.cn/article/bi/200210/20021000045185.shtml.

（四）科技成果应用安全

科技成果应用安全是社会中最普遍的、最广泛的科技安全类别。科技成果应用是科技成果实现自身社会或经济价值的过程。基于此，科技成果应用安全是指科技成果在发挥其价值的过程中是否具备安全性的一种状态。

科技成果应用安全主要体现在两个方面。第一，科技成果在应用时的安全及稳定状态。例如：智能锁（指纹锁、面部解锁、眼纹锁等）在识别过程中是否安全可靠；无人机在飞行时能否保证其飞行速度和高度，以避免失速等。第二，科技成果的应用对基础设施或社会人员是否存在威胁。例如：自动驾驶汽车在行驶时，能否有效避免与其他车辆的碰撞和规避突然出现的障碍物，并保证车内人员的安全；智能手机是否存在爆炸风险伤及使用者等。

总而言之，科技成果应用安全是科技应用于社会活动时所带来的一系列安全问题。由于科技成果在现代社会中的广泛应用，科技与人们的生活逐渐紧绑在了一起，因此科技成果应用安全也成为人类社会生活中最受关注的科技安全问题类型。科技成果应用的安全得不到保

第十章 国家科技安全

障，人们的生活水平便无法得到有效保障。

【相关案例 10-2】

华为芯片断供事件

2019年5月16日，美国商务部以国家安全为由，将中国华为及其70家附属公司列入管制"实体名单"，禁止美国企业向华为出售相关技术和产品。封杀令一出，世界哗然。时隔一年，2020年5月15日，美国商务部发布公告，严格限制华为使用美国技术和软件在美国境外设计和制造半导体。而就在3个月后，8月17日，美国政府再次发布新禁令，对华为的打压继续升级。此次禁令的核心在于，任何使用美国软件或美国制造设备为华为生产产品的行为都是被禁止的，都需要获得许可证。新禁令切断了华为寻求与非美企供应商合作的道路，进一步封锁了华为获得芯片的可能性。"自家设计的不给造，别人生产的不给买"，直接把华为逼入了"无芯可用"的困境。

美国缘何要不惜一切代价"围堵"华为？重要原因之一是，华为的5G技术是中美科技博弈的关键领域技术之一。华为在5G领域的领先地位使得美国的危机感尤为强烈。美国要掌控技术和品牌，不希望华为成为新兴产业领导者，为了维护科技霸权而打压华为。"5G技术的主动权没有掌握在美国手中，这是历史上第一次，美国没有引领下一个科技时代"，美国司法部长威廉·巴尔在"中国行动计划会议"的演讲中提到，"从国家安全的角度来看，如果工业互联网依赖于中国的技术，中国将有能力切断各国与其消费者和工业所依赖的技术和设备之间的联系。与我们将屈服于中国主导权这个前所未有的杠杆影响相比，美国今天使用的经济制裁力量将显得苍白无力。"

新中国很早就意识到了半导体产业的巨大潜力，投入资源建立了初级的半导体产业。然而，由于芯片制造相关的基础科研能力不足，制程从微米深入纳米后，中国无法跟上世界顶尖企业的发展步伐，缺少足够的市场竞争力，差距逐渐拉大。对于目前中国的芯片困境，中国工程院院士邬贺铨表示："我国芯片受制于人，其中最大的原因是我们的工业基础——包括精密制造、精细化工、精密材料等方面的落后。"

在"芯片断供"之后，华为手机业务遭受了重大损失。华为2021年年报显示，公司实现销售收入人民币6368亿元，同比下滑28.6%。目前，全球前五大手机出货商已经没有了华为的身影，而在2020年，华为还名列全球前三，拿到了14.6%的份额。从芯片自主生产视角看，尽管中国中芯国际公司宣布，14nm工艺制程芯片已经实现量产，但与外国5nm芯片工艺仍存在较大差距。可以预期，在短期内，实现尖端芯片的自主生产仍然将是一段艰辛而漫长的路途。

华为芯片断供事件对依赖外国科学技术的国家起到了警示作用：如果自身不掌握高端科技，国家的科技安全便得不到保障，国家的经济发展将毫无安全可言。

资料来源：李方舒. 华为芯片断供"卡脖子"倒逼攻坚"［EB/OL］.（2020-09-16）［2022-09-01］.https://news.sina.com.cn/c/2020-09-16/doc-iivhuipp4563975.shtml.

三、国家科技安全的特征[一]

（一）保密性

国家科技安全最重要的特征是保密性。国家科技安全的保密性意味着，对科技安全的各个过程都要有严格的保密措施。科技安全的保密性主要体现在以下四个方面：

第一，关键科技领域人才的工作和个人信息的保密性。科技人员的工作事关国家科技前沿进展，科技工作保密不严谨，会存在科技成果泄露的风险，从而导致国家高端科技优势的丧失。科技人员个人信息的保密性能够保障科技人员的生命安全不受威胁，从而保障国家高精尖科技的安全。

第二，科技活动的保密性。根据科技活动的范畴，科技活动的保密性应该包括科技研发过程的保密性和科技研发场所的保密性两个方面。其中，科技研发过程的保密性是指科技研发步骤以及使用仪器的保密性。由于科技活动具有系统性和有组织性的特点，科技研发步骤和仪器的保密性能够保障科技活动不易被模仿或窃取。

第三，科技成果的保密性。科技成果保密是科技安全最重要的构成部分，科技成果的保密性得不到保障，国家就不可能保持科技优势领域的领先地位。科技成果的保密性要求科技成果相关信息的保密，具体而言，则意味着科技成果储存保密、科技成果的内部构造保密、科技成果的核心运作机理保密等。

第四，科技成果应用的保密性。科技成果应用的保密性主要体现在军事领域。对于可能造成较大影响的军事科技，其应用的时间、地点和范围也应当遵守保密原则。

（二）广泛渗透性

国家科技安全广泛渗透于国家经济安全的各种领域、各个要素和各个因素之中。国家经济安全体系及其任何部分都有科技安全问题存在[二]。此外，科技也与社会、政治、军事等领域深度融合发展并逐步渗透至各领域的各要素和各环节之中，表现出很强的渗透性特质。

人们社会生活中所使用的各类工具和设施都离不开科技发展，小到纸笔，大到海陆空的各类交通运输工具，它们都是科技进步的结果。科技不安全会对人民的生命财产安全造成威胁，甚至可能产生社会动荡。经济发展依赖生产力的提升，而生产力的大小又取决于生产技术的先进程度。只有在保障科技安全的条件下掌握先进生产技术，才能打破全球化背景下科学技术的"低端锁定"，在经济上实现赶超。例如，拥有现代化农业技术的工业国家，其农业生产率可能会高于农产品生产大国的，从而提升了自己农产品的国际竞争力。改革开放以来的很长一段时间里，中国处于"全球价值链"（Global Value Chains，GVC）的低端位置，但随着国内科技水平以及自主创新能力的提升，中国逐渐由低端加工地位转向中高端研发设计地位，在全球价值链中的位置逐渐向上攀升。在军事领域，国防科技发展是一国军事力量的核心竞争力，国防科技安全则是军事力量的重要保障。国防科技进步和科技安全能改变一国军事实力，甚至会改变现代战争格局。

[一] 梅亮，陈劲. 责任式创新：源起、归因解析与理论框架[J]. 管理世界，2015（8）：39-57.

[二] 科技安全是国家安全战略的重要内容[EB/OL].（2014-11-16）[2022-09-01]. http://scitech.people.com.cn/n/2014/1116/c1057-26032522.html.

（三）脆弱性

国家科技安全的丧失对国家经济安全是毁灭性打击，因此国家要提升了对科技和科技安全的重视程度。科技安全往往具有脆弱性的特征，使得科技安全工作在崎岖坎坷的道路上艰难前行。科技安全的脆弱性体现在科技安全的各个领域。首先，科技研发工作过程的失误、科技仪器的不当使用等，均可能造成巨大的人力和财力损失。科技成果应用不当也可能对人身、财产安全造成威胁。其次，近代间谍工作对国家科技安全的各个方面都产生了很大威胁，策反科技人员、监控科技活动和科技场所、窃取科技成果等不法行为存在于当今社会中。最后，随着近代科技突飞猛进发展，人类控制科技发展方向的能力逐渐被削弱，新兴科技的不可控因素也催生了各类国家安全风险。例如，金融科技的滥用导致国家资本市场不稳定性的增强，信息科技的快速发展增加了国家和个人信息被窃取的风险等。

（四）复杂性

科学技术的发展正以前所未有的速度和力度改造着所有社会单元，深刻影响着国家经济社会的发展和政治经济格局，改变着国家之间的竞争态势。但是，科技的发展也为社会带来了多方面的、复杂的影响。一方面，当前新一轮科技革命和产业变革加速演进，多学科、多领域交叉融合不断加深，信息技术、生物技术等新兴技术快速发展并被广泛应用，科技创新的渗透性、扩散性、颠覆性特征正在深刻改变人类社会的生产生活方式，重塑经济发展方式，使社会生活更加便捷和灵活。另一方面，颠覆性科学技术也对科技安全构成了新的威胁。人工智能、合成生物学、基因编辑等技术对社会伦理产生极大冲击，区块链、大数据、云计算等给信息安全、网络安全、金融安全带来极大挑战，技术误用和滥用对社会公共利益和国家安全构成潜在威胁，政府、社会治理面临新的挑战。与此同时，科技发展拓展了国家安全的时空领域，外部安全与内部安全、传统安全与非传统安全交织存在。

随着科技的迅猛发展，智能、生化、量子、纳米等前沿领域所蕴藏的破坏力可能将远超现有治理体系的抵御范围，如果依旧用亡羊补牢的方式应对核泄漏、非法基因编辑、不明原因疫病等导致的风险与失控，科技失控引发的公共安全事件迟早会给人类社会带来无法承受的灾难[一]。

四、国家科技安全的重要性

（一）科技在国家经济发展中的地位

科学技术在维护国家经济安全、提高国家综合实力方面发挥着极其重要的作用。目前，科技已经成为实现政治、国土、军事、经济、文化、社会、网络等领域安全的关键要素。如果国家科技水平落后，国家各个方面的安全就难以得到保障。

从历史发展进程看，每一次科技革命都深刻改变了世界发展面貌和格局，同时也对世界各国综合实力排名进行重新洗牌。18世纪60年代，随着改良蒸汽机问世，第一次工业革命在英国发生，科技水平的提高推动了以劳动力为主的生产方式向大机器生产方式转变。第一次工业革命极大地促进了以英国为代表的西方国家的轻工业发展，提高了国家的生产力，使西方在真正意义上实现崛起，并逐渐形成了"西方先进，东方落后"的新世界格局。19世纪70年代，以电能和内燃机为代表的工业技术发展催生了第二次工业革命。第二次工业革命不仅

[一] 陈劲，朱子钦，季与点，等. 底线式科技安全治理体系构建研究[J]. 科学学研究，2020，38（8）：1345-1357.

加快了钢铁、煤炭、机械加工等老牌工业行业的发展，还推动了一批新行业的出现，如石油、电气、化工、汽车、航空等新兴工业部门。这一系列工业化发展使老牌工业强国与农业国的差距进一步拉大。20世纪三四十年代，原子能技术、空间技术、电子计算机技术、激光技术等新兴技术的迅猛发展，实际上带领世界走向了第三次工业革命。但由于种种原因，近代中国错过了几次工业革命的发展机会，导致中国在近代科技落后、国力羸弱、被动挨打[一]。

从产业发展视角来看，每一领域的科技进步都将推动一批产业的发展与转型，进而带动人类生活质量的提升。例如，21世纪以来，信息技术的迅猛发展，催生了以人工智能、量子信息、移动通信、物联网、区块链为代表的新一代信息应用，不仅使人与人、企业与企业，甚至国家与国家之间的联系更为便捷和及时，还提升了企业生产效率和服务质量，提高了人们的生活水平；融合机器人、数字化、新材料等的先进制造业技术的发展，正在加速推进制造业向智能化、服务化、绿色化转型，有利于国家向全球价值链的顶端攀升，实现国家经济的可持续发展。每一领域的重大科技进步都可能是"科技革命"的导火线，因此，只有抓住每一领域的科技进步机会，才能实现由科技的"小进步"到国家整体科学技术水平的"大进步"的实质性转变。

（二）科技安全与国家经济安全的关系[二]

科技安全是国家经济安全的重要支撑。第一次工业革命以来，科技在国家经济发展中的重要程度日益凸显，科技安全对国家经济安全的支撑和保障作用也越来越明显。科技安全对国家经济安全的重要性主要在于以下两个方面。第一，科技安全赋能产业安全。从产业角度看，产业安全关系到国计民生和一国经济的长远发展，是实现国家经济安全的基础。科技能够赋能产业发展，帮助建立新的产业比较优势，使国家在经济全球化的发展浪潮中实现产业技术领先，占据全球价值链的高端位置，降低产业发展对国外技术的依赖，从而降低经济风险。第二，科技应用安全保障经济活动安全。科技成果的安全性和稳定性是经济活动安全的重要影响因素，安全的科技成果应用能保障经济的正常运转，提高经济效益；不安全的科技成果应用则会威胁到经济的正常运作，甚至危及人的生命健康，造成经济安全风险。

当前，世界各国为了促进国家经济发展，提高了科学技术对各经济领域的赋能水平。世界各国的经济发展水平不同，但是，都将科学技术进步作为经济发展的驱动力。发达国家站在世界经济信息化、全球化的前列，以信息领域的新技术革命推动经济的发展。发展中国家依靠科技进步提高劳动者的素质，实现经济增长方式的转变，以保持较快的经济增长速度。随着经济的全球化和一体化，国际市场竞争激烈，依靠技术进步提高产品的竞争力已成为各国在全球经济舞台上角逐制胜的关键[三]。相反的，一国科学技术的缺失就会使其失去在国际竞争中的优势地位，因此其可能陷入"中等收入陷阱"。可见，如果国家科技安全得不到保障，国家的经济安全便无从谈起。

【相关案例10-3】
"西方国家"主导的技术禁运

冷战结束后，1995年9月，包括"巴统"17国在内的28个国家在荷兰瓦瑟纳尔召开高官

[一] 总体国家安全观普及读本编委会. 国家科技安全知识百问[M]. 北京：人民出版社，2021：9.

[二] 陈劲, 朱子钦, 季与点, 等. 底线式科技安全治理体系构建研究[J]. 科学学研究, 2020, 38 (8): 1345-1357.

[三] 尹希成. 科技安全与国家安全其他要素的关系[J]. 国际技术经济研究, 1999 (3): 28-33.

会议,决定加快建立常规武器和双用途物资及技术出口控制机制,弥补现行大规模杀伤性武器及其运载工作控制机制的不足。在美国的操纵下,1996年7月,以西方国家为主的33个国家在奥地利维也纳签署了《瓦瑟纳尔协定》(Wassenaar Arrangement,以下简称《瓦协》),决定从1996年11月1日起实施新的控制清单和信息交换规则。《瓦协》包含两份控制清单:一份是军民两用商品和技术清单,涵盖了先进材料、材料处理、电子器件、计算机、电信与信息安全、传感与激光、导航与航空电子仪器、船舶与海事设备、推进系统等九大类;另一份是军品清单,涵盖了各类武器弹药、设备及作战平台等共22类。《瓦协》是一种建立在自愿基础上的集团性出口控制机制。其根本目的在于通过成员国间的信息通报制度,提高常规武器和双用途物资及技术转让的透明度,以达到对常规武器和双用途物资及相关技术转让的监督和控制。

《瓦协》声称不针对任何国家和国家集团,不妨碍正常的民间贸易,也不干涉通过合法方式获得自卫武器的权力。但是,无论从其成员国的组成还是该机制的现实运行情况看,《瓦协》都具有明显的集团性质和针对发展中国家的特点。欧盟实施《瓦协》,主要体现于2000年6月欧盟理事会通过的"1334号法令"。该法令详细列举了军民两用品和技术清单以及武器清单,其基本内容与《瓦协》的清单没有太大差别。在军民两用品和技术清单方面,该法令涉及核材料、技术与设备,新材料、化学品、"微生物和有毒物品",材料处理,电子,计算机,电信和"信息安全"、传感和激光,导航与电子,船舶,推进系统、航天器及其相关设备等共十大类。这项法令后来经过多次修订,目前成为对中国高科技出口管制的主要"指导性文件"。

美国对华技术出口管制以及其"瓦瑟纳尔安排机制",对中国的发展具有深层次的影响,在很大程度上阻碍了中国加入全球生产体系。例如,20世纪90年代中后期中国投入巨资发展的"908工程"和"909工程",受到美国、日本等国在设备、技术出口管制方面的限制。华晶、华虹等到国际市场采购设备都先后遭遇到了《瓦协》的限制;又如,美国等西方国家对华出口管制,使得中国半导体设备制造业同国际先进水平还有2～3代的差距,落后国际先进水平10年左右。而这也极大妨碍了中国在半导体价值链生产中的水平升级。

《瓦协》为广大发展中国家敲响了警钟,在外部政治不确定、无法掌握科技自主权的情况下,国家科技和经济权益在很大程度上会受到外部环境的影响,国家科技安全和经济安全将面临很大危险。

资料来源:中华人民共和国商业部政策研究室.瓦瑟纳尔协定[EB/OL].(2007-08-27)[2022-09-01] http://zys.mofcom.gov.cn/article/cp/200708/20070805032054.shtml.2007-08-27.

第二节 国家科技安全的相关理论

一、技术生命周期理论[一]

国家科技安全在很大程度上依赖于科学技术的前沿性,过多使用落后以及被淘汰的技术会危及国家经济、军事等方面的安全。如何判断当前国家技术水平所处的阶段,对于掌握国

[一] 王山,谭宗颖.技术生命周期判断方法研究综述[J].现代情报,2020,40(11):144-153.

家科技实力、保障国家科技安全具有重大意义。技术生命周期理论是长期发展演化形成的一套较为成熟的技术理论,它为识别国家技术所处阶段和技术安全状态提供了理论依据。

(一)技术生命周期理论的由来

技术生命周期是反映技术发展状态与未来发展趋势的重要理论。对技术生命周期的科学性、有效性、准确性的判断,不仅有助于国家确定重点技术研究领域、扶持新兴技术、完善成熟技术、淘汰落后技术,而且有助于企业定位技术发展状态、调整技术战略、抢占技术先机、降低投资风险、避免投资雷区误区等等。因此,技术生命周期的准确判断对于企业乃至国家进行技术战略部署而言,都起着至关重要的作用。

生命周期的概念起源于自然生态系统,泛指事物从萌芽、成长、成熟至消亡的一个周期过程。生命周期因涉及诸多领域(经济、技术、社会等)而得到了广泛应用。技术生命周期理论源于1966年哈佛大学教授雷蒙德·弗农(Raymond Vernon)首次提出的产品生命周期理论,技术生命周期与产品生命周期既有共同点又有区别[1]:两者均以"生命周期变化"为特征,经历类似出生、成长、发展、成熟再到衰退的过程;技术生命周期一般是指特定技术的整个发展历程,而产品生命周期则因国家技术水平不同而产生较大的过程差异。另外,从周期理论侧重的视角来看,技术生命周期理论主要侧重于在产品的技术方面,而产品生命周期理论则侧重于产品市场。对于技术性企业而言,产品的生命周期大多数受制于产品技术的发展水平;对于研发型企业来说,除了对产品生命周期有所了解以外,还需了解该技术当前所处发展阶段,以便制定出科学、有效、准确的技术研发战略。

技术在不同的生命周期阶段呈现出多样性的发展特征,从而展现出不同的技术生命周期。技术生命周期阶段的划分并没有严格、统一、明确的标准,学者们根据不同的衡量指标、分析依据与研究需求将技术生命周期划分为不同的阶段。当前,大多数学者认同技术生命周期的四阶段论,即技术生命周期由导入期、成长期、成熟期与衰退期组成,如图10-1所示。在导入期,只有少量的技术或专利出现,并且很少有人知晓该技术如何应用于市场。在此阶段,技术效率一般较低,可靠性较差,因此技术的应用风险较大。在成长期,技术的可靠性、实用性以及效率均得到了大幅提升,其价值开始得到广泛的认可,发展潜力逐步显现,大量的人力、资金投入到该技术领域中,进一步推动技术的高速发展。在此阶段,技术的性能急速提升,专利申请的级别开始下降,但专利数量出现上升,经济收益快速上升。在成熟期,技术性能和可靠性达到最高,大量的专利产生,但相应专利的级别会降低。在此阶段,技术使用的边际收益逐渐下降,技术使用者将依靠扩大规模来得到更高的收益。在衰退期,技术的各项参数下降,相应专利的申请数量和级别不断下滑。在此阶段,技术带来的收益降至低点,技术使用者将被迫寻求技术改进和技术创新。

有的研究将技术生命周期进一步划分为五阶段或六阶段,例如1995年,加特纳(Gartner)公司所公布的技术曲线成熟度,将技术生命周期分为科技诞生的促动期、过高期望的峰值、泡沫化的低谷期、稳步爬升的光明期以及实质生产的高峰期五个阶段。又如,有学者依据不同指标将技术生命周期划分为技术发展期、技术应用期、应用萌芽期、应用成长期、技术成熟期与技术衰退期六个阶段。但总的来讲,无论是五阶段还是六阶段的技术生

---

[1] Raymond V. International Investment and International Trade in the Product Cycle [J]. Quarterly Journal of Economics, 1966, 5 (80): 190-207.

命周期理论,均没有提出更有说服力的理论基础,仍是对四阶段技术生命周期理论(见图10-1)的一种拓展。

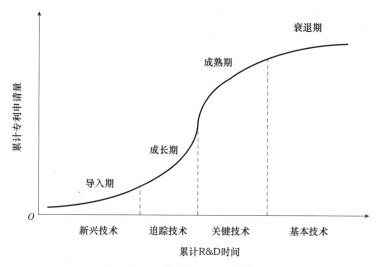

图 10-1　四阶段技术生命周期图示

(二)模型化的技术生命周期理论

1. S 形曲线

1986 年,美国学者福斯特(Foster,1986)提出的 S 形曲线(也称作 S 形演化路径)是识别技术生命周期阶段的常用经典模型[一]。将其称为 S 形曲线的原因是,技术生命周期的不同发展阶段的趋势呈现出一个横向的"S"形。具体表现为,在导入期,技术进步比较缓慢,一旦进入成长期就会呈现指数级增长,但是,技术进入成熟期就走向曲线顶端,会出现增长率放缓、动力缺乏的问题。这个时候,会有新的技术在舆论推动下从下方蓬勃发展,形成新的 S 形曲线,最终超越传统技术。新旧技术的转换更迭,共同推动形成技术不断进步的高峰[二]。

识别技术所处的技术生命周期阶段的经典方法是观察相关专利技术申请与授权的定量增长率。虽然现有专利数据库数据完整度较高,收录较齐全,但在获取目标技术研究领域所有相关专利数据方面仍然面临着一些困难和挑战。即便 S 形曲线在识别技术生命周期阶段时是可行的,但仅仅采用单一 S 形曲线对技术生命周期进行判别,可能带有一定的片面性。

2. TRIZ 理论

TRIZ(Theory of Inventive Problem Solving)即发明问题的解决理论,苏联阿尔舒勒(Altshuler)教授通过对世界超过 250 万件专利进行分析总结,发现专利发明数量、专利级别、利润及性能四条特性曲线(见图 10-2,也称标准特性曲线)与表征技术生命周期阶段的 S 形曲线具有较强的对应关系。目前,基于 TRIZ 理论的技术生命周期判断方法已较为成熟。大多

[一] Foster R N. Working the S – curve: Assessing Technological Threats[J]. Research Management, 1986, 29(4): 17-20.

[二] S 形曲线包括对称型 Logistic 曲线与非对称型 Gompertz 曲线两种,其中,Logistic 曲线应用较为广泛,适合于快速、明显增长的技术生命周期预测,而 Gompertz 曲线则用于技术成熟老化模式的预测。

数研究学者基于专利分析数据拟合目标技术领域四个尺度变量数据变化曲线（专利发明数量、专利级别、利润与性能曲线），将其与标准特性曲线进行比对，从而确定该技术所处技术生命周期阶段。TRIZ 理论虽可通过绘制技术成熟度预测曲线来判定技术成熟度，为目标领域发展提供技术支持与帮助，但其也存在一定的弊端，具体表现为专利级别与性能数据较难度量、利润数据较难获取。

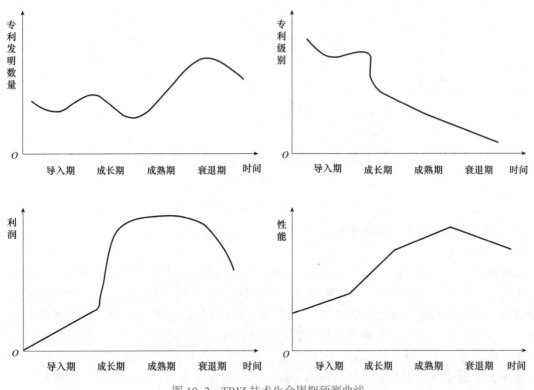

图 10-2　TRIZ 技术生命周期预测曲线

3. 专利指标分析法

专利指标分析法是一种通过计算与分析数据，以测定技术生命周期阶段的方法。专利指标分析法主要计算不同阶段四个指标的数值，即技术生长系数、技术成熟系数、技术衰老系数与新技术特征系数，并依据以上指标数值变化趋势能够综合评估技术所处的生命周期阶段。四个指标的详细计算方法与定义见表 10-1。其中，技术生长系数（V）用于判断某领域技术的前沿性，技术生长系数越大，说明该领域技术生长优势越明显；技术成熟系数（α）用于判断某领域技术的成熟度，技术成熟系数越大，说明该领域技术成熟度越高；技术衰老系数（β）用于判断某领域的技术是否逐渐落后，技术衰老系数越小，说明技术越衰老；新技术特征系数（N）用于判断技术进步质量，新技术特征系数越大，说明技术进步质量越高。可以发现，专利指标分析法需要获取发明专利、实用新型专利以及外观设计专利的申请或授权量数据。但由于各国专利制度不同，该方法仅适用于同时包含以上三种专利类型数据的国家，如中国、日本、德国，因而专利指标分析法在普适性方面容易受到专利类型的制约。

表 10-1　专利指标的详细计算方法与定义

专利指标	公式	定义
技术生长系数（V）	$V=a/A$	a 代表某研究领域当年发明专利申请或授权数量 A 代表过去五年中某技术领域总的专利申请或授权量
技术成熟系数（α）	$\alpha=a/(a+b)$	b 代表当年某研究领域技术实用新型专利数
技术衰老系数（β）	$\beta=(a+b)/(a+b+c)$	c 代表当年某研究领域技术外观设计申请或授权数
新技术特征系数（N）	$N=(V^2+\alpha^2)^{1/2}$	N 由技术生长系数 V 与技术成熟系数 α 计算得出

二、技术追赶理论

对于科技水平相对落后的国家而言，受制于自身科技创新水平的有限性，自主创新很难在短时间内发挥较大作用，如何提高科技水平以保障国家科技安全等成为一系列亟待解决的问题。技术追赶理论则为这一类问题提出了解决方案。技术追赶理论认为，技术相对落后的国家能够通过学习、吸收和转化外国相对领先的技术，实现技术追赶以及赶超，从而起到保障国家科技安全的作用。

技术追赶理论最早可追溯到格申克龙（Gerschenkron，1952）的后发优势学说，他认为落后经济体可以利用技术差距来追赶先进经济体[一]。此后，涌现出了许多相关文献，大大丰富了该领域的研究。阿布拉莫维茨（Abramovitz，1986）提出了著名的"追赶假说"，指出后进经济体的快速追赶离不开一些特定的条件，利用发达国家的先进技术需要积累一定的社会能力（Social Capability）[二]。科恩和利文索尔（Cohen 和 Levinthal，1990）则从企业的层面首次提出了吸收能力（Absorptive Capacity）概念[三]，他们发现，吸收能力更强的主体能够更快、更好地进行科技模仿，从而实现技术进步。总而言之，技术追赶理论主要围绕两个假说展开：一是后发优势假说，即技术落后的国家可以通过学习发达国家的先进技术来获得更快增长的生产率；二是吸收能力假说，即认为成功的追赶需要后进国家具备一定的技术吸收能力，吸收能力越强，越容易实现技术追赶。

（一）后发优势假说

1993年，伯利兹（Brezis）、保罗·克鲁格曼（Paul Krugman）等人在总结发展中国家成功发展经验的基础上，提出了基于后发优势的技术发展"蛙跳"（Leap-flogging）模型[四]。该模型指出，在技术发展到一定程度、本国已有一定的技术创新能力的前提下，发展中国家可以直接选择和采用某些处于技术生命周期成熟阶段之前的技术，以高新技术为起点，在某些领域、

[一] Gerschenkron A. Book Review: Economic Survey, 1919–1939 W. Arthur Lewis [J]. Journal of Political Economy, 1952, 60（1）.

[二] Abramovitz M. Catching Up, Forging Ahead, and Falling Behind [J]. The Journal of Economic History, 1986, 46（2）: 385–406.

[三] Cohen W M, Levinthal D A. Adsorptive Capacity: A New Perspective on Learning [J]. Administrative Science Quarterly, 1990, 35: 128–152.

[四] Brezis E S, Krugman P R, Tsiddon D. Leapfrogging in International Competition: A Theory of Cycles in National Technological Leadership [J]. American Economic Review, 1993, 83（5）: 1211–1219.

某些产业实施技术赶超。

技术后发优势表现为，后发经济体从先发经济体引进各种先进技术，并经模仿、消化、吸收和创新所带来的利益和好处。首先，从技术研发环节来看，模仿创新能冷静观察技术领先者的创新活动，研究不同领先者的技术动向，向技术领先者学习，选择成功的技术进行模仿改进，避免大量技术探索中的失误，大大降低其技术开发活动的不确定性；其次，从产品的生产环节来看，模仿创新能通过直接从技术领先者处获得生产操作培训、聘请熟练工人来企业传授经验等方式，迅速提高自身的生产技能，从而有可能使单位产出成本的下降速度高于技术领先者；最后，从市场环节来看，模仿创新节约了大量新技术开发的相关投资，并且经过模仿创新的产品由于进入市场较晚，还有效回避了新产品市场成长初期的不确定性和风险。

后发优势假说常用于解释发展中国家技术的快速发展。无论是在技术研发环节，还是生产环节、市场环节，发展中国家都与发达国家存在着较大的差距，因此发展中国家将发达国家已被应用于生产的新技术、科研新成果引入自身的生产领域，通过技术模仿创新，形成复制效应，从而可以迅速促进自身技术进步，大大缩短技术研发的时间，并节约相应资源的投入。后发经济体（发展中国家）也可以缩短甚至跳跃式地缩短与先发经济体（发达国家）的技术差距，以在更高点上发动和推进工业化。后发经济体不仅可以较快地掌握先发经济体的先进技术，而且在消化、吸收先进技术的过程中有所创新，可以迅速赶上甚至超过先发经济体。

（二）吸收能力假说

科恩和利文索尔（Cohen 和 Levinthal，1990）提出了企业吸收能力的概念，并将其定义为认识、吸收新信息价值并将其用于商业目的的能力。其认为，吸收新知识可使企业变得更具创新性和灵活性，且与不吸收新知识的企业相比，吸收新知识的企业有着更高的绩效水平。其理论还假设，与吸收知识方面能力弱的企业相比，吸收知识方面能力强的企业更具有竞争优势。其后，阿布拉莫维茨（Abramovitz，1986）提出了广义的吸收能力概念（即社会能力），吸收能力是指所有促进新技术模仿或利用的因素，包括教育、基础设施、完善的金融体系和劳动力市场关系等。其理论认为，拥有更多技术模仿能力的经济体更容易追赶发达经济体。罗杰斯（Rogers，2004）将吸收能力定义为获取、学习和应用海外新技术的能力。总的来看，继科恩和利文索尔的研究之后，各种吸收能力概念层出不穷，如动态吸收能力、相对吸收能力、绝对吸收能力、潜在的吸收能力和现实的吸收能力等。吸收能力的引入将追赶理论研究向前推进了一大步，更加突出吸收能力对于成功追赶的作用○。

根据科恩和利文索尔的研究，吸收能力包含三个关键能力：辨识适宜模仿和学习对象的能力；强大的技术模仿和消化能力；将消化的技术用于商业化的生产能力○。基于此论述，有关研究分别使用研发投入强度、科研人员数量、科研机构数量等衡量企业或地区的技术吸收能力。近些年，关于吸收能力指标选取的研究大量涌现，并逐渐将与研发直接相关的吸收能力指标拓展到更广的范畴，如地区的经济发展水平、基础设施建设水平、融资约束情况、开

○ 肖利平. 追赶理论研究的最新进展 [J]. 经济学动态, 2011 (11): 113-118.

○ 邢源源, 牛晓晨, 李钊. 科恩与利文索尔关于吸收能力理论研究的贡献：科睿唯安"引文桂冠"经济学奖得主学术贡献评介 [J]. 经济学动态, 2020 (6): 148-160.

放程度、营商环境和制度质量等,这些指标均属于国家吸收能力的范畴,都会显著影响国家的科技创新能力。

第三节　国家科技安全的测度、预警与保障

一、国家科技安全的测度

(一)技术创新与技术安全指标[1]

技术创新与技术安全是国家科技安全的重要参考。技术创新与技术安全系列指标包括技术创新频率、技术对外依存度和技术引进消化吸收再创新。

1. 技术创新频率

技术创新频率是新技术创新的持久性指标,持久性取决于国家连续不断地进行研发投资的能力,以及改进性、替代性和开拓性等方面的研究能力与水平。如果国家在某行业(或产品)上的技术创新频率很高,创新成果很多,就可以创造出新的技术垄断优势,从而形成一种技术垄断优势成长的良性循环,进而提升自身的技术水平与垄断竞争力。一国的技术创新频率可以用行业(或产品)的专利申请次数和专利申请数量来衡量,专利申请的次数和数量越多,说明技术创新频率越高。

2. 技术对外依存度

衡量一个国家的技术创新对国外技术依赖程度的指标被称为技术对外依存度,它是衡量一个国家(或地区)对国外技术依赖程度的重要指标,也在一定程度上代表了国家科技安全程度。一般而言,一个国家的技术对外依存度越高,表明该国技术创新对技术引进的依赖程度越高;反之,技术对外依存度越低,则表明该国技术创新中的自主创新成分越多。目前,国际上普遍采用的是从科学技术经费支出结构的角度来计算技术对外依存度。一般而言,技术对外依存度可以用国外技术总量占全国技术总量的比重来衡量,而技术总量又有不同的衡量方式。OECD使用了研发经费与国际技术转让支出费用(即技术引进经费)的比例作为测度各成员国技术对外依赖程度的指标,认为该指标大于1时该国的技术以自主研发为主,该指标越大技术自主创新率越高,技术对外依存度越低。

3. 技术引进消化吸收再创新

一般而言,国家科技创新能力的获取有两个基本途径:直接引进国外先进技术和自主创新。其中,自主创新可以分为三种模式:原始创新、系统集成和引进消化吸收再创新。近年来,发展中国家的企业提高自主创新能力的主要途径就是引进消化吸收再创新。技术引进消化吸收再创新是在引进国外先进技术的基础上,通过学习、分析、借鉴,进行再创新,形成具有自主知识产权的新技术。发展中国家对国外先进技术的消化吸收再创新,不仅大大缩短了创新时间,而且降低了创新风险。消化吸收再创新能力可以用模仿创新投入、模仿创新的科研人员数量以及科研院所数量衡量。另外,东道国与技术母国之间的技术差距也是影响东道国技术消化吸收再创新能力的重要因素,技术距离越远,东道国吸收和学习国外技术越难。

---

[1] 陈曦,曾繁华.国家经济安全的维度、实质及对策研究:基于外资并购视角的案例分析[M].北京:中国经济出版社,2010.

（二）专利指标

除了技术创新能力之外，国家科技安全也体现在已有技术的存量和质量上。现有文献大多通过测度企业或国家的专利数量和质量来衡量技术的存量与质量。专利指标包括专利申请量指标和专利标准化能力指标，专利申请量用以衡量现有技术的存量，专利标准化能力用以衡量一国已有技术的质量。

1. 专利申请量

一般来说，一个国家申请的专利总量越多，占世界专利申请总数的比例越高，说明该国的技术创新能力越强，国家科技实力越强。美国、日本、韩国等发达经济体与中国历年的专利申请量见表10-2。

表10-2　美国、日本、韩国等发达经济体与中国历年的专利申请量　　（单位：万个）

年份	中国	美国	日本	韩国
2012	65	54	34	19
2013	83	57	33	20
2014	93	58	33	21
2015	110	59	32	21
2016	134	61	32	21
2017	138	61	32	20
2018	154	60	31	21
2019	140	62	31	22
2020	150	60	29	23

数据来源：世界银行的世界发展指标数（WDI）据库。

2. 专利标准化能力

某项技术能否成为国际标准的标杆，是衡量专利标准化能力的一类标准。技术标准可以分为企业标准、地方标准、行业标准、国家标准和国际标准。由于技术发展往往有多条路径，所以在一个产业内部往往有多种技术标准，一项技术标准能否真正上升为国家标准有一个选择和竞争过程，这在一定程度上反映了一个国家技术创新的竞争力。一项或多项专利的组合能否成为事实上的国际技术标准，除了取决于其技术在理论上的创新性、先进性优势之外，还取决于其市场运作能力。在技术创新和经济全球化成为当代经济两大主题的情况下，技术创新的经济利益将更多地取决于国家将自身专利技术上升为技术标准的能力。

（三）研发投入指标

研发投入指标包括投入规模、投入强度、人员规模、科研机构等四类指标。

1. 投入规模

投入规模包括绝对投入和相对投入，分别用国家研发费用投入规模和研发投入占销售收入的比例进行衡量。研发投入规模的扩大有利于知识生产产出率的提升，有利于增强国家科技实力，降低科技对外依存度，保障国家科技安全。知识生产是指从事研发活动的科学家、工程师以及其他辅助研发人员所进行的知识技术创新，其结果包括科学发现、技术发明和知识技术的创造，其形式是科学论文、发明专利、技术诀窍等。虽然知识生产难以计算，但其"投入"可以用知识技术生产的经费投入来估算。研发投入费用的规模越大，占国民收入的比例越高，表明该国越重视研发活动，越重视国家科技安全。美国、欧盟、日本、韩国等发达经济体与中国历年的研发支出见表 10-3。

表 10-3　美国、欧盟、日本、韩国等发达经济体与中国历年的研发支出　（占 GDP 的比重）

年份	中国	美国	欧盟	日本	韩国
2012	1.91%	2.68%	2.08%	3.17%	3.85%
2013	2.00%	2.71%	2.10%	3.28%	3.95%
2014	2.02%	2.72%	2.12%	3.37%	4.08%
2015	2.06%	2.78%	2.12%	3.24%	3.98%
2016	2.10%	2.85%	2.12%	3.11%	3.99%
2017	2.12%	2.90%	2.15%	3.17%	4.29%
2018	2.14%	3.00%	2.19%	3.22%	4.52%
2019	2.24%	3.17%	2.22%	3.20%	4.63%
2020	2.40%	3.45%	2.32%	3.26%	4.81%

数据来源：世界银行的世界发展指标数（WDI）据库。

2. 投入强度

投入强度是技术潜在竞争力的表征。一国研发投入的强度或集中率是指国家在某一行业或产品上研发总体投资占世界该行业或产品研发投资总额的百分比。一般来说，其百分比越高，说明该国研发投入的集中度、垄断程度越高，其潜在技术的垄断竞争力就越大。

3. 人员规模

人员规模包括绝对指标和相对指标，分别用一国知识技术生产者的总人数和相对人数进行衡量。其中，相对人数是指研发人员数量在总人口数量中的占比。20 世纪 80 年代后，西方发达国家在知识技术创新经费增加的同时，也提高了从事知识技术生产及研发活动的科学家、工程师、博士研究生、有关辅助和管理人员等知识员工的人数和比例。研发人员总量越大，相对占比越高，说明国家的知识化程度越高，研发队伍更庞大，研发竞争能力更强，更有能力保障国家科技安全。美国、欧盟、日本、韩国等发达经济体与中国历年的每百万人中研发人员数量见表 10-4。

表 10-4　美国、欧盟、日本、韩国等发达经济体与中国历年的每百万人中研发人员数量　（单位：人）

年份	中国	美国	欧盟	日本	韩国
2012	1014	3990	3252	5033	6304
2013	1066	4091	3346	5147	6393
2014	1089	4206	3404	5328	6826
2015	1151	4270	3546	5173	7013
2016	1197	4251	3653	5209	7086
2017	1225	4412	3858	5304	7498
2018	1307	4749	4024	5331	7980
2019	1471	4821	4171	5375	8408
2020	1014	3990	3252	5033	6304

数据来源：世界银行的世界发展指标数（WDI）据库。

4. 科研机构

科研机构是衡量一国所拥有科研机构的数量以及机构水平在世界上的领先程度的指标。

科研机构是企业研发能力的重要载体，也是国家核心科技的重要研发场所。科研机构数量越多，代表国家的创新载体越多；科研机构在世界上的领先程度越高，代表国家的研发项目越多，研发能力越强，国家科技安全越有保障。

二、国家科技安全预警[1][2]

国家科技安全预警从促进科技发展和保护国家安全的角度出发，以维持国家科技发展优势、防止对手技术突袭与封锁为宗旨，对国内外科技安全态势进行实时跟踪监测，及时对国内外可能出现的科技风险发出警报信号，并预测其对国家各方面可能产生的相关影响。国家科技安全预警是采取预防性和抵消性措施的预测性手段，是保障国家科技安全的基础性环节。

科技安全预警信息为决策部门制定相关决策提供信息支撑。具体来说，从科技安全的内涵出发，国家科技安全预警包括两个方面。第一，对科技发展系统是否安全进行预警。预警部门通过预警手段对科技发展系统进行全面实时监控，将可能发生或即将发生的安全威胁及时上报给有关部门以予以应对。第二，对科技发展态势是否安全进行预警。预警部门需联合政府各相关部门对国际科技发展趋势、潜在威胁以及国家科技发展领域、方向、重点、可持续性能力等指标进行全面监测，以保证国家科技安全利益及相关利益免受侵害。具体而言，科技安全预警系统的构建主要分为五个步骤，分别是目标确定、信息搜集、分析识别、评价反馈和绩效评估。

（一）目标确定

确保科技安全、维护国家利益，是构建科技安全预警系统的最终目标。国家科技安全目标的确定具体可以分为两个方面：第一，对科技活动进行实时跟踪预测，对已经存在或潜在风险的科技动态发出警报或启动科技风险应急机制；第二，对科技安全已经存在或潜在风险进行有效应对和科学管理。科技安全预警系统是"未雨绸缪"的产物，致力于从根本上将科技风险扼杀在"萌芽"状态，尽可能地降低科技风险的突发性、意外性。

（二）信息搜集

在确定目标的基础上，建立一张系统科学的科技安全风险信息搜集网络。该网络的任务主要包括：第一，实时跟踪科技革命发展趋势，对现有或未来可能影响科技发展趋势、改变人类生活方式、辐射经济发展模式的信息技术、生物技术、新材料技术、新能源技术、核技术等高新技术进行跟踪监测；第二，紧密关注潜在竞争对手科技动态，确定科技竞争对手，在可能禁运、封锁的技术领域加大科技投入、增强科技力量；第三，梳理统计现有科技知识产权状况，制定与维护科技安全相适应的知识产权保护政策与法规等。

（三）分析识别

在信息搜集的基础上，采用定性分析和定量分析相结合的方法，对已获取的科技安全风险信息进行目标识别、分类筛选、动态分析等。其中，定量分析主要采用数据挖掘、数理统计、信息处理等方法或工具对信息数据进行统计、去冗、分类、汇总，并建立数学模型进行识别分析。各国科技投资金额、科技人才数量、国际科技获奖人次、基础设施设备建设情况

---

[1] 蔡劲松，马琪，谭爽.科技安全风险评估及监测预警系统构建研究［J/OL］.科技进步与对策：1-8［2022-09-22］.http://kns.cnki.net/kcms/detail/42.1224.G3.20220117.1212.016.html.

[2] 李林，廖晋平，张烜工.科技安全预警机制的建立及完善［J］.科技导报，2019，37（19）：26-32.

等定量数据,可以客观反映一个国家的科技实力与科技安全基础。定性分析则是针对无法量化的风险信息,主要是邀请各技术领域专家进行风险评分,在大国科技博弈的背景下针对当前国际科技态势进行经验分析,如国家科技战略思维的确定、未来科技安全风险点预测、科技安全风险带来的影响等,从战略全局的角度分析识别科技安全风险信息。

(四)评价反馈

对已经获取的科技安全风险信息进行科学评价并及时反馈。一方面,将评价结果大致分为三类,即安全、警戒及危机。如果评价结果为安全状态,则继续进行跟踪监测;如果评估结果为警戒状态,则需要相关预警机构及时发出风险警报;如果评估结果为危机状态,则需要国家有关部门立即启动应急机制,力图将科技安全风险控制在最小范围内。另一方面,将科技安全风险评价的结果及时反馈给有关部门,要确保在第一时间发挥政府、科研院所、科技企业应对处理科技安全风险的能力。因而,构建一套畅通有效的信息反馈渠道与机制显得尤为重要,特别要对涉密信息做好"防间保密"工作。

(五)绩效评估

成立以政府为主、科研机构为辅、技术领域专家为核心的绩效评估小组,对科技安全预警系统进行绩效评估,评估科技安全预警的目标是否实现、科技安全风险信息的搜集是否充分、科技安全信息的分析识别是否科学、科技安全预警指标的建立是否恰当、科技安全风险的评价是否准确、科技安全风险的反馈是否及时、应对科技安全风险的措施是否有效等。总结经验方法,直面问题不足,提出整改措施,确保落实到位,从而增强科技安全风险防范与应对能力。

三、国家科技安全的保障措施

(一)健全保障科技安全的法治体系 ⊖

从历史发展来看,科技法学的诞生以 1623 年英国议会通过《垄断法规》为标志。《垄断法规》是专门为了激励技术创造和活跃技术市场的科技立法,以激励技术创新为目标的科技法律,它为人类社会的工业革命奠定了必要的制度基础,推动了专利等知识产权制度的产生和发展。自从 20 世纪 80 年代,随着科学研究的规模化和高新技术产业化的发展,科技研发和高技术产业化的高投入、高门槛和高风险特性越发明显,科技的法制体系在科技发展中开始扮演越来越重要的角色。除了支持保障科技进步的法律法规,保护科技成果不被窃取、科技过程不被泄露外,也需要法律明文的保障。例如,美国于 1996 年通过的《经济间谍法》将窃取商业机密或知识产权等无形资产认定为刑事犯罪,中国于 1993 年开始实施、2007 年和 2021 年修订的《中华人民共和国科学技术进步法》中规定国家实行科学技术保密制度等。

(二)提高自主研发创新能力

作为科技创新的主体和科技创新的"推动者",企业和国家权力机关都可以采取相应措施,以提高自主研发创新能力。对于企业而言,主要是通过增加创新投入、增加科研人员数量、设立研究机构等方式提升自身科技研发创新水平。对于国家而言,一方面通过提高研发投入、增加研发机构的数量和提升其质量、提高科研人员福利待遇水平等,直接形成研发创新的驱动力。另一方面,通过出台一系列科技促进政策来提高企业和科研院所的科技创新潜

⊖ 刘银良,吴柯苇.创新型国家导向的中国科技立法与政策:理念与体系[J].科技导报,2021,39(21):45-51.

力。例如，在教育中提高基础学科的比例和增加其重要程度，增加政府采购以提高科技成果转化率，加强知识产权保护以保障科技创新主体利益，构建"产学研一体化"的创新机制，推动企业－科研院所－高校的合作，为科技创新型企业提供专项贷款等。

（三）制定技术进出口管制清单

通过制定技术出口管制清单，可以有效避免国家尖端科技向外泄露，以保障自身科技安全。例如，世界绝大多数国家在军事领域、高精尖制造业领域等都具有不同程度的出口管制。而通过制定进口管制清单，可以降低国内企业面临的外来市场竞争程度，保护国内重要幼稚产业的发展、成长以及自主创新。例如，汽车产业处于劣势的国家为了保护该产业的发展，通常会通过征收较高的进口关税的方式保护国内汽车生产商的发展。

（四）完善国家科技安全治理体系

从短期来看，科技安全治理还将面临更严峻的挑战。在生产水平稳步发展、激励政策逐渐加力、教育水平快速提升、科技服务越发完善、知识融合共享持续深化、人机结合和智能技术加速发展等因素的综合推动下，创新主体和人员的规模与能力将不断增长，甚至会走向全民参与，而科学技术之间的融合互促会不断加速它们从理论雏形发展到实际应用。在这样的背景下，如果跟不上时代发展的节奏，科技安全治理将面临决策滞后、监管范围不全、风险评估不到位、应急响应不及时等一系列持续加重的问题，因此应该完善国家科技安全治理体系，有效应对新挑战，确保国家科技安全。

第四节 国家科技安全的实践

一、美国[①]

美国最早提出保障国家科技的相关报告。美国科学发展局局长范内瓦·布什（Vannevar Bush）于1945年向美国总统杜鲁门提交的著名报告《科学：没有止境的前沿》（*Science: The Endless Frontier*）中指出："科学研究对国家安全是完全必需的，这在这次战争（指第二次世界大战）中已经十分明显，毫无疑义。"之后，1991年，美国在冷战后的第一份《美国国家安全战略报告》中提出非传统安全的概念，并提及了科技在保障非传统安全中的重要地位。

在保障科技安全方面，美国于1996年通过的《经济间谍法》将窃取商业机密或知识产权等无形资产认定为刑事犯罪。20多年来美国政府指控违反该法案的被告人族裔分布数据显示，华人所占比例从1996年—2008年的17%上升到2009年—2015年的52%。由此可以看出，针对华裔科技人员的调查与指控在海外高层次人才大批回归之后明显增加。在"中国学者威胁论"的影响之下，美国政府对中国科技人才的调查与指控政策日益趋紧。美国还严格管控技术的出口。2018年《美国外国投资风险评估现代化法案》和《出口管制改革法案》的颁行在扩充了"国家安全"概念范围的基础上大幅升级了出口管制，以加强美国的经济安全。此外，美国还针对光刻机发起新一轮对华技术封锁，具体措施为进一步限制荷兰向中国出口高端光刻机。

在科技促进策略方面，近年来，美国政府通过组织国家重大科技专项方式，优先发展前

---

① 周文康，费艳颖. 美国科技安全创新政策的新动向：兼论中国科技自立自强战略的新机遇［J/OL］. 科学学研究：1-18［2022-07-16］. DOI：10.16192/j.cnki.1003-2053.20220516.005.

沿领域。例如，美国三版《美国创新战略》（2009年版、2011年版以及2015年版）均提出国家优先突破的重点技术领域。2017年12月，美国发布《国家安全战略》，该战略强调优先关注"发展"和"安全"的新兴技术领域。为维持美国在全球所谓的科技"领导力"，2019年—2020年，美国议会陆续通过了《美国在人工智能方面的持续领导法案》《核能领导法案》《促进美国无线网络领域领导法案》以及《确保美国科学与技术领先地位法案》等多项与科技有关的"美国领导力"法案。在战略规划整体推进与重点突破协同配置的同时，重点突出了前瞻性与对抗性的战略"底色"。此外，2020年，美国国务院发布《关键与新兴技术国家战略》，列出了未来将重点关注的20项"关键与新兴技术"，以保护美国在新兴技术领域的主导地位和技术优势、维护其国家经济安全。2021年4月，美国信息技术和创新基金会（ITIF）发布《确保美国先进技术优势的后续行动》报告，明确提出维持美国先进技术竞争力的三项目标和10条建议。三项目标包括：支持突破性技术的研发、生产和商业化；支持发展先进技术的美国企业；扩大先进技术创新区域。主要建议则分别从重建计划、税收抵免、资本支持、知识转移以及部门评估等10个方面进行全方位、多维度的战略部署，既为优先发展新兴技术等前沿领域提供了目标导向，也为战略实施提供了具体的实践准则。

【相关案例10-4】

美国发布的《关键与新兴技术国家战略》

2020年10月15日，美国白宫发布《关键与新兴技术国家战略》（National Strategy for Critical and Emerging Technology，下文简称《战略》）。《战略》中详细介绍了美国为保持全球领导力而强调发展"关键与新兴技术"，并提出两大战略支柱，明确了20项关键与新兴技术的清单。美国商务部部长威尔伯·罗斯表示："这一战略是保护美国国家安全并确保美国在军事、情报和经济事务上保持技术领先地位的关键路线图。"《战略》列出了包括先进计算、先进制造、区块链技术以及数据科学及存储等在内的20项"关键与新兴技术"，并明确指出，美国将在优先级最高的技术领域处于领先地位，确保其国家安全和经济繁荣。此外，《战略》还提到，美国将在构建技术同盟、实现技术风险管理方面做出努力，以推动关键和新兴技术的发展，规避、降低、接受或转移技术风险。

《战略》提出，美国将主要在两个方面采取行动：推进国家安全创新基地建设和保护技术优势。在推进国家安全创新基地建设方面，美国将致力于培养世界上最高质量的科学技术劳动力，吸引并留住发明家和创新者，利用私人资本和专业知识进行建设和创新，迅速推动发明和创新等。在保护技术优势方面：美国将确保竞争对手不使用非法手段获取美国知识产权、研发资料或科技成果；在技术开发的早期阶段要求进行安全设计，并与盟国和合作伙伴一起采取类似行动；通过促进学术机构、实验室和行业的研究安全来保护研发活动的完整性，同时平衡外国研究人员的贡献；确保在出口法律法规以及多边出口制度下，对进出口贸易的适当方面进行充分控制等。

《战略》的提出意味着，美国将与中国和俄罗斯在多个科技领域展开竞争，并会通过国际合作的方式进一步打压其他国家的科技发展进程，以维护自身的科技霸权，达到稳定经济增长的目的。

资料来源：张秋菊.美国商务部发布《关键与新兴技术国家战略》[EB/OL].（2021-02-04）[2022-09-01]. http: //www.casisd.cn/zkcg/ydkb/kjzcyzxkb/2020kjzc/202012/202102/t20210204_5885365.html.

二、德国[一]

在第二次世界大战后至 20 世纪 80 年代，德国实施了以政府为主导的，以恢复研发体系、提升科技创新效益为目的的一系列科技振兴政策。而在 20 世纪 80 年代后，德国政府开始转向完善科技创新体系，引导科技界聚焦重点发展方向，并主要在以下四个方面采取了相应措施。第一，加强投入协调性。1982 年起，德国政府开始增加对基础研究的直接资助，适当减少了对工业应用科技的直接资助，并要求基础研究与应用研究协调发展。第二，建设基础设施。政府投资 35 亿马克兴建了十大基础研究设施，制定了一项促进创建新技术企业的规划，并在美国硅谷的影响下积极支持大学和工业企业合作，建立技术、工业和贸易三者相结合的技术园区。第三，强化针对性资助。德国政府增加了对中小企业创新和技术应用的资助，在总资助额中的比例由 12% 增至 30%，增加了对企业和科学机构联合研究的资助，政府资助的联合研究项目由 1984 年的 179 个增加到 1986 年的 333 个。第四，加强国际合作。德国政府在 20 世纪 80 年代加强了国际的科技合作。

除了继续完善和提升科技创新体系运转能力外，德国还颁布了多个高技术战略以全方位引导创新发展。2006 年，德国颁布《德国高技术战略（2006—2009 年）》，其重点在健康和安全生活、通信和移动生活、技术跨界三方面投入大量经费。2010 年颁布《德国高技术战略 2020》，明确气候与能源、保健与营养、物流与交通、安全、通信等五个优先发展的领域。2013 年 4 月，德国机械设备制造业联合会（VDMA）等机构设立"工业 4.0 平台"并向德国政府提交了平台工作组的最终报告《保障德国制造业的未来——关于实施工业 4.0 战略的建议》，该报告被德国政府采纳。自此，德国工业 4.0 正式提上日程，它被认为是打造基于信息物理系统的制造智能化新模式、巩固全球制造业龙头地位和抢占第四次工业革命国际竞争先机的战略导向。之后，2014 年，德国联邦内阁通过了《新高技术战略——创新为德国》，旨在通过将好的创意迅速转化为具体创新来加强德国的增长与繁荣，保持德国在全球科技和经济竞争中的领先地位。2018 年德国政府提出《高技术战略 2025》，明确了德国未来七年研究和创新政策的跨部门任务、标志性目标和重点领域。

另外，德国在科技保障方面也进行了改革。首先，2006 年，德国通过制定对科技人员的聘任合同法，将科研人员聘用时限放宽至 12～15 年，为科技创新人才提供了更加稳定的工作环境。德国知识产权保护和管理立法十分健全，制定了专利法、商标法、版权法、实用新型法、反不正当竞争法等一系列知识产权保护法，从法律上支持了科技创新工作。其次，德国具有成熟的科技转化机制，德国的三大科研机构——马克思·普朗克科学促进协会、弗劳恩霍夫协会、亥姆霍兹联合会都设有提供科技转化专业化服务与管理的部门。最后，德国实施高层次人才高薪制度，2017 年德国博士毕业生平均月薪可达 6600 欧元，解决了科研人员的后顾之忧。这些措施不仅提供了科技进步的土壤，而且为保障国家科技安全做出了不可忽视的贡献。

[一] 王开阳，徐峰. 二战后主要国家科技创新发展模式比较及我国发展对策 [J]. 全球科技经济瞭望，2021，36（4）：1-8；20.

三、日本

20世纪50年代至80年代，日本从直接进口技术逐渐转向技术引进吸收、产业转化的应用研究。第二次世界大战结束后，百废待兴的日本为了快速进行国家重建，直接引进国外技术专利和设备，同时为了进一步提升科技创新实力，也提出了相应的政策。具体措施包括以下四项。第一，颁布相关法律法规。1952年，日本颁布了《企业合理化促进法》；1953年推出的《预扣赋税率制度》规定了对引进设备和技术的企业予以减免税；1960年，《国民收入倍增计划》中强调增加科技方面的投入。第二，强化技术引进和吸收。日本在20世纪50年代共引进了1029项技术，其中包含了机械、电力、化工、钢铁、有色金属等重化工业技术，20世纪70年代日本的技术引进费用超过10亿美元并持续增加。第三，形成了企业研发主导体制。1961年前后，日本各地出现了企业自办"中央研究所"的热潮，与此同时，日本民间企业用于研发的资金逐渐超过依靠政府预算支出的研发资金，由此购置更好的研究设施，吸引更多的研究人才，到20世纪70年代，日本民间企业的研究人员数已经达到大学科技部门研究人员数的两倍。第四，强化人才培养。1960年以后，日本政府扩大了高等院校理工科专业招生规模，尽可能地培养科技相关人才。

20世纪90年代经济泡沫破灭之后，日本经济社会发展进入了较长的萧条期。日本因为长期以来技术引进、基础研究投入不足而产生了科技创新发展后劲不足的问题，它与西方其他国家的差距越来越大。为了扭转这一局面，日本政府开始推动科技创新体系的完善工作，并在1995年颁布《科学技术基本法》，具体措施包括以下三项。第一，进行机构改革。在2001年建立具有最高决策职责的综合科学技术会议，同时将日本科技厅和文部省合并为文部科学省，强化主体管理职责，以及由内阁府接管横跨各个省厅的科技政策[2]。第二，加强科技规划，加大研发投入。日本每五年发布一次科学技术基本计划，对未来五年内科技发展的目标、任务和部署等做出详细规划。第三，加强产学研合作。日本主管部门明确了大学、研究机构与民营企业之间开展产学合作的必要性，并于2002年在京都举行了旨在推进产学官合作的专题会议。另外，2002年，日本通过了《知识产权基本法》，该法将知识产权视为提升日本产业国际竞争力的重要国家方略，并被确定为重振日本经济的立国战略的重大法律制度。

四、中国

中国科技立法起步较晚，改革开放后中国科技创新体系发展经历了酝酿改革阶段（1978年—1985年）、科技创新体制重大改革阶段（1985年—1998年）、国家科技创新体系的布局建设阶段（1998年—2006年）、系统运行与提高阶段（2006年—2013年）以及创新驱动发展战略实施阶段（2013年至今）[3]。自从1985年《关于科学技术体制改革的决定》明确承认技术的商品价值并肯定技术作为知识形态商品的属性以来，中国科技立法的历史演进呈现出公法到公法与私法配合的转变与价值综合。自1995年"科教兴国"战略、2006年《国家中长期科学和技术发展规划纲要（2006—2020年）》、2012年国家创新体系建设和2014年前后的创新

---

[1] 唐璐，张志强，陈云伟. 美日科技领域信息安全体系分析与启示[J]. 智库理论与实践，2022，7（2）：94-105.

[2] 泷川进，JST客观日本编辑部. 日本的科技政策（六）：科学技术厅与文部省合并为文部科学省[EB/OL].（2019-11-08）[2020-12-19]. https://www.keguanjp.com/kgjp_keji/kgjp_kj_etc/pt20191108000004.html.

[3] 薛澜. 中国科技创新政策40年的回顾与反思[J]. 科学学研究，2018，36（12）：2113-2115；2121.

驱动发展战略以来,科技立法和政策开始在国家战略的统摄下逐渐形成完整的制度协同体系。从整体上来看,中国科技立法发展遵循了政策先行、成熟政策通过立法固定的发展规律①。

从历史发展阶段来看,1985 年,中央发布《关于科学技术体制改革的决定》,开启了中国科技体制改革的大幕。主要的改革内容包括科研拨款、促进产学研一体化、促进企业学习和科技成果转化等。与此同时,国家在科技体制的宏观层面也建立了一系列新的机制,例如设立知识产权保护制度、设立国家自然科学基金等。2006 年以来,中国科技创新政策顶层设计发生了一系列具有深远影响的重大变化,《国家中长期科学和技术发展规划纲要(2006—2020 年)》《国家创新驱动发展战略纲要》相继发布,增强自主创新能力、建设创新型国家、推动创新创业等战略层出不穷,与创新相关的配套政策、措施、实施细则、规定等密集出台,中国科技创新政策供给呈现快速增长之势②。2007 年和 2021 年修订的《科学技术进步法》,进一步明确了保护国家科技安全的各方面内容。例如,国家实行科学技术保密制度,保护涉及国家安全和利益的科学技术秘密;禁止危害国家安全、损害社会公共利益、危害人体健康、违反伦理道德的科学技术研究开发和应用活动;知识产权向境外的组织或者个人转让,或者许可境外的组织或者个人独占实施的,应当经项目管理机构批准;等等。2015 年修订的《科学技术保密规定》则对科技保密工作做出了更加细致的要求,规定了科技对外提供的详细要求和申请部门清单,进一步奠定了中国科技安全的基石。

此外,中国政府还加强了对科技伦理要求的监管,从科技伦理方面巩固了国家科技安全成果,预防科技安全风险。例如,2022 年 3 月 20 日,中共中央办公厅、国务院办公厅印发的《关于加强科技伦理治理的意见》,该意见指出,"推动在科技创新的基础性立法中对科技伦理监管、违规查处等治理工作做出明确规定,在其他相关立法中落实科技伦理要求""重点加强生命科学、医学、人工智能等领域的科技伦理立法研究,及时推动将重要的科技伦理规范上升为国家法律法规"。

本章小结

(1)国家科技安全。国家科技安全是指科技体系完整有效、国家重点领域核心技术安全可控、国家核心利益和安全不受外部科技优势的危害以及保障持续安全状态的能力。

(2)国家科技安全的分类。国家科技安全主要分为四类,即科技人才安全、科技活动安全、科技成果安全和成果应用安全。其中,科技成果应用安全是社会中最普遍的、最广泛的科技安全类别。

(3)国家科技安全的特点。国家科技安全具有保密性、广泛渗透性、脆弱性、复杂性等特点,并且会受到国际政治局势、自主创新水平、知识产权保护和颠覆性技术等的影响。

(4)国家科技安全的主要理论。国家科技安全的主要理论有技术生命周期理论和技术追赶理论。技术生命周期理论可以通过捕捉技术的前沿性和衰退性特征来识别国家科技所处阶段,从而识别国家技术安全状态。技术追赶理论主要包括后发优势假说和吸收能力假说。

(5)国家科技安全的测度、预警和保障。国家科技安全主要通过技术创新与技术安全指

---

① 李哲. 从"大胆吸收"到"创新驱动"中国科技政策的演化[M]. 北京:科学技术文献出版社,2017:271.
② 李冬琴. 中国科技创新政策协同演变及其效果:2006—2018[J]. 科研管理,2022,43(3):1-8.

标、专利指标和研发投入指标等进行测度。国家科技安全的预警系统主要由目标确定、信息搜集、分析识别、评价反馈和绩效评估五步骤构成。国家科技安全保障主要涵盖以下四个方面：健全保障科技安全的法治体系、提高自主研发创新能力、制定技术进出口管制清单、完善国家科技安全治理体系。

本章荐读书目

［1］总体国家安全观普及读本编委会.国家科技安全知识百问［M］.北京：人民出版社，2021.

［2］陈曦，曾繁华.国家经济安全的维度、实质及对策研究：基于外资并购视角的案例分析［M］.北京：中国经济出版社，2007.

［3］李哲.从"大胆吸收"到"创新驱动"中国科技政策的演化［M］.北京：科学技术文献出版社，2017.

［4］宋学印.国际准前沿经济体的技术进步机制：从追赶导向到竞争导向［M］.杭州：浙江大学出版社，2020.

［5］Keun Lee.经济追赶与技术跨越：韩国的发展路径与宏观经济稳定［M］.安芳，李贵卿，译.北京：北京大学出版社，2022.

本章复习思考题

1. 试述国家科技安全的定义及其特征。
2. 国家科技安全主要分为哪几类？分别举例说明。
3. 简要阐述国家科技安全的相关理论。
4. 阐释国家科技安全的测度指标。
5. 根据中国目前面临的国内外环境，阐述中国应该如何保障科技安全。

第十一章

国家人才安全

【本章关键词】
（1）国家人才安全　（2）人力资本理论　（3）推拉理论　（4）成本收益理论
（5）人才集聚　（6）社会网络理论　（7）补偿理论

【导入案例】

20 世纪 60 年代英国人才大量流失至美国

英国在 20 世纪 60 年代掀起人才流失问题大讨论。1963 年，"人才流失"一词最早出现在英国大学教育方面。此后，诸多研究在科学、教育、人力资源、工业研究、住房政策、工资等多方面对人才流动问题展开了热烈讨论。

受战争的影响和美国经济发展环境的吸引，20 世纪 60 年代，英国人才流失规模巨大，流动的人才也不局限于学者和学生，还包括医生、护士、艺术家、运动员和掌握熟练技术的能工巧匠，几乎涵盖了所有领域的人才。据美国移民局统计，1959 年—1970 年，英国移民到美国的人数为 24.46 万，平均每年保持在 2 万人左右的高位，见表 11-1。

表 11-1　英国移民到美国的人数统计：1959 年—1970 年

年份	人数（人）
1959	18325
1960	19967
1961	18719
1962	18066
1963	22708
1964	25758
1965	24135
1966	18777
1967	23004
1968	26025
1969	15072
1970	14089

具体从表 11-2 来看，1958 年—1969 年期间，根据英国"有工程与技术资格的人才"的流入与流失数据，仅 1961 年和 1962 年的流入人数高于流失人数，其他年份均处于人才净流失的状态。尤其在 1966 年—1968 年，英国的人才流失问题特别突出。图 11-1 是 1966 年—1986 年英国自然科学家永久移民到美国的人数统计，可以看出，20 世纪 60 年代末英国自然科学家移民到美国的人数达到了峰值，远高于 20 世纪七八十年代的科学家移民规模。

表 11-2　1958 年—1969 年英国"有工程与技术资格的人才"的流入与流失

年份	流入	流失	抵消
1958	1785	2725	-940
1959	2025	2525	-500
1960	2110	2530	-420
1961	3215	2430	+785
1962	3025	2735	+290
1963	2240	3065	-825
1964	2355	3750	-1395
1965	3125	4050	-925
1966	2760	5255	-2495
1967	2440	6180	-3740
1968	2865	4945	-2080
1969	2930	4685	-1755

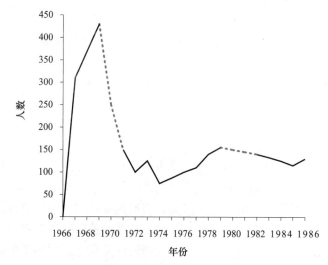

图 11-1　1966 年—1986 年英国自然科学家永久移民到美国的人数（单位：人）

大批英国高级人才外流被认为"经济后果严重"，至少是损失每位科学家的 2 万英镑的培养费，对英国科技领先地位和创造贡献能力带来了严重损害。实际上，人才外流不仅仅是损失了国家高级专家，更是一种复杂的社会现象，势必波及社会经济、政治、文化等其他领域。

资料来源：张瑾. 第二次世界大战后英国科技人才流失到美国的历史考察［M］. 北京：中国社会科学出版社，2013：35-48. 有删减和修改.

第一节　国家人才安全概述

100 多年前，英国学者巴克尔认为：以前最富足的国家是自然资源供给最丰饶的国家，现在最富足的国家则是人力资本最活跃的国家。随着知识经济时代的到来，人类社会从物质主宰时代进入知识经济时代，掌握前沿技术的人才及人才群体日益成为各国竞争的核心，人才的地位被提升到了前所未有的高度，人才安全问题也逐渐引起各国的重视。国家人才安全贯穿人才活动的各个环节，在人才流动、培养、选拔、任用、管理过程中无不渗透着人才安全的相关问题，面对国际新形势、新挑战，各国对人才安全问题的认识应具有发展眼光、国际视野和开放思维，准确看待当前国家人才安全问题。

一、人才与人才的分类

（一）人才的定义[①]

人才（Talent）是一个相对的、发展的概念，在不同的国家和不同的社会发展阶段有着不同的标准。具体来看，人才是指具有一定的专业知识或专门技能，进行创造性劳动并对社会做出贡献的人，是人力资源中能力和素质较高的劳动者[②]。人才是国家人才安全研究的主要群体。

人才的概念具有三层含义：第一，它是一个相对性概念，相对于一般人而言；第二，它是一个阶段性概念，不同时期有不同标准；第三，它是一个层次性概念，从类别上可以分为科技人才、管理人才、艺术人才等，从水平上可分为高级人才、中级人才和初级人才，从表现形式上可分为显性人才和隐性人才。

（二）人才的分类

根据籍贯划分，国家人才安全涉及的人才群体大致可以分为两类：本土人才、外籍人才。

1. 本土人才

本土人才主要包括涉及国家重大利益的相关行业领域（如国防、金融、能源、信息）中，居于关键岗位、核心岗位或特殊岗位，掌握国家利益息息相关的核心信息、技术和资源的本土人才和其他一般性本土人才。

从岗位划分角度看，具体包括三种。一是处于关键岗位或核心岗位的人才。这类人才掌握着事关国家公共利益、国家安全的信息、技术或资源，例如政府高级官员、国家级重大项目的负责人、国家重大创新领域中的顶尖科学家等。二是处于特殊岗位的人员。相比前者，这部分群体技能层次较低，但是由于工作需要，能够接触到核心的信息或资源，例如档案管理人员、文秘人员、关键设备维护人员等。三是一般性的技能型、学术型或文化事业部门的人才。与前两者不同，此类人才并未直接掌握或接触国家重大利益相关的技术或资源，但是拥有一定的专业知识或技能，能够为社会发展做出重要贡献，是人才系统中不可或缺的一部分，例如科研工作者、学生型人才、艺术家和医生等。

2. 外籍人才

涉及国家公共利益的相关行业领域引进的外籍人才，包括专业技术人才、技能人才、经营管理人才和学生型人才等。具体包括外籍工作专家、国际留学生、高技能国际移民等[③]。

根据工作性质的不同类别划分，外籍人才大致可以分为三类：第一，直接的生产型人才，包括工程师、技术发明家、设计师、创业者以及其他技术性人才，这类人才都是直接参与到实际的商品和服务生产过程中的；第二，管理型人才，包括企业、事业、行政单位和社会团

[①] 孙健. 人才集聚的理论分析与实证研究[M]. 北京：科学出版社，2014：1.

[②] 人力资源社会保障部国家中长期人才发展规划纲要（2010—2020）[EB/OL].（2015-03-13）[2022-09-01]. http://www.mohrss.gov.cn/SYrlzyhshbzb/zwgk/ghcw/ghjh/201503/t20150313_153952.htm.

[③] 刘霞，孙彦玲. 国家人才安全问题研究[M]. 北京：中国社会科学出版社，2018：29-30.

体等从事高级管理工作的人员;第三,学术型人才,主要包括科学家、艺术家、学者以及学生,这类人才通常是在大学、研究中心工作或学习,为科学以及学术做出贡献的人㊀。

二、国家人才安全的定义㊁

人才安全(Talent Security)是一个相对的概念范畴,人才安全是相对于一切非安全状态的总和(人才安全是一种总和还是一种状态)。安全状态是指人才发展呈现出一种没有危险、不受威胁、不出事故的综合状态,它既包括排解外在干扰,也包括化解内部矛盾冲突和秩序调整。也就是说,人才安全是一种客观状态,没有危险是人才安全最本质的属性。

国家人才安全(National Talent Security)是指国家人才系统自身运行健康、稳定,且持续有效地支撑了国家经济社会的发展,使国家重大利益(如主权利益、政治利益、经济利益、社会公共利益等)免受因人才问题而导致外部威胁的一种状态。国家人才安全的外在表现是人才系统具有一种健康、稳定的状态,其内在的要求是具有维护和保持安全的能力。国家人才安全并非人才自然个体的身体或健康安全,而是从国家和社会层面探讨,避免因人才风险和隐患而导致国家重大利益受损的安全状态。因此,人才安全与否是由国家重大利益是否受损来确定的,人才安全对应的结果是一种国家利益处于安全的状态,即国家利益是国家制定和实施人才安全战略的出发点,也是估计和判断国家人才安全状态的主要标准。

综合所述,国家人才安全的内涵包括以下两个方面:

第一,系统内生性安全问题。例如,人才的数量、质量、结构、效用等是否能够有效支撑经济社会的长期稳定运行。这是当前各国人才工作和人才队伍建设关注的重要内容,要从理论和实践层面,围绕人才集聚、人才培养开发、人才评价发现、人才激励使用等积极开展探索,努力推进人才管理体制机制改革,让人才更有效地发挥作用,推动国家经济发展。

第二,由外部因素直接或间接引致的安全问题。例如,人才流失、核心人才信息泄露、信息技术泄密等导致国家利益可能受到威胁的安全问题。国家人才系统是开放的系统,在不同区域、行业、组织之间人才交流互动的过程中,又会产生一些新的问题和挑战,进而影响到国家人才安全状态。

三、国家人才安全的特征

第一,系统性。系统性即国家人才安全建立在国家人才系统自身良性运作,以及其他国家子系统间相互有效耦合的基础上,例如经济安全系统、网络安全系统、科技安全系统等。国家人才安全系统自身内部由若干相互联系、相互作用的子系统构成;国家人才安全系统与其他相互联系的系统共同支撑,构成国家安全大系统。从系统角度看,国家人才安全影响人才发展,并为人才发展营造良好的环境,人才发展让更多优秀的人才实现个人理想与价值,进而促进人才安全的实现。

第二,战略性。战略性即国家人才安全的实现并非一朝一夕之功,非个体之力可以达成,国家人才安全需要立足长远、整体布局,纳入国家安全战略体系中统筹规划。国家兴盛、人才为本、人才安全是人才强国的前提和基础,国家人才安全为国家发展战略目标的实现提供人才保证和智力支持。

㊀ 魏浩,王宸,毛日昇.国际人才流动及其影响因素的实证分析[J].管理世界,2012(1):33-45.

㊁ 刘霞,孙彦玲.国家人才安全问题研究[M].北京:中国社会科学出版社,2018:25-30.

第三，动态性。动态性即国家人才安全的概念、内涵和外延在不同的时代背景下有所变化，需要不断突破已有的认识。例如，在工业化和全球化初期，国家人才安全更加关注国家内部的人才培养的数量和质量、人才结构及人才资源配置等问题。在信息化和网络化快速发展阶段，国家人才安全问题变得更加隐性，涉及国家各行各业。人才安全问题不仅包括由于人才培养、组织、管理与配置问题导致的国家产业结构失衡、就业市场不稳定等问题，而且涵盖了人才流失给国家经济、政治利益等造成的风险问题。

四、国家人才安全问题的重要性

国家人才安全问题是指国家在人才培养、人才资源配置等方面的管理不当、人才流失问题等导致国家利益受损或者国家利益处于风险中的一种现实问题。从狭义上来看，国家人才安全问题主要是由于人才流失导致的，表现为全球化进程中人才跨国流动对流出国经济福利、政治利益、技术信息等方面产生的负面影响；从广义上来看，国家人才安全问题不仅包括由人才外流导致的国家利益风险问题，而且包括由于国内人才培养、管理和配置不当等问题引发的国内经济发展滞缓、产业结构失衡、劳动力市场不稳定等问题，即源于人才问题造成的危及国家利益安全的问题都属于广义上的国家人才安全问题。

20世纪90年代以前，国家人才安全问题处于形成期。这一阶段，人才安全问题并未得到各国的广泛关注，虽然研究学者针对世界范围内"发展中国家的人才流向发达国家"现象形成了一定的人才流失的思想基础，但是此时各国对人才流失的关注点并未上升到"安全"的高度，没有充分关注经济全球化的影响，也并没有将人才流失与国家经济安全联系起来。这一阶段的国家人才安全问题更加侧重于国家内部人才培养的数量和质量、人才资源在行业间的配置等问题。

随着经济全球化的发展，20世纪90年代以来，国家人才安全问题逐步成为世界各国关注的新问题。一方面，经济全球化的发展凸显了人才在国家经济发展中的重要战略地位，各国加剧了对人才资源的竞争，而全球化的发展为人才更加自由地在全球范围内进行配置创造了机制环境；另一方面，由于全球化规则的不均衡，即发达国家掌握着国际人才流动的主动权，导致发展中国家稀缺的人才资源纷纷流向已相对富有的发达国家，造成"马太效应"，进而对发展中国家的人才安全造成更大的威胁。现阶段的人才安全问题，源自于各国对知识、信息资源的需要，同时它也反映了当前各国知识经济、信息经济发展的内在要求。在这种人才安全与社会发展的交互关系中，国家人才安全与国家产业安全、国家资源安全、国家科技安全等安全领域一样，成为相对独立的安全领域。人才安全是国家经济安全的重要组成部分，是国家战略的重要内容，它在国际竞争与国家各项建设中都具有特殊重要的地位。

（一）国家人才安全是国际竞争的关键

当今世界是充满竞争的世界，国家利益是国际社会竞争的根本动因。利益是靠人才来实现的，国家利益的竞争最终要靠人才的竞争来实现。在知识经济时代，各个领域竞争取胜的关键都在于人才，只有在掌握了第一流人才的基础上，其他各类竞争才是有可能的、有意义和有价值的。没有人才作为后盾，经济、科学、军事上的竞争都会成为无源之水、无本之木。因此，世界上大多数国家纷纷把"人才战略"作为基本国策，不断提高本国人才资源开发的水平和整体实力，以此抢占有利地位，确保本国人才数量的增加和人才素质、能力的提升，从而为本国创造更大的利益。

经济全球化推动了人才流动和人才竞争的国际化，人才资源开始走向全球共享。经济全球化与人才国际化，这两者是密切相关的：经济的全球化必然导致人才国际化，并推进人才国际化的不断深化；人才国际化程度的提升又能推动经济全球化的进一步发展。人才国际化带来的最严峻挑战是人才安全问题，由于人才竞争在全球范围内日益激烈，高层次人才外流现象将大为增多，而涉及国家各类机密、掌握国家有关核心技术或各行业关键技术的人才流失，必将引发国家人才安全问题。

此外，经济全球化背景下，人才流失对国家人才数量、人才资源组织与配置等问题形成冲击，也必将进一步加剧国家人才安全问题。人才安全问题隐藏在国家政治、军事、社会、经济、科技、文化等各个领域的安全中，是各种安全问题的导火线，是影响国家安全的关键问题之一。因此，在日益紧密的国际交往与更加激烈的国际竞争中，国家人才安全已成为维护国家整个体系安全的重要保证。

（二）国家人才安全是国家经济安全的重要保证[1]

经济发展是一个国家发展的重要基础，也是综合国力的重要内容。在知识经济时代，经济的发展越来越取决于人力资源的投入，而且这种投入带来的收益远远大于资金、设备、技术等资源投入带来的收益。经济发展程度越高，人才资源的作用就越明显。可以说，国家人才安全是推动经济发展、维护经济安全的重要保障。

随着经济全球化的发展，各国与世界其他国家的经济联系和贸易往来日益密切，在国际市场逐步强化联系的过程中，国外资本、资源大量涌入，各国遇到的冲击不仅仅是资金、设备、企业经营方式、信息流失的冲击，还有人才安全的冲击。人才安全成为影响一国经济能否快速协调发展的重大制约因素，人才安全是维护国家经济安全的重要保证。

（三）国家人才安全是国家科技安全的保障[2]

在当前国际社会，科学技术的作用日益明显，科技对经济、产业、信息、社会发展和国家安全等各项建设的影响越来越大。一国科技越进步，人才的作用和地位就越突出。越是先进的科学技术，越是需要高素质的人才来实现和驾驭。科技水平的提高是靠高素质的人才来实现的，高水平的科技安全是靠完善的人才安全来保障的，人才安全是科技安全的核心，在高科技行业中人才安全越发重要。

在20世纪上半叶，欧洲的科技水平在世界上处于领先水平，其人才的数量和质量水平都相对较高。但是，后来连续不断的战争使得欧洲许多优秀的科学家和数量庞大的科技人才为躲避战乱来到美国。第二次世界大战后，大约20万科学家、工程师从世界各地来到美国，推动了美国第三次科技革命的发展。源源不断的外来高素质移民和国内教育培养的大量科技人才，不仅增强了美国综合国力，同时还削弱了其他国家的科技竞争力，使美国的科技始终保持在世界领先水平。这种相对安全的人才环境、大规模的人才数量和高质量的人才资源，不但确立了美国科技水平的领先地位，而且塑造了一种能够进行自我调节、保持平衡的更新机制和可持续发展的领先型经济模式。

可见，缺少安全的人才吸引和居留环境，即使拥有高超的科技水平和先进的科学技术，也不能够使国家保持科技的领先水平。因为科学技术是由这些高素质的人才来研究、开发和

---

[1] 常晓勇.经济全球化与中国国际人才竞争战略[D].北京：首都师范大学，2007.

[2] 陈文义，范军.人才安全论[M].北京：蓝天出版社，2005：80.

实现的，在人才安全体系不健全的情况下，再先进的技术也会随着人才的外流而不断流失，科技竞争力也会因关键人才的不断外流而下降。

（四）国家人才安全是国家产业安全的命脉[一]

世界发展的历史表明，无论在哪一个时代，一个国家只要能够把握住那个时代的主导产业，采取符合时代发展潮流的战略，就能在未来的发展中捷足先登。任何一个国家的工业化进程都与其所处的时代紧密相关，成功的工业化是吸收和应用当时最先进技术的结果。

在经济全球化进程中，国家各项产业安全特别是与知识经济相适应、符合知识经济时代需要、能够快速振兴国内经济发展的各项高新技术产业安全就显得更加重要。与传统产业相比，这些产业中人才更为重要。国家对人才的培养、管理、组织、配置以及人才自身的流动所引致的问题，将对国家各个产业产生战略性影响。促进一国经济发展的关键产业和新兴产业的高素质人才数量不足、质量不高或流失到竞争对手国家的相关产业中去，不仅会直接削弱该国此类产业的竞争力，而且可能逐步拉大该国与他国高新技术产业的差距，从而影响该国的产业发展。因此，国家人才安全是国家产业安全的命脉，维护人才安全就是维护国家各项产业的安全。

【相关案例 11-1】

日本加强留学生审查"防技术泄露"

为吸引更多留学生、推动本地高校国际化，日本在 21 世纪以来不断放宽留学生条件。然而，2020 年，日本政府却突然推出一项新政策草案，拟加强对留学生的个人审查，强化对高端技术的保护，防技术泄露。

据日本时事通讯社报道，日本政府推出 2020 年版《统合改革战略》草案，日本政府计划正式对赴日本大学学习的留学生进行严格审查，接收留学生的日本高校必须向日本政府提交关于留学生的详细资料，甚至包括"学生回国后是否计划在军工企业工作"。日本政府若判定存在"可疑情况"，将不予发给签证。而以往接收留学生的日本高校，只需向在留管理厅提供接收留学生的承诺书、记录学生最终学历的履历书等有限的材料即可。加强审查的举措可能导致国际学生赴日本留学的手续更加烦琐，对现有的留学生政策造成影响，甚至让日本失去吸引优秀人才的机会。

该草案认为，目前世界各国谍报活动都十分寻常，经常发生技术情报泄露、技术人才流失等事件。日本政府将与有关地方政府联合起来，重新研究留学签证的发放条件，除加强留学签证审查外，还要促进和推动日本高校、研究机构、企业等部门强化技术信息管理体制，防止外人违法接触技术信息。此外，日本本国的研究人员在申请政府等公共研究资金时，必须公开所接受的外国资金信息，如有虚假申告，一旦判明，就会取消其所有政府资金援助。

日本这次制定的国家改革战略中，对于如何防止先进技术泄露、保证国家安全做了比较具体详细的规定。日本政府公布的资料强调，技术信息的管理越发重要，大学、研究机构、企业等部门须遵照法律采取措施防止技术泄露，在接收留学生、外国研究人员时，进一步完善各部门技术信息的管理体制。

资料来源：日本加强留学生审查"防技术泄露"[N].环球时报，2020-07-06.有删减和修改.

[一] 陈文义，范军.人才安全论[M].北京：蓝天出版社，2005：81.

【相关案例 11-2】

为防芯片技术外泄，韩国将监控芯片工程师行程

据《日经亚洲评论》报道，2022年2月，韩国将建立芯片工程师数据库，以监控他们进出韩国的行程，防止关键技术落入外国竞争对手的手中。该措施将由韩国的工业和司法部、韩国知识产权局、国家情报局等多个政府机构负责，是加强知识产权保护五年计划的一部分。该措施要求列出在电池、有机发光二极管（OLED）显示器、船舶和钢铁等12项在"国家核心技术"方面具有先进知识的人员名单，韩国政府则追踪这些名单上人员的行程，以阻止工程师跳槽到国外的竞争对手那里，目的是防止关键技术落入外国竞争对手的手中。

近几年，韩国技术人才流失至中国的现象越加严重。随着中国在科技方面迅速发展，由于芯片人才紧缺，包括中国企业在内的全球芯片企业，都在大力招聘人才，这使得韩国政府相当警惕技术泄露问题。2010年起，韩国液晶显示器（LCD）是继半导体之后该国最大的出口产品，三星和LG Display位列全球前两大生产商。京东方、TCL华星光电等中国企业于21世纪10年代中期开始扩大生产。在国际市场激烈竞争下，三星已宣布退出LCD业务的计划，LG Display也逐步停止在韩国国内的生产。许多韩国技术专家已经流入中国，在中国寻求新的工作机会。

据韩国检察官公布的数据，2020年，韩国共调查了112名涉嫌违反韩国《商业秘密法》、参与向海外泄露技术的人。在过去的5年中，韩国发生了397起技术泄露事件，其中不乏韩国大公司的工程师跳槽至外国竞争对手，导致技术外流的情况。韩国政府旨在遏制此类事件的发生，将对违反商业秘密法的行为实施更严厉的处罚，包括对向外国公司泄露信息的人判处三年或以上的监禁等措施。

资料来源：防止泄密，韩国将监控芯片工程师旅游记录［Z］.2022-02-06，半导体行业观察．有删减和修改．

第二节　国家人才安全的相关理论

当前，理论界还很少有直接针对国家人才安全问题的研究成果。国家人才安全作为一个研究领域，其相关理论的研究基础目前还比较薄弱。但是，如果将研究的视野扩展开来可以发现，人才安全理论是建立在人力资本理论、劳动力流动理论和人力资本安全保障等相关理论的基础之上的，这些理论的发展就成为人才安全的理论基础。

一、人力资本理论[一]

人力资本是一种能增加劳动者价值的资本，是体现在劳动者身上的、以劳动者的数量和质量表示的资本，是劳动者掌握的知识、技能和其他一些对经济社会发展有用的才能。

（一）人力资本理论的起源

人力资本思想起源于对人的经济价值的研究。最早的人力资本思想可以追溯到古希腊思想家柏拉图（Plato），他在《理想国》中论述了教育的经济价值。亚当·斯密（Adam Smith）则首先较为系统地论述了人力资本思想，他认为人力资本是一种固定成本，人一旦掌握了某种知识或技能，将终身受益，人力资本获得的主要途径是接受正规教育和非正规的经验传授；

[一] 赵光辉．人才发展学［M］．北京：知识产权出版社，2016：169-174．

亚当·斯密还论述了人力资本的私有性和社会性。他的这些思想成为后来人力资本理论形成的直接源泉。随后，阿尔弗雷德·马歇尔（Alfred Marshall）明确指出，对人本身的投资所形成的资本是所有资本中最有价值的。

法国经济学家让－巴蒂斯特·萨伊（Jean-Baptiste Say）、德国经济学家弗里德里希·李斯特（Friedrich List）和英国经济学家约翰·斯图亚特·穆勒（John Stuart Mill），他们在各自的著作中都阐述过有关人力资本的重要思想。萨伊认为，既然劳动者的技能是通过一定成本获得的，并能够提高劳动者的生产率，则其应该被视作一种资本，他创造了"劳动、土地、资本"三位一体公式。萨伊还认为，增加公共教育费用有助于财富的增长和社会幸福的增进，因此，国家应该大力发展学术机构和高等学府，以提高全社会劳动者的知识水平。李斯特在他的《政治经济学的国民体系》一书中将资本分为物质资本和精神资本两类，其中精神资本指的是"个人所有的或个人从社会环境和政治环境中得来的精神力量和体力"，这个概念非常类似于人力资本概念。其他对人力资本理论做出过贡献的经济学家，还有边际效用学派创始人之一法国经济学家莱昂·瓦尔拉斯（Léon Walras）和美国近代经济学家欧文·费雪（Irving Fisher）。欧文·费雪在1906年出版的《资本的性质和收入》一书中率先明确提出了人力资本的概念。

在这些研究中，马歇尔对人力资本的论述较为经典，并为现代人力资本理论的形成提供了有力的理论依据，他认为"人是生产的主要要素和唯一目标""一切资本中最有价值的莫过于投在人身上的资本"。此外，他还对人力资本的基本特征及其与工业组织问题、企业家人力资本等问题进行了论述。可惜的是，马歇尔虽然已经清楚地认识到人力资本的重要性，但是，他在实际分析中并未将人当作资本，认为这与市场的实际情况不一致，因此马歇尔最终并没有将人力资本的概念引入经济学的分析。

早期的人力资本思想都是建立在资本导向的基础上的，认为人及其能力和获得的技能都应被包含在资本的范围之内，虽然承认投资于人力资本的重要性，但是从来没有真正地把它当作资本。尽管如此，这些经济学家通过对人力资本思想的研究，奠定了人力资本理论研究的基础，开创了人力资本学派，他们在人力资本理论发展进程中的影响是不可忽视的，对早期人们关注人力资本尤其是人才安全奠定了一定的思想基础。

（二）人力资本理论的形成阶段

1960年，美国经济学家西奥多·W.舒尔茨（Theodore W. Schultz）在就任美国经济学会主席时，发表了题为"人力资本投资"的演说，至此人力资本概念才被正式纳入主流经济学，同时这标志着人力资本理论的正式形成。舒尔茨指出："人们获得了有用的技能和知识，这些技能和知识是一种资本状态，这种资本在很大程度上是慎重投资的结果，在西方社会，这种资本的增长远比传统资本（物质资本）要快得多。"舒尔茨系统地研究了人力资本形成的方式和途径，并对教育投资的收益率以及教育对经济增长的贡献做了定量研究。由于他的杰出贡献，他被誉为"人力资本之父"，并荣获1979年诺贝尔经济学奖○。

美国经济学家雅各布·明塞尔（Jacob Mincer）则重点关注收入分配领域，他在《个人收入分配研究》中指出美国个人收入差别缩小的变化趋势，认为这一变化趋势的原因是人们受教育程度普遍提高，即人力资本投资的结果。之后，明塞尔陆续发表了"人力资本投资与

○ 王明杰，郑一山. 西方人力资本理论研究综述［J］. 中国行政管理，2006（8）：92-95.

个人收入分配""在职培训：成本，收益及意义""劳动收入分配：特别关于人力资本研究的一次调研"等文章。在这些文章中他系统论述了人力资本、人力资本投资与个人收入及其变化之间的关系，提出了人力资本投资收益模型。1962年，美国经济学家肯尼斯·J.阿罗（Kenneth J. Arrow）提出了"干中学"（Learning-By-Doing）模型，把从事生产的人获得知识的过程内生于模型。他从普通的Cobb-Douglas生产函数推导出一个规模收益递增的生产函数，并把其归结为学习过程和知识的外部效应。1964年，美国经济学家加里·S.贝克尔（Gary S. Becker）在其著作《人力资本》中较为明确地阐述了人力资本的概念，他认为"对于人力的投资是多方面的，其中主要是教育支出、卫生保健支出、劳动力国内流动的支出或用于移民入境的支出等形成的人力资本"。贝克尔从家庭生产和个人资源教育，特别是家庭时间分配角度系统论述了人力资本和人力资本投资问题。贝克尔的研究为人力资本理论提供了微观研究基础，使人力资本研究更具科学性和可行性。

从总体上看，人力资本理论的产生及发展，使人在物质生产中的决定性作用得到重视。人力资本理论重新证明了，人特别是具有专业知识和技术的高层次的人，是推动经济增长和经济发展的真正动力。这一时期的人力资本理论全面分析了人力资本的含义、人力资本的形成途径及人力资本的"知识效应"，虽然人力资本在国家经济中的安全问题仍未受到足够关注，但是，人力资本在经济增长中的作用得到了重视，这在一定程度上为国家人力资本，尤其是人才安全的管理与人才资源的配置的思想形成了理论前提。

（三）人力资本理论的发展阶段

在舒尔茨、明塞尔和贝克尔等人完成了现代人力资本理论的创建工作以后，人力资本理论转入了进一步的深化发展阶段。1986年，保罗·迈克尔·罗默（Paul Michael Romer）建立了一个基本与实际情况相符的经济增长理论框架——知识推进模型，该模型除考虑资本和劳动因素外，还考虑了第三大因素，即知识。因此，该模型对经济增长的解释更加趋向合理。罗默于1990年构造了第二个经济模型，假设有四种投入：资本、劳动、人力资本和技术。他认为，特殊的知识和专业化的人力资本自身不仅能形成递增收益，而且能使资本和劳动等投入因素也产生递增收益，从而使整个经济规模收益是递增的，并保持经济的长期增长。

用人力资本解释持续经济增长的另一个著名尝试者是罗伯特·卢卡斯（Robert Lucas）。1988年，他在"论经济发展的机制"一文中将人力资本作为独立的因素纳入经济增长模型，运用更加微观的分析技术将人力资本和技术进步的概念结合起来，形成一个新的概念——专业化的人力资本，并且认为这是经济增长的原动力[一]。

进入20世纪90年代，理论界对人力资本在宏观经济中的作用已经有了较为充分的认识。由于人力资本是通过与企业物质资本的结合而发挥作用的，人们开始转向研究人力资本如何在企业中发挥作用的问题。人力资本是一种主动性资本，调动人力资本的积极性对企业价值的创造至关重要，因此对人力资本进行激励成为人力资本理论的一个主要方向。对人力资本进行激励，除了短期的现金报酬激励以外，长期的股权激励显得越来越重要。约翰·肯尼斯·加尔布雷思（John Kenneth Galbraith）、雷夫·埃德温松（Leif Edvinsson）、亚瑟·奥沙利文（Arthur O'Sullivan）、托马斯·斯图尔特（Thomas Stewart）等学者认为，如果人力资本产

[一] 王明杰，郑一山.西方人力资本理论研究综述[J].中国行政管理，2006（8）：92-95.

权①遭到破坏，则人力资本产权的价值将立即贬值或荡然无存。随着人力资本理论以及产权理论的发展，重视企业人力资本产权是大势所趋。其中，企业家人力资本是企业中最具有能动性的人力资本，在企业经营活动中发挥着最关键的作用。

总的来看，人力资本理论将对一般的技术进步和人力资源的强调，变成了对特殊的知识即生产所需要的"专业化的人力资本"的强调，从而使人力资本的研究更加具体化和数量化，极大地发展了人力资本理论，也使人们在实践中正确认识了人力资本在经济增长中的作用。人力资本理论的发展极大地促进了国家对人力资本安全问题的关注，各国从加强教育、制定引进人才策略、建立人才安全保障体系等方面，逐渐将人才群体在国家经济中的安全问题置于重要地位②。

二、劳动力流动理论

劳动力流动理论系统分析了人口迁移行为的动机，为国家了解与掌握人才流动机制、制定人才引进和防止人才流失等保障国家人才安全的策略提供了理论基础。

（一）推拉理论

推拉理论（Push-Pull Theory）认为，从运动学的观点来看，劳动力的流动与否取决于流出地的推力和流入地的拉力两种力量的共同作用。推力是指流出地不利于生存和发展的种种排斥力，例如政治不稳定、生态环境恶化、经济环境不景气等；拉力是指流入地对个体的吸引力，例如良好的教育、新的工作机会、包容多元的文化等。推拉理论包含着两个假设：第一，人的迁移行为是经过理性思考的选择；第二，迁移者对原住地及目的地信息有某种程度的了解。人们对客观环境的认识，加上主观的感觉和判断，最后才决定是否迁移。

推拉理论源自于19世纪末英国学者 E. G. 莱温斯坦（E. G. Ravenstein）的迁移定律，其总结了人口迁移的结构、空间与机制，提出人们是为了改善自身的经济状况而进行迁移的，形成了人口迁移定律。而后美国学者 E. S. Lee 系统总结了推拉理论，他将人口迁移因素分为四种，分别是迁出地因素、迁入地因素、中间阻碍因素和个人因素。推拉理论学说的理论形态并不深刻，本质上属于归纳而并非以抽象的理论层次演绎而成，只是借用力学的概念，没有提出具体的数学模型进行量化。虽然推拉理论在解释人口迁移的动因方面比较形象，但就各国的具体情况而言，其并不能完全解释各国的人口迁移实际情况。主要原因有：一是忽视个体的主观能动性，将个体空间迁移行为视为被动接受的"推"和"拉"；二是难以回答原来的推拉因素发生变化后，个体流动行为却没有停止的现象；三是无法解释在相同的推拉因素作用下，为什么同一群体中的个体却有不同的行为。随着研究的深入，之后的理论研究开始细化，更为关注个体的因素、推力与拉力的作用条件等方面。

（二）成本收益理论③

成本收益理论（Cost Benefit Theory）源于发展经济学家威廉·阿瑟·刘易斯（William Arthur Lewis）的研究模型，从经济学的角度分析了劳动力迁移的动因。成本收益理论认为，

---

① 人力资本产权是在市场交易过程中，人力资本所有权及其派生的使用权、支配权和收益权等一系列权利的总称，本质上是人们社会经济关系的反映。
② 周新芳. 人力资本理论文献综述［J］. 现代经济信息，2008（1）：59-61.
③ 马彩凤，区域人才流动的经济效应研究［M］. 北京：人民交通出版社股份有限公司，2019：19.

理性的个体会权衡跨区域流动的成本与收益情况，当迁移收益显著高于迁移成本时，个体就会向收益更高的地区流动。迁移成本是指为了进行迁移而支出的各种直接成本和机会成本；迁移收益则是指迁移到新的工作环境、得到新的工作机会而增加的收入。总之，个人迁移行为决策取决于迁移的净收益（预期）。

$$\mathrm{PV} = \frac{M_j - M_i}{R_{di}} - G_{ij}$$

式中　PV——迁移者的净收益；

M_j、M_i——分别代表迁移者在迁入地 j 和迁出地 i 的实际收益；

R_{di}——迁移收益的贴现率；

G_{ij}——从迁出地 i 到迁入地 j 所花费的费用。

从公式可以看出，只有当 PV>0 时，个体才会选择迁移；如果 PV≤0，个体就觉得迁移不划算，便不会选择迁移。因此，在这种框架下，可以把迁移视为回报高并且能够促进经济增长的投资。因此，从这个角度看，个体流动也可以视为一种人力资本投资的行为。

在成本收益理论的模型中，除劳动力市场之外，其他要素市场均被假设为无缺陷和运行良好状态，而且被假设为对个体迁移决定不起任何作用。该理论主要从经济角度解释劳动力的流动，毫无疑问，经济因素是劳动力流动的重要影响因素，但是并非唯一因素，甚至对很多个体而言，并非主要因素。在现实世界中，政治、文化、社会、心理等多种因素都会影响劳动力的决策，甚至比经济因素的影响更大，因此，该理论也存在显著的局限性。

（三）人才集聚相关理论[①]

在劳动力流动过程中，部分地区吸引大量优秀人才流入，成为流动人才的汇聚地。20 世纪 70 年代，美国经济学家理查德·泰勒（Richard Thaler）的人才聚集动因理论认为，人才聚集存在五大动因：①创造性工作的丰富性，即高质量、创新性工作机会的多寡；②企业家对才能的聚集能力，这由企业家精神决定；③重视知识的消费市场，这由地方消费者观念、新产品接受程度以及本地市场规模和潜力决定；④重视知识的供给商，这由创新性高质量的市场供给、经纪人或中介机构的水平、数量以及雇主的识才用才能力决定；⑤职业发展空间，即区域发展前景及职业发展空间。

传统观点认为，区域对人才的吸引力主要来自于当地能够提供的工作、薪酬和发展的机会，即重视经济收益因素与人才需求的匹配度。而美国学者丹尼尔·阿尔特曼（Daniel Altman）的舒适度理论认为，生活舒适度是促进人才聚集效应的重要因素。生活舒适度理论可以很好地解释一些高层次人才选择工作目的地的基本动机，高层次人才对高品质生活质量和工作家庭平衡有更高的追求，因此区域的教育水平、社会管理水平、医疗卫生体系、气候环境、社会文化等因素对人才的流入与集聚具有更大的影响。

（四）新迁移经济学理论

新迁移经济学理论（New Migration Economics Theory）产生于20 世纪 80 年代，该理论是在新古典经济学理论的基础上发展而来的，与新古典经济学理论认为"除劳动力市场外的其他要素市场对迁移行为不起任何作用"的假设不同，新迁移经济学理论认为，正是由于其他要素市场的失效威胁到家庭物质生活水平的提高，从而产生了许多人们在经济上获取更多发

[①] 刘霞，孙彦玲. 国家人才安全问题研究［M］. 北京：中国社会科学出版社，2018：20-21.

展的障碍，从而导致了人们希望通过国际迁移来改变。

新迁移经济学理论进而指出，事实上，在大多数国家，尤其是在发展中国家，家庭为了规避在生产、收入方面的风险，或为了获得资本等稀缺资源，会将家庭的一个或多个成员送到国外的劳动力市场。这种观点认为，人们的集体行动会使预期收入最大化和风险最小化。新迁移经济学的这一理论日益被许多发展中国家的现状所证实。在发展中国家，许多贫困家庭常常有意识地使用国际迁移来合理配置家庭劳动力的分布。例如，在多米尼加、波多黎各、菲律宾和墨西哥等国家或地区，很多家庭中存在着在国外工作的家庭成员、在国内工作的家庭成员，以及家庭成员从事不同经济活动的现象○。

（五）社会网络理论

社会网络理论（Social Network Theory）研究既定的社会行动者（包括社会中的个体、群体和组织）所形成的一系列关系和纽带，将社会网络系统作为一个整体来解释社会迁移行为。社会网络理论认为，以地缘、血缘、亲缘等关系为基础构建的社会网络影响劳动力的流动。社会网络可以通过直接和间接的方式为个体提供丰富的物质资源、情感支持、信息资源等，因此社会网络可以降低个体流动的风险和成本。流出人员可以与非流出人员在一个互惠责任与义务的网络中联系，从而成为一个来往于流出地与目的地之间的有形资源与无形资源的"搬运者"。社会网络理论跳出了经济性因素的限制，充分考虑了社会关联、情感关系等因素的影响，更加充分地阐述了个体流动的动力机制。

三、人力资本安全保障理论○

针对人力资本国际流动给流出国尤其是发展中国家流出国带来的种种安全问题，许多专家学者提出了缓解人才流失不良影响的政策主张，具有代表性的是英国学者芒顿德的四种措施和美国学者巴格瓦蒂等人的补偿理论。

（一）芒顿德的四种措施

D. 芒顿德（D. Mundende）提出四种不同的应对措施，分别是预防性措施、限制性措施、恢复性措施和补偿性措施。

（1）预防性措施（Preventive Measures）。预防性措施是指发展中国家采取积极的人力资源开发和利用政策，通过大力发展本国经济、改善社会人文环境等措施，以吸引、留住本国人才。比如，大力发展国民经济，为专业人才提供更多就业机会，创造出一个宽松的政治和社会环境，让人们心情舒畅地工作；为专业人才提供必需的环境和设备，并给予必要的物质和精神激励等。

（2）限制性措施（Restrictive Measures）。限制性措施是指发展中国家为了留住人才而对人才及其家属的流出设置种种障碍。比如，制定苛刻的出国条件、限制家属随行外流、制定滞留不归的惩罚措施等，并尽量阻止外流信息的进入和传播，以增加人才外流的难度和成本。

（3）恢复性措施（Restorative Measures）。恢复性措施是指人才流出的发展中国家与人才流入的发达国家进行国际合作，使从发展中国家流出的人才在经历一定的外国学习和工作时间后，返回母国。

○ 赵敏. 国际人口迁移理论评述［J］. 上海社会科学院学术季刊，1997（4）：127-135.

○ 赵莉. 全球化条件下中国人力资本安全研究［D］. 北京：北京师范大学，2005.

（4）补偿性措施（Compensatory Measures）。补偿性措施是指人才流出的发展中国家与人才流入的发达国家进行国际合作，让凝聚了母国大量投资的外流人才通过缴纳特种税等方式对母国进行补偿，受益的发达国家通过经济技术援助等方式补偿发展中国家。

实践证明，上述各项措施的推行均有很大难度，有的甚至无法实施。预防性措施是可行的，是发展中国家依靠自身就可以解决的；但它需要以本国经济的良性发展为基础，需要从管理制度、运行机制、社会观念等多方面进行综合治理，是一个系统工程，效果的显现需要一定时间。限制性措施是发展中国家被动应对的方法。这种方法一方面与当前世界经济全球化发展的大趋势不相吻合，另一方面实施效果并不理想，虽然在一定程度上减少了外流人才的规模，但并不能完全扭转这一不良局面，甚至还造成了一部分外流人才因付出过高的外流成本而一去不复返的现象，进一步降低了外流人才回流的可能性，也阻碍了他们在海外与国内进行有益交流的意愿。正因为如此，著名经济学家巴格瓦蒂指出：限制性措施带来的问题比它解决的问题还要多。恢复性措施要求发达国家与发展中国竭诚合作，敦促、监督外流人才在流出国滞留一定时间后必须返回母国。这一措施必然增加发达国家利用国外人才的成本，并且具体操作方法也较为复杂，显然很难实施。补偿性措施要求外流人才和受益国对发展中国家由于人才外流所受的损失予以补偿，这一建议较为合理，也可以推行，所以受到发展中国家的广泛赞同。

（二）巴格瓦蒂等人的补偿理论

贾格迪什·巴格瓦蒂（Jagdish Bhagwati）针对发展中国家人才流失至发达国家的现象，曾提出由发达国家向所获人才征收所得附加税，然后将所收税款转交给人才的母国。也有一些学者认为，由有关的发达国家和发展中国家缔结双边补偿协议，据此一次或分期支付经粗略估算的款项，更为简便易行。发达国家还可以提供若干间接的或非货币的补偿，包括向相关发展中国家派遣所需专家、给予较优惠的贸易待遇和投资待遇、提供或增加援助等，以适当弥补发展中国家的损失。不过，在旧的国际经济秩序尚未打破、发达国家一心谋求本国利益最大化的时代背景下，这一建议仍然很难推行。总之，减少人才流失的损失还要依靠发展中国家自己。因此，只有预防性措施才是最现实可行的。

第三节 国家人才安全的识别、预警与保障

一、国家人才安全的识别与预警

（一）国家人才安全的识别

国家人才安全识别是指在人才安全问题发生之前，综合运用各种方法系统地、连续地认识所面临的各种人才风险问题，以及分析人才风险事故的过程或步骤。

国家人才安全识别是国家人才安全管理的基础与前提，国家人才安全识别的根本任务是识别人才安全问题的类型和风险源，即导致人才安全问题的根源和驱动因素，进而采取可靠的预警和保障措施。

国家人才安全识别的内容包括：

（1）人才流失状况。一般来说，分析国家整体和细分领域的人才流入、流出水平是否基本保持一致，是判断人才流失状况的关键。例如，若国家某一行业的人才外流量远高于人才

流入量，则说明人才安全系统出现问题，可能将会对未来国家经济安全产生不利影响。

（2）人才数量、质量和结构。一方面，通过分析与对比国内与其他国家的人才数量、质量和结构状况，识别一国人才数量、质量和结构是否存在安全问题。例如，对比分析人才储备量、不同类型的人才考核评判标准、人才资源在不同行业及不同地区之间的配置状况等。另一方面，通过分析人才市场供需状况，识别人才数量、质量和结构是否存在安全问题。例如，如果人才数量无法满足市场需求，人才质量无法满足经济高质量发展需求，人才结构无法推动与促进产业结构优化等，则说明当前人才培养模式、人才资源配置过程中存在潜在安全问题。

（3）人才管理。人才管理是指对影响人才发挥作用的内在因素和外在因素进行计划制订、组织、协调和控制的一系列活动，具体包括人才的预测、规划、选拔、任用、考核、奖惩等。一般来说，以是否充分调动人才积极性、是否充分开发人才的潜在能力作为人才管理安全问题的识别依据，力求"人尽其才，才尽其用"。

（二）国家人才安全的预警

国家人才安全预警是指通过分析国家人才安全状态，利用现代化的信息手段，建立国家人才安全的预警指标体系，以提前发现、分析和判断人才流动、培养、组织与管理中存在的问题，并及时做出警示和调控的管理活动[一]。

人才队伍建设及人才政策的确立，必须具有前瞻性，国家人才安全预警可以对人才队伍的需求和流动等动态变化精准预见、做出预测、发起预警，为人才的使用、吸纳和培养提供更科学的参照系。一般认为，国家人才安全预警是在国家人才安全问题识别的基础上，利用先行指标和发展趋势预测人才未来的发展状况、度量未来的人才风险强弱程度，一旦发现指标偏离正常安全范围，及时发出预警信号，并通知决策人员及时采取应对措施，以规避人才风险，减少损失。

国家人才安全预警由信息采集系统、信息处理系统、预警决策系统三个子系统组成。信息采集系统主要采集人才数量、人才培养质量、人才年龄结构、人才专业结构、人才整体需求状况等人才信息和数据，信息处理系统对采集到的人才信息进行筛选、整理、录入、分析，最后由预警决策系统做出处理意见[二]。

二、国家人才安全的保障机制

随着经济全球化进程的加速，人才争夺成为一场没有硝烟的战争。当今和未来世界的竞争，从根本上说是人才的竞争。能否从制度机制上吸引和凝聚各方面的人才，特别是高素质的人才，能够以人为本，营造人才辈出、人尽其才的良好环境，把丰富的人力资源转化为人才资源优势，在很大程度上决定着国家未来发展的前途。而在这一切应对措施中，构建人才安全保障机制，是涉及人才安全结构性变革的重要手段。

构建人才安全保障机制，就是在遵从动态性、开放性、系统性原则的基础上，构建一种使人才个体或人才集体的素质、创造力和影响力得以发展和提高的科学合理的机制。人才安全保障机制强调的是，在符合人才发展规律的基础上，通过人才选拔、使用、培养、

[一] 雷有才.人才危机管理应对人才流失的非常措施[J].中国人力资源开发，2004（12）：19-22.

[二] 杨屏，孙昌增.紧缺人才的管理创新与保障机制[J].法制与社会，2007（10）：538-539.

流动、管理等各个环节上所形成的结构性、分层次的系统规则安排，以实现人才作用发挥的稳定性和持久性。人才安全保障机制的重要性在于，它是一个由结构性规则所组成的体系，旨在保证人才的吸引、选拔、激励、流动、管理、评价、成长等方面的健康、稳定和良性发展。国家人才安全保障机制就是要保障国家内部整体的人才素质、创造力和影响力的不断发展和增强[1]。

构建人才安全保障机制要从两个视角来看。第一，动态和开放的视角。要以动态和开放的视角看待人才安全问题，当国家内部拥有的人才素质、能力和创造力不能满足国家发展的需求时，国家就要培养与引进新知识、新技术，不断更新人才，组建新的人才团队。人才培养、管理、配置和更新都是人才安全保障机制所要遵循的内在要求。第二，多维度视角。构建人才安全保障机制要从国家安全、国家战略实施、经济发展、产业结构优化和劳动力市场稳定等多方面、多维度把握，不能只关注单一维度的问题。例如，不能由于工作在国家机密岗位、掌握国家核心技术的人才流失而导致相关人才安全问题，就单纯地认为存在国家人才安全问题。

国家人才安全保障机制主要包括人才流动机制、人才吸引机制、人才培养机制和人才管理机制。其中，人才流动机制起着保证人才系统不断更新和发展的作用；人才吸引机制为人才系统提供新鲜血液供给，起着为系统供血的作用；人才培养和人才管理机制用以保证人才系统功能的发挥，是人才安全保障机制的核心。

（一）人才流动机制

建立科学的人才流动机制需要多方面考虑人才流动的动因。根据劳动力流动理论，人才流动的原因可从空间和时间两个方面来考虑。从空间的角度来看，人才流动有其社会因素和个人因素：社会因素主要表现为经济环境、行业发展前景、市场竞争形势等因素；个人因素主要表现为家庭、性格、职业适应性、个人成就感等[2]。从时间的角度看，人才流动的因素在社会不同发展阶段不同，具体表现为国家对人才的要求和需求不同、不同发展时期个体的生存与发展需求存在变化等[3]。

从安全视角出发的人才流动机制的构建，需要从两个层面进行，即兼顾个人发展的需求和国家集体的发展需求。一方面，充分尊重人才自身流动的需求，满足个体人才发展要求，即遵循尊重人才流动的自主权、促进人才资源的合理配置和开发使用等；另一方面，满足人才合理流动需求的同时，需兼顾国家、社会和集团的发展性要求。要保证人才流动的安全，国家、社会和集团就需要在制度上制定既符合个体人才发展需求又满足一定社会团体发展需求的人才流动机制。

（二）人才吸引机制

吸纳人才在于环境，留住人才也在于环境。人才吸引机制是一项系统性工作，吸引人才的关键在于培育吸引人才的环境。不论什么样的环境，都要造就一个吸引人才的时空，以时空优势换得人才，一个国家要吸引人才，就需要在一定区域内形成吸引人才的相对优势或集中优势。处于较低发展阶段的国家，在全球人才流动的格局中，面对发达国家招收留学生、

---

[1] 陈文义，范军. 人才安全论[M]. 北京：蓝天出版社，2005：223，228.

[2] 黄涛，邵文武. 经济区域间人才流动机制研究[J]. 企业经济，2007（9）：108–110.

[3] 吴帅. 海外人才引进机制与政策研究[M]. 北京：中国社会科学出版社，2014：62.

研究机构招聘人才、企业大量引进人才、跨国公司到其他国家办企业或设立研究机构等人才争夺活动，可能在一定时期内会处于人才吸引的相对劣势地位，但是，人才流动并不完全是由经济因素主导的，政治、文化、民族心理等因素也是至关重要的[1]。

吸引人才与留住人才要遵循两种方式。第一，计划的方式，即人为地造成一定的时空环境，比如较好的物质待遇、事业环境等，计划的方式是针对自身不具有相对优势的领域和行业而采取的措施。第二，市场的方式，即只有人才到此地，才能够更好地满足其需求。发达国家不可能在所有方面都胜人一筹，其也具有相对的弱势。发展中国家不可能自然而然地形成吸引人才的优势环境，就更需要人为计划造势，造就一个相对有吸引力的环境。但一旦形成吸引人才的"气候"，发展中国家就可以以市场为主、以计划为辅，实施其人才吸引计划。

（三）人才培养机制

人才问题归根结底是围绕"人才怎样产生"这一问题展开的。人才培养机制是一种培养人才应遵循的规律，即通过探索其内部组织和运行变化的规律、遵循相应的规律和采用相关的手段、推动人才培养系统平稳运行，以实现人才安全的目标。人才培养问题的核心是教育，利用各种力量提高对教育的重视力度、提升教育的质量，加大教育改革的力度，解决教育中存在的应试过多、创新不足等问题，造就较好的人才队伍。人才培养得好，人尽其才，才尽其用，对国家、集体、个人都有利，对国家来说就是最大的人才安全。学非所用，用非所长，对国家、集体和个人都是损失，也可能产生许多不必要的浪费和社会矛盾。相比人才的流动与吸引方面的安全，人才培养是直接涉及人才安全的关键问题。

能否培养出有更高素质、创造力和影响力的人才，关键在于人才培养机制是否科学合理。人才培养机制要革除不利于知识经济时代创新人才培养的模式，创建新的人才培养机制，将由培养掌握和运用知识能力为主的传统人才培养方式转变为以培养自学能力、思维能力和创造能力为主的人才培养方式。人才培养机制是科学的人才安全机制中最为重要的部分。在这一思想下，人才的创造力、影响力得以发挥，才能得以使用和提高，更多的新人才能应运而出，形成一定的可立即投入使用的人才队伍后备力量，在人才培养过程中产生、形成和更新人才队伍，这同时也构成了人才队伍新陈代谢的动态更替机制[2]。

（四）人才管理机制

人才管理的水平和方法对能否凝聚人才、发挥人才的积极性具有重要影响。建立现代人才管理机制，不但需要进行国家内部人才资源的整合，而且必须将管理延伸至外部人才资源整合，以便最大限度地挖掘和利用各种潜在的人才资源。

现代人才管理机制重点围绕以下两大关系找准平衡点，处理好不同利益主体之间的关系：

第一，国家利益与个人利益的关系。从国家利益角度，人才安全管理工作则意味着对影响国家安全和公共安全的、特定领域内关键岗位或特殊岗位人才的流动加以监控，避免和减少在人才流动和使用中出现风险、隐患。而从个人利益角度，则希望人才可以在人力资源市场充分、自由流动，以最大化实现个人利益和价值。因此，协调国家利益和个人利益的关系是人才管理机制落实的重点之一。

---

[1] Kim K, Cohen J E. Determinants of International Migration Flows to and from Industrialized Countries: A Panel Data Approach Beyond Gravity 1 [J]. International Migration Review, 2010, 44（4）: 899–932.

[2] 陈文义, 范军. 人才安全论 [M]. 北京: 蓝天出版社, 2005: 242–245.

第二,扩大开放与限制保护的关系。从扩大开放角度,人力资源市场扩大开放、增进区域间人才流动是大势所趋,符合经济社会发展规律的趋势,但是,扩大开放的同时也可能导致核心技术人才外流、本土人才就业机会降低等人才安全问题。从限制保护角度,人力资源市场尤其是人才市场的限制保护措施,仍是许多国家在特定时期、基于特定目的、进行自我保护的管理举措。因此,根据国家内外部发展情况,适时调整扩大开放与限制保护的关系,是人才管理机制的另一重点㊀。

机制作为一定社会系统的制度、规则、习惯、办法等的总和,其运动变化取决于社会系统的变化。人们的生活方式、行为方式一直在变化之中,因此人才管理机制也应该不断调整与完善。任何一种机制都不是十分科学、十分完美的,都是在社会生活和人才管理的事件中逐步形成与完善的,都是作为主体的人才管理者在人才管理的实践中不断发现弊端、随时调整并完善的结果。

【相关案例11-3】

美国"用工荒"的潜在原因:移民员工骤减200万

据CBS新闻报道,新冠肺炎疫情发生以来,美国各行各业都面临员工短缺的情况,雇主很难找到并留住人才,员工们正在以接近历史最高水平的速度跳槽。这场劳工危机还有一个常被人忽视的潜在原因:美国的移民数量正在大幅下降,这一转变可能会对美国就业市场产生巨大的长期影响。

2016年和2017年,美国每年大约新增100万名移民,这一数字在特朗普执政期间有所放缓,而新冠肺炎疫情的暴发使移民流入几乎陷入停滞。新冠肺炎疫情暴发后,大多数国际旅行被叫停,移民手续中止办理,许多外国员工返回到他们的祖国。2020年,美国新增移民人数降至2016年水平的一半,2021年这一比例继续降低。新冠肺炎疫情减少了合法移民人数,并导致一些新移民返回本国。根据疫情前移民流入趋势估算,如果疫情期间移民人数仍按此前的水平增长,那么,美国劳动力中的移民人口将比现在多200万人。移民短缺给美国低收入行业带来了更大压力,依赖于移民员工的行业的空缺职位率明显更高,如休闲和酒店业、食品零售和医疗保健行业等。

2021年是美国建国以来人口增长最慢的一年,主要原因是移民人数的减少。美国的出生率多年来一直在下降,移民已经成为人口增长的主要驱动力。移民人数下降的同时,其他的人口趋势也在挤压着劳动力。随着人数最多的"婴儿潮一代"达到退休年龄,美国人正在成群结队地退休——这是一个长期存在的人口结构转变,但在疫情时期加速了。

缺乏移民也可能意味着整体就业市场的活力减弱。据估计,移民不仅往往比美国总体人口年轻,而且他们更有可能参与就业,移民创业的可能性是普通美国人的三倍。

资料来源:专家解密美国"用工荒"真实原因:移民员工骤减200万[N].中国工程报,2022-04-09.有删减和修改.

第四节 国家人才安全的实践

在知识经济迅猛发展和经济全球化进程加快的大背景下,人才已经成为经济社会发展和科技进步最重要的资源,是提升国家竞争力的最核心要素。面对世界范围内日趋激烈的人才

㊀ 孙彦玲,刘霞.人才安全管理需处理好四大关系[J].中国人才,2016(19):42-43.

竞争，各国政府越来越清醒地认识到人才安全对于国家发展的极端重要性，纷纷依托各自的经济发展现实和国家战略定位，制定和实施独具特色的国家人才安全策略。

一、美国[一]

仅有200多年历史的美国，今天已发展成为世界上军事实力、经济实力、科技实力最为强大的国家之一。美国是拥有高等学校和科研机构数量最多、各类高层次人才储备最丰富的国家之一。得益于美国政府对教育、人才培养的重视以及鼓励人才流入的政策，美国的科技成果和人才数量均处于世界领先地位。美国高度重视人才安全问题：通过加强对人才培养的重视力度、制定引才政策等措施，防止国内人才流失和吸引国外人才；通过建立和完善人才市场管理机制等措施，防范人才资源管理不当导致的安全问题。

（一）高度重视人才培养

美国的繁荣与发展，得益于对教育的重视。自其建国以来，美国就视教育为国家发展的基础和人才培养的关键，明确规定普及义务教育是国家的义务，在各级政府共同努力下较早实现了普及12年义务教育的目标。早在1850年，美国就公布了《义务教育法》，20世纪50年代末以来，相继通过和出台了《国防教育法》《美国2000年教育战略》《为21世纪而教育美国人》《美国为21世纪而准备教师》等政策和措施，美国极力呼吁为未来准备高素质的人才资源，充分体现了"教育优先发展"的战略目标。

在人才教育与开发上，美国投入了大量的经费。1999年，美国教育投入增加到创纪录的6350亿美元，占GDP的7.7%，远高于世界5.1%的平均水平。进入21世纪后，美国政府陆续推行《高等教育机会法》《2010年医疗与教育协调法》《两党学生贷款协议》、"美国大学的承诺"项目、《美国STEM教育行动方略》和《2021年美国创新和竞争法案》等，以加大教育投资。美国是世界上教育经费支出最高的国家之一，一直倡导"终身教育"，截至2020年，美国在教育上的投入达到9500亿美元，人均教育经费接近3000美元，如此庞大的教育资金投入，直接推动了美国教育事业的繁荣。美国高度重视教育的方针政策，在一定程度上防范了国内人才的流失，吸引了世界各国优秀人才的聚集，人才集聚又为其成为教育强国和人才强国奠定了雄厚的基础。

（二）大力引进国际人才

美国最富有特点的策略是"高技术移民优先"的全球引才策略。灵活多样的移民政策、人才政策是美国长期吸引优秀人才、保持经济与科技大国地位的重要保障。第二次世界大战后，美国政府颁布《1952年移民法》，该法规定，全部移民限额中的50%用于美国急需的、受过高等教育的、有突出才能的各类技术人员。在《1965年移民法》中，规定每年专门留出29000个移民名额给来自于任何国家的高级专门人才。该法律还规定，凡是著名学者、高级人才和有某种专长的科技人员，不考虑国籍、资历和年龄，一律允许优先入境。20世纪90年代以来，《1990年移民法》及其以后美国政府陆续出台的相关法令中，最为突出的特点就是设立了技术移民所享受的限额优先权，其根本的目的就是吸引美国所需要的各类人才。据美国人口统计局统计，1990年—1998年，美国共引进1850万名合法移民，其中30%的移民拥有学士以上学位，大部分是中青年群体。

[一] 赵光辉. 人才发展学［M］. 北京：知识产权出版社，2016：552-558.

21世纪以来,为确保外籍人才入境便利,美国不断改革与完善"绿卡"政策,授予非美籍专业人才在美永久居留权。为了吸引世界各国优秀人才,美国以优厚的人才待遇、一流的实验室和丰富的文献资料,为有才华、有抱负的外籍青年学者提供进修、作为访问学者以及从事研究工作等便利。2021年,据美国国土安全部统计,美国共引进73.82万名合法移民,其中19.33万名移民是拥有高级学位的专业人士、熟练就业工人等优先引进的外国人才,这类人才群体占总移民数量的26.19%。2021年,美国吸引近124万名海外留学生赴美学习,其中约86.6%的海外学生为本科以上学历㊀。海外人才的流入对美国科学研究事业的发展有重要作用,是推动国家经济发展、维护国家经济安全的重要保障。

(三) 完善人才管理机制

美国采用的是市场化的人才服务与管理机制,这既有利于人才在地区之间的竞争与流动,也有利于人才结构的不断完善。美国人才市场的竞争极为激烈,除本国公民外,其他国家的留学人员、访问学者等,凡是取得美国移民局认可的,都可获得被聘用的机会。为了保障人才市场机制有效地发挥作用,优化人才资源在市场的配置,减少人才安全问题导致的劳动力市场波动:

一方面,美国政府部门提供全方位的人才信息服务,设立公共就业服务、私营就业服务机构。美国公共就业服务的主要管理机构是劳工部就业与培训管理局,其建立了多元化的、完善的公共就业服务系统,形成了从提供工作介绍服务、劳动力市场信息、失业与相关福利,到实施积极劳动力市场政策、就业相关的福利改革措施的庞大网络。美国私营就业服务机构在20世纪50年代后逐渐发展成为一个产业。20世纪70年代,美国私营就业服务机构开始盛行。截至2021年,在全球人力资源服务机构50强名单中,美国企业有24家,占48%,居全球第一位。此外,美国国家人才制度保护委员会每隔三年要对联邦人才运行工作进行评估,并向总统提交专题报告,分析利弊得失,提出解决问题的对策。

另一方面,美国政府支持高级专门人才在企业、高校、政府、科研机构之间自由流动,并通过强化医疗、住房和保险等社会化服务的方式,促进人才的流动,充分实现"才尽其用"。美国不断完善的人才管理机制为人才良性流动、人才结构趋于完善、人才市场良性运作提供了制度保障㊁。

二、韩国㊂

1948年,韩国政府成立以后,早期大批韩国留学人员学成不归,人才流失严重,1968年,韩国在工程技术、自然科学、社会科学等领域的留学生当中,学成不归者分别达到87%、96.7%、90.5%,甚至出现了国外韩国高层次人才比韩国国内高层次人才数量还多的情况。从20世纪60年代起,随着韩国经济的迅速腾飞,韩国政府及有关部门意识到人才流失的严重性,纷纷出台海外人才引进措施,加强人才管理的政策。

㊀ 美国联邦移民和海关执法局. 2021年度学生及交流访客项目(SEVP)报告[R].
㊁ 蓝志勇,刘洋. 英国人才制度与人才发展战略[M]. 北京:中国人事科学研究院,2016:216-218.
㊂ 欧亚系统科学研究会. 韩国对海外人才的引进政策及特征[EB/OL]. (2021-11-25)[2022-09-01]. https://www.essra.org.cn/view-1000-3253.aspx.

（一）人才引进政策

为了加强海外韩国人才的回流和吸引国际优秀人才，韩国政府制定、实施了一系列政策与措施。首先，韩国政府积极组织海外科学家交流协会。20世纪70年代到90年代，韩国教育部分别在美国、欧洲、日本、加拿大、中国和俄罗斯等地，组织韩国科学家和工程师专业协会，以鼓励和吸引国际人才。其次，韩国政府采取各种促进海外人才流入的制度和政策。20世纪80年代以来，韩国政府先后出台了"长期回国计划""临时回归计划""外国学者访问计划"以及"科技工作计划"等不同类别的针对性计划，韩国政府还针对中小企业的专业劳动力短缺的问题，制定外国专业人才引进制度，旨在吸引高端技术、工程技术、信息通信等方面的国际人才。最后，韩国政府实施双重国籍政策。2011年，韩国政府为了吸引更多海外人才、防止国内精英流失、解决国内人口结构不均衡等诸多问题，修改了《国籍法》，有条件地承认双重国籍。

韩国政府在大力吸引海外留学生方面取得显著成效。韩国的外国留学生规模在1990年仅为2237人，2000年也仅有6160人。同时期，到国外留学的韩国学生人数却达到了近15万人。面对如此巨大的留学教育人口逆差，韩国政府于2001年制定了《扩大接收留学生的综合方案》和《留学韩国计划》。随后，2005年韩国政府先后制定了《留学韩国计划的详细推进计划》和《留学韩国计划强化方案》，以加强政府、大学和公司之间的合作，保证外国留学生毕业后能在韩国留下来就业。2012年以来，韩国政府陆续设立"韩国留学综合系统""在韩研究奖学金""全球人才在韩奖学金""在外同胞奖学金"等措施，鼓励外国留学生和学者专家到韩国留学或进行研究。自韩国政府大力支持引进外国留学生以来，从2003年只有1万多名留学生，之后迅速增长，2010年，外国留学生突破了8万名，到2020年已突破15万名。

一系列引才政策和措施的展开，极大地促进了海外的韩国人回流国内、吸引了国际优秀人才，从制度和法规层面保障国家人才安全。如图11-2所示，进入21世纪以来，在韩国政府的努力下，韩国移民流入规模大幅增加，逐渐改善了移民大规模外流的局面。

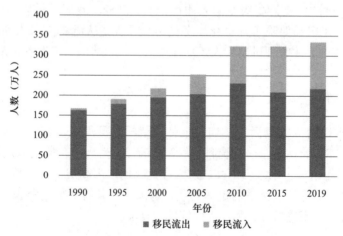

图11-2　1990年—2019年韩国移民流出与移民流入规模（存量）

○　联合国移民数据库［EB/OL］.［2022-01-01］.https://www.un.org/en/development/desa/population/migration/data/estimates2/estimates19.asp.

（二）人才管理政策

20世纪90年代，随着信息化的发展，韩国对人才的管理方式也出现了一些变化，政府各部门纷纷建立人才数据库并引进一些新的人事管理体系。早在20世纪90年代，韩国政府就建立了海外高层次人才网络信息数据库，以加强对人才信息的管理。2001年，韩国科技部为了促进高级科技人才的利用以及综合而系统地构建国家人才管理体制，建立了国家科技人才综合数据库，截至2017年，该数据库收录了包括韩国学术振兴团、韩国科学财团等25个科研机构的研究人员、专业人才及大学教授共约30万名，提供统计信息服务，实时收集数据。

在人才管理中最重要的人才评价问题上，韩国教育人力资源部从过去的论资排辈改为以职务和成果为评价的核心，引进了评价个人能力和成果的科学而系统的人事管理体系（PMIS）。通过该系统，个人可随时更新自己的人事相关内容，并使人事部门可以实时检索研究人员的个人信息。人事部门通过对各种人事资料的有效管理，可根据个人的研究成果、教育培训、外语能力、信息化水平对其加以综合评价，并将优秀人才安排到适当的工作岗位，对能力欠佳的人员提供自我能力开发的机会。高效的人才管理措施对优化韩国人才资源配置、提高人才资源利用率、降低人才市场波动风险发挥重要作用。

三、中国

中国是世界上最大的发展中国家，核心人才的流失已成为中国人才强国战略、人才结构与产业结构互动和人力资源管理面对的挑战之一，扩大开放与限制保护的矛盾和问题日益突出。针对人才流失、人才培养及管理等导致的国家人才安全问题，中国政府从法律法规和政策等多方面制定措施。

（一）国家人才安全保障法律法规

针对人才流失问题导致的国内核心技术泄露、商业秘密信息外流等问题，中国政府制定了一系列法律条款。1990年中国政府发布的《商业科学技术保密规定》和1997年《关于加强科技人员流动中技术秘密管理的若干意见》等均规定，禁止与约束涉密人员参与国际技术与信息交流活动，并针对泄密或窃密人员制定严格的处罚措施；2005年《中华人民共和国公务员法》中规定公务员有保守国家秘密和工作秘密的义务，若公务员在涉及国家秘密等特殊职位任职或者离开上述职位不满国家规定的脱密期限，不得辞去公职。1988年发布、2010年修订的《中华人民共和国保守国家秘密法》中规定："涉密人员离岗离职实行脱密期管理，涉密人员在脱密期内，应当按照规定履行保密义务，不得违反规定就业，不得以任何方式泄露国家秘密。"一系列旨在防范国家人才安全问题的法律法规，保障了国家信息安全、科技安全和经济安全，从保护技术诀窍、商业信息、核心机密等角度，从国家法律法规的层面形成对涉密人才群体的权威性和约束力。

（二）人才市场管理政策

人才资源市场扩大开放是以人才市场的建立和发展为标志的。中国政府于2001年发布，2005年、2015年、2019年三次修订的《人才市场管理规定》中详细规定了人才市场的定位、人才市场的组建、人才市场的业务范围以及违反规定的相应处罚。关于人才安全问题，

---

① 刘霞，孙彦玲.国家人才安全问题研究［M］.北京：中国社会科学出版社，2018：132-134.

② 刘霞，孙彦玲.国家人才安全问题研究［M］.北京：中国社会科学出版社，2018：52-53.

该文件规定用人单位不得招聘正在从事涉及国家安全或重要机密工作的人员，以及正在承担国家、省重点工程、科研项目的技术和管理主要人员等。该文件为保障中国人才安全、优化人才资源在劳动力市场中的配置形成重要法规依据。随后2003年发布并经过一系列修订的《中外合资人才中介机构管理暂行规定》中，对中外合资人才中介机构的性质和作用、中外合资人才中介机构设立登记的条件、经营范围以及对违反规定的相关处罚进行了人才安全的相关规定。

中国人才市场的扩大开放，正是得益于这两个文件的出台，而中国人才市场开放程度的提升也正是以《中外合资人才中介机构管理暂行规定》这个文件的制定和实施为标志的。正是有了这一人才市场管理政策为国家人才安全提供保障，中国的人才流动、人才引进才得以进一步开放。

（三）国际人才引进政策

自改革开放以来，人才引进工作日益受到国家和社会的重视，人才引进的数量和质量不断提高、层次和范围更加扩大。随着中国经济技术实力的大幅提升，中国正在从引进技术、学习模仿，快速转变为与发达国家相互学习和取长补短。因此，之前人才引进中不太引起注意的人才安全问题已经开始进入人们的视野。

自2003年，中国政府发布的《中共中央 国务院关于进一步加强人才工作的决定》提出积极引进海外人才和智力、制定和实施国家引进海外人才规划、重点引进高级人才和紧缺人才等规定后，国家和地方陆续推行了一系列旨在吸引海外人才的政策措施，如2008年《中央人才工作协调小组关于实施海外高层次人才引进计划的意见》以及《关于海外高层次引进人才享受特定生活待遇的若干规定》、2010年《国家中长期人才发展规划纲要（2010—2020年）》《青年海外高层次人才引进工作细则》、2012年《中共中央组织部、人力资源和社会保障部等五部门关于为外籍高层次人才来华提供签证及居留便利有关问题的通知》、2016年《关于加强外国人永久居留服务管理的意见》、2017年《外国人才签证制度实施办法》以及2021年中央人才工作会议的召开等。中国政府制定了大量配套政策措施，开通绿色通道、出入境便利政策、优惠税收等福利措施广泛吸引海外人才来华工作、学习与定居。引进优秀国际人才的政策与措施，在一定程度上为中国高技能劳动力供给提供了保障，促进了中国产业尤其是高端技术产业的发展，缓解了人才流失导致的国家人才安全问题。

四、俄罗斯①

俄罗斯是世界上人才流失非常严重的国家之一。苏联解体后，俄罗斯出现严重的社会不平等和收入不平衡等问题，使得大量人才外流。根据俄罗斯科学院的数据，苏联解体导致俄罗斯近一半的科学家离开俄罗斯，且流失人才以30～50岁的中坚力量为主，他们绝大多数去了美国、加拿大、以色列和德国等国，专业涉及航天、物理学、精细化工、计算机、微生物学、遗传学等。这导致的后果就是俄罗斯高科技发展倒退了10～15年，在某些领域，如生物技术方面甚至倒退了20年，与此同时，俄罗斯在世界高科技市场上的份额仅为0.2%～0.3%。为遏制人才外流、防范人才安全问题，俄罗斯积极采取措施，着手为吸引人才、留住人才创造良好环境。

---

① 中国人才研究会. 人才强国战略概论［M］. 北京：党建读物出版社，2017：71-72.

（一）教育投资政策

21世纪以来，俄罗斯政府为了扭转人才流失局面，采取了许多措施，在提高科研工作者工资待遇的同时，积极吸引更多的青年人才投入科学研究的行列。21世纪，俄罗斯联邦政府通过了一系列的教育文件，如《2001—2005年联邦教育发展计划》《俄罗斯联邦国家教育学说》《俄罗斯联邦政府社会经济政策远景规划》《2010年前俄罗斯教育现代化构想》《2009—2013年创新俄罗斯科技及教育人才联邦专项计划》《俄罗斯世界一流大学建设"5-100"计划》《2013—2020年俄罗斯联邦国家教育发展规划》和《俄罗斯高校"Priority-2030"计划》等一系列计划。这些计划的主要目标是，投入大量教育资金以培养科技创新、体育、艺术、教育等领域的杰出青年人才，保障在经济转型时期依靠现代科学和教育人才对国家科学和教育领域结构进行变革，提高俄罗斯在教育、科学和技术领域的竞争力。此外，俄罗斯政府还建立统一的没有地域限制、部门限制的科学教育人才库，广泛吸引国外学者和学生，使有才华、有发展前景的青年学者拥有能够展示自己的空间和平台。

（二）人才引进政策

俄罗斯政府通过放宽移民政策来吸引更多外国专业人才。21世纪以来，俄罗斯政府发布《2002—2005年"俄语"联邦专项计划》《简化部分类别外国留学生签证制度的法律草案》《关于修改"俄罗斯联邦外国公民法律地位法"第5条第17款的联邦法律》等措施，推行了一系列旨在吸引国外优秀人才的计划。俄罗斯经济发展部制定改善投资环境的措施，将放宽移民政策排在第一位，并对高水平的外国人才取消发放工作许可和赴俄邀请配额等限制，简化申请俄罗斯签证冗长繁杂的程序和规定。此外，为外来移民尽快适应和融入当地社会生活创造条件，俄罗斯国家移民局设立融合协作局，专门负责处理外来移民与当地社会融合事宜。

【相关案例11-4】

涉密机构管理员靠泄密铺就"生财路"

陈某曾是中国某军工科研究所下属公司的一名网络管理员，该科研院所从事中国重要装备部件的研发，属核心涉密单位。负责该单位内部网络维护的陈某能够接触到这些涉密文件。2011年，陈某在公司门口"偶遇"了一名自称"彼得"的外国人。对方自称是一名技术专家，来中国的目的就是想购买一些技术资料。随后，在高额报酬的诱惑下，陈某开始向彼得提供情报信息。

早期，陈某只是从互联网上搜集一些公开资料提供给对方，之后为了更高的报酬，陈某开始将目光投向自己单位的内网。凭借从事网络管理的工作权限，他轻而易举地窃取了大量内部涉密文件，并提供给彼得。随着窃取文件的数量越来越多，文件资料保密程度的等级越来越高，陈某逐步意识到彼得并非普通的技术专家，而是一名间谍。心生恐惧的陈某向他提出终止合作，然而彼得却以陈某此前提供的情报为把柄，要挟他继续提供涉密情报。

2015年3月，北京市国家安全局对陈某实施抓捕。经查，陈某共窃取并向境外间谍情报机关提供了该科研院所文件共5500多份，其中机密级146份、秘密级1753份，以及其他大量内部文件。2019年3月，北京市第二中级人民法院以间谍罪判处陈伟无期徒刑，剥夺政治权利终身。

资料来源：境外间谍策反手段曝光！窃密方式细思极恐[N].人民日报，2019-11-03.有删减和修改.

本章小结

（1）国家人才安全的核心内容。国家人才安全是指国家人才系统自身运行健康、稳定，且持续有效地支撑了国家经济社会的发展，使国家重大利益如主权利益、政治利益、经济利益、社会公共利益等免受因人才问题导致外部威胁的一种状态。

（2）国家人才安全的相关理论。国家人才安全的相关理论包括劳动力流动理论、人力资本理论和人力资本安全保障理论等。其中，劳动力流动理论包括推拉理论、成本收益理论、人才集聚相关理论、新迁移经济学理论和社会网络理论。人力资本安全保障理论包括芒顿德的四种措施和巴格瓦蒂等人的补偿理论。

（3）国家人才安全保障体系的主要内容。国家人才安全保障体系是一个由结构性规则所组成的体系，以保证人才的吸引、选拔、激励、流动、管理、评价、成长等方面的健康、稳定和良性发展。人才安全保障机制强调在符合人才发展规律的基础上，通过人才选拔、使用、培养、流动、管理等各个环节上所形成的结构性、分层次的系统规则安排，实现人才作用发挥的稳定性和持久性。

（4）世界主要国家人才安全的实践。当前，世界各国纷纷依托各自的经济发展现实、国家战略定位，制定和实施独具特色的国家人才安全策略，从推行吸引国际人才的优惠政策、加强人才安全管理等方面来防范国家人才安全问题。

本章荐读书目

［1］刘霞，孙彦玲. 国家人才安全问题研究［M］. 北京：中国社会科学出版社，2018.
［2］魏浩，王宸，毛日昇. 国际人才流动及其影响因素的实证分析［J］. 管理世界，2012（1）.
［3］陈韶光，袁伦渠. 人才国际流动的效应分析［J］. 管理世界，2004（10）.
［4］张旺，杜亚丽，丁薇. 人才培养模式的现实反思与当代创新［J］. 教育研究，2015（36）.
［5］徐国庆. 智能化时代职业教育人才培养模式的根本转型［J］. 教育研究，2016（37）.

本章复习思考题

1. 试述国家人才安全的内涵。
2. 简述国家人才安全的相关理论。
3. 国家人才安全保障机制包括哪些方面？
4. 在中国知网（www.cnki.net）上查询国际人才流动相关话题的研究文献，总结国际人才流入对东道国经济影响的机制。
5. 请阅览国际移民组织发布的 *World Migration Report 2022*，了解当前各国移民流出与流入现状，并结合推拉理论，分析导致国际移民流动的因素。

第十二章

国家对外贸易安全

【本章关键词】
（1）对外贸易安全　（2）外贸结构　（3）外贸依存度　（4）贸易波动
（5）贸易竞争力　　（6）垂直专业化　（7）国家安全例外　（8）贸易救济制度

【导入案例】

中美贸易摩擦

2018年3月8日，美国总统特朗普认定进口钢铁和铝产品威胁到美国国家安全，宣布对钢铁和铝制品分别加征25%和10%的关税。3月9日，特朗普正式签署关税法令，对进口钢铁和铝分别征收25%和10%的关税。3月22日，特朗普政府宣布因知识产权侵权问题而对中国商品征收500亿美元的关税。3月23日，中国商务部发布了针对美国进口钢铁和铝产品232措施的中止减让产品清单，拟对自美进口部分产品加征关税，以平衡因美国对进口钢铁和铝产品加征关税给中方利益造成的损失。

2018年4月2日，中国对原产于美国的7类128项进口商品中止关税减让义务，在现行适用关税税率的基础上加征关税。4月4日，美国贸易代表基于《特别301报告》结论，决定于7月6日对1333种、总值500亿美元的中国商品加征25%的关税；同日，中国宣布对原产于美国的大豆等农产品、汽车、化工品、飞机等进口商品对等采取加征关税措施，税率为25%。7月6日，中国开始实施对美部分进口商品加征关税措施，第一次正式对美国实施了关税反制，中美"关税战"全面开启。

资料来源：根据相关新闻整理所得.

第一节　国家对外贸易安全概述

一、国家对外贸易安全的定义[一]

国家对外贸易安全概念的提出，最早可以追溯到第一次世界大战以后。欧洲国家联合成立了欧洲煤钢共同体，目的在于以贸易联盟形式限制煤钢等战略物资的自由贸易，减少其用于战争用途的可能性。第二次世界大战以后，美国依托其强大的经济实力，毫无争议地成为世界第一贸易大国。为实现自身的贸易利益，美国开始寻求建立全球开放性经济体系，以促进自由贸易发展。1944年，由世界银行、国际货币基金组织和关税与贸易总协定为基础组成的布雷顿森林货币体系正式成立，推动了国际贸易的大发展。1979年，为控制军民"两用物

[一] 匡增杰，孙浩. 贸易安全的理论框架：内涵、特点与影响因素分析[J]. 海关与经贸研究，2016，37（4）：105-112.

项"的出口行为，美国制定了《出口管理法》（Export Administration Act，EAA）。尽管现在《出口管理法》本身已失效，但其中与军民"两用"产品和技术出口管制相关的规定事实上仍然有效。为执行该法，美国商务部颁布了《出口管理条例》（Export Administration Regulation，EAR），具体规定原产于美国的产品、软件和技术的出口和再出口管制制度。《1974年贸易法》是一部规范贸易行为、保障贸易安全的重要法律，详细规定了美国在遭遇贸易壁垒时的应对措施，其中就包括著名的"301"条款。"301"条款规定，对于损害美国贸易利益的行为，可以通过制裁维护贸易安全。

随着冷战结束后国际安全环境的变化，1993年克林顿政府将贸易安全提升到国家安全战略的高度，将经济贸易利益确立为国家核心利益。2001年"9·11"事件以后，美国将贸易的重心从推动贸易开放转向确保贸易安全。其后，小布什政府积极推动全球贸易安全体系建设，在世界海关组织（World Customs Organization，WCO）和亚太经济合作组织（Asia-Pacific Economic Cooperation，APEC）等国际组织层面以各种方法为维护国际贸易安全制定规则。为应对发展中国家在国际贸易中的崛起，奥巴马政府抛开多边贸易体系协商途径，以跨太平洋伙伴关系协议（Trans-Pacific Partnership Agreement，TPP）、跨大西洋贸易与投资伙伴关系协议（Transatlantic Trade and Investment Partnership，TTIP）、国际服务贸易协定（Trade in Service Agreement，TISA）等区域性贸易投资协定谈判为切入口，提出重构全球贸易投资规则战略，以确保美国在全球贸易中的核心地位。特朗普在执政期间坚持"美国优先"思想，采用多种贸易保护手段。贸易安全思想及其重要性在贸易发展历程中不断得到完善和提升。关于对外贸易安全的定义有两类观点。

一类观点认为，贸易安全体现为一种能力，即在对外贸易发展面临风险或受到冲击时，一国的对外贸易抗击风险、实现自身健康发展的能力[1]。所谓贸易安全，是指一个国家的对外贸易在面临来自国内外不利因素的冲击时，通过参与国际竞争和加强国际合作，牢固地控制或占有国内外市场，使本国的对外贸易拥有较强的抗风险能力。

另一类观点认为，贸易安全表现为一种状态，即在贸易自由化的条件下，当面临各种各样的国内外环境时，一国对外贸易保持稳定和持续发展的状态，即一国的贸易利益不受侵犯，比较优势能得以充分体现，有能力抵抗其他国家对本国对外贸易的侵犯和打击，本国在世界市场上占有的份额不断增加，对外贸易体系正常运转、不受破坏和威胁的状态。

其实，对外贸易安全应该涵盖"对外""对内"两个方面。"对外"强调生存安全，即一国对外贸易不受内外部不利因素的威胁和侵害，对外贸易保持持续稳定的态势；"对内"强调发展属性，一国应在国际分工中不断提升自己的竞争能力，在国际交换中获得和提高国家贸易利益，实现对外贸易的可持续发展，即发展是最高层次的安全。

国家对外贸易安全与国家经济安全互相依赖，密切相关。两者之间的关系既是一种从属关系，又是一种互动关系，国家对外贸易安全是国家经济安全的重要组成部分，国家对外贸易安全必须服从国家经济安全的整体利益，同时，国家对外贸易安全一旦受到影响，国家经济安全必然受到冲击。

在全球经济一体化时代，资金、知识、商品、服务、人力资源、信息等均可通过国际市场完成交易，贸易将各个经济体紧密联系在一起。经济全球化既推动了各个国家的经济开放，

---

[1] 何剑，徐元. 贸易安全问题研究综述［J］. 财经问题研究，2009（11）：19-23.

促进了世界经济发展，同时也增大了经济运行的风险系数，国家的经济安全更易受到世界经济波动的影响。因此，如何在激烈的国际市场竞争中防范各类风险，维护贸易利益，是当前世界各国维持对外贸易安全面临的重要任务[一]。

二、国家对外贸易安全的特点[二]

国家对外贸易安全的特点包含五个方面，分别是突发性、紧迫性、关联性、复杂性与战略性。

（一）突发性

在经济全球化不断深入的开放时代背景下，贸易安全具有显著的突发性。突发性源于全球化使得各国之间的联系显著增强，国家经济安全不仅取决于国内经济发展态势，还通过全球贸易、金融往来与世界经济安全密切相关。2008 年以来的欧洲债务危机、美国金融危机，乃至 2022 年年初爆发的俄乌冲突，都以极强的突发性对全球贸易安全产生重要影响。

（二）紧迫性

国家对外贸易安全也具有极强的紧迫性，主要因为国际社会至今对国家对外贸易安全问题尚未形成可靠的危机防范机制，而且全球范围内没有任何一个机构或组织能够独立治理全球贸易安全问题。因此，一旦危机爆发，所涉及的经济波动、贸易波动所带来的问题将亟待解决。

（三）关联性

国家对外贸易安全不是孤立的，而是与其他诸多方面的安全息息相关，具有极强的关联性。经济全球化时代，一个国家的对外贸易安全与产业安全、粮食安全、能源安全、金融安全等密切相关，因此对外贸易安全是国家总体经济安全的重要组成部分。贸易安全在服从于经济安全总体利益的同时，也是国家经济安全的基础。

（四）复杂性

国家对外贸易安全的影响因素错综复杂。其不仅涉及贸易存在和发展的诸多问题，而且事关内部和外部的诸多因素，如经济因素、政治因素、金融因素、社会因素等，各种因素之间相互作用。解决国家对外贸易安全问题，不仅要从贸易角度提出见解，更要密切关注各种因素之间的广泛相关性。

（五）战略性

维护国家对外贸易安全具有极强的战略意义。对外贸易安全是国家经济安全的重要组成部分，关乎国家的经济发展和长远发展，是维护经济利益和政治地位的重要保证。因此，国家需要赋予对外贸易安全以战略性地位，从长远的眼光来看问题，将对外贸易安全纳入国家发展战略，建设完备的国家对外贸易安全体系。

三、国家对外贸易安全的影响因素

国家对外贸易安全作为一个战略性复杂动态系统，能够对其产生影响的因素也是极其复杂和多样的，包括政策因素、政治因素、经济因素等。下面将从贸易政策、国际政治和国内

[一] 石良平. 经济大国的贸易安全与贸易监管［M］. 上海：上海交通大学出版社，2015：6.

[二] 匡增杰，孙浩. 贸易安全的理论框架：内涵、特点与影响因素分析［J］. 海关与经贸研究，2016（4）：105–112.

经济等三个方面进行分析。

（一）贸易政策与国家对外贸易安全

贸易政策是指一国政府为了某种目的而制定的、对外贸活动进行管理的方针和原则。贸易政策可分为两类，即自由贸易政策与贸易保护政策。与倡导商品自由进出口的自由贸易政策相比，贸易保护政策是指一国为了维护本国经济的发展和社会的安定，而采取奖励出口、限制进口的政策和措施。贸易保护政策的产生涉及经济发展阶段的差异、维护社会和政治制度安全的需要、发展生产力和提高竞争力的要求、解救经济危机和维护社会稳定的政治诉求等多方面原因。从历史发展来看，自由贸易与贸易保护是一对"孪生兄弟"，是经济发展波动中交替出现的现象。

世界各国实施了种类繁多的贸易保护措施，根据全球贸易预警（Global Trade Alert，GTA）机构的分类，这些措施可分为国家援助、竞争性贬值、消费补贴、出口补贴、出口税或限制等23类。在这些措施中，主要的措施包括：一是在世界贸易组织（World Trade Organization，WTO）允许的规则下，滥用贸易救济措施，主要是指包括反倾销、反补贴和保障措施在内的贸易防御措施；二是传统的关税和非关税壁垒，包括提高关税、进口禁令、技术性贸易壁垒等；三是在经济刺激方案的借口下通过法律和行政手段实施各种"临时性措施"，如竞争性贬值等。需要强调的是，作为限制进口的重要措施，全球范围内反倾销、反补贴等贸易救济被调查立案的数量在明显增加。另外，带有歧视性的技术性贸易壁垒因其隐蔽性强等特点越来越成为各个国家重要的贸易保护措施②。

20世纪以来的贸易保护主义是出现在经济全球化浪潮和世界贸易组织"多哈回合"谈判的大背景下，它带有与以前贸易保护主义不同的一些新的特点：贸易保护主义产生的深层性，贸易保护主义的全球性，贸易保护层次和手段的多样性，贸易保护主义应对的复杂性③。因此，贸易保护主义可能阻碍国家对外贸易的正常进行，从而对国家对外贸易安全产生重要影响。

【相关案例12-1】

世界各国食品标识对中国食品出口产生重大影响

食品标识是保护性措施，也是食品内在信息最直观的体现，无论是自愿性的还是强制性的，均可区别产品特性，提高消费信任感。为了保护消费者健康、规范进出口食品贸易以及加强对食品安全风险的控制，世界各国在食品标识管理中都制定了严格的法规标准，且法规标准日益完善和提高。

食品标识是技术性贸易壁垒的重要方法之一，世界各国食品标识新规频出现象亟待关注。近年来，中国因食品标识不合格被通报占国外通报的比例持续偏高，2014年为7.3%，2015年为4.7%，2016年上半年就达到8.5%。各国对进口食品提高市场准入门槛与频繁更新法规，应引起中国食品行业的重视。

"标新"：市场准入门槛不断提高

多国不断制定和更新食品标签的强制性法规，食品标识关注面扩增，标注细节要求更严格。如2016年9月12日，洪都拉斯对"有机农产品"标签的描述进行规定，只有从事生产、

---

① 薛荣久. 经济全球化下贸易保护主义的特点、危害与遏制[J]. 国际贸易，2009（3）: 28-31.
② 匡增杰，孙浩. 贸易安全的理论框架：内涵、特点与影响因素分析[J]. 海关与经贸研究，2016（4）: 105-112.
③ 薛荣久. 经济全球化下贸易保护主义的特点、危害与遏制[J]. 国际贸易，2009（3）: 28-31.

加工、标识、储存、认证的有机农产品的运输和销售的自然人或法人可以对其产品使用"有机"（organic）、"天然"（biological）或"生态"（ecological）以及类似的国际认可词汇标签及其简写形式。该标识对从事注册、生产及认证此类产品的公共和私营机构具有约束力；2016年9月3日，韩国对酒类销售容器强制要求标示"孕期饮酒对胎儿健康有害"的警示文字，并将"饮酒引起疾病危险"等警示文字加入警示语。

"立异"：法规更新的跟进明显提速

法规更新明显提速。美国作为食品进口大国，食品进口量呈逐年上升趋势，其食品消费中进口食品占15%。美国是中国食品出口的重要目的地，而中国出口到美国产品却屡遭通报。2016年1月至6月，中国共有365起出口美国的食品化妆品被通报，其中标签不合格占到了13.7%以上，主要源于营养成分标注不全、厂商名址内容不全、过敏源标注不符合要求、食品添加剂标注不规范、语言文字不规范、符合性检验不合格等原因。例如，出口美国的营养强化食品被通报未标注生产商、包装商、经销商的名称地址；糯米片因标签英文为红色字体，与美国标签法规中"品名必须为黑色字体"不符，而以"货物没有英文品名"被通报。诸如此类的非关税壁垒对中国食品出口产生了很大的影响，将在一定程度上冲击中国的对外贸易安全。

资料来源：世界各国食品标签"标新""立异"对中国食品出口产生重大影响[N].中国日报，2016-09-21.有删减和修改.

（二）国际政治与国家对外贸易安全

国际贸易与国际政治存在复杂的互动关系。在国际关系中，国际贸易不仅影响着国家之间的经济关系，而且影响着国家之间的政治关系。国际贸易往往存在某些政治背景，具有某种政治目标，即国际贸易受到国际政治的影响；同样，国际贸易的开展也在改变着国际政治关系。可以说，国际贸易与国际政治之间形成了相互作用、相互交融的状态，国际政治变革也会深远地影响对外贸易安全，从而对国家经济安全产生严重影响。国际政治影响国家对外贸易安全的一个重要体现是地缘政治危机，即战争对于国家对外贸易的影响。战争会导致经济活动尤其是对外贸易的中断。

进入21世纪以来，世界政治经济格局正经历深刻调整，全球经济形势逐渐复杂化。乌克兰危机、伊朗核问题协议谈判问题停滞、印巴局势动荡、全球金融危机、欧债危机、英国脱欧、中美贸易摩擦等不确定性事件频发，使得全球经济增长放缓，各国经济前景充满高度的不确定性。全球地缘政治风险对全球贸易增长形成巨大压力，加剧了全球经济形势的严峻性与复杂性，也对各国贸易安全形成了较大挑战。

（三）国内经济与国家对外贸易安全 ⊖

国内经济对国家对外贸易安全的影响主要体现在以下几个方面：

（1）参与国际市场的程度。主要包括国家外贸依存度、进出口结构、贸易集中度、贸易竞争力、关键产业占进出口的比重、关键能源外贸依存度、走私品占国内市场的比重等。按照一般原则，国家参与国际市场的程度越高，存在的贸易安全风险越大，国际经济波动越容易对国民经济造成危害。

（2）国际贸易环境。国际贸易环境包括三个层次。第一，国际经济的大环境。在经济全

⊖ 王自立.中国贸易安全报告：预警与风险化解[M].北京：红旗出版社，2009：24-25.

球化的过程中世界经济"你中有我，我中有你"，国际贸易的发展关键取决于国际经济的大环境。WTO成立后，对世界多边贸易体制的协调功能日益增强，这使得各国的贸易安全在很大程度上取决于该国的国际经济关系。第二，区域贸易环境。对外贸易安全与区域发展的关系也是密切相连的。第三，主要贸易伙伴之间的关系。国家对外贸易安全容易受到部分重要贸易伙伴的影响，从而对整体贸易安全态势产生重要影响，进而影响到国家的整体经济安全。

（3）国内产业对贸易安全的双重影响。国内产业对贸易的影响具有双重性的特点。通常按照国际分工的理论，一国具有比较优势的产业在国际市场具有竞争优势，那么，该产业对一国的国际贸易有积极影响，并且通过贸易引进先进技术和国际先进管理经验，促使本国产业升级。但是，如果某一产业受到进口产品的冲击，特别是受到产品输出国的倾销，那么，进口冲击就将对本国该产业产生不利影响，从而使该项贸易活动危害了本国的经济安全。因此，为了确保贸易安全，国家要优化本国的产业结构，提高产业竞争能力，从而防御贸易波动对产业的危害。

第二节　国家对外贸易安全的相关理论

一、国家对外贸易安全理论的总体情况

国家对外贸易安全相关理论涉及多方面的内容，从国家对外贸易安全定义中的两个重要方面来看：一是对外强调生存安全，即一国对外贸易不受内外部不利因素的威胁和侵害，获得良好的国内、国际环境，同时确保贸易不会对国内经济发展产生负面影响，相关的理论包括重商主义、幼稚产业保护理论、战略贸易政策理论等；二是对内强调发展属性，提升一国的竞争力，充分发挥本国比较优势，提升在世界市场中的地位，相关的理论包括绝对优势理论、比较优势理论、国家竞争优势理论等。其实，要特别重视的是，就整体贸易结构而言，贸易结构也会对本国对外贸易安全产生重要影响，因此，下面将详细论述一国贸易结构与国家对外贸易安全之间的关系与国际经验[一]。

二、贸易结构与国家对外贸易安全

伴随着经济全球化的快速发展和国际分工的日益细化，跨国公司逐渐成为国际经济的主体，跨国公司实施全球战略以在世界范围内最优配置资源，这样，在被动和主动中，越来越多的国家特别是发展中国家开始打开国门参与全球化，并力争在国际分工中占据一席之地。全球化是一把"双刃剑"：一部分国家确实据此增加了发展的机会，受益于全球化；但是，不可否认的是，在参与全球化、对外开放的过程中，新开放国家的经济安全特别是外贸安全问题也变得比以往更为复杂，面临十分严峻的新挑战。

（一）贸易结构与对外贸易安全、国内经济发展的关系

经济学家西蒙·库兹涅茨（Simon Kuznets）认为："在任何时代，经济增长不仅仅是整体上的变动，还应该包括结构的转变。它必须考虑经济增长的内部方式——当每个单元经历与时代有关的增长时，要分析它内部经济活动的数量和结构及其持续变化的序列。"因此，在经济全球化条件下研究对外贸易安全问题时，也要特别重视结构问题，从贸易结构视角考察对

[一] 魏浩. 外贸结构、外贸安全与经济发展 [J]. 亚太经济, 2008 (1): 88-91.

外贸易安全问题就显得十分重要。

其实，这个问题早就引起了很多经济学家的关注。如安德烈·冈德·弗兰克（Andre Gunder Frank）在《依附性积累与不发达》中指出：与正统的国际贸易和国家发展理论相反，世界资本主义的不均衡发展并非伴随着平衡贸易（或增长），而是事实上依靠发达的宗主国与不发达的殖民地国家之间国际贸易的基本不平衡。其认为发达国家与不发达国家之间的贸易商品结构差异，是导致不发达国家经济落后的关键原因，出口盈余（顺差）只是一种假象或表象，并不一定会真正地带动不发达国家的经济发展。

西蒙·库兹涅茨也指出：①很显然，如果小国家认识到专业化和规模经济的优越性，那么小国家就必定比大国更严重地依赖于对外贸易，因为对于大国来说，国内市场及资源条件可以使其发展专业化和规模经济。倘若一个国家对外贸易集中于几个主要经济部门，而不是平均分散在各个部门，那么这种依赖性似乎就会更强；②随着世界经济的不断发展，特别是在经济全球化纵深发展的今天，各个国家并不是孤立生存的，而是互相联系的，所以一个国家的发展会影响其他国家，反过来也受其他国家的影响。也就是说，出口产品结构集中度的大小影响国家对国际贸易的依赖性，如果出口产品结构比较集中，那么，国内经济对贸易的依赖性就比较强，再加上其他国家对本国的关联性影响，就使国家面临较大的对外贸易风险。

萨米尔·阿明（Samir Amin）在《不平等的发展》中指出：①不发达国家的对外贸易集中在一些很易于为发达国家所使用的矿产资源上，而它们在交通运输、外贸组织以及技术知识方面固有的落后情况使得大量的对外贸易不太可能。所以许多不发达国家对外贸易比例很高，是因为相对于比它们体量大而发达的贸易伙伴国来说它们的规模很小，而且经常集中向一个或者几个发达大国出口一种或几种商品。②就商业交换而言，中心国家的统治地位并不是由于外围国家的出口都是基础产品而造成的，而是由于外围国家只是基础产品的生产者，换言之，外围国家的生产并没有结合一种自主的、以自身为中心的工业结构。总的来说，外围国家的大部分贸易是和中心国家进行的，而中心国家则与其他中心国家进行大部分贸易活动。③不发达国家在出口部门已经达到某种增长水平以后，的确会出现一个国内市场，但是国内市场是有限的和畸形的。可见，萨米尔·阿明认为，一般情况下，发展中国家获得的贸易利益较少，处于被支配的地位，对外贸易对国内经济发展的带动作用不大；而且整体看来，对外贸易风险较大，并影响国内的经济发展。另外，他的一个进步之处在于他指出了出口地区集中（或结构）问题。

阿瑟·刘易斯（Arthur Lewis）认为，对外贸易特别是出口会带动国家的经济发展，原因之一就是贸易会促进专业化的发展，使各国发挥自己的比较优势和绝对优势。不断提高专业化程度似乎已经成为一条经济原理，就像生物进化原理一样。然而，不断提高专业化程度也有一定的代价，主要表现为：①贸易中断。专业化程度越高，越需要产业上的机动性，这是防备需求变化的最佳保证，如果因贸易中断而无法得到重要原料的供应，专业化也许会给社会造成困难。②经济失衡。专业化的生产会造成经济结构失调、人才失调。虽然扩大出口是开始发展经济的最容易的手段，它是一种有利的手段，但是过分集中于出口业就像过分集中于任何其他部门那样是不利的。教训并不在于扩大出口是不对的，而在于完全集中在这个经济部门是不对的。很明显，阿瑟·刘易斯已经认识到外贸结构对外贸安全、国内经济发展的影响，并明确指出专业化生产和出口过度集中的严重后果。

上述四位经济学家从不同的角度，指出了贸易结构与对外贸易安全、国内经济发展的关系和其影响。但是，他们的分析又都十分有限，这主要跟他们所处的年代和环境有关。进入21世纪以来，国际经济关系、国际分工、经济全球化的深度和广度已经有了很大的发展，世界经济一体化程度大大提高，国际贸易量逐年提高。在这种情况下，依靠对外贸易带动国家经济发展的国家特别是发展中国家，贸易结构与对外贸易安全问题就变得突出了。

（二）贸易结构与对外贸易安全之间关系的主要表现

一般来说，贸易结构主要包括商品结构和地区结构。整体而言，贸易结构与对外贸易安全的关系表现为：

1）如果一国出口商品技术结构日益高级化，表明这个国家在国际分工中的地位日益上升；同时，由于高端产品的可替代性比较弱、专业性比较强，因而防范风险的能力也就比较强。相反，如果出口产品结构集中于劳动密集型等低端商品，由于低端产品的可替代性比较强，潜在的外贸风险就比较大，不利于出口国企业的长远发展和相关产业的培育，影响国内经济的正常发展。

2）如果一国进口商品结构高级化或者进口商品结构比较集中，该国在贸易中的主动权一般比较小，往往处于被动的局面，容易遭到国外企业的联合提价，甚至面临贸易中断的可能，不利于国内经济的稳健发展。相反，如果一国进口商品结构低级化或者进口商品结构比较分散，该国就会在贸易中居于主导地位，外贸风险较小，有利于国内经济的发展。

3）如果一国出口地区结构日益分散，表明这个国家的出口辐射范围更大，不仅提高了在国际经济中的地位，而且也避免了对某些地区的过度依赖，外贸风险日益下降，有利于出口的可持续发展。相反，如果一国出口地区结构日益集中，就会导致该国对某些地区的过度依赖，容易引起贸易摩擦等一系列贸易冲突和矛盾，外贸风险就会日益加剧，影响正常的国内经济发展。一些国家实施的市场多元化战略就是为了应对这种外贸风险。

4）如果一国进口地区结构比较分散且进口量比较大，则该国的经济发展就会带动其他国家的经济共同发展，无形中该国就在国际贸易中居于主导地位，面临的外贸风险较小，其他国家面临的风险就比较大。相反，如果一国进口地区结构比较集中且进口量比较大，就会导致该国对个别国家的过度依赖，此时国际关系是影响贸易关系的关键因素，而国家局部关系具有多变性，进而导致进口国的进口也就具有多变性和不稳定性。

一般来说，外贸安全的本质，体现在"发展"和"稳定"两个概念关系之中。外贸商品结构升级是外贸发展的目标，外贸地区结构优化是外贸发展长期稳定的必要条件。商品技术结构升级和地区结构优化都是外贸体系内部各系统结构升级和优化的外在表现。

要特别指出的是：适度的贸易结构是保证对外贸易安全的基础，商品技术结构过于低级化或者过于高级化、地区结构过于集中或者过于分散，都会影响一个国家的对外贸易安全。商品技术结构过于低级化（自然资源除外，主要是指劳动密集型的工业制成品），在国际分工中没有地位，所获贸易利益较少，并面临随时被其他国家取代的风险；商品技术结构过于高级化，在技术迅速发展的今天，技术开始进入跨越式创新阶段且高新技术产品的国际竞争日趋激烈，一个国家的对外贸易如果过于依赖高新技术产品，则有可能出现对外贸易突然崩溃的局面。地区结构过于集中容易引起国际贸易摩擦，恶化国际经济环境；地区结构过于分散，经营环境复杂，经营成本提高，外贸风险反而会增加。

（三）英国和日本的历史经验

从世界经济发展的历史来看，一个国家国际经济地位的变化、国内产业结构的变化与对外贸易结构的变化有着极强的内在关联。以英国和日本为例，从历史的视角对贸易结构与对外贸易安全、国内经济发展的关系进行经验分析。

1. 英国贸易结构的变迁与经济发展的变化

英国的海外贸易在17世纪、18世纪突飞猛进地增长。有关数据表明：在1700年—1800年，英国外贸年增长大约1.8%；1800年—1913年年增长为3.4%，但是增长率不均衡；1781年—1801年，进口增加2.5倍，出口增加3.4倍；在1825年—1870年这半个世纪中，增长率年平均为4%；在1840年—1860年，增长率达到每年5%①。

在贸易增长的同时，英国的贸易结构和贸易方向也在发生着变化②：

（1）贸易增长的开始阶段。英国最初出口的是羊毛，然后是羊毛纺织品。在羊毛纺织品的出口中，起初是老式纺织品，然后是新式纺织品。老式纺织品大部分属于绒面呢和克尔赛手织粗呢——一种销往德国和东欧的羊毛制罗纹粗布；新式纺织品包括纬起绒织物等，重量较轻，1730年战争结束后的初期，主要在南欧和黎凡特地区销售。这是一个包括下列阶段的普通过程：从原料转向半制成品、提高半制成品等级；接着是漂洗，最后是整理、染色；从位于尼德兰的莱登接过最后的工序，进行最后加工；最后直接销售制成品。贸易还从原材料出口与欧洲制成品进口，转向原材料进口与制成品出口。欧洲作为进口的主要来源和出口的主要市场，让位于殖民地、后来独立的美国和南非联邦等国家，使它们成为食品和原材料的来源和制成品的市场。

（2）贸易增长的成熟阶段。19世纪中叶，随着工业革命的完成和机器大工业的普遍建立，英国就以其发达的纺织业、采矿业、机器制造业和海运业确立了其"世界工厂"地位。在19世纪的前70年里，仅占世界人口2%左右的英国，一直把世界工业生产的1/3～1/2和世界贸易的1/5～1/4掌握在自己的手里。英国"世界工厂"的地位在贸易结构上的表现是英国成为世界各国工业制成品的主要供给者，世界各国则在不同程度上成为英国的原料供应地③。英国经济学家史丹莱·杰温斯曾做过形象的描述："北美和俄国是我们的谷物种植园，芝加哥和奥德赛是我们的粮仓，加拿大和波罗的海诸国是我们的森林，我们的羊群和牧场在澳大利亚，我们的牛群在美洲，法国和西班牙是我们的葡萄园，地中海沿岸是我们的果园，我们从其他国家获得棉花"④。

（3）贸易增长的衰退阶段。然而在19至20世纪之交，英国在世界经济中的地位已经悄然发生变化，开始相对微弱。除了美、德崛起这个因素之外，还由于英国没有找到更大的活力来刺激生产的进步和经济的发展，失去了在国内改进技术、提高产品质量的动力，创新能力低下，高新技术应用迟缓，英国工业品竞争力下降，由此造就了20世纪英国经济无可挽回的衰退⑤。

---

① 安德烈·冈德·弗兰克.依附性积累与不发达[M].高铦，高戈，译.南京：译林出版社，1999：82.
② 查尔斯·P.金德尔伯格.世界经济霸权：1500—1990[M].高祖贵，译.北京：商务出版社，2003：204.
③ 高德步.世界经济史[M].2版.北京：中国人民大学出版社，2005：333.
④ 世界通史资料选辑[M].北京：商务印书馆：1972：294.
⑤ 张幼文，徐明棋.经济强国：中国和平崛起的趋势与目标[M].北京：人民出版社，2004：30.

2. 日本贸易结构的变迁与对外贸易安全的变化

第二次世界大战后，日本经济复兴、成为新一代世界制造中心的历程：

1）1956年之前，日本主要出口劳动密集型产品，包括纺织品、服装、瓷器、玩具和家庭用品等○。

2）在1956年—1973年，日本处于贸易立国阶段，加工贸易出口是工业生产的主要形式，重化工业是经济结构主导和支柱产业。日本的出口涉及一个转变，即从使用廉价劳动力的产品，转向资本密集型、含有高技术与质量控制的产品，包括使用大量资本的钢铁和船舶，质量非常重要的相机、收音机、电视机、家庭用具、手表以及汽车等○。

3）在1974年—1990年，日本处于技术立国阶段，日本持续增加科技投入的规模，持续引进世界先进科技成果并加以吸收、改进，以应用于工业生产中，使日本的产业结构和整体经济结构不断优化和提升，出口产品结构以高附加值的制成品为主。在1965年—1986年，日本高科技产品出口增长了50倍，而同期美国仅增长了12.5倍，日、美、西欧高技术产品出口比由1∶4∶5变为1∶1∶1。与此同时，日本的产品结构也实现了由劳动密集型的轻工业向资本技术密集型的重工业再向知识密集型的智能工业转变○。

在这整个时期，不仅日本与美国的贸易摩擦日渐增多，而且日本面临的贸易冲击也日益严重○。例如，1971年8月，尼克松总统关闭了美国黄金自由兑换的窗口，并对美国的进口产品强行征收一项10%的附加税，当年还使美元实现同等程度的贬值。日本人称此举造成的影响为"尼克松冲击"。1973年，美国政府为抑制国内大豆价格上涨而停止出口大豆（日本的主要进口产品）时，对日本造成了更加直接的冲击。随后，石油输出国组织对石油出口实行禁运，使石油价格从每桶3美元提升为每桶12美元，由于日本高度依赖进口石油，因此日本再次遭受严重打击。

（四）英国和日本历史经验的启示

（1）贸易结构变化的重要性。日本的贸易结构一直与英国的贸易结构形成强烈的对比。第二次世界大战后，日本一直坚持改变出口产品结构，从以劳动密集型的轻工业产品出口为主→以资本技术密集型的重工业产品出口为主→以知识密集型的智能工业产品的出口为主，其结果是国内经济发展迅猛，国际经济地位日益提升。相比之下，英国在贸易增长初期阶段的贸易商品结构和地区结构的优化，使英国的对外贸易获得了飞速发展，最终造就了英国"世界工厂"的地位；在贸易增长的衰退阶段，贸易结构缺乏变化使得英国丧失了世界霸主和世界工厂的地位。

（2）防范外贸风险的必要性。在日本出口产品结构不断优化的同时，其贸易安全问题也日益突出。其主要原因在于，日本的贸易结构的变化没有和国外经济环境保持协调，没有和国外经济相互融合，给其他国家带来了巨大的竞争和恐惧。随后日本加大了对外直接投资的力度，通过投资加强了与其他国家的经济关联，改善了与其他国家的紧张关系。可见，在对外开放的过程中，防范外贸风险是十分必要的。

随着经济全球化的快速发展，更多的国家参与国际分工，发展中国家的身影越来越多。全球化是一把"双刃剑"，开放国家特别是发展中国家在受益于全球化的同时，也要面对更多

○ 金德尔伯格. 世界经济霸权：1500—1990 [M]. 高祖贵, 译. 北京：商务出版社, 2003：320-328.

○ 张为付. 国际产业资本转移与中国世界制造中心研究 [M]. 北京：中国财政经济出版社, 2005：44-45.

新挑战，如何在全球经济的浪潮中趋利避害、防范经济风险就是一个严峻的挑战。对于开放国家来说，对外贸易对国家经济发展的作用越来越大，对外贸易安全就是经济安全的一个重要方面。贸易结构与对外贸易安全、国内经济发展有着内在的关联，贸易结构影响国家的对外贸易安全和国内经济发展。英国和日本的历史变迁就是明显的例证。因此，开放国家要特别重视贸易结构导致的外贸风险问题。

第三节　国家对外贸易安全的识别、预警与保障

一、国家对外贸易风险识别

国家对外贸易风险的识别是建立在一套兼具科学性、系统性、可操作性、可比性的对外贸易安全评价指标体系之上的。贸易安全是一个内涵丰富、层次多样、类型多元的概念，其核心是国家整体竞争力，其最基本的要求是国家的贸易发展和贸易利益不受外部和内部的威胁和侵害，避免国家利益因贸易要素而受到影响。

一般来说，对外贸易安全评价指标体系包括：①外贸依存度评价指标，如外贸依存度、进口依存度、出口依存度等；②贸易稳定性评价指标，如贸易波动、贸易产品集中度、贸易市场集中度等；③贸易效益评价指标，如贸易差额、贸易条件指数等；④贸易竞争力评价指标，如贸易竞争力指数、全球价值链地位等；⑤贸易环境评价指标，如与贸易伙伴的关系等。

（一）外贸依存度评价

外贸依存度是指一国的经济依赖于对外贸易的程度[⊖]。其定量表现是一国进出口贸易总额与其国内生产总值之比。外贸依存度可以进一步分为进口依存度与出口依存度，其中进口依存度是一国进口总额与国内生产总值之比，出口依存度是一国出口总额与国内生产总值之比。

外贸依存度不仅表明一国经济依赖于对外贸易的程度，还可以在一定程度上反映一国的经济发展参与国际经济的程度。贸易依存度较高的国家，参与全球分工与世界市场的程度更深，所面临的外部冲击和风险也相较而言更大，因此外贸依存度是评价贸易风险的重要因素。贸易依存度过高，所面临的风险较大，而外贸依存度过低，可能意味着该国的产品竞争力相对低下，或者该国产品面临一定的国际贸易制裁而导致贸易份额较低。

就世界整体贸易依存度来看，1985年世界各国整体的外贸依存度为37%，在2005年上升至57%，并在之后保持较为稳定的趋势。与中低收入国家相比，高收入国家的外贸依存度较高，高收入国家外贸依存度在2015年后基本稳定在55%左右，而中低收入国家外贸依存度低于50%。世界整体外贸依存度提升意味着世界各国更容易受到世界经济波动的影响，从而国家对外贸易安全问题更加凸显。世界部分经济体/国家外贸依存度变化见表12–1。

⊖　魏浩.国际贸易学[M].北京：高等教育出版社，2017：43.

表 12-1 世界部分经济体/国家外贸依存度变化(%)

经济体/国家	年份											
	1980	1985	1990	1995	2000	2005	2010	2015	2016	2017	2018	2019	2020
美国	17	13	15	18	20	20	22	21	20	20	21	20	18
加拿大	48	47	42	60	70	58	49	54	53	52	53	52	49
法国	36	38	36	37	49	44	43	44	43	44	45	45	41
德国	40	47	44	38	54	61	68	71	69	71	72	70	66
中国	20	22	32	38	39	62	49	36	33	33	33	32	32
印度	13	11	13	18	20	30	34	31	27	28	31	29	24
墨西哥	20	23	32	43	49	50	58	67	72	73	76	73	75

资料来源：世界银行数据库。

世界以及不同类型经济体外贸依存度的变化趋势（1980年—2020年）如图12-1所示。

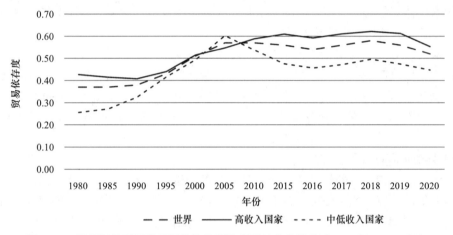

图 12-1 世界以及不同类型经济体外贸依存度的变化趋势（1980年—2020年）

资料来源：世界银行数据库。

（二）贸易稳定性评价

1. 贸易波动

贸易波动是指一国对外贸易发展过程中出现的波动。随着对外开放程度的提高、市场化水平的提高，国内外事件对一国贸易波动产生的影响越来越大。

衡量贸易波动的方法有很多种，比较常见和典型的测度方法是从贸易额增长率的波动性来考察。本节借鉴 Vannoorenberghe（2012）和 Giovanni（2014），通过计算贸易额增长率的方差来刻画贸易的波动水平。

其计算公式如下

$$vol_i = \sum_t (g_{it} - \overline{g_{it}})^2$$

式中，g_{it} 表示国家 i 在 t 年的出口中点增长率，其计算方法为

$$g_{it} = \frac{q_{it} - q_{it-1}}{(q_{it} + q_{it-1})/2}$$

式中，q_{it} 表示国家 i 在 t 年的出口额。与普通增长率相比，中点增长率具有有界性和对称性的优

点(Vannoorenberghe等,2016)。

2. 贸易产品集中度

贸易产品集中度是指一国对某一类进出口产品的依赖程度。一般用两种方法进行测度,一是某类进出口产品在该国总进出口额中的占比,二是使用赫芬达尔-赫希曼指数(Herfindahl-Hirschman Index,HHI)进行测算。赫芬达尔-赫希曼指数本来是一种测量产业集中度的综合指数,具体计算方法是,一个产业中各市场竞争主体所占产业总收入或总资产百分比的平方和。后来这种计算方法被引入到各个研究领域,贸易产品集中度的计算过程是:首先计算出某类进出口产品在该国总进出口额的比例 S_i,其次计算一个国家中各产品贸易额占总贸易额的比重的平方和。

具体计算公式如下

$$HHI = \sum_{i=1}^{n}(\frac{X_i}{X})^2 = \sum_{i=1}^{n} S_i^2$$

式中,X代表贸易总规模;X_i代表一个国家中各产品贸易额;S_i表示第i个产品的贸易额占总贸易额的比例;n为产品种类数。

一般认为,出口产品的占比越高,当面临其他国家的进口管制或其他贸易保护手段时,对出口贸易安全产生的影响就越大;出口产品的集中度越小,贸易越安全。

表 12-2 是 2020 年中国各类出口产品所占份额情况。2020 年以 HS4 位码计算,中国出口占比超过 1% 的产品共有 14 种,其中,占比最高的 4 种产品分别为:电话机,包括蜂窝网络或其他无线网络的电话,占比为 8.62%;②自动数据处理机及其装置、磁性或光学读取器,占比为 6.57%;③电子集成电路,占比为 4.52%;④纺织品,占比为 2.13%。

表 12-2 2020 年中国各类出口产品所占份额情况(HS4 位码)

序号	HS4 位码	商品名称	贸易额(亿美元)	占总出口额比重(%)
1	8517	电话机,包括蜂窝网络或其他无线网络的电话	2232.17	8.62
2	8471	自动数据处理机及其装置、磁性或光学读取器	1701.76	6.57
3	8542	电子集成电路	1171.00	4.52
4	6307	纺织品	552.26	2.13
5	9405	灯具、灯具配件	376.15	1.45
6	8541	二极管、晶体管、类似的半导体器件	356.85	1.38
7	9503	三轮车、踏板车、脚踏车等	334.86	1.29
8	8708	机动车辆	329.42	1.27
9	8528	显示器和投影仪及电视接收设备	319.01	1.23
10	8473	机械零件和附件	315.36	1.22

资料来源:UN Comtrade,经作者计算所得。

3. 贸易市场集中度

贸易市场集中度主要测度一国的出口市场集中于少数几个国家或者地区的程度。与贸易伙伴国政治关系的变化以及地缘危机的爆发都可能会在一定程度上影响某一国家或地区的对外贸易。一般通过两种方法测量贸易市场集中度:一是使用贸易伙伴在该国总进出口额的比例;二是使用 HHI 指数进行测算,即各贸易伙伴占该国总进出口额的比值的平方和。一般来说，进出口市场越分散，贸易越安全。

表 12-3 是 2020 年中国主要贸易伙伴及其在中国贸易总额中的占比情况。可以看出，美国占据中国对外贸易总额的比例超过 1/10。

表 12-3 2020 年中国主要贸易伙伴及其在中国贸易总额中的占比情况

排名	国家	贸易额（亿美元）	占总贸易额比重（%）
1	美国	5885.73	12.67
2	日本	3175.09	6.83
3	韩国	2852.60	6.14
4	越南	1922.88	4.14
5	德国	1920.85	4.13
6	澳大利亚	1683.18	3.62
7	马来西亚	1311.61	2.82
8	巴西	1190.40	2.56
9	俄罗斯	1077.65	2.32

资料来源：UN Comtrade，经作者计算所得。

（三）贸易效益评价

1. 贸易差额

贸易差额（Balance of Trade）是指一定时期内一国出口总额与进口总额之间的差额，用以表明一国对外贸易的收支状况。贸易差额又称净出口、贸易余额。经济学上为了方便，常以 NX（Net Exports）符号代表贸易差额。

当出口总值与进口总值相等时，称为"贸易平衡"。当出口总值大于进口总值时，出现贸易盈余，称"贸易顺差"或"出超"（Trade Surplus）。当进口总值大于出口总值时，出现贸易赤字，称"贸易逆差"或"入超"（Trade Deficit）。通常，贸易顺差以正数表示，贸易逆差以负数表示。一般认为，贸易顺差是一国贸易效益的重要体现。

2. 贸易条件指数

贸易条件指数是指一国在对外贸易中，出口商品价格指数与进口商品价格指数之比。一般认为，如果当期的贸易条件指数高于 100，则表明贸易条件优化；反之，如果当期的贸易条件指数小于 100，则表明贸易条件恶化。贸易条件是一个相对概念，它在一定程度上反映了一国出口价格优势和竞争能力的变化趋势。

表 12-4 是以 2000 年为基期，2000 年—2020 年期间世界大类国家和地区净贸易条件指数情况。具体来看：主要制成品出口国的贸易条件指数比较低，一直低于 100，主要石油出口国、主要农产品出口国的贸易条件指数较高。

表 12-4 世界大类国家和地区净贸易条件指数（2000 年 =100）

年份	2000	2010	2015	2016	2017	2018	2019	2020
世界	100	104	105	104	105	105	105	106
发达国家	100	101	101	101	102	102	102	103
发展中国家	100	107	110	108	109	109	109	110
转型国家	100	145	—	—	—	—	—	—
主要石油出口国	100	175	137	118	143	167	157	117

（续）

年份	2000	2010	2015	2016	2017	2018	2019	2020
主要制成品出口国	100	84	89	88	86	84	84	87
主要农产品出口国	100	148	146	147	148	153	151	151

资料来源：联合国贸易与发展会议数据库。

（四）贸易竞争力评价

贸易竞争力是指一国或地区保持对外贸易持续增长并获取利润的能力。贸易竞争力越强，一国在国际分工中的竞争能力越强，越有能力在国际交换中获得和提高国家贸易利益，实现对外贸易的可持续发展，对外贸易状态越安全。

1. 贸易竞争力指数

（1）TC 指数。TC（Trade Competitiveness）指数是指一国进出口贸易的差额占其进出口贸易总额的比重。TC 指数 =（出口 – 进口）/（出口 + 进口）。TC 指数等于 1 时，表示该产品只出口不进口，指数越接近于 1，表明该产品的竞争力越大；指数越接近于 –1，表明竞争力越弱，指数等于 –1 时，表示该产品只进口不出口。

（2）RCA 指数[⊖]。RCA（Revealed Comparative Advantage）指数即显性比较优势指数。该指数是测度产品比较优势时被普遍使用的指数，得到广泛应用。其核心内容是：一国某种产品的出口比重与世界范围（区域或另一国）的该产品出口比重之比。

具体公式是：

$$RAC_{ij} = \frac{x_{ij} / \sum_{j=1}^{m} x_{ij}}{\sum_{j=1}^{m} x_{ij} / \sum_{i=1}^{n} \sum_{j=1}^{m} x_{ij}}$$

式中，RCA_{ij} 表示 i 国家（地区）j 产品的显性比较优势指数；x_{ij} 表示 i 国家（地区）j 产品的出口额；$\sum_{j=1}^{m} x_{ij}$ 表示 i 国 m 种产品总的出口额；$\sum_{i=1}^{n} x_{ij}$ 表示 n 个国家（地区）j 产品的总出口额；$\sum_{i=1}^{n}\sum_{j=1}^{m} x_{ij}$ 表示 n 个国家（地区）m 种产品的总出口额，即世界总出口额。

（3）RC 指数[⊖]。

在 RCA 指数的基础上，沃尔拉特（1991）进一步扩展，提出了专业化竞争力指数（RC 指数）。具体公式是：

$$RC = \ln RXA - \ln RMA$$

$$RXA = \frac{x_{ij} / \sum_{i} x_{ij}}{\sum_{j} x_{ij} / \sum_{i} \sum_{j} x_{ij}}$$

[⊖] 魏浩. 国际贸易学 [M]. 北京：北京高等教育出版社，2017：72–73.

[⊖] 魏浩. 国际贸易学 [M]. 北京：北京高等教育出版社，2017：74.

$$\text{RMA} = \frac{m_{ij}/\sum_i m_{ij}}{\sum_j m_{ij}/\sum_i \sum_j m_{ij}}$$

式中，RXA表示显性出口比较优势指数；RMA表示显性进口比较优势指数；x和m分别表示一国与j国家（地区）i产品的出口额和进口额；为了克服RXA和RMA在计算过程中的不对称性，分别对两个指数取对数，两者相减得到RC。

RC指数的优点在于，它同时考虑了出口和进口的因素，能够比较全面地反映一国贸易竞争力。当RC指数大于0的时候，表示一国对j国家（地区）i产品的贸易具有竞争力；反之，则不具有竞争力。显然，RC指数越大，表示一国i产品对于j国家（地区）的贸易竞争力水平越高。[1]

2. 全球价值链地位

（1）垂直专业化指数。随着经济全球化的发展，在生产过程中，国家之间的内在联系日益紧密，中间品贸易不断增加，形成了跨越许多国家的垂直性贸易链，一种商品的生产过程延伸为多个连续的生产阶段，每一个国家只在某个连续的特殊阶段进行专业化生产。这种现象被称为"垂直专业化"（Vertical Specializing），其主要特点是一国向他国进口中间品作为本国产品的投入品，并利用进口的中间品生产加工后出口至第三国，第三国再将进口品当作中间品投入，这样的过程一直持续到最终产品出口至最终目的地为止。

Audet（1996）、Campa和Goldberg（1997）、Hummels等人（2001）等的经验研究表明，垂直专业化分工使全球中间品贸易在国际贸易中的比重大大上升，对各国的生产效率以及出口绩效产生了重大影响。2001年，Hummels等人提出的垂直专业化指数（Share of Vertical Specialization，VSS）可以较好地衡量垂直专业化分工在一国各产业中的发展水平[2]。

其计算公式是：

$$\text{VSS} = \frac{\text{VS}}{X_k}$$

式中，VSS代表一国的垂直专业化指数；VS代表一国的垂直专业化贸易额；X_k代表一国的总出口额。垂直专业化指数实际上度量了每一单位出口中垂直专业化贸易的份额。Hummels等人将垂直专业化贸易界定为一国总出口中由进口的中间品所创造的贸易额。

（2）GVC地位指数[3]。全球价值链始于价值链理论。哈佛商学院教授波特于1985年提出"价值链"的概念。他认为：价值链是一种商品或服务在创造过程中所经历的从原材料到最终产品的各个阶段，或者是一些群体共同工作，不断地创造价值，为顾客服务的一系列工艺过程。价值链理论为"全球价值链"概念的出现奠定了坚实的基础。全球价值链（Global Value Chain，GVC）是建立在国际产品内分工和贸易基础上的，将产品生产划分成不同的价值环节，

---

[1] 王恕立，刘军. 外商直接投资与服务贸易国际竞争力：来自77个国家的经验证据［J］. 国际贸易问题，2011（3）：9-88.

[2] Hummels, David, Jun Ishii, and Kei-Mu Yi. The Nature and Growth of Vertical Specialization in World Trade. Journal of International Economics，2011，54(1)：75-96.

[3] 周升起，兰珍先，付华. 中国制造业在全球价值链国际分工地位再考察：基于Koopman等的"GVC地位指数"［J］. 国际贸易问题，2014（2）：3-12.

各个国家和地区为实现不同环节的价值而进行生产、销售和贸易，表现为在每个生产环节中价值增值的链条[1]。

Koopman 等最早提出全球价值链地位指数，用以衡量一国在特定部门中的全球价值链地位，认为即使两国参与国际分工的程度相同，价值链反映出的分工地位也有差异，因此基于投入产出法而提出反映一国全球价值链地位的宏观测度方法——GVC 地位指数[2]。该指数是用一国某产业中间品出口额（用于他国生产和出口最终产品）与该国该产业的中间品进口额（用于本国生产和出口最终产品）进行比较，即一国某产业向其他国家出口的中间品对数值，与本国该产业出口品中使用的进口中间品的对数值进行比较。

具体公式是：

$$\text{GVC Position}_{ir} = \ln\left(1 + \frac{IV_{ir}}{E_{ir}}\right) - \ln\left(1 + \frac{FV_{ir}}{E_{ir}}\right)$$

式中，GVC Position$_{ir}$ 代表 r 国家 i 产业在 GVC 国际分工中的地位；IV_{ir}、FV_{ir} 与 E_{ir} 表示 r 国家 i 产业的间接附加值出口、出口中所包含的国外价值增值与总出口额；$\frac{IV_{ir}}{E_{ir}}$ 与 $\frac{FV_{ir}}{E_{ir}}$ 表示 GVC 前向参与率指数和 GVC 后向参与率指数，前者表示 r 国家 i 产业出口的中间产品被进口国用于生产最终产品并出口到第三国的程度，后者为出口中的国外附加值率，前者数值越大，国家该产业越处于全球价值链上游，后者数值越高则越趋于下游。

一国在参与 GVC 地位中同时扮演着中间投入品的供给方（以出口所包含的国外价值增值衡量）和需求方（以间接价值增值出口衡量）两种角色。若更多扮演着供给方的角色，则意味着该国处于全球价值链分工的上游。GVC 地位指数值越大，表示越靠近全球价值链上游，国际分工地位越高；反之，GVC 地位指数值越小，表示越靠近全球价值链下游，分工地位越低。

（五）贸易环境评价

与贸易伙伴之间的关系是影响国家对外贸易安全的重要因素。国际贸易与国际政治之间存在复杂的互动关系。国家的双边关系是由国家之间的事件表现出来的，因此事件数据分析就成为定量衡量双边关系的基本方法。例如，设定双边关系变化的分值范围为 –9 到 9，其中，–9 代表两国关系最恶劣的情形，9 代表两国关系最友好的情形，这是两种极限情况。两者的中值为 0，它表示两国关系处于绝对的非敌非友状态，两个毫无关系的国家之间的关系可视为这种状态，或是双边关系中的合作与冲突是绝对地各占 50% 的情况[3]。

二、国家对外贸易安全预警

（一）国家对外贸易安全预警的基本内涵[4]

国家对外贸易安全预警是指对一国对外贸易所受到来自国内外不利本国贸易发展的不公

---

[1] 魏浩. 国际贸易学［M］. 北京：高等教育出版社，2017：121.

[2] Koopman R, Powers W, Wang Z, Weis J. Give Credit Where Credit is Due: Tracing Value Added in Global Production Chains［J］. NBER Working Papers，2010（10）.

[3] 阎学通，周方银. 国家双边关系的定量衡量［J］. 中国社会科学，2004（6）：90–103；206.

[4] 王自立. 中国贸易安全报告：预警与风险化解［M］. 北京：红旗出版社，2009：291.

平竞争、实质性损害或损害威胁的可能性等潜在威胁进行相关数据资料的搜集、整理与分析，评估这类事件可能引发的对本国对外贸易的影响，并及时发布评估预报，以做应变的准备及预警。其目的和作用是识警防患、超前预控，确保本国对外贸易安全，提高参与国际竞争以促进本国经济发展和本国人民生活水平提高的能力。

（二）国家对外贸易安全预警的基本体系

目前，国家对外贸易安全预警的主要内容是监测国际贸易摩擦事件。国际贸易摩擦预警是指对不利于本国对外贸易发展的意外事件进行合理评估，了解这类事件引发的危机和影响，以便做应变的准备及预案，更进一步则是了解、描述该类事件的发生发展规律，从而控制或利用该类事件以有利于本国对外贸易的健康发展。其实质是对国际贸易安全、经济安全运行的稳定性程度的评判⊖。

对外贸易安全预警包括以下四个部分：明确监测预警的对象、建立预警基本指标体系和构建基本预警模型、发现警兆和分析警情、及时传导贸易预警⊜。

（1）明确监测预警的对象。一般来说，国家对外贸易安全监测预警的对象应包括宏观国家层面、中观地方政府、行业协会等中介组织以及具体的微观企业。

（2）建立预警基本指标体系和构建基本预警模型。目前，常使用的预警方法基本分为三类。第一类是指标类预警，基本思想就是挑选能够反映贸易安全的指标。第二类是统计预警法，经常使用的统计方法主要有判别分析、因子分析方法等。第三类是模型预警法，在理论上找出影响贸易安全的指标变量，并对变量之间的相关性进行分析，找到系数较高的事前决定（Pre-determined）的因素，剔除不相关和时滞性的因素，然后将所有变量纳入一个系统进行综合，得到最有效的模型，最后通过自回归条件异方差模型（Autoregressive Conditional Heteroskedasticity Model，ARCH模型）预警模型来制定预警的警戒线。其中，ARCH预警模型是用来刻画误差如何随时间变化的一个异方差模型，是根据过去数据的拟合误差来揭示未来预测误差的一种方法，用以测算出未来贸易安全状态偏离警戒的程度，发出预警信号。

（3）发现警兆和分析警情。发现警兆的关键是定义警度，从最早的贸易安全预警研究开始，一般把警度分为五个警限，用一组类似大家熟悉的道路交通管制中的红、黄、绿信号灯为标识，向企业发出反映当前贸易安全状况的不同信号。

分析警情是预警过程中的关键环节。发生警情一般有三种原因：第一种原因是国际政治经济关系发生较大的动荡，如地缘政治冲突、国外贸易保护主义对出口的限制、国际价格的动荡、国与国外交关系的突变等；第二种原因是国内经济原因，即国内经济发展发生重大变化；第三种原因来自企业这一微观主体，如某一或部分企业遭受大国的贸易制裁。

（4）及时传导贸易预警。当对外贸易安全出现挑战时，微观主体对于贸易风险的感知对于企业做出正确的判断具有非常重要的意义，因此只有将那些潜在的警情快速及时地传达到对应主体企业，各主体企业才会有时间去准备和应对。在传导过程中，需要保证情报推送的准确、及时、到位，以帮助企业应对贸易壁垒和贸易预警。

⊖ 刘春梅. 贸易大国背景下的国际贸易摩擦及其预警机制之构建[D]. 成都：西南财经大学，2006.

⊜ 王自立. 中国贸易安全报告：预警与风险化解[M]. 北京：红旗出版社，2009：291.

三、国家对外贸易安全保障

(一) 安全例外条款[一]

从 1948 年《关税与贸易总协定》(General Agreement on Tariffs and Trade, GATT) 正式生效,到 1995 年世界贸易组织 (WTO) 成立至今,各国贸易政策的基本出发点就是在促进贸易开放实现成员方经济利益的同时,保障基本成员方安全利益。国际贸易规则中"安全例外"的讨论,聚焦于 GATT 第 21 条。区域贸易协定则更注重贸易政策新议题中的区域安全,如数字贸易和网络安全等规则的谈判。

WTO 协定允许成员方以保护自身安全为由实施贸易限制。GATT、《服务贸易总协定》(General Agreement on Trade in Services, GATS) 和《与贸易有关的知识产权协定》(Agreement on Trade-Related Aspects of Intellectual Property Rights, TRIPS) 等都包含"安全例外"条款,具体包括 GATT 第 21 条、GATS 第 14 条第 2 款和 TRIPS 第 73 条。GATT 第 21 条规定:"本协定的任何规定不得解释为:(a) 要求任何缔约方提供其认为如披露则会违背其基本安全利益 (Essential Security Interests) 的任何信息;或 (b) 阻止任何缔约方采取其认为对保护其基本国家安全利益所必需的任何行动。"该条款最早由美国倡导起草,最终 GATT 采纳并以独立的条款做了规定,且一直保留至今。但是在多边贸易的司法实践中,却少有案例涉及"安全例外"条款。

WTO 的《技术性贸易壁垒协定》(The Agreement on Technical Barriers to Trade, TBT) 也包含"安全例外"条款。TBT 第 2 条第 2 款规定:"成员方应保证技术法规的制定、采用或实施在目的或效果上均不对国际贸易造成不必要的障碍。为此目的,技术法规对贸易的限制不得超过为实现合法目标所必需的限度,同时考虑合法目标未能实现可能造成的风险。此类合法目标特别包括:成员方安全需要;防止欺诈行为;保护人类健康或安全、保护动植物生命或健康及保护环境。"该条款规定了贸易限制的程度,强调不应实施超过实现合法目标所必需的贸易限制,认定以成员方安全为由实施特定程度的贸易限制是合法的。

WTO 的《政府采购协议》(Agreement on Government Procurement) (2012 年版) 第 3 条规定了有关"安全例外":本协议不得解释为阻止任何参加方,在涉及武器、弹药或战争物资采购,或者涉及为成员方安全所需的采购方面,在其认为保护根本安全利益的必要情形下,采取任何行动或者不披露任何信息。同时,该《协议》规定了"安全例外"适用的情形,包括为保护公共道德、秩序或安全所必需的措施,为保护人类、动植物生命或健康所必需的措施以及为保护知识产权所必需的措施。

WTO 的"安全例外"是本着成员方安全优先准则确立的,其实质体现的是对国家主权及成员方自我保护权利的尊重,允许成员方在需要维护自身安全的情况下采取必要行动,免于履行 WTO 所规定的义务。但多边贸易规则体系对关键性概念的解释较为宽泛,缺乏适用的具体约束,导致成员方在援引时具有一定的随意性,对于援引安全例外条款采用的贸易限制是否具有合规性,是否出于"所必需的"合理需要,WTO 争端解决机构的专家小组往往难以做出科学判断。因此,如何准确定义成员方安全的内容,明晰援引安全例外条款的具体条件,防止"安全例外"被滥用,也是 WTO 改革面临的挑战之一。

[一] 张丽娟,郭若楠. 国际贸易规则中的"国家安全例外"条款探析 [J]. 国际论坛,2020 (3):66-79;157-158.

"安全例外"容易成为贸易保护主义工具。在贸易实践中,"安全例外"的适用具有政治性,贸易强国(地区)更有条件借用安全的名义,将那些需要保护的特殊利益与"安全例外"挂起钩来,使贸易限制具有合法性。在国际贸易治理机制缺乏的前提下,启用"安全例外"实施贸易限制具有较大的灵活性,其成为贸易保护主义的工具也就具有必然性[一]。

(二)贸易救济制度

为维护公平贸易和正常的竞争秩序,WTO 允许成员方在进口产品倾销、补贴和过激增长等给其国(地区)内产业造成损害的情况下,可以使用反倾销、反补贴和保障措施等贸易救济措施,保护国(地区)内产业不受损害。反倾销和反补贴措施针对的是价格歧视的不公平贸易行为,保障措施针对的是进口产品激增的情况。贸易救济制度是各国(地区)维持对外贸易安全的重要组成部分。

反倾销制度是为了维护正常的公平的国际贸易秩序,合理保护各国(地区)相关产业安全,对国际贸易中的倾销行为和各国(地区)所采用的反倾销措施进行限制和调整,包括实体法和程序法内容在内的国内法规范和国际法规范的总称。WTO 反倾销法律制度体现在 GATT(1994)第 6 条以及《WTO 反倾销协定》中。WTO 反倾销法律制度对成员方经济安全的保障原理在于通过将倾销与反倾销纳入调整范围的方式,影响成员方的经济管理模式和经济运行模式,通过一体化的强制性制度削弱成员方的经济管理主权,将成员方的经济纳入一个统一的制度平台,确保 WTO 成员方的经济运行环境从而达到保障其经济安全的目标。

反补贴制度是指成员方或国际社会为了保护一国或地区经济健康发展,维护公正的竞争秩序或为了国际贸易自由发展,针对补贴行为采取必要的限制措施的法律制度的总称。反补贴措施是除反倾销措施之外,使用最为频繁的贸易救济措施。《补贴与反补贴措施协议》(*Agreement on Subsidies and Countervailing Measures*)通过约束 WTO 成员方的补贴适用范围,减少了其他 WTO 成员方承受不公平待遇的可能性。WTO 反补贴制度保障成员方经济安全的作用原理与反倾销是一致的。

保障措施是基于本国(地区)产业安全的考虑,在进口增加、国(地区)内产业受到严重损害或严重损害威胁的情况下,进口方可采取提高关税或实施数量限制等手段,对其内部产业进行一段时间的保护。WTO 的保障措施制度体现在 GATT 第 19 条和《WTO 保障措施协定》中。保障措施是 WTO 成员方在公平贸易情况下保护国(地区)内产业的唯一正当手段,而且只能是在公平贸易条件下才能采取的限制贸易的措施,其目的在于使成员方在特殊情况下免除其承诺的义务或协定所规定的行为规则,从而对因履行协定所造成的严重损害而进行补救或避免严重损害威胁可能产生的后果。

世界各国主要以立法形式通过贸易救济对贸易安全进行监管。例如,美国与贸易救济有关的立法主要有以下几部法律:经修改后的《1930 年关税法》就反倾销和反补贴问题以及美国知识产权人的权益保护做出了规定;经修改后的《1974 年贸易法》就非关税壁垒、对发展中国家的普惠制待遇、保障措施及"301 调查"等问题做出了规定;经修改后的《1979 年贸易协定法》将有关贸易救济、海关估价、政府采购、产品标准等成果纳入了美国的贸易法体系等。日本反倾销和反补贴法律的国内法主要有三项:《海关和关税法》《反倾销和反补贴命

[一] 李巍. 新的安全形势下 WTO 安全例外条款的适用问题 [J]. 中国政法大学学报,2015(3):99–108;159.

令》《关于反倾销及反补贴程序的说明》⊖。

【相关案例 12-2】

美国"232 调查"聚焦产业竞争利益与国家安全

"232 调查"是指根据美国 1962 年《贸易扩张法》第 232 条的规定，商务部有权以损害国家安全为由对进口产品发起调查。如果认定进口产品威胁到美国国家安全，由总统决定是否对相关产品进口做出调整以及相关措施的具体实施方式、涉及产品类别及适用国家等。

截至 2019 年 6 月，美国政府共发起 31 项"232 调查"，其中只有少数最终被裁定进口产品威胁国家安全并采取制裁措施，最近一次实施贸易限制措施的案例是针对进口钢铁和铝产品的调查。2017 年美国商务部对进口钢铁和铝产品展开"232 调查"，并于 2018 年 1 月 11 日和 17 日分别发布调查报告，认定钢铁和铝产品进口"弱化了美国国内经济"，对国家安全构成威胁。2018 年 3 月 8 日和 15 日，特朗普总统签署命令，决定对进口钢铁和铝产品分别征收 25% 和 10% 的进口关税，征税产品来源涵盖欧盟、中国、日本、印度、巴西等地。

通过对美国政府自 1963 年以来发起的"232 调查"的调查内容、申请方和发起时间进行梳理发现，美国启动"232 调查"具有三个特点：第一，调查的贸易产品主要集中在石油及其衍生品、钢铁、铬锰铁等，其中以石油及其衍生品为调查内容的案例为 8 个，数量最多，并且都被裁定危害了国家安全，最终有 5 个案例由总统签署法令采取贸易限制或贸易制裁。第二，申请方（申请调查主体）既有行业协会、企业，也有政府部门。第三，"232 调查"主要集中在冷战时期，1963 年到 1991 年之间共发起 21 项，占调查总数的 2/3。自 1995 年 WTO 成立到 2016 年年底，美国政府仅发起过两次"232 调查"，最终总统均未对相关产品进口政策做出调整或采取其他相关措施。

贸易规则中的"安全例外"规则一般具有双重性，既是国家（地区）贸易利益保护的"防火墙"，同时也往往具有贸易保护主义的性质，在贸易政治盛行时期尤为如此。2018 年美国政府对钢铁和铝产品进口征收特别关税发布公告称，其政策目标之一是"将进口减少到商务部评估的水平，使国内钢铁（和铝）生产商对现有国内生产能力的利用率达到 80%，通过增加产量保证产业的长期发展"。特朗普政府在《2017 贸易政策议程》（2017 Trade Policy Agenda）中也明确提出，贸易政策需服务于维护和提高国家安全所必需的经济力量和制造业基础。由此进一步表明，美国贸易政策与国家安全利益的关系比以往更为密切。

与频繁的反倾销、反补贴调查相比较，美国启动"232 调查"的案例相对较少，1980 年—2017 年仅发起过 14 起，其中只有两起最终采取了贸易限制措施。与以往大多数调查由企业、各行业协会提出申请不同，特朗普政府采取"自发贸易诉讼"（Self-initiating Trade Cases），旨在加速调查和裁决流程，以保护美国企业。具体而言，就是保护钢铁业和铝业不受外来竞争影响。弗雷德·伯格斯滕（Fred Bergsten）认为，特朗普政府基于"232 调查"实施的贸易制裁对 WTO 的合法性提出挑战，并招致了贸易伙伴的报复。美国国会应当对总统以"国家安全"为由采取的贸易制裁加以限制，并通过完善立法对"国家安全"做出更明确的定义。对钢铁和铝产品的"232 调查"与 GATT 规定的"安全例外"有较大区别，美国应该为该措施符合例外规则提供证明。"232 调查"涉及措施所保护的利益是经济利益，而非安全例外下的"基本安全利益"，其 232 钢铝措施不能以 GATT 第 21 条例外条款获得正当性。仅从内涵角度

⊖ 董展眉. 贸易救济体系的国际比较与借鉴 [J]. 经济问题探索，2008（9）：136-139.

来看,此次启动"232调查"表明国家安全的内涵已经延伸到了就业安全和产业安全领域。

资料来源:张丽娟,郭若楠. 国际贸易规则中的"国家安全例外"条款探析 [J]. 国际论坛,2020. 有删减和修改.

第四节 国家对外贸易安全的实践

一、美国[1]

美国贸易安全的发展经历初始萌芽、国家战略、极端安全、公平驱动与"美国至上"五个时期,相应地,美国对外贸易安全的举措也不断随时期进行调整。

(一)初始萌芽时期

从历史的角度看,对外贸易是一条贯穿于美国建国历程的主线索。对美国而言,贸易安全其实从北美殖民地时期就已经开始萌芽,当时其独立开展对外贸易的能力受到了英国殖民者的严重限制,这时期美国贸易安全的内涵表现为贸易的自主权,即独立自主、不受歧视地进行对外贸易的权力。19至20世纪之交,第二次工业革命全面完成,美国的经济、科技、文化高速发展。美国在世界上由一般的资本主义国家一跃成为一流的经济和军事强国。此时,美国已经具备了完全独立自主的对外贸易的能力,因此消除对外贸易障碍、拓展对外贸易利益成为美国贸易安全的新内涵。

第二次世界大战结束后,美国进入了空前繁荣时期。美国将建立开放自由贸易原则视为维护对外贸易利益的重要途径。当时各国间的关税壁垒高起,汇率竞相贬值,严重阻碍了美国贸易安全利益的实现。为此,美国主导了1944年的布雷顿森林会议的召开以及1947年的《关税和贸易总协定》谈判,确立了世界经济新体制,极大地推动了国际贸易与投资的发展。在互惠贸易与国际制度的双重保障下,美国贸易安全得到了由美国主导的国际贸易规则的强有力支撑。然而好景不长,面对自身经济实力的不断下降以及西欧和日本实力的上升,美国开始出现了贸易保护主义的"返潮"。

为此,美国主要采取两种手段来维护贸易安全。一是立法。《1974年贸易法》规定了进口竞争所造成的危害与救济措施。《1988年综合贸易与竞争力法》的颁布,标志着公平贸易取代自由贸易成为美国贸易政策的基本原则。外国市场要与美国市场具有一致性,使美国商人在外国市场上能够享受外国商人在美国市场上所享有的同等待遇和竞争条件。如果美国的贸易伙伴不对等开放,美国将行使贸易报复和制裁。二是加强出口管制,即对威胁美国国家安全的战略性技术和物资禁止出口。作为美国对外政策的重要工具,出口管制常通过说服、奖励或惩罚来影响国际政治和其他国家的外交行动,从而达到目的。

(二)国家战略时期

1990年至2000年,美国经济增长的20%归功于出口贸易的增长。由于对外贸易在经济增长中扮演着重要角色,国家贸易安全也越来越引起美国政府的重视,美国政府把减少贸易摩擦、消除贸易障碍、推行贸易自由化、扩大商品和服务贸易的对外输出、保证美国的就业和经济繁荣,作为其维护贸易安全、保障国家贸易利益的政策目标。[2]

---

[1] 石良平. 经济大国的贸易安全与贸易监管 [M]. 上海:上海交通大学出版社,2015:70-83.

[2] 王自立. 国家贸易安全提出的三个阶段 [J]. 求索,2008(11):76-77;54.

将贸易正式纳入国家安全战略是从美国克林顿政府开始的。面对冷战后国际环境发生的根本变化，克林顿一上任便开始对国家安全战略进行重大调整，1993年2月，克林顿提出："把贸易作为美国安全首要因素的时机已经到来。"克林顿政府将建立一个更加开放和自由的国际贸易体制确定为美国新外贸政策的战略目标。他高度重视对外贸易在美国这样一种开放型自由市场经济中的作用，将其作为振兴美国经济的主要支柱之一。他指出，扩大国际贸易、扩展国际市场、增加出口，是带动美国经济复苏、加快经济增长速度的一个关键环节。而要做到这一点，除必须加强美国经济自身的竞争力外，一个更加开放而自由的国际贸易体制是必不可少的前提条件。

克林顿明确而坚定地反对贸易保护主义，认为它将毁灭国际贸易及国际经济增长，最终也将扼杀美国经济的复苏和增长[○]。1998年12月，美国白宫新闻署公布了《新世纪的国家安全战略》的报告。在报告中论述美国安全第二个核心目标时强调：经济利益和安全利益密不可分，经济繁荣是国家安全战略的目标之一，又是实现其他目标的基础。美国本土的经济繁荣依赖于战略物资的进出口贸易的稳定。同时为了确保美国经济的繁荣，还应该保证美国在国际发展、金融和贸易组织中的领导地位。该报告将建立开放的贸易体系作为维护美国贸易安全的重要措施，并且强调21世纪美国的繁荣取决于美国在国际市场的竞争力。因此，美国必须扩大对外贸易，以支持本土经济的增长。为了获得开放市场的最大利益，美国必须有一个完整的战略，以维持美国技术优先并增加出口。至此，贸易安全问题正式被纳入美国国家安全战略中。

（三）极端安全时期

2001年发生的"9·11"事件似乎在一时间内消除了冷战后美国在大战略选择上的迷茫。美国面临的首要威胁和国家安全目标变得明朗。2002年的《国家安全战略报告》宣称，为维护美国的全球领导地位，美国将采取必要的单边主义行动，对恐怖主义组织和专制政权展开"先发制人"的打击，以"政权更迭"模式推进民主、扩展和平，并积极致力于将民主、发展、自由市场和自由贸易的希望带到世界的每一个角落。

因此，美国贸易安全当仁不让地被纳入到反恐的整体战略，树立了依靠所谓美国无限的国家实力，打击恐怖主义及其武器对美国对外贸易的威胁，绝对确保对外贸易利益的极端贸易安全观。它是极端化的国家安全观念在贸易安全问题上的反映。

小布什政府先从机构改革入手，2002年11月25日，《2002年国土安全法》（*Homeland Security Act of 2002*）生效，美国正式成立国土安全部，将美国海关署的职能、人员、资产和负债，以及部分原属于财政部部长的职能移交给了国土安全部。2003年3月1日，国土安全部将这些职能分别转移到海关与边境保护局（Customs and Border Protection，CBP）以及移民与海关执法局（Immigration and Customs Enforcement，ICE）两个机构中。CBP过去主要关注的是监督手法与征收关税，此时已经转移到安全上来，其首要任务是防止恐怖分子及其武器进入美国，其次是便利合法贸易与人员的流动。

美国国会也通过了一系列法律，其中有些就直接涉及贸易安全。例如，《2007年9/11委员会建议实施法》（*Implementing Recommendations of the 9/11 Commission Act of 2007*）要求对集装箱进行扫描，从而确保美国贸易供应链的安全。显然，考虑到每年输往美国集装箱的巨

○ 张健.九十年代美国贸易政策趋向［J］.美国研究，1993（3）：32-52；3-4.

大数量，它将会使全球经济陷入瘫痪，美国经济将面临5000亿美元的损失，每个集装箱也将遭受5个小时以上的延误，外国海关当局因此承受了巨大的压力。

（四）公平驱动时期

金融危机以后，美国这样一个贸易大国和贸易强国，面对21世纪的首次经济衰退，寻找新的经济增长点很快演变成为其一项国策，以促进出口来扩大就业成为美国政府确立的经济刺激计划的重要内容。与以往不同，美国没有在关税总体水平上采取措施，相反，在维护自由贸易的基础上，务实地实施了以"公平贸易"为原则的贸易保护政策，其内容大致包括以下五个方面：①制度性贸易保护更加凸显所谓"公平"，即通过了《汇率改革促进公平贸易法案》，旨在对低估本币汇率的贸易伙伴国征收特别关税，以寻求所谓"公平贸易"，实施反倾销和反补贴的政策以及征收与此相对应的惩罚性关税。②促进出口拉动经济复苏成为美国国家战略，更积极地鼓励出口、限制进口，且更积极、主动地为打开贸易伙伴国市场展开贸易谈判，主要通过增加促进出口活动中的投入以及施压贸易伙伴实现承诺等措施激励出口的增长。③贸易政治更加盛行，将部分贸易保护意图通过立法的形式确立下来。④区域和双边自由贸易协定谈判凸显亚洲战略，亚太地区也是美国实施出口促进战略和推动自由贸易协议谈判的重点区域，积极推动相关协议签订。⑤中国成为美国贸易保护制衡的重点目标国家，"双反"案件数目激增，以贸易失衡为由压制人民币汇率。

（五）"美国至上"时期

2017年，特朗普开始担任美国总统，开启了美国贸易安全实践的另一时期。特朗普政府旨在通过推行以"美国优先"为原则的贸易政策改革，来增加国内制造业投资和消除长期存在的贸易逆差，帮助美国经济实现3%的年增长率。在进口方面，严格执行美国贸易法，防止国内市场受到外国倾销和补贴等不公平竞争行为的扭曲；在出口方面，希望打破外国市场的壁垒，扩大美国的出口；在国际贸易规则上，确保避免其他国家对贸易规则做出不利于美国的解释，并推动贸易规则根据美国利益需求的变化进行更新。

特朗普政府为实现上述目标确立了如下四项优先议程：①摆脱多边贸易规则的束缚，特朗普政府一改美国数十年来支持"强约束性"贸易规则的立场，转而寻求弱化多边争端解决机制。②加大惩治"不公平贸易行为"的力度。自上台以来，特朗普政府频繁利用"双反"（反倾销和反补贴）调查等贸易救济措施来打击所谓"不公平"的贸易行为。③以强硬方式打开国外市场，执政以来，特朗普政府采取了各种举措，以强硬的方式打破关税和非关税壁垒等来推动出口。例如，通过威胁退出《美韩自贸协定》要求韩国取消进口汽车的非关税壁垒，就知识产权保护和技术转移问题启动对中国的"301调查"等。④重审贸易协定，包括退出或重新谈判所谓"糟糕"的贸易协定，并通过"强硬"和"聪明"的谈判达成对美国更为有利的贸易协定等。

二、日本

日本第二次世界大战后的贸易政策基本可以划分为两个阶段：①从20世纪60年代初到70年代中期，日本在这一时期推行的是贸易立国政策，即初级阶段战略贸易政策。在这一阶

○ 张丽娟.金融危机以来美国贸易政策的回顾与展望[J].国际贸易问题，2011（6）：35-46.

○ 郝宇彪.特朗普时期美国对外贸易政策：理念、措施及影响[J].深圳大学学报（人文社会科学版），2017（2）：94-100.

段,美国出于冷战战略的需要,听任日本实行保护贸易色彩浓重的贸易和产业政策,主要内容包括确立贸易立国基本发展战略、通过优惠政策扶持具有规模经济效应的出口产业、实现日本经济重工业化,以获得产业国际竞争力和完成经济赶超任务。②从20世纪70年代中期开始,冷战渐趋缓和,包括经济、科技等在内的综合国力竞争成为国家间竞争的主要方式,美国开始重视规模经济产业国际竞争力的获取,运用各种方法迫使日本改善其国内市场准入条件。为了缓和与其他发达国家的贸易摩擦,日本被迫走上漫长的贸易投资自由化之路,开始推行高级阶段战略贸易政策,即贸易和投资自由化政策。其中美国对日贸易和外交政策的根本性变化,是影响日本贸易政策演变的关键因素㊀。

除了贸易政策的演变外,日本也在贸易管制上有所作为,日本把贸易管制称为贸易规制,即政府对于贸易实行各种限制、鼓励或禁止措施。它虽然起源于对社会主义国家贸易的管制,但同样可以用来实现国家的贸易政策,并发展演化成对贸易的日常规制。不管是贸易保护政策还是自由贸易政策,都可以通过这样的贸易规制得以体现。贸易管制也是日本国家安全的一道屏障。日本关于贸易规制的贸易安全机制的主管部门是经济产业省。这一制度就是为了保证对外贸易的正常发展,以维护日本和国际社会的和平与安全为目的,以特定的货物或者特定的国家为对象,实行进出口认可制度、出口许可制度、关税配额制度等,从《外汇与外国贸易法》、出口管理、进口规制三个方面对国家对外贸易安全进行保障㊁。

【相关案例12-3】

中国对外贸易安全的政策演进

贸易安全是经济安全的重要组成部分,而经济安全又是国家安全体系的核心要素之一。外贸安全的这一概念的提出可追溯到近几年。

2017年,商务部印发《对外贸易发展"十三五"规划》,强调五个方面外贸发展的保障措施,其中包含:完善外贸政策体系,发挥双向投资对贸易的促进作用,营造法治化、国际化、便利化的营商环境,深化合作共赢的国家经贸关系,加强组织领导和工作保障机制。尽管并未提出明确的"对外贸易安全"这一概念,但从管理体制、政策体系等方面进行了强调㊂。

2021年《中华人民共和国国民经济和社会发展第十四个五年规划和2035年远景目标纲要》第四十章"建设更高水平开放型经济新体制"的第四节"健全开放安全保障体系"提及:"构筑与更高水平开放相匹配的监管和风险防控体系。健全产业损害预警体系,丰富贸易调整援助、贸易救济等政策工具,妥善应对经贸摩擦。……建立重要资源和产品全球供应链风险预警系统,加强国际供应链保障合作。"其同样强调了与贸易相关的风险防控体系等㊃。

2021年11月,商务部印发《"十四五"对外贸易高质量发展规划》,首次提到"贸易安全体系"这一概念,指出我国贸易安全体系将进一步完善,具体包括:粮食、能源资源、关键技术和零部件进口来源更加多元;贸易摩擦应对、出口管制、贸易救济等风险防控体系更加

㊀ 强磊,张二震.日本贸易政策研究:从贸易保护到贸易自由化[J].财贸经济,1999(12):49-52.

㊁ 何力.日本贸易安全制度的发展及其机制[J].海关与经贸研究,2015(1):102-113.

㊂ 商务部关于印发《对外贸易发展"十三五"规划》的通知[EB/OL].(2017-01-09)[2022-09-01].http://www.gov.cn/xinwen/2017-01/09/content_5158270.htm.

㊃ "中华人民共和国国民经济和社会发展第十四个五年规划和2035年远景目标纲要".[EB/OL].(2021-03-13)[2022-09-01].http://www.gov.cn/xinwen/2021-03/13/content_5592681.htm.

健全。该规划还指出要优化进出口商品结构:"降低进口关税和制度性成本。促进自发展中国家特别是最不发达国家进口。鼓励优质消费品进口,扩大先进技术、重要设备、关键零部件进口,增加能源资源产品和国内紧缺农产品进口。"⊖

在国家安全制度方面,1994年《中华人民共和国对外贸易法》也将国家安全维护作为限制或禁止货物贸易、服务贸易、技术贸易的事由;2004年修订的《中华人民共和国对外贸易法》在保留原有立法基本模式的基础上,增加了与国家"军事"安全相关内容,形成了"两分法"立法模式;2016年第十二届全国人大常委会第二十四次会议再次对该法进行了修订,有关国家安全的条款维持不变。

《中华人民共和国对外贸易法》作为我国调整对外贸易关系的基本法律,对国家安全的内涵和外延未做明确界定是有立法技术考量的。该法第16条指出"为维护国家安全、社会公共利益或者公共道德",国家"可以限制或者禁止有关货物、技术的进口或者出口"。这一条款的表达模式无疑为我国政府及时、灵活地运用国家安全条款维护我国国家安全利益提供了灵活的制度供给。而该法第17条由两款构成。第1款:"国家对与裂变、聚变物质或者衍生此类物质的物质有关的货物、技术进出口,以及与武器、弹药或者其他军用物资有关的进出口,可以采取任何必要的措施,维护国家安全。"第2款:"在战时或者为维护国际和平与安全,国家在货物、技术进出口方面可以采取任何必要的措施。"

根据《中华人民共和国对外贸易法》和《中华人民共和国货物进出口管理条例》,自2001年起,商务部、海关总署、国家环境保护总局(现已改为生态环境部)等部门发布了六批禁止进出口货物目录和限制进出口货物名录,并又适时进行目录调整。但这些目录调整通常并非仅针对《中华人民共和国对外贸易法》第16条第1款的货物或技术的进出口。我国商务部2018年8月发布《关于对原产于美国的部分商品加征关税的公告》。美方执意采取违反世界贸易组织相关规则的错误做法,严重侵犯中方根据世界贸易组织规则享有的合法权益,威胁中国经济利益和安全。为捍卫自身合法权益,中方依据《中华人民共和国对外贸易法》等法律法规和国际法基本原则,决定对美国输入中国的部分商品加征进口关税⊜。

资料来源:根据商务部文件整理.

本章小结

(1)对外贸易安全涵盖"对外""对内"两方面。对外强调生存安全,即一国对外贸易不受内外部不利因素的威胁和侵害,获得良好的国内、国际环境;对内强调发展属性,一国应在国际分工中不断提升自己的竞争能力,在国际交换中获得和提高国家贸易利益,实现对外贸易的可持续发展,发展是最高层次的安全。

(2)国家对外贸易安全的特点。国家对外贸易安全的特点包含五个方面:突发性、紧迫性、关联性、复杂性与战略性。国家对外贸易安全作为一个战略性复杂动态系统,能够对其产生影响的因素也是极其复杂和多样的,包括政治因素、经济因素、社会因素等。

(3)可以从外贸依存度评价、贸易稳定性评价、贸易效益评价、贸易竞争力评价、贸易

⊖ "商务部发布《"十四五"对外贸易高质量发展规划》[EB/OL].(2021-11-24)[2022-09-01]. http://www.gov.cn/xinwen/2021-11/24/content_5653005.htm.

⊜ 胡晓红.中国对外贸易国家安全制度重构[J].南大法学,2021(2):76-89.

环境评价五个维度对一国对外贸易安全进行测度。

（4）对外贸易安全预警。对外贸易安全预警是指对一国的国际贸易所受到来自国内外不利本国贸易发展的不公平竞争、实质性损害或损害威胁的可能性等潜在威胁进行相关数据资料的搜集、整理与分析，并及时发布预报，评估这类事件可能引发的在本国贸易方面的危机及影响，以做应变的准备及预警其目的和作用是识警防患，超前预控。

（5）对外贸易安全保障。对外贸易安全保障主要涵盖两个方面① WTO 框架下的安全例外条款；② WTO 框架下的贸易救济制度，具体包含反倾销、反补贴与保障措施。

本章荐读书目

[1] 何剑，徐元. 贸易安全问题研究综述 [J]. 财经问题研究，2009（1）.
[2] 薛荣久. 经济全球化下贸易保护主义的特点、危害与遏制 [J]. 国际贸易，2009（3）.
[3] 魏浩. 外贸结构、外贸安全与经济发展 [J]. 亚太经济，2008（1）.
[4] 王自立. 中国贸易安全报告：预警与风险化解 [M]. 北京：红旗出版社，2009.
[5] 石良平. 经济大国的贸易安全与贸易监管 [M]. 上海：上海交通大学出版社，2015.

本章复习思考题

1. 试从"对内""对外"两个角度论述国家对外贸易安全的定义。
2. 简述国家对外贸易安全的识别指标。
3. 简述贸易结构与国家对外贸易安全的关系。
4. 在国际组织网站查找数据，计算 G20 国家的对外贸易依存度。
5. 分析 2022 年俄乌冲突对国际贸易的影响。

第十三章

国家对外投资安全

【本章关键词】
（1）国家对外投资安全　（2）外来者劣势　（3）有效市场假说
（4）证券投资组合　（5）套利定价　（6）经营风险　（7）国家风险

【导入案例】

北控集团防范对外投资风险的成功经验

北京控股集团有限公司（以下简称"北控集团"）成立于2005年1月，是北京市人民政府出资设立的大型国有企业。北控集团积极响应国家"一带一路"倡议和国有企业"走出去"战略。2016年11月7日，北控集团下属企业北京燃气集团（以下简称"北京燃气"）与俄罗斯石油公司（以下简称"俄油"）在圣彼得堡签署了相关协议，以基础价格11亿美元收购上乔油气田公司20%的股权，同时获得未来供应中国约每年100亿 m^3 天然气的优先购买权，以及上乔周边的其他天然气资产的优先参与权。

为了确保企业对外投资安全，北控集团对项目投资地的政治、营商环境开展了严格的风险管控。此项目团队在项目初期拜访了外交部、商务部、国家发展改革委和能源局等政府部门，走访了中石油、中石化等企业，了解俄罗斯国家对外投资政策、油气资源类投资限制、俄罗斯国内营商环境，对项目投资环境开展风险分析。为了防范汇率风险，北控集团在境外资本和资金市场，以股权、债券和银团贷款等多种方式，根据项目具体情况有针对性地筹集所需外币资金，满足投资需要且减少汇率风险。

此外，北控集团聘请国际著名的法国巴黎银行作为投行，聘请德勤会计师事务所进行财税尽调，并结合史密夫菲尔律所事务所的法律尽调专业意见。北控集团充分研究了俄罗斯当地的相关法规、税务制度，以新加坡法律作为协议文本的管辖法律，并在交易文件中制定了相关条款，以控制在未来合营公司治理中涉及的油气销售机制、大股东关联交易、小股东权益保护机制、国际仲裁机制等一系列潜在的风险。

总之，北控集团在海外能源等领域成功的投资项目，不仅为集团带来较为理想的投资收益，而且进一步提升了北控品牌价值及国际影响力。这些项目作为平台将助力北控集团进一步扩大国际市场，实现国际化布局。

资料来源：中国商务部.中国对外投资合作发展报告2020[R].pp.169-174.有删减和调整.

第一节　国家对外投资安全概述

一、国家对外投资安全的定义

目前，关于对外投资安全并没有一个统一的定义。2017年中央全面深化改革小组颁布的

《关于改进境外企业和对外投资安全工作的若干意见》明确提出"对外投资安全"的概念，该文件旨在指导企业防范和应对各类境外安全风险，处置各类突发事件，不断完善风险防控体系，提高服务保障能力和水平，维护境外企业和对外投资安全，促进对外投资合作平稳健康可持续发展。国家对外投资安全就是防范对外投资风险。对外投资风险是指在特定的环境下和特定时间内客观存在的，导致对外投资经济损失的风险，是一般风险的更具体的形态。

一般来说，对外投资风险可以按以下六种标准进行分类○：

1）按风险发生的地理位置或国别，可以根据特定典型国家命名对外投资风险，如墨西哥风险、英国风险、新西兰风险、印度风险等。此时，对外投资风险是作为一个地理概念而存在的。

2）按投资主体的性质，可以分为主权风险（政府或国家风险）、私营部门风险、企业风险和个人风险等。

3）按风险的触发因素，可以分为政治风险、社会风险和经济风险等。

4）按资金用途，可以分为贷款风险、出口融资风险、项目风险、国际收支风险和开发资风险等。

5）按风险发生原因，可以分为拒付风险、否认债务风险和债务重议风险等。

6）按风险严重程度，可以分为高风险、低风险和一般风险。

对外投资风险分类的细化过程是随着人们对对外投资风险的认识而逐步加深的，学界比较公认的对外投资风险主要有两种：来自企业内部的经营风险和来自企业外部的国家风险。

【相关案例 13-1】

2020 年全球对外直接投资风险加剧

2020 年，全球国际直接投资流量下降了 35%，从 2019 年的 1.5 万亿美元下降至 1 万亿美元。这是自 2005 年以来的最低水平，比 2008 年全球金融危机后的谷底低了近 20%。其中，发达经济体、发展中经济体以及转型经济体对外投资的流量变动又存在一定差异。

2020 年，发达经济体的跨国公司将其海外投资减少了 56%，至 3470 亿美元，由此导致它们在全球对外投资中所占的份额下降到 47% 的历史最低点。欧洲跨国公司的对外投资总额下降了 80%，至 740 亿美元，这是自 1987 年以来的最低水平。这一下降主要是由于来自荷兰、德国、爱尔兰和英国的资本外流集聚减少。从美国流出的资金保持不变，仍为 930 亿美元。日本跨国公司是过去两年最大的海外投资者，由于 2020 年没有进行大规模并购，其投资额降至 1160 亿美元，下降了一半。

发展中经济体跨国公司的海外投资活动价值下降了 7%，降至 3870 亿美元。中国对外直接投资虽然下降了 3%，但仍高达 1330 亿美元，这使中国成为全球最大的对外投资国。"一带一路"倡议的持续开展也是导致新冠肺炎疫情期间对外直接投资有弹性外流的原因之一。来自东南亚的资本外流减少了 16%，至 610 亿美元。拉丁美洲跨国公司的对外投资在 2020 年大幅下降，总投资减少了 35 亿美元，这是有史以来第一次。

2020 年，转型经济体对外直接投资下降了 76%，降至 60 亿美元，主要是由于投资收益降低（-83%）引发的俄罗斯跨国公司对采掘业的海外投资减少。

资料来源：世界银行. 世界投资报告 2021 [EB/OL]. [2022-09-01]. https://wk.askci.com/details/711f67d8e22642258bb20acaca960dca/.

○ 綦建红. 国际投资学教程 [M]. 5 版. 北京：清华大学出版社，2021：231.

二、国家对外投资安全的影响因素

对外投资安全是多种主客观因素综合作用的结果。其中，既包括跨国投资者的主观因素，也包括来自外部宏观环境的客观因素。一般而言，影响对外投资安全的因素主要表现在以下几个方面。

（一）来自跨国投资者的主观因素[一]

1. 对外投资目标的科学性

外国投资者到东道国进行投资的最终目标是实现利润最大化，其直接目标则是多重性的，如资源利用性、市场占有性、技术获取性以及避免贸易摩擦性等。如果外国投资者的最终目标定得过高，直接目标构成过于复杂，则投资运行的结果与预定目标之间发生差异的可能性越大，因而所面临的风险也就越大。科学的投资目标有助于防范对外投资风险。

2. 对外投资对象选择的合理性[二]

对外直接投资的对象是投资项目。在进行对外投资前，跨国公司需要进行投资方案的可行性分析，通过综合运用净现值法、内部收益率法、获利能力指数法等多种方法，合理地评价项目在经济上是否可行。

对外间接投资的主要对象是证券。一般来说，股票投资的风险较大，其收益或损失却可能较大。在债券投资中，政府债券投资的风险最小。外国投资者应根据投资目标、资产负债结构以及东道国不同证券的风险程度等，科学选择证券投资对象。

总而言之，对外投资对象选择越是具有科学性和合理性，对外投资风险往往就越低。

3. 对外投资者的经营管理水平

在既定的投资环境下，对外投资者的投资目标能否实现，在很大程度上取决于其自身的经营管理水平。投资者经营管理能力越强，越能有效地识别和应对对外投资风险。此外，与其他影响因素相比，这种影响因素的可控性要强得多。

4. 对外投资的期限

对外投资是一种长期经济活动。在对外投资项目运行期间，影响投资活动的各种因素是不断变化的，这种变化加大了投资风险。一般来讲，投资期限越长，则其所面临的风险也就越高。

（二）来自外部宏观环境的客观因素

1. 国际政治经济环境[三]

作为跨国经济行为，对外投资受到国际政治经济格局的影响。一般而言，国际政治经济环境中的不稳定因素越多，国家对外投资风险越高。部分国家和国际组织发布的报告均强调了国际环境对对外投资发展的重要影响，例如中国商务部发布的《对外投资合作国别（地区）指南》详细介绍了主要投资国宏观环境，旨在为中国企业"走出去"提供参考。2020年以来，受新冠肺炎疫情的影响，国际政治经济格局加速调整重构，世界经济陷入衰退，传统国际循

[一] 綦建红. 国际投资学教程［M］. 5版. 北京：清华大学出版社，2021：232-233.

[二] 刘志伟，等. 国际投资学［M］. 北京：对外经济贸易大学出版社，2017：124.

[三] 中国商务部. 中国对外投资合作发展报告2020［EB/OL］.［2022-09-01］. http://images.mofcom.gov.cn/fec/202102/20210202162924888.pdf.

环弱化、单边主义、保护主义抬头，逆全球化加剧，全球跨境直接投资持续下降，深刻影响对外投资的外部环境。

2. 东道国经济安全①

跨国公司通过对外投资将东道国和投资国的经济联系起来，因此，东道国的经济安全性成为影响投资国对外投资安全甚至是经济安全的重要因素。考量一国经济安全性，应从东道国当前经济发展程度、未来经济发展潜力、经济稳定性、经济开放度以及经济结构等方面加以综合评判。一般而言，东道国经济安全性越高，跨国公司投资于该国的风险就越低。

3. 东道国政治安全②

即使一国经济实力充足、资源丰富，但政治动乱依然可能增加跨国公司投资该国的风险。考察一国的政治安全性，需要从政府的稳定性、政府的治理质量、法制水平等多个维度加以评判。一国政府的稳定性和治理质量越高、法制环境越健全、外部冲突越少，跨国公司在该国投资的风险就越低。

三、对外投资风险与国内投资风险的异同③

对外投资风险与国内投资风险的主要特征和属性是相似的，两者都有客观存在性、不确定性、收益共生性、多因素性等基本特征，以及自然属性、社会属性、经济属性等属性。与此同时，两者的投资环境中都存在政策风险、利率风险、信用风险等，都会受到社会经济状况、人们心理等因素的影响。

对外投资风险与国内投资风险的差异也是客观存在的。一般而言，对外投资面临的风险比国内投资面临的风险更深和更广，这主要是由于对外投资的环境更加复杂，同时还受到资本输出国和资本输入国经济环境、法律环境、政治环境、基础设施条件以及自然地理环境等物质与非物质因素的影响。跨国投资者面临的是自己不熟悉的环境，如果不能尽快全面了解并适应新环境，很可能遭受损失。

此外，国内投资通常只涉及本币而不涉及外币，而对外投资涉及不同的币种。即使在允许自由兑换货币的国家，投资者在东道国投资时也必须把自己手中的可自由兑换货币换成东道国货币，因为一般情况下，一国规定只有本国货币才可以在市面流通，因此对外投资风险包括国内投资风险所没有的汇率风险。

第二节　国家对外投资安全的相关理论

一、国家对外直接投资安全的相关理论

（一）外来者劣势的内涵

早在20世纪70年代，加拿大经济学家斯蒂芬·赫伯特·海默（Stephen Herbert Hymer）最早观察到跨国公司在东道国市场上比当地企业更难获取信息，而且还可能受到东道国政府、

---

① 陈秀，梅凯. "一带一路"对外投资经济安全测度：2010—2020年[J]. 对外经贸实务，2022（5）：63-68.
② 中国社会科学院国家全球战略智库国家风险评级项目组，中国社会科学院世界经济与政治研究所国际投资研究室. 中国海外投资国家风险评级报告（2021）[R]. 2021：13.
③ 刘志伟. 国际投资学[M]. 北京：对外经济贸易大学出版社，2017：77.

消费者和供应商的歧视。20 世纪 90 年代，斯利拉塔·扎希尔（Srilata Zaheer）在 Overcoming the Liability of Foreignness 一文中，用"外来者劣势"（Liability of Foreignness）这一概念概括了斯蒂芬·赫伯特·海默的观点。扎希尔指出，外来者劣势是指相比东道国本土企业，跨国公司在东道国的生产和经营活动具有先天的竞争劣势，因而需要承担额外的成本和风险。此后，"外来者劣势"这一概念在对外直接投资等研究领域得到了广泛采纳。

（二）外来者劣势引致的风险类型[一][二]

外来者劣势会给一国对外直接投资带来不熟悉风险、歧视风险和关系风险三类风险。

（1）不熟悉风险。从信息不对称视角来看，外国企业对东道国的政治、经济、社会文化环境缺乏了解，因此要比东道国当地企业承担更多的信息搜集和分析成本。"异客在异乡"形象地概括了跨国公司海外经营所面临的外来者劣势，其中"异乡"就是指跨国公司不熟悉的东道国环境。

（2）歧视风险。东道国利益相关者，如东道国政府出于政治压力、东道国消费者出于民族情结等原因，可能会区别对待本国企业和外国企业，导致外国企业面临更高的市场进入标准和资源获取障碍等。

（3）关系风险。从社会网络视角看，外国企业要在东道国立足，就必须建立和保持与不同利益相关者的关系，相对于本土企业，外国企业在当地社会网络中缺乏嵌入性，进而难以与关键的内外部利益相关者建立信任关系。

总体而言，外来者劣势带来的风险将给跨国公司带来更低的利润率、更高的市场退出率和诉讼率，从而影响国家对外直接投资安全。

（三）克服外来者劣势的理论演进[三]

如何克服外来者劣势，维护一国对外直接投资安全，是研究外来者劣势的根本落脚点。具体而言，资源基础观和制度理论成为探讨克服外来者劣势的理论基础，但二者之间有着不同的运行机制。另外，近年来，有学者从战略理论即公司战略选择的视角分析了如何克服外来者劣势。

（1）资源基础观。资源基础观强调跨国公司可以凭借其特有资源以及将其嵌入到母公司的组织实践来构筑企业可持续的竞争优势，从而克服外来者劣势。具体而言，跨国公司特有资源主要体现在技术、品牌及规模优势等方面，这比模仿当地企业更能有效地克服外来者劣势。然而，资源基础观强调的能够形成企业特有优势的资源和能力一般是企业的内部资源，对外部资源（如区位资源）重视不够。在经济全球化背景下，企业的发展不仅要依靠内部资源，还要依赖于外部资源，只有充分地整合、配置企业的内外部资源，才能实现企业的发展壮大。

（2）制度理论。制度理论强调跨国公司可以通过模仿或"同构"东道国环境、当地需求与组织实践克服外来者劣势。该观点认为，面对复杂多变的制度环境，跨国公司只有不断调整自身、积累消费者经验以及建立本土化的应对机制，才能适应当地环境并最终生存下来。但是，鉴于发展中国家或新兴市场国家的制度存在明显的国别独特性和不完善之处，制度理

[一] 任兵，郑莹. 外来者劣势研究前沿探析与未来展望[J]. 外国经济与管理，2012，34（2）：27–34.

[二] 杨勃. 新兴经济体跨国企业国际化双重劣势研究[J]. 经济管理，2019，41（1）：56–70.

[三] 张宇婷，王增涛. 外来者劣势的基本问题：动态演进视角[J]. 亚太经济，2014（1）：97–103；107.

论诸多较强的假设在发展中国家或新兴市场国家不成立,该理论用于解释在发展中国家或新兴市场国家投资的跨国公司所面临的外来者劣势问题时可能会遇到障碍。

(3)战略理论。战略理论强调跨国公司可以通过进入模式选择、东道国选择等途径在一定程度上降低外来者劣势。就市场进入战略而言,为了降低外来者劣势的不利影响,来自低生产率国家的跨国公司更倾向于采用资源寻求型战略,而来自高生产率国家的投资者偏好于采取市场寻求型战略和控制导向型战略。就东道国选择战略而言,新兴市场国家的跨国公司通过选择优秀的东道国,可以获得更优秀的技术工人和供应商,从而形成一种超越自我的能力来克服外来者劣势。

二、国家对外间接投资安全的相关理论

国际间接投资是以国际债券、股票等国际证券为投资标的的国际投资行为,主流观点认为国际间接投资理论就是国际证券投资理论。国际证券投资理论是将证券投资理论的应用范围从一国国内扩展到国际范畴,二者之间密切相关。本章主要介绍对外间接投资安全理论中的有效市场假说、证券投资组合理论、资本资产定价模型和套利定价理论。

(一)有效市场假说①②③

1. 基本内涵

有效市场假说(Efficient Markets Hypothesis)是由美国经济学家尤金·法玛(Eugene Fama)于1970年正式提出的。该假说认为,股票市场能够全面、及时、准确地反映股票的历史、当前和未来信息。有效市场假说排除了投资者通过分析、挑选和买卖证券从而获得超额收益的可能性,此时被动地持有市场资产组合比主动的资产管理更好。

2. 有效市场类型

根据市场对信息反映强弱程度的不同,可以将有效市场划分为以下三种形式:

(1)弱式有效市场。当现在的价格已充分反映历史价格中所包含的一切信息,从而投资者不可能通过分析以往的价格而获得超额利润时,即为弱式有效市场。在这种情况下,基于过去证券历史价格信息预测未来价格的技术分析将毫无用处。

(2)半强式有效市场。当现在的价格不仅体现历史的价格信息,而且反映所有与公司股票有关的公开信息,则为半强式有效市场。在半强式有效市场中,对溢价公司的资产负债表、损益表、股息变动以及其他任何可公开获得的信息进行分析,均不可能获得超额利润。

(3)强式有效市场。若市场价格充分反映有关公司的任何公开或未公开的一切信息,从而使任何获得内幕消息的人都不能凭此获得超额利润时,即为强式有效市场。

3. 有效市场假说的前提

有效市场假说是新古典金融学理论的基石,证券投资组合理论和资本资产定价模型就是建立在有效市场假说基础上的。有效市场假说建立在以下假设之上:一是理性投资者假设,即投资者被认为是理性的,他们能对证券做出合理的价值评估;二是随机交易假设,即使在

---

① 沈悦.金融市场学[M].北京:北京师范大学出版社,2012:306.
② 李宝良,郭其友.资产定价理论实证研究的扩展与应用:2013年度诺贝尔经济学奖得主主要经济理论贡献述评[J].外国经济与管理,2013,35(11):70-81.
③ 杨朝军.证券投资分析[M].4版.上海:格致出版社,2018:298.

某种程度上某些投资者并非完全理性，由于他们之间的证券交易都是随机进行的，因而他们彼此之间的交易对价格产生的影响也会相互抵消；三是有效套利假设，假如某些投资者非理性且行为趋同，他们的交易行为不能互相抵消，理性的套利者也会消除他们的行为对价格的影响。显然，这些前提假设在现实生活中是很难同时实现的，这也是有效市场假说争议产生的主要原因。

（二）证券投资组合理论①

1. 基本内涵

证券投资组合是个人或机构投资者所持有的各种有价证券的总称，通常包括各种类型的债券、股票及存款单等。证券投资组合理论（Portfolio Theory）就是为了适应金融资产多样化，经济主体必须对金融资产进行选择的需要而产生的。该理论由美国经济学家哈瑞·马柯维茨（Harry Markowitz）在1952年发表的"证券组合选择"一文中提出的。证券投资组合的意义在于采用适当的方法选择多种证券作为投资对象，以实现风险一定情况下的收益最大化或收益一定情况下的风险最小化的目标，避免投资过程的随意。

2. 证券投资组合的特点

（1）投资的分散性。证券投资组合理论认为，证券投资组合的风险随着组合包含证券数量的增加而降低，尤其是证券间关联性极低的多样化证券组合可以有效降低非系统风险，使证券组合的投资风险趋向于市场平均风险水平。因此，证券组合管理强调构成组合的证券应多元化。

（2）风险与收益的匹配性。证券投资组合理论认为，投资收益是对承担风险的补偿。承担的风险越大，收益就越高；承担的风险越小，收益就越低。因此，证券组合管理强调收益目标应与风险的承受能力相适应。

3. 证券投资组合管理的基本步骤

证券投资组合管理的目标是实现投资收益的最大化，也就是使组合的风险和收益特征能够给投资者带来最大满足。具体而言，就是使投资者在获得一定收益水平的同时承担最低的风险，或者在投资者可接受的风险水平之内使其获得最大的收益。实现这种目标有赖于有效和科学的组合管理内部控制。从控制过程来看，证券组合管理通常包括以下几个步骤。

（1）确定证券投资政策。证券投资政策是指投资者为实现投资目标应遵循的基本方针和基本准则，包括确定投资目标、投资规模和投资对象以及应采取的投资策略和措施等。投资目标是指投资者在承担一定风险的前提下期望获得的收益率。投资规模是指用于证券投资的资金数量。投资对象是指证券投资组合管理者准备投资的证券品种。确定证券投资政策是证券投资组合管理的第一步，它反映了证券投资组合管理者的投资风格，并最终反映在投资组合所包含的金融资产类型特征中。

（2）进行证券投资分析。证券投资分析是指对第一步所确定的金融资产类型中个别证券或证券投资组合的具体特征进行的考察分析。这种考察分析的一个目的是明确这些证券的价格形成机制和影响证券价格波动的因素及其作用机制，另一个目的是发现那些价格偏离其价值的证券。

（3）构建证券投资组合。构建证券投资组合主要是确定具体的证券投资品种和各证券的

---

① 王伟. 现代证券投资实务［M］. 北京：北京理工大学出版社，2017：226–229.

投资比例。在构建证券投资组合时，投资者需要注意个别证券选择、投资时机选择和多元化三个问题。个别证券选择主要是预测个别证券的价格走势及其波动情况；投资时机选择涉及预测和比较各种不同类型证券的价格走势和波动情况；多元化则是指在一定的现实条件下，组建一个在一定收益条件下风险最小的投资组合。

（4）投资组合的修正。投资组合的修正实际上是定期重温前三步过程。随着时间的推移，过去构建的证券投资组合可能不再是最优组合了。投资者需要对现有的组合进行必要的调整，以确定一个新的最佳组合。然而，进行任何调整都将支付交易成本，因此投资者应该对证券投资组合在某种范围内进行个别调整，使得剔除交易成本后，在总体上能够最大限度地改善现有证券投资组合的风险回报特性。

（5）投资组合的业绩评估。业绩评估不仅是证券投资组合管理的最后一个阶段，也可以看成是一个连续操作过程的组成部分。由于投资者在获得收益的同时还将承担相应的风险，获得较高收益可能是建立在承担较高风险基础之上的，因此在对证券投资组合业绩进行评估时，不能仅仅比较投资活动所获得的收益，而应该综合衡量投资收益和所承担的风险情况。

（三）资本资产定价模型①②

1. 基本内涵

资本资产定价模型（Capital Asset Pricing Model）是在马柯维茨证券投资组合理论的基础上建立，由威廉·夏普（William Sharpe）、约翰·林特耐（John Lintner）和杰克·特里诺（Jack Treynor）三位美国经济学家于1964年提出的。资本资产定价模型在证券投资组合理论的基础上，提出了一个更具现实意义的问题，即如果资本市场上的投资者都根据证券投资组合理论进行投资决策，那么资本这种资产的价格将由什么决定以及如何决定？资本资产定价模型最终用资本市场线和证券市场线对上述问题进行了分析和解释。

2. 模型基本思路

资本资产定价模型的思路大致为：在假设市场完全有效和存在一种"无风险证券"的前提下，首先推导出表示证券组合的预期收益和总体风险之间关系的"资本市场线"，再推导出反映某种证券的预期收益与证券系统性风险之间关系的"证券市场线"，最后根据这种关系推导出证券的"均衡市场价格"。

3. 证券均衡市场价格的决定

根据证券市场线，证券的风险程度决定了其预期收益率，而预期收益率又与购买证券时的市场价格相关，即预期收益率＝预期收益额/证券市场价格。因此，证券的风险、预期收益状况将影响其市场价格的形成。例如，当某种证券的预期收益额上升时，若证券的系统风险并未发生变化，则预期收益率不应变化，因此证券市场价格将会上升。

资本资产定价模型深刻剖析了均衡市场中各项资产的定价原理，并能用最简单实用的方式得到最近似现实情况的结论，因而被认为是资本市场价格理论的脊梁。这也是威廉·夏普在1990年获得诺贝尔经济学奖的主要原因。

---

① 沈悦. 金融市场学［M］. 北京：北京师范大学出版社，2012：306.

② 杨大楷. 证券投资学［M］. 上海：上海财经大学出版社，2011：19-21.

（四）套利定价理论[1][2]

1. 基本内涵

套利是一个经济学术语，是指利用完全相同的一个实物资产或证券的不同价格赚取无风险利润的行为。套利定价理论（Arbitrage Pricing Theory）是在证券投资组合理论和资本资产定价模型的基础上，由美国经济学家斯蒂芬·罗斯（Stephen Ross）于1976年提出的，它是现代资产定价理论的又一个发展。套利定价理论主要从套利驱动机制来探讨资产的均衡价格是如何形成的。

2. 模型基本思路

套利定价理论的基本思路是，通过构造套利定价模型，给出在一定风险下满足无套利条件的资产收益率（即定价），在这一收益率下，投资者仅能得到无风险利率决定的收益，而不能得到额外收益。当具有某种风险的证券组合的期望收益率与定价不符时，便产生了套利机会。

3. 证券均衡市场价格的决定

在完全竞争的资本市场中，如果套利机会存在，则两种不同的利率水平（即资产收益）是无法长期维持下去的，这是因为套利行为的存在会使这两种利率水平趋于一致。在证券投资组合理论中，套利的存在与最优资产组合是相矛盾的，因为单个投资者的理性行为就会导致无套利行为的出现，而无套利行为的结果就是一价定律，即如果某种完全相同的资产在两个市场上的价格不一致，或者两种风险资产的收益率不相同，那么，理性的投资者就会在市场上卖出收益率低的资产，同时利用所得的资金买入收益率高的资产，从而获得无风险利润，这时，资本市场就会达到均衡，套利机会就会随之消失。根据上述套利原则，证券均衡价格应该是市场竞争的无套利价格，而这种无套利价格是由市场上的外生变量决定的。

4. 资本资产定价理论与套利定价理论的比较

与资本资产定价理论一样，套利定价理论是以完全竞争和有效资本市场为前提的，但是该理论主要在以下几个方面对资本资产定价理论进行了完善。首先，资本资产定价理论对投资者的风险偏好做出了较强假定，而套利定价理论对投资者的风险偏好无明确的前提要求；其次，资本资产定价理论可能会遗漏来自市场外的宏观经济环境对证券收益的影响，而套利定价理论同时考虑了市场内风险和市场外风险；再次，资本资产定价理论所依赖的市场资产组合往往难以预测，而套利定价理论中要求的基准资产组合则具有较强的灵活性。

总之，套利定价理论比资本资产定价理论在实用性上更具广泛意义，但是在理论的严密性上却相对不足。正是基于这一原因，尽管套利定价理论在应用方面有很大的吸引力，但其仍不能取代资本资产定价理论。

第三节　国家对外投资风险管理

对外投资涉及资金、设备、关键材料、人员、技术、管理方法乃至商标专利等要素的跨国流动，具有距离远、周期长、涉及金额大、影响因素多等特征，因而其风险往往大于国内

---

[1] 沈悦.金融市场学[M].北京：北京师范大学出版社，2012：306.

[2] 汪来喜，吴成浩，郭力.证券投资学[M].郑州：河南人民出版社，2016：192-194.

投资。对外投资风险管理的目的是尽可能地降低国际投资环境中的各种潜在风险给投资带来的不确定性,确保投资预期收益的实现。本节将详细介绍对外投资风险及其管理问题。

就对外直接投资而言,从企业视角来看,对外直接投资风险主要表现为企业自身的经营风险;从国家视角来看,对外直接投资风险主要来源于东道国政治、经济、文化等因素变动引起的国家风险。因此,本节主要介绍对外直接投资的经营风险和国家风险两类。

一、对外直接投资的经营风险管理

(一)经营风险的界定①②

经营风险是指企业在进行跨国经营时,由于市场条件和生产技术等条件的变化而给企业带来的不确定性。经营风险一般是由以下风险组成:①价格风险,是指由于国际市场行情变动引起价格波动而给企业带来的不确定性;②销售风险,是指由于产品销售发生困难而给企业带来的不确定性;③财务风险,是指整个企业经营中遇到入不敷出、现金周转不灵、债台高筑而不能按期偿还的风险;④人事风险,是指企业在员工招聘、经理任命过程中存在的风险;⑤技术风险,是指开发新技术的高昂费用、新技术与企业原有技术的相容性以及新技术的实用性等因素给企业带来的潜在风险。

经营风险产生的主要原因是跨国公司在管理和运营方面缺乏国际化经验和能力。具体表现在以下三个方面:①一国设立的境外企业分散化经营现象严重,使得企业不能在资本、技术、市场和信息等方面实现资源共享与互补;②由于国家之间各种制度及文化背景不同,消费者对产品的需求不尽相同,东道国政府可能会为了自身利益采取含量标准、环保标准以及价格控制等限制措施,从而造成跨国公司的营销风险;③品牌认同与接受程度不同会带来品牌风险。

(二)经营风险评估③④

风险识别是风险管理的前提,风险识别的内容是:第一,有哪些风险应当考虑;第二,引起这些风险的主要因素是什么;第三,这些风险造成的后果程度如何。对外投资经营风险的识别主要采用德尔菲法、头脑风暴法和幕景分析法三种方法。

1. 德尔菲法⑤

德尔菲法也称专家调查法,是用来获取专家群体的观点,从而预测未来可能发生的事件和事件发生时机的一种方法。德尔菲法适用于没有精确研究资料的问题的研究,需要根据专家集体的专业知识和经验来进行直观的判断。德尔菲法具备以下四个特点:

(1)专家的匿名性。采用德尔菲法的研究需要严格选择一定数量的相关专业的专家参与,专家的人数由研究问题的具体情况而定,一般为 10～50 人,大型问题需要的专家数量较多,专家匿名参与问卷调查。

---

① 吴晓东. 国际投资学 [M]. 2 版. 成都:西南财经大学出版社,2015:132-133.
② 陈立泰. 我国企业海外直接投资的风险管理策略研究 [J]. 中国流通经济,2008(7):48-51.
③ 孔淑红. 国际投资学 [M]. 4 版. 北京:对外经济贸易大学出版社,2019:285-286.
④ 綦建红. 国际投资学教程 [M]. 5 版. 北京:清华大学出版社,2021:235-237.
⑤ 曾照云,程晓康. 德尔菲法应用研究中存在的问题分析:基于 38 种 CSSCI(2014-2015)来源期刊 [J]. 图书情报工作,2016,60(16):116-120.

（2）问卷的重复性。德尔菲法的研究过程是一个重复的过程，要经过两轮以上的专家意见征询，直至专家意见达到一定程度的共识，才可以结束意见征询。

（3）有控制的反馈。德尔菲法的研究过程中，要经过数次反馈。在每一轮意见征询以后，要对征得的专家意见进行统计处理，并将处理所得的集体意见反馈给每位专家，作为下一轮意见征询的参考。这种反馈是有控制的反馈，即控制应答者围绕既定目标回复意见。

（4）结论的量化统计处理。德尔菲法研究采用统计的方法，对专家的集体意见进行定量评价和处理。德尔菲法的实施步骤：确立研究课题——选择专家——设计专家问题调查表——几轮专家意见征询与有控制的反馈——汇总、统计、分析调查结果。

2. 头脑风暴法

头脑风暴法是以专家的创造性思维来索取未来信息的一种直观预测和识别方法。此方法由美国人奥斯本于1939年首创，首先用于设计广告的新花样，随后逐渐推广运用到其他领域。头脑风暴法用于国际风险识别时，一般要提出这样一些关键性问题：进行对外投资活动会遇到哪些风险？这些风险的危害程度如何？组织者为避免重复、提高效率，应当首先将已经取得的分析结果作为会议说明，使与会者不必在重复性问题上花时间，从而促使他们打开思路去识别新的风险形态及其危害。

一般来说，头脑风暴法在实施中要遵循如下规则：

第一，禁止对他人所发表的意见提出任何非难，避免言辞上的武断或上纲上线。

第二，尽可能要求提出新思路，新思路数量越多，出现有价值设想的概率就越大。

第三，要重视那些不寻常的、有远见的、貌似不太符合实际的思想，思路要越宽越好。

第四，将大家的思路或思想进行组合和分类。

头脑风暴专家小组一般应由以下几类技术人员组成：风险分析或预测专家、国际投资领域中的技术或财务专家、了解或把握国际投资运动规律知识的高级专家以及具有高级逻辑思维能力的专家。组织者对头脑风暴法的结果要进行详细的分析，既不能轻视，也不可盲目接受。

3. 幕景分析法

由于影响国际投资经营风险的因素很多，实践中需要有一种能够识别关键因素及其影响的方法。幕景分析法就是为了适应这种需要而产生的以识别风险关键因素及影响程度为特点的方法。一个幕景就是一项国际投资活动未来某种状态的描绘或者按年代的概况进行的描绘。这种描绘可以在计算机上进行计算和显示，也可以用图表、曲线等进行描述。

幕景分析法的重点是：当某种因素变化时，整个情况会是怎样的，会有什么风险，会给投资者的资产价值带来何种程度的损失。幕景分析的结果是以简单易懂的方式表示出来的。一种方式是对未来某种状态的描述；另一种方式是描述一个发展过程，即未来若干年某种情况的变化链。幕景分析要经过一个筛选、监测和评判的过程，即先要用某种程序将具有潜在风险的对象进行分类选择，再对某种风险情况及其后果进行观测、记录和分析，最后要根据症状或其后果与可能原因的关系进行评价和判断，找出可疑的风险因素并进行仔细的检查。

但是，幕景分析法有其局限性。因为所有的幕景分析都是围绕着分析者目前的考虑、价值观和信息水平进行的，很可能产生偏差，所以在进行风险识别时，使用时需与其他方法结合。

(三) 经营风险管理[一]

规避与化解经营风险就是通过各种有效的经济技术手段，将经营风险减小或分散，主要策略有经营风险规避、经营风险抑制、经营风险自留和经营风险转移。

1. 经营风险规避

经营风险规避是指事先预估经营风险发生的可能性，判断导致其发生的条件和因素，以及对这些因素进行控制的可能性，在对外投资活动中尽可能地避免或设法以其他因素抵消其造成的损失，必要时需改变投资的流向。

经营风险规避是控制经营风险最彻底的方法，采用有效的风险规避措施可以降低风险发生的概率和降低经济损失程度，以削减风险的潜在影响力。但是，由于经营风险规避涉及放弃某种投资机会，从而相应失去与该投资相联系的利益，因而该方法的实际运用要受到一定的限制。

常见的规避经营风险的手段包括：①改变生产流程和产品，如开发某项新产品，若花费的成本很高但成功的把握较小，就可以通过放弃新产品的研制去购买该产品技术专利来规避风险；②改变企业生产经营地点，如将企业由一国转移到另一国，或由一国内某一地区转移到另一地区，以避免地理位置缺陷的风险；③放弃对经营风险较大项目的投资等措施。

2. 经营风险抑制

经营风险抑制是指采取各种措施降低经营风险发生概率以及经济损失程度。风险抑制不同于风险规避，它是国际投资者在分析风险的基础上，力图维持原有决策，减少风险所造成的损失而采取的积极措施；而风险规避虽然可以消除风险，但企业要终止拟定的投资活动，放弃可能获得的潜在高收益。

抑制经营风险的措施很多。例如，在进行投资决策时，做好灵敏度分析；开发新产品系列前，充分做好市场调查和预测；通过设备预防检修制度，减少设备事故所造成的生产中断；做好安全教育、执行操作规程和提供各种安全设施，以减少安全事故。

3. 经营风险自留

经营风险自留是指投资者对一些无法避免和转移的经营风险采取现实的态度，在不影响投资根本利益的前提下自行承担下来。风险自留是一种积极的风险控制手段，它使投资者为承担风险损失而事先做好种种准备工作，修正自己的行为方式，努力将风险损失降到最低程度。投资者在承担风险损失的同时也可以设法获得其他额外补偿，因为高风险往往是与高收益相伴的。

在国际经济活动中，所有国家和企业事实上都承担着不同程度的风险，有意识地加以控制，可以增强自身安全性。投资者自身承受风险的能力取决于其经济实力。经济实力雄厚的大企业，可以承担几十万美元甚至上百万美元的意外损失，但是经济实力薄弱的小企业则只能承担相对较小的风险损失。一般来说，企业进行风险自留的具体做法是，定期提取一笔资金作为风险专项资金，以供意外风险发生时作为风险补偿之用。这种做法实际上是一种自我保险的方式。

[一] 綦建红. 国际投资学教程 [M]. 5 版. 北京：清华大学出版社，2021：237-238.

4. 经营风险转移

经营风险转移是指投资者通过各种经济技术手段，把经营风险转移给他人承担。一般有保险转移与非保险转移两类。保险转移是向专业保险公司投保，通过缴纳保险费把风险转移给保险公司承担，而风险一旦发生，损失即由保险公司补偿。非保险转移是指不通过保险公司而以其他途径实施风险转移。例如，某承包商担心承包工程中基建项目所需的劳动力和原材料成本可能提高，他可以通过招标分包商使其承包基建项目，以转移这部分的经营风险。又如，在经营风险较大的国家投资时，投资者应要求当地信誉较高的银行、公司或政府为之担保，一旦发生损失后，可以从担保者那里获得一定的补偿。

二、对外直接投资的国家风险管理

（一）国家风险的界定 ①②

国家风险是指未能预期的东道国经营环境变化的风险，涉及政治、经济、社会、文化、自然以及国际关系等复杂因素。根据经济合作与发展组织（OECD, 2004）的观点，国家风险包含五个基本要素：①由债务人的政府或政府机构发出的停止付款的命令；②由经济事件引起的贷款被制止转移或延迟转移；③法律导致的资金不能兑换成国际通用货币，或兑换后不足以达到还款日应该还的金额；④任何其他来自外国政府的阻止还款措施；⑤包括战争、国有化、地震、瘟疫和洪水等方面的不可抗拒力。

在国家风险的诸多来源中，政治风险、经济风险、社会风险和自然风险是常被提及的重要来源。其中，政治风险是东道国政治环境或与其他国家的政治关系发生变化对企业造成不利影响的可能性。经济风险是东道国经济环境、经济结构等重大改变导致投资回报不确定性增强。社会风险是源自东道国非政府组织，如工会、环保组织和民族主义者等，并对外国企业产生不利影响的社会行为。自然风险是指可能对投资产生负面影响的自然现象，如地震、洪灾等。

（二）国家风险的评估

为了检测和分析国家风险，国内外学者和研究机构提出了不同的评估方法，各类方法中用以衡量的分析指标也有所区别。本小节将介绍四种国家风险评估方法，分别是定性描述、评分定级、预警指标评价和国家风险指数分析。

1. 定性描述 ③④

定性描述主要采用非固定格式报告和结构化分析报告两种形式。非固定格式报告的分析内容和重点随国家情况、风险分析需要而变化；结构化分析报告具有标准格式。例如，中国商务部定期发布《对外投资合作国别（地区）指南》，其涵盖全球175个国家和地区，全面、客观地反映了对外投资合作所在国别（地区）的宏观经济形势、法律法规、经贸政策和营商环境等企业对外投资关心的事项。定性研究对于风险的描述比较全面，但无法进行统一的风险比较。

---

① 高连和.企业对外直接投资的国家风险研究述评［J］.社会科学家，2020（1）：43-49.
② 綦建红.国际投资学教程［M］.5版.北京：清华大学出版社，2021：233.
③ 刘志伟.国际投资学［M］.北京：对外经济贸易大学出版社，2017：81.
④ 中国商务部."走出去"公共服务平台［EB/OL］.［2022-09-01］.http：//fec.mofcom.gov.cn/article/gbdqzn/#.

【相关案例 13-2】

2021 年中资企业在东盟开展对外投资主要风险

东盟是中国的近邻，也是"一带一路"倡议合作的重点和优先地区。据中国商务部统计，2020 年，中国对东盟投资流量 160.63 亿美元，增长 23%，超过了中国对外直接投资总额增幅（12.3%）；截至 2020 年年底，中国在东盟国家累计投资总额 1276.13 亿美元，占中国对外直接投资存量的 4.9%。中国对外直接投资流量前 20 位目的国（地区）中，东盟占 7 个。东盟各国商业机会较多，但潜在的投资障碍和风险也在所难免。该地区主要的政治、经济和自然风险如下：

【政治环境】缅甸政局尚不稳定，2021 年 2 月，缅甸政局变动，军方宣布国家进入紧急状态，为期一年。反军方势力有向暴恐方向发展趋势，局部不时有爆炸事件。近年来泰国政局斗争不断，政府高层变动频繁，政策连续性不强，执政集团施政受限。政策变动导致审批程序复杂且漫长，前期投入费用增高。

【法律法规】总体来说，东盟各国法律体系比较完整，但也有一些法律规定模糊，可操作性不高，且不同的法律之间存在矛盾。比如，马来西亚法律体系受英国影响很深，成文法与判例法在商业活动中都能起作用。中国企业首先应了解投资所在地，要注意法律环境问题。

【汇率及汇兑风险】中资企业应特别注意防范金融汇率风险。缅甸政府宏观调控能力较弱，缺乏成熟的调控机制，汇率和利率形成机制缺乏灵活性，对严重影响外商的投资收益有一定的不利影响。

【商业欺诈】部分国家存在以虚假项目信息骗取中资企业赴该国考察、开展隐性投资的现象，一旦双方企业合作期间出现问题，将面临资产无法保全的风险。

【自然灾害】东盟地处热带和亚热带地区，每年 5 月至 11 月是雨季，容易发生山洪、泥石流等自然灾害。

【新冠肺炎疫情】东盟成员国病例数字不断攀升，截至 2021 年 6 月 23 日，东盟地区已累计报告 458 万例确诊和 89028 例死亡，分别占全球的 2.6% 和 2.3%。随着印度 Delta 变异病毒向东南亚蔓延，马来西亚、泰国、印尼、菲律宾等多国宣布重启或延长封锁，疫情对东盟地区经济社会的负面影响将继续持续。

因此，在东盟各国开展投资、贸易、承包工程和劳务合作过程中，要特别注意事前调查、分析、评估相关风险，事中做好风险规避和管理工作，切实保障自身利益。

资料来源：中国商务部. 对外投资合作国别（地区）指南（2021 年版）之东盟 [EB/OL]. [2022-09-01]. http://www.mofcom.gov.cn/dl/gbdqzn/upload/dongmeng.pdf.

2. 评分定级①②

评分定级是从整体上测量投资对象国的国家风险，通过一组固定的评分标准对对象国的主要风险加以衡量，依次确定国家的风险等级。例如，AAA 级表示投资风险最小及投资环境最优，D 级表示投资风险最大及投资环境最差。这种方法的具体步骤如下：①确定需要考察的

---

① 刘志伟. 国际投资学 [M]. 北京：对外经济贸易大学出版社，2017：84.

② 中国社会科学院国家全球战略智库国家风险评级项目组，中国社会科学院世界经济与政治研究所国际投资研究室. 中国海外投资国家风险评级报告（2021）[R]. 2021：4-5.

主要风险因素；②确定风险评分标准，一般情况下，风险越高得分越高；③将所有考察项目的分数汇总，确定各国对应的风险等级；④比较国家间的风险，确定投资对象国。国际风险等级序列见表13-1。

表13-1 国际风险等级序列表

风险等级	分值	含义
AAA	0 ~ 0.5	基本无风险
AA	0.5 ~ 1.5	可忽略的风险
A	1.5 ~ 3	风险很低
BBB	3 ~ 7	低于平均风险
BB	7 ~ 15	正常风险
B	15 ~ 30	值得重视的风险
C	30 ~ 55	高风险
D	55 ~ 100	不可接受的风险

在不同类型、各具特色的评级机构中，较为出名的是经济学人智库（Economist Intelligence Unit）和环球通视（Global Insight）。由于评级体系的构建对方法的科学性、全面性和多样性有较高的要求，且评级数据的采集和处理较为复杂，目前评级市场仍然由发达国家的评级机构占主导地位，发展中国家的评级机构大多处于起步阶段。

【相关案例13-3】

2021年中国海外投资国家风险评级

中国海外投资国家风险评级体系综合考量了证券投资和直接投资的风险，这与目前中国海外投资形式的多样性紧密契合。该评级体系构建了经济基础、偿债能力、社会弹性、政治风险和对华关系五大指标共42个子指标，通过提供风险警示，为中国企业降低海外投资风险、提高海外投资成功率提供了非常有价值的参考。

2021年的评级对114个国家进行了评级，包括31个发达经济体、83个新兴经济体和发展中国家。从区域分布来看，美洲涉及19个国家，欧洲涉及34个国家，非洲涉及24个国家，亚洲和太平洋涉及37个国家。评级结果共分为9级，由高至低分别为AAA、AA、A、BBB、BB、B、CCC、CC、C。其中AAA ~ AA为低风险级别，包括18个国家；A ~ BBB为中等风险级别，包括68个国家；BB ~ B为高风险级别，包括28个国家。从中可以看出，评级结果大体呈对数正态分布，反映出合理的风险分布区间。

从总的评级结果来看，发达经济体评级结果普遍高于新兴经济体，海外投资风险相对较低。在排名前20的国家之中，除了阿联酋和卡塔尔之外，都是发达经济体；而83个新兴经济体和发展中国家，排名最高的阿联酋为第16名。与2020年评级结果相比，除荷兰、挪威、日本等10个国家的相对排名不变外，其余国家的相对排名均发生了变化。其中，49个国家的相对排名比2020年有所上升，而55个国家的相对排名比2020年有所下降。表13-2是2021年代表性国家风险总体评级结果。

表 13-2 2021 年代表性国家风险总体评级结果

前 20 位国家				后 20 位国家			
国家	风险评级	排名变化	上年级别	国家	风险评级	排名变化	上年级别
德国	AAA	↑	AAA	土耳其	BB	↓	BB
瑞士	AAA	↑	AA	赞比亚	BB	↑	BB
韩国	AA	↑	AA	伊朗	BB	↓	BB
新西兰	AA	↑	AA	几内亚	BB	↑	BB
丹麦	AA	↑	AA	巴拉圭	BB	↓	BBB
瑞典	AA	↓	AA	乌克兰	BB	↓	BB
荷兰	AA	—	AA	墨西哥	BB	↓	BB
挪威	AA	—	AA	巴西	BB	↓	BB
新加坡	AA	↑	AA	哥伦比亚	BB	↓	BB
芬兰	AA	↑	A	莫桑比克	BB	↓	B
加拿大	AA	↑	AA	埃塞俄比亚	BB	↓	BB
奥地利	AA	↑	AA	喀麦隆	BB	↓	BB
马耳他	AA	↑	AA	尼加拉瓜	BB	↓	BB
澳大利亚	AA	↓	AA	纳米比亚	BB	↓	B
阿联酋	AA	↓	AA	尼日尔	B	↓	BB
法国	AA	↓	AA	阿尔及利亚	B	↓	BB
冰岛	AA	↓	AA	安哥拉	B	↓	B
日本	A	—	A	委内瑞拉	B	↑	B
卡塔尔	A	—	A	伊拉克	B	↓	B
立陶宛	A	↑	A	苏丹	B	—	B

注:"—"表示与 2020 年相比,相对排名没有变化的国家;"↑"表示与 2020 年相比,相对排名上升的国家;"↓"表示与 2020 年相比,相对排名下降的国家。排名第 3 为卢森堡,其离岸金融中心属性较强,结果不列在该表中.

资料来源:中国社会科学院国家全球战略智库国家风险评级项目组,中国社会科学院世界经济与政治研究所国际投资研究室. 中国海外投资国家风险评级报告(2021)[R]. 2021:24-29.

3. 预警指标评价[一]

预警指标评价是通过运用能反映国家风险的若干重要指标,形成早期预警指标系统,观察相关指标的变动情况,从而判断国家风险的性质和程度。在不同类型的投资项目中,选取的相关指标可能有所差别,当企业是对外直接投资时,应该着重选取与东道国政治稳定性、政策连续性、法治完备性等相关的指标;当企业是对国际债券和信贷投资时,应重点关注债务国的偿债能力和国际收支状况等指标。可以通过相关数据统计资料或结合长期积累的历史经验对这些指标加以分析。例如,世界银行在向发展中国家进行信贷投资前,需要衡量其债务风险,常用指标包括偿债率、负债率、外汇储备水平、债务对出口比率等。

预警指标评价需要通过分析大量统计资料和数据进行计算,由于各国的统计口径可能存在差异,计算后还需要结合统计口径情况对结果进行必要的调整修正,当某种指标趋近警戒值时,投资者应及时采取有效措施防范风险。

[一] 刘志伟. 国际投资学[M]. 北京:对外经济贸易大学出版社,2017:83-84.

4. 国家风险指数①

进行国际投资活动的企业可以借鉴一些专门机构提供的风险指数进行风险评估。当前，国际投资中运用较多的国家风险指数主要是富兰德指数、国际国家风险指南、《欧洲货币》国家风险等级表、《机构投资者》国家风险等级表等。

（1）富兰德指数（FL）。该指数是由定量评级体系、定性评级体系和环境评级体系构成的综合指数。定量评级体系用于评价一国债务偿付能力；定性评级体系重在考察一国经济管理能力、外债结构、外汇管制状态、政府官员贪污渎职程度、政府应付外债困难的措施五个方面的评分；环境评级体系包括政治风险、商业环境和政治社会环境三个指数系列。上述三个评级体系在总指数中的比重分别为50%、25%和25%。富兰德指数的取值范围是0到100，指数值越高表示风险越低，指数值越低表示风险越高。

（2）国际国家风险指南（International Country Risk Guide）②。国际国家风险指南自1980年起开始定期发布。目前，该指南的国别风险分析覆盖了全球近140多个国家和地区，并以季度为基础进行数据更新并逐月发布。该指标考虑了政治因素（Political Factor）、金融因素（Financial Factor）和经济因素（Economic Factor）三部分。其中，政治因素分析占50%（即100分），后两项分析各占25%（即各位50分）。分值越高，表示国家风险越低。国际国家风险指南方法见表13-3。

表13-3 国际国家风险指南方法

政治风险构成		经济风险构成		金融风险构成	
风险因素	分数	风险因素	分数	风险因素	分数
政府稳定性	12	经常账户占GDP比重	15	经常账户占货物和服务出口的比重	15
社会经济条件	12	实际GDP增长率	10	外债占GDP比重	10
投资便利程度	12	年度通货膨胀率	10	外债还本付息占货物和服务出口的比重	10
外部冲突	12	人均GDP	5	汇率稳定性	10
内部冲突	12	预算平衡占GDP比重	10	国际清偿能力净额相当于进口额的月数	5
腐败	6				
军队在政治中的影响	6				
宗教紧张情况	6				
法律和秩序传统	6				
种族紧张情况	6				
民主问责	6				
官僚机构的质量	4				

---

① 綦建红.国际投资学教程［M］.5版.北京：清华大学出版社，2021：241.

② 中国社会科学院国家全球战略智库国家风险评级项目组，中国社会科学院世界经济与政治研究所国际投资研究室.中国海外投资国家风险评级报告（2021）［R］.2021：4.

③ The PRS Group. The ICRG Methodology［EB/OL］.［2022-09-01］. https：//www.prsgroup.com/wp-content/uploads/2021/10/ICRG-Method-2021.pdf.

(续)

政治风险构成		经济风险构成		金融风险构成	
风险因素	分数	风险因素	分数	风险因素	分数
合计	100	合计	50	合计	50

资料来源：The PRS Group.The ICRG Methodology［EB/OL］.［2022-04-20］.https：//www.prsgroup.com/wp-content/uploads/2021/10/ICRG-Method-2021.pdf.

（3）《欧洲货币》国家风险等级表。国际金融界权威刊物《欧洲货币》（Euromoney）于每年9月或10月定期公布当年各国国家风险等级表，该表侧重反映一国在国际金融市场上的形象与地位，从进入国际金融市场的能力（权重为20%，包括在外国债券市场、国际债券市场、浮动债券市场、国际贷款市场及票据市场上筹借资本的能力）、进行贸易融资的能力（权重为10%）、偿付债券和贷款本息的记录（权重为15%）、债务重新安排的顺利程度（权重为5%）、政治风险状态（权重为20%）、二级市场上交易能力及转让条件（权重为30%）等方面对国家风险进行了考察。

表13-4是1999年和2019年（以第四季度为例）《欧洲货币》发布的国家风险最低的前十大国家及其对应的评分情况。可以看出，2019年，发达国家国家风险低于发展中国家，《欧洲货币》国家评分最高的前十位国家以发达国家为主，特别是欧洲发达国家。相比1999年，2019年各国国家风险普遍上升，其主要表现在《欧洲货币》对各国国家评分普遍下降。从各国排名变动情况来看，美国、德国、法国、奥地利和比利时五个国家排名相较1999年下降明显，2019年已经被挤出前十位。然而，新加坡、瑞典、芬兰、澳大利亚和新西兰五个国家的排名相较1999年明显上升，2019年已经位列前十位。

表13-4 《欧洲货币》国家风险等级表

排序	1999年		2019年第四季度	
	国家	国家风险	国家	国家风险
1	卢森堡	98.48	瑞士	88.16
2	瑞士	98.36	新加坡	87.86
3	挪威	95.43	挪威	87.80
4	美国	94.92	丹麦	86.90
5	荷兰	94.22	瑞典	84.72
6	德国	94.04	卢森堡	84.52
7	法国	93.68	芬兰	84.08
8	奥地利	93.30	荷兰	83.85
9	丹麦	93.24	澳大利亚	81.21
10	比利时	91.18	新西兰	80.32

数据来源：綦建红.国际投资学教程［M］.5版.2021：244.

（4）《机构投资者》国家风险等级表。此表是著名的国际金融刊物《机构投资者》（Institutional Investor）杂志向活跃在国际金融界的大型国际商业银行进行咨询、调查的综合结果。每个被咨询的银行要对所有国家的信誉地位，即风险状况进行评分，分数以0～100表示。0分表示该国的信誉极差、风险大，100分表示该国的国家信誉极好、风险小，该指标直接反映了银行界对国家风险的实际看法。

(三)国家风险管理①②③

在对国家风险进行评估之后,如何有效地采取措施防范国家风险、最大限度地降低损失,这对企业来说更为重要。从"事前管理"和"事后管理"两个视角来看,国家风险管理的主要措施具体如下。

1. 国家风险的事前管理

第一,建立有效的风险管理体系。首先,在借鉴发达国家成熟的评估方法与预警机制的基础上,建立符合企业特点的国家风险管理组织框架,由专业部门对东道国各类风险进行分类管理和实时监测,提高国家风险管理的效率。其次,针对东道国具体情况,提前设立风险应急预案和动态评定机制,以便企业在面临危机时能采取及时而适当的应对程序,将损失降至最低。最后,重视对东道国营商环境的评估,事前充分了解东道国非政府组织相关情况,以及对企业环保等社会责任履行方面的要求。

第二,办理海外保险。这是一种目前较为有效的规避国家风险的方法。企业通过对处于国家风险地区的海外资产进行保险,可以集中精力从事海外经营活动。海外投资保险承保的国家风险包括国有化风险、战争风险和政策风险三类。一般做法是,投资者向保险机构提出保险申请,保险机构经调查认可后接受申请并与之签订保险单。投资者有义务不断报告其投资的变更状况、损失发生情况,且每年定期支付费用。当风险发生并给投资者造成经济损失后,保险机构按合同支付保险赔偿金。

2. 国家风险的事后管理

第一,有针对性地调整企业市场战略。在市场战略上,企业通过控制产品的出口市场以及产品出口运输及分销机构,使得东道国政府接管该企业后失去产品进入国际市场的渠道,生产的产品就无法出口,这样做可以有效地减少被征用的风险。此外,跨国公司在建立控股或全资业务后,可通过扩大其公司内部销售的范围、提升地区多样性来应对国家风险。

第二,改善海外经营理念与行为。企业需要强化对东道国投资生态和人文等方面的考量,重视与当地社会组织的沟通,利用媒体等当地社会资源。第一,重视企业社会责任履行和企业形象的建设。企业在海外经营过程中注重当地政府和民众在环保、用工等方面的要求,积极参与社区公益活动,提高企业的社会美誉度。第二,重视与当地居民、非政府组织等的沟通,改进对外公关方式。企业可充分发挥驻外使馆、商会与其他组织的作用,更多地接触社会团体,为其海外经营创造良好的外部舆论环境。

三、国家对外间接投资的风险管理

(一)国际证券投资风险④

与国内证券投资类似,国际证券投资风险主要分为系统性风险(Systematic Risk)和非系统性风险(Non-systematic Risk),系统性风险与非系统性风险又包括许多不同的种类。

系统性风险主要包括:①市场风险,是指由于战争、天灾等突发事件导致股票市场上价

---

① 张明. 中国企业"走出去"要注重国家风险的评估和防范[J]. 中国对外贸易,2017(5):50-51.

② 綦建红. 国际投资学教程[M]. 5版. 北京:清华大学出版社,2021:249-250.

③ 高连和. 企业对外直接投资的国家风险研究述评[J]. 社会科学家,2020(1):43-49.

④ 卢汉林. 国际投资学[M]. 2版. 武汉:武汉大学出版社,2010:253.

格波动的风险；②购买力风险，是指物价水平突然上升所带来的风险；③利率风险，是指市场利率水平发生变化而使股票价格波动的风险；④产业风险，是指产业中某些因素变化产生的风险。

非系统风险主要包括：①管理风险，是指企业管理方面的原因所导致的风险；②财务风险，是指企业财务结构变化引起的风险；③经营风险，是指由于企业经营不善而导致的风险。

（二）国际证券投资风险管理①

1. 市场风险的管理

"不要把鸡蛋放到一个篮子里"概括了分散市场风险的原理，具体包括以下方法：①分散投资单位。如果将资金平均分散到多家任意选出的公司股票上，总的投资风险就会大大降低；一般来说，资金量越大，越需要通过分散资金来降低风险。②分散行业选择。证券投资不仅要对不同的公司分散投资，而且这些不同的公司也不宜都是同行业或相邻行业的，因为共同的经济环境会给其带来相同的风险，同样也达不到分散风险的目的。不同行业、不相关的企业才有可能此损彼益，从而有效地分散风险。但是，投资者首先要对各行业的未来发展趋势有一个基本的判断，多选择一些未来较长一段时期发展前景较好的行业。③分散投资时间。一般而言，股份公司发放股息之前，股票价格会有明显的变动。一般情况下，短期投资者宜在发息日之前购入股票，在获得股息和其他收益后，再将所持股票转手；而长期投资者则不宜在这期间购买该股票。因而，证券投资者应根据投资的不同目的而分散自己的投资时间，以将风险分散在不同阶段。④分散投资季节。股票的价格，在股市的淡旺季会有较大的差异。在不能预测股票淡旺季程度的情况下，应将投资或收回投资的时间拉长，不急于向股市注入资金或抽回资金，用数月或更长的时间来完成此项购入或卖出计划，以减少风险。

2. 购买力风险的管理

在通货膨胀期内，应留意市场上价格上涨幅度高的商品，从生产该类商品的企业中挑选出获利水平或能力高的企业。当通货膨胀率异常高时，应把保值作为首要考虑因素，如果能购买到保值产品股票（如黄金开采公司、金银器制造公司），则可以避免通货膨胀带来的购买力风险。

3. 利率风险的管理

尽量了解公司营运资金中自有资金的比例。利率升高，会给借款较多的企业造成较大困难，从而殃及股票价格。因而，利率趋高时，一般要少买或不买借款较多企业的股票；利率波动难以判断时，应优先购买自有资金较多企业的股票，这样就可以基本上避免利率风险。

4. 企业风险的管理

在购买股票前，要认真分析投资对象，即某企业的财务报告，研究它现在的经营、管理、财务等方面的情况以及在竞争中的地位和以往的盈利情况趋势。如果能把保持收益率增长、发展计划切实可行的企业当作股票投资对象，就能较好地防范企业风险。

第四节　国家对外投资安全的实践

发达国家对外投资起步较早，各项政策和制度的发展比较完善，在应对风险方面积累了较为丰富的经验。中国对外投资虽然起步较晚，但发展迅速，在全球对外投资连续多年下滑

---

① 王伟. 现代证券投资实务 [M]. 北京：北京理工大学出版社，2017：233-237.

的国际背景下，中国对外投资更是实现了逆势增长。借鉴代表性国家保障国家对外投资安全的成功经验，有助于后起国家实现对外投资良性、稳定发展。因此，本节介绍了美国、日本和中国保障国家对外投资安全的实践经验。

一、美国

（一）构建双边投资协定保障对外投资安全[一]

在美国境外投资政策中，最具代表性的是双边投资协定。双边投资协定（Bilateral Investment Treaties，BITs）是两国之间签订的国际法意义上的书面协定，其目的在于促进和保护签约国彼此之间的投资活动。美国贸易代表办公室（US Trade Representative）于1982年1月11日公布了一份双边投资条约样本，并于随后的具体谈判中不断修订，逐渐形成了美国双边投资协定的范本。自此之后，美国热衷于修改和签订双边投资协定，其内容覆盖了投资自由化、投资便利化、竞争政策、知识产权等诸多议题，保障本国企业对外投资安全。

（二）利用海外投资保险制度减少东道国国家风险[二]

为应对国际动荡地区的政治风险，美国政府专门成立了国家投资保险公司，主要是为美国的跨国公司承保，用于减少资产被东道国征收及国有化以及东道国发生武装冲突或战争、革命或暴乱等造成的损失，以及因当地货币无法兑换而影响资金周转、利润返回等风险。美国海外投资企业向国家投资保险公司投保，每个投保项目最高可获得约占投资总额75%的保险额。如果对外投资遭遇风险，国家投资保险公司先补偿企业所遭受的损失，再根据投资国和东道国双方的投资保护协议，由政府代表企业要求东道国赔偿经济损失。由此可见，海外投资保险制度与双边投资协定是相辅相成的，二者的相互配合能够有效保护其海外投资的发展利益。

（三）政府为跨国公司提供多种风险规避的政策保障[三]

在知识产权保护政策方面，IT、电信、咨询、金融、化学、医药、高端制造等高技术行业占美国顶尖跨国公司的绝大多数，这类企业主要以专业知识和技术来保持较高的利润和全球的竞争优势，因此，美国特别重视知识产权保护政策，对技术输出也分外谨慎。在税收政策方面，美国政府对跨国公司采取了一系列优惠手段，如赋税抵免、纳税延期、转结亏损等。在信贷政策方面，《美国进出口银行法案》增大了跨国公司贷款及资金额度，以中长期信贷方式发放国外开发项目贷款，跨国公司所需的外币贷款也被纳入管理范围。此外，美国政府还利用包括外交手段在内的多种方式为本国的跨国公司服务。

二、日本

日本不仅是全球重要的发达国家之一，同时也是全球对外投资先行者和主要投资国。据《世界投资报告2021》统计，2020年日本对外直接投资流量为1160亿美元，仅次于中国和卢

[一] 吉小雨. 美国对外直接投资的利益保护：从双边协定到海外私人投资公司[J]. 世界经济与政治论坛, 2011(2): 57-68.

[二] 徐索菲, 孙明慧. 中国企业境外直接投资风险防范的国际经验借鉴[J]. 学术交流, 2014(5): 116-120.

[三] 王茹. 企业跨国经营的国家风险管控：国际经验与中国路径[J]. 国家行政学院学报, 2012(3): 79-83.

森堡，位列全球第三位。就日本国内情况而言，随着老龄化进程不断加速，国内市场规模有限，向海外发展成为日本企业的必然选择，日本政府也将"投资立国"作为国家战略，出台多项政策扶持本国企业对外投资。日本保障国家对外投资安全的成功经验主要体现在以下四个方面。

（一）依托对外贷款推动对外投资

日本企业的对外直接投资主要是为了获得资源和市场，这会引起东道国相关企业的不满，进而引发不确定的风险。日本企业的对外直接投资，一般都伴随着政府或者商会向东道国提供贷款，以此确保对外投资的顺利展开。最典型的代表是日本国际协力银行（Japan Bank for International Cooperation，JBIC），其从宗旨到运营都充分体现了日元贷款与日本对外直接投资的关系。第一，JBIC宗旨之一就是通过提供贷款和其他金融手段支持日本经济的发展，促进日本的进出口业务和日本的海外经济活动。第二，在实际运营中，JBIC早期在负责日元贷款业务的同时，也承担着日本企业海外扩张期间的出口融资活动。虽然后期日元贷款的业务被剥离出来，但JBIC仍然对海外扩张的企业给予资金支持，参与日元贷款援助各环节的讨论，建言献策。

（二）建立对外投资保险体系

为应对企业对外投资面临的各类风险，日本政府于1956年建立了对外投资信用保险制度，成为继美国之后世界上第二个建立对外投资保险体系的国家，1957年日本追加设立了海外投资利润保险，1972年日本又进一步设立了海外矿物资源投资保险制度。日本的对外投资保险以国家财政作为理赔后盾，主要包括收益及财产所有权和使用权被剥夺险、战争险、不可抗力险等内容，日本自然人、法人在国外的投资都可申请保险。这些保险的理赔金额总体十分可观。例如，根据对外投资保险制度，若跨国公司遭受东道国战争、社会动乱等不可抗力风险，理赔金额可以达到损失的95%；若遭遇海外信用伙伴破产风险，理赔金额可以达到损失的40%，这大大弥补了不可控因素给日本跨国公司造成的损失。

（三）多维度支持中小企业对外投资

相比大型企业对外投资，中小企业"走出去"面临更大的困难和风险，为了更好地帮助中小企业"走出去"，日本政府在行政审批制度改革、解决融资难问题、提供信息培训服务等方面给中小企业提供支持。在行政审批制度改革方面，为鼓励中小企业积极开展对外投资，日本逐步推进对外投资审批制度改革，由逐笔审批制调整为特许、事前申报、事后报告三类的分类管理，而多数中小企业对外投资均属事后报告类，这大大简化了中小企业对外投资的行政流程。在解决融资难问题方面，日本政府向中小企业开展信用担保，并向中小企业提供政策性金融支持。为提高中小企业"走出去"的风险应对能力，日本下大气力对中小企业开展投资培训、信息咨询、法律援助等，帮助中小企业在投资初期对投资环境、投资项目进行全面、客观的评估。

（四）实施本地化经营战略

日本企业在跨国经营过程中非常重视本地化。以对中国投资为例，随着中国经济实力和

㊀ 黄梅波，张博文. 政府贷款与对外直接投资：日本经验及启示［J］. 亚太经济，2016（6）：85-91.

㊁ 梅冠群. 基于日本经验的中国对外投资政策选择研究［J］. 亚太经济，2017（2）：71-79；175.

㊂ 王茹. 企业跨国经营的国家风险管控：国际经验与中国路径［J］. 国家行政学院学报，2012（3）：79-83.

发展形势的变化，日本企业从最初的以寻求低廉劳动力为主，逐渐转向以寻求本地市场为目的投资。生产体系从简单的海外生产向复合一体化转变，与本地相关企业形成高度依存关系，在生产设备、原材料采购等方面也取得较快的发展，进一步推进人才的本土化管理。

三、中国

中国对外投资从空白期（1949年—1978年）、探索期（1979年—1991年）、起步期（1992年—2004年）、发展期（2005年—2012年）到深化期（2013年至今），其规模和特征均发生了重大变化。在投资主体上，实现了国企单一主导向多种所有制企业共同发展的转变；在投资行业上，由出口相关行业向高端制造业发展[一]。特别地，在全球国际直接投资连续多年下滑的背景下，中国对外直接投资实现了逆势增长，2020年流量达1537亿美元，首次跃居世界第一，占全球份额的20.2%[二]。总的来说，中国对外投资之所以呈现这样的特点，离不开国家层面强有力的政策支持以及企业有效的海外经营策略。

（一）国家投资促进政策缓解企业对外投资的瓶颈[三]

中国政府在1985年2月由对外经济贸易部颁布的《关于在国外开设非贸易性合资经营企业的审批程序和管理办法》中明确指出，只要是经济实体，有资金来源，具有一定的技术水平和业务专长，有合作对象，均可申请到国外开设合资经营企业。2000年"走出去"战略被提出，并于2001年被写入《中华人民共和国国民经济和社会发展第十个五年计划纲要》，这是我国对外投资发展进程的重要里程碑，各类促进政策相继出台，为对外投资企业提供了诸多政策红利。这些政策重点从改革境外投资管理制度、提升企业对外投资便利化水平，以及提供金融财税政策支持、缓解对外投资企业资金短缺问题等方面为中国企业"走出去"提供支持。特别地，针对民营企业"走出去"面临的困境，2020年发布的《关于支持民营企业加快改革发展与转型升级的实施意见》中提出，支持民营企业平等参与海外项目投标，避免与国内企业恶性竞争，通过第三方市场合作的平台、行业组织以及海外中国中小企业中心助力民营企业开拓国际市场。截至2020年年底，中国2.8万家国内投资者在国外共设立对外直接投资企业4.5万家，分布在全球189个国家[四]。

（二）国家投资监管政策规避对外投资的潜在风险

中国对外投资快速增长，出现了一些非理性投资甚至是异常投资问题，例如2016年中国对外投资中住宿/餐饮、文化/体育/娱乐、房地产投资增长速度接近或超过了100%。非理性投资增长直接促成了此前"普惠性激励政策"向"分类施策"的转变。为规范企业对外投资行为、减少投资风险，政府多部门联合出台了多项监管措施，特别是在2016年和2017年前后。这些政策重点从以下三个方面加以监管和引导：一是在投资方向、监管方式等方面加强对企业的规范引导；二是根据中央企业和民营企业的特点，有针对性地规范其海外经营行为；三是加强对银行、保险机构等特殊行业的投资监管，保证其海外业务健康运行。

[一] 杨波，柯佳明. 新中国70年对外投资发展历程回顾与展望[J]. 世界经济研究，2019（9）：3-15；134.

[二] 中国商务部. 2020年中国对外直接投资统计公报[Z]. 2021：6-7.

[三] 刘文勇. 改革开放以来中国对外投资政策演进[J]. 上海经济研究，2022（4）：23-32.

[四] 中国商务部. 2020年度中国对外直接投资统计公报[Z]. 2021：4.

(三)营造良好的国际环境以推动对外投资平稳发展

中国参与全球投资治理,提升国际话语权。吸收外资和对外投资的快速增长,使政府充分认识到,积极参与全球经济治理、建立一个稳定的国际投资体制对中国来说是有利的。中国政府一方面积极参与国际规则制定,主动提出中国方案,发出中国声音;另一方面,充分利用多边机制维护中国正当权益,妥善应对针对中国的诉讼和国际投资争端。此外,考虑到多边投资协定达成的难度,中国高度重视双边投资协定的投资保护作用。

(四)注重本土化经营降低东道国国家风险

中国企业海外经营面临制度障碍、文化障碍、消费需求障碍等问题,使其开始重视本土化经营策略,生产经营尽可能地利用当地生产要素,努力实现生产采购销售本土化、人员本土化、品牌本土化和融资本土化等,从而准确定位当地消费者需求,扩大产品知名度,加快企业融入,同时还促进当地就业,提升企业影响力。特别是中国部分"走出去"企业坚持共享式发展,严格遵守当地法律法规,依法纳税,重视安全生产、环境保护,致力于为当地社会做出更多的贡献,实现共赢。

(五)依托规模经济增强抵抗海外风险的能力

为分散对外投资风险,实现企业间优势互补,越来越多的中国企业开始共同拓展海外市场。首先,同类企业或优势互补企业通过组建产业联盟,资源共享、相互配合,共同抵御对外投资风险。其次,依靠中国和东道国政府的支持,建立海外经济贸易合作区,主导企业以自建、与中国企业共同投资或与东道国企业合作等方式吸引中国企业加入,在获取规模经济的同时还可降低对外投资风险,产生集聚效应。

本章小结

(1)对外投资风险的主要内容。对外投资风险是指在特定的环境下和特定时间内,客观存在的导致对外投资经济损失的风险。对外投资风险受多种主客观因素的影响:影响对外投资风险的主观因素主要包括对外投资目标的科学性、对外投资项目选择的合理性、对外投资者的经营管理水平以及对外投资的期限;影响对外投资风险的客观因素主要包括国际政治经济环境、东道国经济安全以及东道国政治安全。

(2)国家对外直接投资安全的理论基础。国家对外直接投资安全问题主要在外来者劣势理论的基础上加以阐述。外来者劣势是指相比东道国本土企业,跨国企业在东道国的生产和经营活动具有先天的竞争劣势,因而需要承担额外的成本和风险。外来者劣势会给一国对外直接投资带来不熟悉风险、歧视风险和关系风险三类风险。

(3)国家对外间接投资安全的理论基础。国际间接投资是以国际债券、股票等国际证券为投资标的进行的一种国际投资行为,主流观点认为,国际间接投资理论就是国际证券投资理论。国家对外间接投资安全主要建立在有效市场假说、证券投资组合理论、资本资产定价模型和套利定价理论等理论基础上。

---

① 高鹏飞,胡瑞法,熊艳.中国对外直接投资70年:历史逻辑、当前问题与未来展望[J].亚太经济,2019(5):94-102;151-152.

② 太平,李姣.中国对外直接投资:经验总结、问题审视与推进路径[J].国际贸易,2019(12):50-57.

（4）国家对外直接投资风险及其管理措施。投资学界较为公认的对外投资主要风险有两种：一是来自企业内部的经营风险；二是来源于东道国政治、经济、文化等因素变动引起的国家风险。经营风险的主要管理策略有风险规避、风险抑制、风险自留和风险转移。国家风险可以从"事前管理"和"事后管理"两个视角综合运用多种方法加以防范。

（5）国家对外间接投资风险及其管理措施。与国内证券投资类似，国际证券投资风险主要分为系统风险和非系统风险。面对国际证券投资风险，投资者可以通过国际分散化投资达到增加盈利、风险管理的目的。国际分散化投资可以通过分散投资单位、行业、投资时间、投资季节等多种方式来降低风险。

本章荐读书目

［1］孙利娟，张二震，张晓磊."一带一路"倡议下对外投资合作的事中事后监管［J］.宏观经济管理，2018（10）.

［2］卢进勇，李小永，张航.中国国际投资发展史研究：意义、重点和突破点［J］.国际经济合作，2019（5）.

［3］张晓涛，刘亿，王鑫.我国"一带一路"沿线大型项目投资风险：东南亚地区的证据［J］.国际贸易，2019（8）.

［4］霍建国.努力提高中国企业海外投资的质量和效益［J］.清华金融评论，2019（12）.

［5］王辉耀，苗绿.大潮澎湃：中国企业"出海"四十年［M］.北京：中国社会科学出版社，2018.

本章复习思考题

1. 简述对外投资风险与国内投资风险的异同点。
2. 简述对外投资安全与国家经济安全的互动关系。
3. 论述外来者劣势的成因、主要风险及克服方法。
4. 登录中国商务部"走出去"公共服务平台（http：//fec.mofcom.gov.cn/article/gbdqzn/），了解中国与欧盟、美国等经济体对外投资合作国别（地区）风险情况。
5. 基于联合国贸发会议数据库和中国国家统计局对外投资数据，从全球和中国两个视角分析国家对外投资的新特点及历史演变情况。

第十四章

国家利用外资安全

【本章关键词】
(1) 国家利用外资安全　(2) 借用外债安全　(3) 发展主义
(4) 依附理论　(5) 产品生命周期理论　(6) 逆向国际生产折中理论
(7) 国家安全审查　(8) 反垄断审查　(9) 行业准入制度

【导入案例】

日本富士通公司收购美国仙童公司缘何失败?

日本富士通公司（Fujitsu）成立于1935年，是日本第一家制造电子计算机的企业，到20世纪70年代后期，已开始生产大规模集成电路电子计算机，是当时日本最大的计算机企业。1986年秋，技术领先的日本计算机制造商富士通公司试图出价2.45亿美元收购美国仙童半导体公司（Fairchild Semiconductor，以下简称"仙童公司"）80%的股权，以获得计算机芯片的生产技术与能力。美国仙童公司成立于1957年，作为集成电路的发明者，是当时美国国防部的主要供应商之一，也是20世纪50年代第一家在美国硅谷开展业务的半导体公司，其生产的计算机芯片由于具有抗辐射性，在美国军事国防领域得到广泛应用。

对此并购案，美国国防部、商务部都提出了反对意见，它们认为该并购将导致美国必须通过外国生产商才能获得国防工业所必需的计算机芯片，且富士通公司也将获得美国最为尖端的技术。此外，如果收购成功，富士通公司将能有效规避彼时美国对日本计算机芯片所实施的严格进口限制。在美国国防部、商务部和中情局的共同要求下，时任总统罗纳德·里根（Ronald Reagan）进行了干预，最终富士通公司撤销了并购交易。1986年年末，日美签订《日美半导体协定》，协议之一便是禁止日本富士通公司收购美国仙童公司。

美国半导体产业也因害怕失去技术优势而开始抱怨美国缺乏必要的国家安全保护机制。在富士通公司收购仙童公司案中，半导体产业并非美国禁止外资进入的领域，总统很难对日本宣布进入敌对状态或紧急状态并继而中止该交易，因为这会损害美日之间良好的政治关系。对此，美国国会认为需要采取新的立法措施来防止类似情况发生，以保护美国国防基础产业的安全。在此背景下，美国国会于1988年通过了《埃克森-弗洛里奥修正案》，该法案在1950年《国防生产法》中新增第721节，成为美国历史上第一部关于外资并购安全审查的专门立法。

有意思的是，1987年，仙童公司以1.22亿美元的低价，被出售给了美国国家半导体公司（National Semiconductor）。

参考资料：陈妙，刘勇.美国外资并购国家安全审查的制度演变、实施特征与应对策略研究[J].国际关系与国际法学刊，2020，9（00）：290-328.

第一节　国家利用外资安全概述

一、国家利用外资的主要方式

国家利用外资是重要的国际经济合作形式，主要包括借用外债和外商直接投资（Foreign Direct Investment，FDI）两种方式[1]。

（一）借用外债

借用外债，又称对外借款，是指一国境内机构（包括各级政府、企业、团体、金融机构等）通过正式签订借款协议从该国境外的国际金融组织、外国政府、金融机构、企业或其他机构筹措资金，包括外国政府贷款、国际金融机构贷款、出口信贷、外国商业银行贷款等具体形式。经济全球化使得国际资本跨国流动速度更快、规模更大，资金获得渠道更加畅通，借用外债成为世界各国普遍的行为，不仅"资本短缺"的发展中国家会借用外债，经济发达国家也同样会借用外债，甚至规模更大。

（二）外商直接投资

外商直接投资，是指一国吸引外国企业、经济组织或个人按该国有关政策法规用现汇、实务、技术等在该国进行直接投资的行为，包括合资经营企业、合作经营企业、外商独资企业、外商投资股份制企业、合作开发等具体形式。伴随着经济全球化的发展，外商直接投资成为各国利用外资的重要形式。

外资还包括：企业在境内外股票市场公开发行以外币计价的股票，国际租赁进口设备的应付款，补偿贸易中外商提供的进口设备、技术、物料价款，加工装配贸易中外商提供的进口设备、物料的价款等，它们统称为外商其他投资。与借用外债和外商直接投资相比，由于外商其他投资规模通常比较小，对国家经济安全的影响也不及前两种方式大，因此本章不做重点分析。

二、国家利用外资安全的定义

国家利用外资安全是指国家在利用外资过程中，国家利益不受侵害与威胁的状态。根据国家利用外资的不同阶段，国家利用外资安全主要可以概括为以下三个方面的内容。

第一，吸收外资的安全。适当吸收外资有助于缓解一国经济发展的资金约束，增强本国经济实力，有利于维护国家经济安全。然而，吸收规模不当或者结构不合理的外资，可能会削弱一国经济实力，带来经济风险，不利于一国经济的安全发展。因此，利用外资安全首先体现为吸收外资的安全，即国家能够吸引到规模适度、结构合理的外资，既不会因缺乏外资而影响本国经济的正常发展，也不会因吸收过量或结构不合理的外资而影响本国经济安全稳定发展。

第二，使用外资的安全。在适度吸收外资的基础上，国家利用外资时要保障本国主权统一和领土完整，经济利益不受到威胁和侵害，能够独立自主地决定本国的经济体制、发展道路、经济结构和各项方针政策，有抵制外部经济实体冲击、保持持续安全状态的能力。同时，要尽可能地确保外资得到有效利用，达到通过外资促进本国经济发展的目的。因此，国家利

---

[1] 范爱军，路颖.引进外资与通货膨胀的关联分析及对策探讨［J］.经济研究，1995（9）：67–71.

用外资安全也体现为使用外资的安全，在借用外债和外商直接投资中，分别体现为用债安全和用资安全。

第三，外资偿还或撤离安全。在适当吸收外资和有效利用外资的基础上，还要注意归还外债或外资离开时的安全问题。在借用外债中，这体现为偿债安全，即国家在举借外债后，能确保按期偿还债务，不至于无法按期偿还债务，甚至引发债务危机，威胁本国经济安全。在外商直接投资中，这体现为撤资安全，是指东道国（即外资引进国）能为外资提供良好公正的环境，制定透明的外资政策，减少外商经营的不确定性，避免外资大规模非正常撤资，影响本国经济的安全、稳定发展。

三、国家利用外资安全的具体内容

根据国家利用外资安全的三方面内容，下面将分别分析借用外债和外商直接投资中的具体安全问题。

（一）借用外债安全

借用外债安全包括借债安全、用债安全和偿债安全三方面内容[注]。

1. 借债安全

借债安全是指在借入外债时存在的安全问题，主要是指借入外债的规模和结构是否合理、是否在安全范围内。

（1）外债规模安全。外债规模安全主要包括两方面内容：一方面，当国内资金不足时，若无法通过合理的方式和渠道借到一定规模的外债，可能会导致本国资金短缺，影响经济的稳定发展，不利于国家经济安全；另一方面，当不考虑本国负债能力，借入过多外债时，会加剧经济风险，不利于国家经济安全。例如，在20世纪80年代，拉美国家举债的规模十分庞大，这为拉美国家发展经济提供了大量资金，但同时也加重了这些国家的还债负担，最终引发了债务危机，危害了国家经济安全。

（2）外债结构安全。外债的结构可以分为外债来源的国别结构、外债币种结构、外债期限结构、外债利率结构、外债类型结构五个方面。具体情况如下：

第一，外债来源的国别结构，是指一国外债的来源国构成。如果外债过于集中在少数国家，可能会导致一国经济发展过于依附于这些国家，危及一国自身的经济安全。例如，一些发展中国家由于经济受制于西方大国，政治上也不得不依附于它们，陷入经济上受剥削、政治上受压迫的不利境地。

第二，外债币种结构，是指一国借用外债总额中各种货币币种的构成比例。外债从借入到归还之前均存在汇率风险。一般来说，在归还国外借款时需支付借入货币，这意味着，一旦借入货币汇率走强，势必会增加借贷成本，使债务国蒙受损失。如果借入币种相对分散，风险也就相对较小。因此，为了减少和避免由于借用外债汇率变化而引起的损失，应避免外债币种过于单一。此外，由于本币外债偿还时不存在货币兑换的汇率风险，一国可以通过积极推进本币外债，避免外债的汇率风险。

第三，外债期限结构，是指一国对外负债总额中，短期债务（偿还期在一年及以内）与中长期债务（偿还期在一年以上）的构成比例。一般来说，中长期外债便于债务国根据国民

[注] 陈建青. 适度外债规模区间及其确定 [J]. 经济研究，1990（10）：47-51.

经济发展需要，做出统筹安排，但是利率相对更高；短期债务利率更低，但是由于偿还期限较短，还债压力较大。债务国在借用外债时，应综合考虑不同期限结构外债的成本与风险，使外债期限的结构尽量合理，否则可能会影响本国的偿债能力，不利于国家经济安全。

第四，外债利率结构，是指一国对外负债总额中浮动利率债务与固定利率债务的构成比例。采用固定利率，可以避免利率上升风险，但是也无法获得利率下降的好处；采用浮动利率，需要根据市场变化确定偿还期的利率水平，风险不容易被控制，使得债务总额变化不定，不利于一国对外债进行宏观调控。可见，外债利率结构关系到利息支付总额和外债清偿的负担，因此在借入外债时，需要充分考虑外债利率结构的合理性。

第五，外债类型结构，是指一国对外负债总额中各种不同类型外债的构成比例。外债类型包括外国政府贷款、国际金融机构贷款、国际商业银行贷款和其他形式借款四大类。前两项属于官方贷款，具有开发援助和贸易性质，贷款期限长，利率低，但是贷款条件较为严格。国际商业银行贷款程序相对宽松，但是期限短，利率高，且多为浮动利率，容易受到国际金融市场的影响[1]。因此，在借用外债中，应注意采取合理的方式，尽可能地选用成本较低的外债类型。

2. 用债安全

用债安全是指国家在举借外债后有效利用外债，使外债在使用过程中不威胁本国经济安全，主要包括外债投向安全和外债使用安全。

（1）外债投向安全。在外债投向方面，如果不重视外债的规模效益，缺乏全局性统筹，分散重复投资，盲目投向部分产业或者部分地区，导致产能过剩或投资过热，不仅可能使外债的收益与成本不匹配，未能充分发挥外债的经济效益，还可能会加剧一国产业的发展失衡，扩大地区的发展差距，不利于一国经济的安全稳定发展。此外，如果外债过多投向房地产、股票等风险较大的非实体领域，还可能引发泡沫经济，加剧该国经济动荡，不利于一国经济的安全和稳定[2]。

（2）外债使用安全。确定外债投向后，在外债具体使用时，如果不按合同规定用途投入，不注重对风险的规避与控制，无法实现使用外债的经济效益；或者短债长用，使得项目投资回收期与还款周期不匹配，出现资金周转困难，可能导致债务延期，无法实现外债对国家经济安全的促进作用。

3. 偿债安全

偿债安全是指国家在举借外债后，能够确保按期偿还债务，不至于无法按期偿还债务，甚至引发债务危机，威胁本国经济安全。

需要说明的是，借债安全、用债安全和偿债安全三者之间，并不是相互分离的，而是相互影响的有机整体。首先，借债安全影响着用债安全和偿债安全。这是因为合理的借债规模和借债结构有利于高效使用外债，并且有利于外债的按期偿还；反之，借入规模、结构不合理的外债可能会影响外债的使用，也会影响后期外债的偿还。其次，用债安全也影响着潜在的偿债能力，由于借用外债存在还本付息的巨大债务压力，一旦使用不当、效益不好，就可能无法按期归还贷款，发生债务危机，陷入借新债还旧债、债务割不断的恶性循环之中，使

---

[1] 孙敬水，项贤勇. 中国外债风险的经验分析 [J]. 世界经济，2001（8）：51-56.

[2] 刘志强. 金融危机预警指标体系研究 [J]. 世界经济，1999（4）：17-23.

一国经济发展背上沉重的负担，危害国家经济安全。最后，偿债安全也影响着一国后续的借债安全。当一国偿债能力出现问题时，该国后续的正常借债必然也会受到一定的负面影响。因此，在分析借用外债的具体安全问题时，要进行综合分析和全面考察。

【相关案例 14-1】

破产的斯里兰卡，从哪里开始崩溃？

从 2022 年 3 月起，经济危机导致斯里兰卡生活用品短缺和物价高涨，针对政府的抗议者和支持者冲突不断。5 月，抗议者们占领了总理的官邸，时任总理马欣达·拉贾帕克萨逃离首都科伦坡。7 月 9 日，抗议者冲进总统府游泳，当天深夜总理的住宅也遭到焚烧。总统戈塔巴雅·拉贾帕克萨和现任总理维克勒马辛哈表示将会辞职。

斯里兰卡是一个南亚国家，1948 年从英国的殖民下独立，1978 年改名斯里兰卡民主社会主义共和国，政体从内阁制改为效仿法国的半总统制。2022 年，这个国家在成立 74 年来第一次进入破产状态，大规模停电，燃料与食物告急，经济危机演变为政治危机。

国家的财务其实和个人相似。收入不足时，要靠存款过活，存款也不够时，就得向别人借钱。但如果可以借的都借了，负债累累却又无力偿还，那么这个人将难逃破产厄运。斯里兰卡政府积累超过 500 亿美元的巨额债务，外汇存底几乎掏空，严峻的经济危机引发了政治动荡，前总理不得不辞职"平息"民愤。

事实上，斯里兰卡的经济危机从 2019 年就初现端倪。亚洲发展银行在 2019 年发布的一份名为《斯里兰卡的宏观经济挑战：双赤字记》（*Sri Lanka's Macroeconomic Challenges: A Tale of Two Deficits*）的报告指出，斯里兰卡是典型的双赤字经济体。这被认为是斯里兰卡这次经济崩溃的深层原因。

双赤字指的是财政赤字（Fiscal Deficit）和经常项目赤字（Current Account Deficit）。其中，财政赤字是指一个国家的财政支出超过财政收入，即入不敷出。在 2009 年内战结束后，政府一直采取用外债做基建的经济政策，而大型基建项目很难立刻产生可观的收益，却累积了数百亿美元的债务。而已宣布辞职的总统戈塔巴雅在 2019 年参与选举时还承诺采取减税政策，增值税从 15% 调至 8%。政府的高支出和减税措施导致国家严重入不敷出。再加上近年来，受新冠肺炎疫情影响，曾经的经济支柱——旅游收入锐减，同时大宗商品成本飙升，进一步加剧了斯里兰卡的财政赤字程度。

经常项目赤字是指一个经济体的进口总额大于出口总额。斯里兰卡的经常项目赤字由来已久，但在新冠肺炎疫情和俄乌战争的双重影响下，斯里兰卡依赖进口的矿物燃料价格突涨，而纺织业的出口订单又逐渐向越南和缅甸转移，使得经常项目赤字在 2022 年达到了历史新高。此外，2022 年以来，作为斯里兰卡曾经主要外汇来源方式的海外汇款也在急剧下降，导致斯里兰卡外汇储备严重不足，已降至最近 10 年来最低水平。这对于这个许多基本物资都依赖进口的岛国是巨大的打击，同时也加剧了债务违约风险，而债务违约阻碍了海外投资，并导致该国货币斯里兰卡卢比贬值，进而又导致该国之后借债更为困难，并走向无法偿还的态势。

参考资料：

[1] 中东非资讯.国家破产、外汇掏空，斯里兰卡怎么了［EB/OL］.（2022-07-11）
　　［2022-09-01］. https: //m.thepaper.cn/baijiahao_18947589.

[2] 单读.破产的斯里兰卡，从哪里开始崩溃［EB/OL］.（2022-07-05）［2022-09-01］.
　　https: //m.thepaper.cn/baijiahao_19016515.

（二）外商直接投资安全

外商直接投资安全包括引资安全、用资安全和撤资安全三个方面的内容。

1. 引资安全

国家的引资安全问题主要包括引资规模、引资结构、引资政策三个方面的安全问题。

（1）引资规模安全。引资规模安全包括两方面内容：一是要能够吸引适度规模的外资，否则国家经济发展可能缺乏必要的资金、技术，正常发展受阻，安全失去保障；二是不能超规模引进外资，否则对国外资本依附过大，增加本国宏观经济调控难度，国家经济安全易受到威胁。

（2）引资结构安全。引资结构安全主要是指引进的外资在行业结构、地区结构、来源国结构三方面的安全。具体来看，第一，如果东道国引进的外资在国民经济各部门间配置不当，则会引起和加剧发展中国家产业结构失衡。同时，这种状况还可能会造成市场扭曲，使得市场价格不能客观真实地反映市场价值的变动，造成资源的浪费和无效配置，不利于一国经济健康、稳定发展。第二，如果东道国引进的外资在国家内部区域分布不平衡，会扩大东道国不同地区间的经济发展差距，引起地区间收入分配不公、贫富分化程度提高等社会问题，不利于东道国经济的平稳增长。第三，如果外资来源国过于集中在少数国家，这些国家可能对东道国的资源或产业形成控制局面，一旦这些国家撤资，将使东道国的经济发展面临较大风险。

（3）引资政策安全。东道国给予外资歧视性待遇或者超国民待遇的政策，从长远来看，都可能阻碍国家利用外资安全，不利于国家经济的安全发展。歧视性待遇政策减小了东道国对外资的吸引力，不利于一国引进外资，还可能会导致已进入的外资大规模撤离。超国民待遇政策使得东道国国内企业的税负、土地租金普遍高于外资企业，人为地弱化了东道国企业的竞争力，对东道国民族经济的正常产业发展构成威胁；并且，过度的优惠会使得国家财政收入减少，影响到国家的财政安全；此外，东道国内部各地方政府为吸引外资，还可能进行税收恶性竞争，扰乱市场经济秩序，削弱税法的严肃性和权威性，影响国家宏观调控的有效性，危害国家经济正常发展的安全。

2. 用资安全

利用外商直接投资对经济安全具有多重影响，下面将分别从产业、金融、就业、资源环境等多个角度进行分析。

（1）产业安全。

第一，市场结构安全。大型跨国公司具有雄厚的资源优势，有能力在较短时期内大幅度提升其在东道国的市场份额，在部分行业形成垄断，控制当地市场，引发对当地企业的压制效应，影响东道国独立工业体系的发展，威胁国家产业安全。

第二，品牌安全。一些国际知名的跨国公司通常将品牌控制作为重要的竞争战略之一，使东道国的民族品牌逐渐消失，从而影响东道国民族经济的发展。外资利用其销售渠道和网络来经营自己的品牌，提升自身的影响力，最后导致这些曾经家喻户晓的民族品牌逐渐被大家遗忘。此外，外资的品牌控制会影响东道国消费者的社会心理，消费者对外国品牌认同，可能会产生社会心理的溢出，导致消费者盲目崇拜外国产品，这种社会心理会在潜移默化中延伸到外资对东道国产业安全的影响。

第三，股权安全。东道国国内企业引进外资后，可能由于文化、管理方式以及经营理念等各方面的差异，与外资股东之间在发展战略上出现分歧。但是，一旦外资在较大程度上控制了企业股权，从而具有充分的决策权，就会使得东道国国内企业发展受制于外资，影响东道国企业的发展安全。

第四，技术安全。技术安全包括两方面内容：第一，东道国在利用外资过程中，本国的核心技术不会被他国窃取或揭秘仿制，对本国行业发展构成威胁；第二，东道国在利用外资过程中，本国的技术力量能处于不断壮大、不被侵害的状态。跨国公司往往将陈旧的技术转移给东道国公司或合资公司，这会影响东道国获取先进的技术。如果东道国企业没有获得预期的技术溢出，而是获得一些落后或淘汰的技术，并对外资技术过于依附，将威胁东道国行业的健康发展。

（2）金融安全。海外流入东道国的短期流动资本，被称为"热钱"，具有流动性大、隐蔽性高、投机性强的特点，很难规范管理，对东道国政策金融秩序的破坏力很大。国际资本如果自由地游走于国内各行业，可能会拓宽金融风险由国外向东道国国内的传导途径，提高东道国与国外金融风险的关联性。一旦外部市场发生金融风险，外资大规模回流压力上升，东道国金融市场秩序被扰乱，东道国甚至可能遭受国际金融风险冲击。

（3）就业安全。外资企业在并购东道国国内企业后，如果不能妥善安置原企业职工，或者对原企业职工的工资进行差别对待，将导致城镇失业率急剧上升，大量失业人员甚至可能引发严重的社会问题，影响社会安定。

（4）资源环境安全。在利用外资过程中，东道国政府主要重视外资对经济和社会发展的促进作用，而对外资在资源开发、环境利用方面的监管往往较少，一些高能耗、高污染、低技术产业项目可能会加剧东道国资源和环境制约的矛盾，不利于本国资源环境的安全。

3. 撤资安全

跨国公司大规模撤资，将对东道国产业发展、就业稳定、技术升级、国际收支等都造成不利影响，威胁一国经济的安全和稳定发展。东道国在对外开放初期可能凭借低廉的劳动力成本、丰富的土地资源和宽松的环境政策等优势吸引大量外商直接投资，但是，一旦劳动力红利衰减、土地价格上涨、环境成本增加、融资成本提高等问题开始凸显，外资企业可能选择跨国转移，寻找新的比较优势更明显的投资对象国。此外，2008年金融危机以来，受逆全球化思潮影响，全球经济进入深度调整期，多数国家和地区尤其是发达经济体，为恢复经济增长和应对本国的产业空心化，颁布了一系列鼓励境外资金回流的政策，加大了外商直接投资的撤资风险。

【相关案例14-2】

新飞冰箱缘何"停飞"：外资撤资背后的故事

"新飞广告做得好，不如新飞冰箱好"。曾经辉煌一时、作为中国冰箱行业巨头的新飞冰箱，却在2018年6月29日，正式"卖身"康佳。新飞冰箱为何会走到如此境地？

新飞的腾飞

新飞的前身是由多家企业重组设立的新乡市无线电设备厂，配套生产军用通信车，1984年转产电冰箱等家电产品。1985年，新飞厂长刘炳银从国外飞利浦公司引进现代化冰箱生产线，次年，"新乡－飞利浦"品牌冰箱正式上市销售，这也是新飞品牌名的来源。此后，新飞进入了快速发展期。1990年，厂长刘炳银学习海尔张瑞敏，当众怒砸400台不合格冰箱，提高了新飞人的质量意识,增强了客户信心。新飞冰箱也因品质优良,成为中国家电制造业的一张"国际名片"。短短几年时间,新飞已成为国产冰箱第一品牌。

引入外资:决定了新飞此后的道路

20世纪90年代初,立足多元化和涉足资本市场成为当时众多大企业的发展战略。靠家电起家的海尔已经开始了多元化探索,同时准备试水资本市场。1993年11月,海尔冰箱的股票在上海证券交易所挂牌上市交易。然而,新飞却选择了一条不同的道路——引入外资,这也决定了新飞此后的道路。在中外合资办厂的热潮中,新飞冰箱成为河南省"引进外资嫁接和改造国有大中型企业"的试点。1994年,在新乡市政府的引荐下,新飞冰箱引入丰隆亚洲。丰隆亚洲隶属于新加坡丰隆集团,成立于1963年,是新加坡最大的房地产和酒店业投资发展商及标杆企业。1994年8月,新飞集团、丰隆集团、新加坡豫新电器合资成立河南新飞电器有限公司(简称新飞电器),三方持股比例分别为49%、45%、6%。短期内,丰隆集团的加入给新飞电器发展提供了资金支持,带动了新飞的飞速发展。1996年,新飞推出国内首款双绿色无氟冰箱,销量名列中国冰箱品牌前三强,市场份额直逼20%。在20世纪90年代,新飞与海尔、容声、美菱一起成为中国冰箱产业的"四朵金花"。

外资控股的至暗时刻:话语权旁落,多元化受阻,管理问题凸显

新加坡的注资暂时弥补了新飞没有进入资本市场的弊端,但是,地产出身的丰隆亚洲在家电行业缺乏技术经验,对中国的本土化运作并不熟悉。20世纪90年代后期,各大冰箱企业争相进行多元化家电布局。刘炳银察觉到危机,多次计划收购国内空调企业进而开启多元化经营。然而,受到新加坡控股方的束缚,多元化经营项目多次遭到新加坡股东否决。由于缺少决策自主权,不能适应市场快速变化,业务线过于单一,新飞危机四伏。2002年,在中国最有价值品牌最新报告榜单上,海尔品牌价值489亿元,一举跃升为国内最有价值品牌第一位。然而,自1997年以来,新飞一直引以为豪的品牌价值才不到32亿元。

2005年9月,新乡市政府将新飞集团在新飞电器所持有的39%的国有股权作价5.1亿元转让给丰隆集团,丰隆集团实现对新飞电器的绝对控制,股权占比达90%,中方的经营管理权彻底丧失。此后,新飞中高层"大换血",中外员工工资相差巨大,公司决策流程烦琐,中西文化差异巨大,各种问题凸显,直企业凝聚力减弱。同时,丰隆管理层对新兴的电子商务持否定态度,错失国内电商发展红利。2011年—2016年,新飞电器连年亏损,最终在2017年,新飞因经营不善濒临倒闭,向法院递交了破产重组申请书。

无利可图,外资撤资

2018年4月13日,丰隆亚洲发布公告明确宣布将从新飞公司撤资。2018年6月29日,康佳集团以4.55亿元人民币拍得河南新飞电器、新飞家电、新飞制冷器具有限公司100%股权,成为新飞的新投资人。归属康佳以后的新飞,能否再次展翅高飞?时间会给出答案。

参考资料:

[1] AI财经社.新飞冰箱"停飞"背后:外资控股24年后撤资,临走称无利可图[N].凤凰网.财经,2018-06-13.

[2] 侯隽.新飞:外资大股东撤资,股权将全部拍卖 一家省级"引进外资"战略试点国企的兴衰历程[J].中国经济周刊,2018(24):69-71.

以上分类只是为了理解方便,实际上,引资安全、用资安全与撤资安全是相互联系、

相互影响的，并没有严格的分界线。具体来看，如果引资存在安全隐患，那么外资的使用可能受到影响，也可能使撤资安全问题更加突出。例如，外资机构过于集中在个别国家，不利于东道国充分吸收不同国家外资的先进技术溢出，也就不利于用资效率的提高；并且，如果东道国过于依附个别国家，一旦这些国家由于政治、经济等原因大规模从东道国撤资，将对东道国经济造成较大冲击，不利于东道国国家经济安全。类似地，如果一国预计引入外资后，在用资过程中会存在安全隐患，甚至威胁国内产业发展和技术进步，就需要政府在引资过程中加强审查和控制，避免盲目引入；而引资和用资不当，可能导致大规模撤资的安全隐患。

综合上述分析，可以看到，借用外债的安全问题主要取决于国际市场利率和汇率的变动情况，以及国内经济的发展是否足以偿还借款本息；而外商直接投资的安全问题主要体现为外资对国内经济的冲击和威胁。

第二节 国家利用外资安全的相关理论

为了便于理解，本节从引资、用资和撤资三个方面介绍利用外资安全的相关理论。

一、引资安全的相关理论

引资安全的相关理论主要探究引进外资的适度规模问题。所谓外资的适度规模，是指一国在经济发展的一定时期，能满足国内经济发展客观需要，又能被经济发展所实际吸收、具有足够偿还能力，且不影响国际收支平衡时的利用外资规模。外资规模过大或过小，都会对国家利用外资安全产生不利的影响。具体而言，外资规模过小，不足以填补经济发展的资本缺口，可能影响国家经济安全发展；外资规模过大，可能会影响一国偿债能力和国际收支平衡，加强对外国经济的依附，影响国家经济安全。已有理论主要从外资必要规模、外资吸收规模和外资安全规模三种思路进行分析[⊖]。

（一）外资必要规模

外资必要规模，主要从保证一国一定时期内经济增长所客观需要弥补的资金缺口，所需引进外资的规模。具体来看，经济发展受制于许多社会经济因素，如生产能力、投资能力、储蓄规模与收入水平等，在这些因素的限制下，该国要实现一定的经济增长目标所需要弥补的资金缺口，便是其引进外资的必要规模。

（二）外资吸收规模

外资吸收规模，主要从一国一定时期内由人才、技术、资源配套等设施因素决定的所有资金消化吸收能力，考虑外资的引进规模。具体来看，一国利用外资来促进经济发展，需要考虑本国实际可吸收外资能力大小。根据收益－成本分析理论，外资吸收规模应是外资利用边际收益大于或等于边际成本时的外资利用量[⊖]，其中，利用外资的边际收益是指每增加1单位外资所增加的国民收入，边际成本是指每增加1单位的外资所转移出来的国民收入。

⊖ 伍海华. 论经济发展中的外资适度规模及对我国的借鉴意义 [J]. 财贸研究，1994 (4): 1-8.
⊖ 张礼卿. 适度外债规模问题 [J]. 经济研究，1988 (8): 26-31; 65.

（三）外资安全规模

外资安全规模，从一国一定时期内不危及国家经济安全的角度，考虑外资的引进规模。具体来看，对于借用外债而言，外资安全规模是指国家具有偿还能力且不影响国际收支平衡的外资规模；对于外商直接投资而言，外资安全规模是指不影响一国民族经济正常发展、不会造成本国经济对外国资本过度依赖的外资规模。

事实上，以上三种思路并不对立，而是相互联系的，经济发展中的外资适度规模是三种规模共同决定的。外资安全规模应始终放在首位，其次是外资吸收规模，再次是外资必要规模。在经济发展中，即使外资安全规模小于其相应的外资吸收规模和外资必要规模，但为了使国民经济持续、稳定地发展，也应以外资安全规模作为利用外资适度规模的上限。尽管这可能会抑制一些必要的投资，使国内既有资源受到限制，甚至会牺牲一定的经济增长速度，但避免了过量外资对一国经济安全发展的负面影响。

二、用资安全的相关理论

用资安全的相关理论主要探究利用外资过程中外资对经济安全的影响，这些理论主要体现为发展主义、依附理论和产业控制理论。

（一）发展主义①

发展主义（Developmentalism）是关于外商直接投资活动影响东道国经济的第一个比较系统的理论。该理论认为，外商直接投资活动可以为东道国增加储蓄、缓解外汇约束、带来新技术和管理技巧，有利于促进东道国经济的安全发展。其理论基础是哈罗德－多马模型和双缺口模型。

哈罗德－多马模型（Harrod–Domar Model）是发展经济学中著名的经济增长模型，分别由英国经济学家哈罗德（Harrod）于1939年②和美国经济学家多马（Domar）于1946年③提出，其基本关系式为

$$g = \frac{i}{k} \text{ 或 } g = \frac{s}{k} \tag{14.1}$$

式中，g是国民生产总值增长率；i、s分别是该国的投资率和储蓄率；k代表边际资本产出率。后来，发展经济学将该模型从封闭条件扩展到开放条件，即

$$g = \frac{S_d + S_f}{k} \tag{14.2}$$

式中，S_d为国内储蓄率；S_f为外资流入所增加的储蓄率。当一国S_d较低时，可以通过引入外资，使投资率达到（$S_d + S_f$）的水平，保障一国经济的持续发展。

1966年，美国发展经济学家钱纳里（Chenery）和斯特劳特（Strout）提出了双缺口模型

---

① 宋泓，柴瑜. 外国直接投资对发展中东道国的经济影响：理论回顾与展望[J]. 世界经济与政治，1999（2）：64-68.

② Harrod R F. An Essay in Dynamic Theory [J]. The Economic Journal (London), 1939, 49 (193): 14-33.

③ Domar E D. Capital Expansion, Rate of Growth, And Employment: I. Introduction [J]. Econometrica, 1946, 14 (2): 137.

（或两缺口模型）(Two-Gap Model)[1]，系统分析了发展中国家引进外资的必要性。其核心论点是，发展中国家实现经济发展目标所需的资源数量与其国内的有效供给之间存在着缺口，利用外资可以有效地填补这些缺口，确保经济安全发展。

双缺口模型的主要内容如下：

从国民经济核算的基本恒等式总收入 $Y=C+S+T+M$ 等于总支出 $Y=C+I+G+X$ 中，可以得出

$$C+S+T+M=C+I+G+X \tag{14.3}$$

化简为

$$S+T+M=I+G+X \tag{14.4}$$

式中，Y 为国民生产总值（GNP）或国内生产总值（GDP）；C 为消费；S 为储蓄；I 为投资；T 为政府收入；G 为政府支出；M 为进口；X 为出口。

假设政府收入支出相抵，即预算平衡 $T=G$，则总收入等于总支出的恒等式可简化为

$$I-S=M-X \tag{14.5}$$

在上式中，等式左边 $I-S$ 是投资与储蓄的差额即"储蓄缺口"，等式右边 $M-X$ 是进口与出口之间的差额，即"外汇缺口"。

根据经济均衡发展的要求，储蓄缺口必须等于外汇缺口，即国内投资大于储蓄时，必须用外汇缺口来平衡。但是，在双缺口模型中，由于储蓄、投资、进口和出口这四个变量都是独立变动的，即储蓄由家庭或个人决定，投资由企业决定，进口由国内的经济增长决定，出口则取决于国外的经济增长，因此，这四个变量的数量是各不相等的，储蓄缺口不一定恰好等于外汇缺口，这就需要对两个缺口进行恰当的调整，促成两个缺口的平衡。吸收外资在此过程中就起到促进双缺口平衡的作用。基于哈罗德-多马模型和双缺口模型，发展主义认为，外资对增加东道国储蓄、缓解外汇约束、促进技术进步都有重要影响，有利于促进国家经济安全稳定发展。

发展主义直接促使了20世纪五六十年代外商直接投资流向许多发展中国家，尤其为拉美和东亚等新兴工业化国家早期利用外资和经济发展提供了理论基础。但是，发展主义过分强调外资对经济安全稳定发展的促进作用，忽视了外资对经济发展的不利影响，具有一定局限性。

（二）依附理论

1. 古典依附论

20世纪60年代以来，许多政治经济学家开始从国际经济关系和国际经济结构的角度认识和反思发展中国家经济落后与不安全的根源，依附论（Dependency Approach）逐步形成，并经历了由古典依附论到依附发展论的演变。根据古典依附论的观点，依附是指受限制的发展状态，即一些国家经济的发展受制于另一些国家经济的发展和扩张。发达国家通过资本输出的方式，投资于发展中国家的原料和农产品部门以满足其自身的消费需要，从而使后者形成畸形的单一经济结构。这种结构具有浓厚的依附色彩，严重阻碍了本土的经济自主和发展安全。当发达国家跨国公司深入发展中国家经济体系时，它们凭借对技术的垄断不仅获得了大量垄断利润，而且使发展中国家经济结构难以得到彻底的改进和提升，被迫接受发达国家的

---

[1] Chenery H B, Strout A M. Foreign Assistance and Economic Development [J]. The American Economic Review, 1966, 56 (4): 679–733.

剥削和掠夺，经济安全受到严重侵蚀。

古典依附论主要关注外部经济结构对国家经济安全的影响，认为由发达国家居于支配地位的国际经济机制是决定发展中国家经济安全的主要原因，这对发展中国家客观认识利用外资对经济安全的影响具有启发意义和价值。但是，各国的发展实践证明，片面强调利用外资对发展中国家经济安全的负面效应，将使发展中国家难以充分抓住发展的机遇，促进本国经济的发展。

2. 依附发展论

与古典依附论不同，依附发展论认为，发展中国家可以变被动依附为主动依附，增强依附中的自主性，通过利用外资充分发挥自身后发优势，实现国家经济利益和安全。依附发展论强调了依附的内在结构，揭示了利用外资对发展中国家经济发展和经济安全的正面效应，主张充分利用外资促进技术进步和产业结构升级。依附发展论从动态的、长期的角度分析了外商直接投资对东道国的经济影响，看到了发展中东道国对跨国公司及其外国投资活动的深刻依附关系，对认识和维护发展中国家的经济安全具有重要的理论和实践价值，有助于更全面、深入地认识利用外资对发展中国家经济安全问题的内在逻辑。然而，依附发展论没有进一步分析依附发展的形成机制和经济后果，没有明确指出从依附发展到独立发展的转变条件和机制，仍具有一定局限性。

（三）产业控制理论

产业控制理论主要关注外商直接投资通过股权、技术、品牌、经营权、决策权的控制，对东道国产业产生的不利影响，以及东道国应采取的应对措施。一国的产业控制力包含两层含义：一是本国资本对国内产业的控制力和对市场的占有程度；二是本国政府对国内产业的影响力和产业政策效应。产业控制力的高低主要受国际资本进入的影响。大量外资企业的进入会侵蚀本国资本的产业控制力。因此，东道国往往都会制定相应的外资政策，对外资加强诱导和管理，以抑制外资企业和跨国公司的影响，维护和提高本国资本对重要产业的控制力。外资控制率越高，外资对产业安全的影响程度也就越大。

三、撤资安全的相关理论

外资大规模撤资会对东道国经济安全产生影响，以下理论对外资撤资的原因和影响进行了分析。

（一）产品生命周期理论

1966年，美国哈佛大学教授弗农（Vernon）提出了产品生命周期理论[1]，解释了国际直接投资的动因。该理论认为，产品具有生命周期，在产品生命周期的三个不同阶段（成长阶段、成熟阶段和标准化阶段），跨国公司会按照利润最大化原则，选择在不同市场生产和销售产品。根据该理论可知，跨国公司的投资区位很可能是暂时的，随着行业生命周期的发展，跨国公司将改变投资区位，从原东道国撤资。可见，产品生命周期理论从企业战略管理的角度间接地解释了外资撤资的原因，这也启示东道国政府在吸引和利用外资过程中，要注意本国产业发展的周期风险，注重产业发展的持续性。

---

[1] Vernon R. International Investment and International Trade in the Product Cycle [J] The Quarterly Journal of Economics, 1966, 80（2）: 190–207.

（二）逆向国际生产折中理论

1977年，英国瑞丁大学教授邓宁（Dunning）提出国际生产折中理论（The Eclectic Paradigm of International Production）⊖。该理论的核心思想是：决定跨国公司对外直接投资的三个最基本要素包括所有权优势（Ownership Specific Advantage）、区位特定优势（Location Specific Advantage）和内部化特定优势（Internalization Advantage），当三个优势都具备时，企业才会到国外投资。该理论也因此被称为"OLI理论"。

在此基础上，1983年，美国纽约市立大学博迪温教授（Boddewyn）提出逆向的国际生产折中理论⊖，用以解释外商撤资现象。其核心思想是：当国际生产折中理论里的三个要素中任意一个不满足时，企业都可能会从东道国撤资。具体来看，包括以下情形：①企业不再拥有比其他国家企业更强的净竞争优势（Net Competitive Advantage）时；②虽然企业还有净竞争优势，但预期到自己利用这些优势，不如将其出售或租赁给国外企业，或者说预期内部化这些优势不再有利可图时；③企业预期凭借其内部化的竞争优势在国外进行生产不再有利可图时，或者说出口比对外直接投资更有优势时。而这一观点也得到了邓宁教授的认可（Dunning，1988）。这也启示东道国政府要注意提供公平、透明、可持续的外部环境，保障企业的所有权优势、区位优势、内部化优势，防止外资大规模撤资。

第三节　国家利用外资安全的识别、预警与保障

一、国家利用外资的风险识别与安全预警

（一）借用外债的风险识别与安全预警

1. 借债预警指标

（1）外债负债率。外债负债率是一国当年外债余额与当年国内生产总值之比，反映一国经济规模对外债的负担能力或经济增长对外债的依赖程度。具体计算公式为

$$外债负债率 = \frac{当年外债余额}{当年国内生产总值}$$

国际上通常认为，外债负债率一般低于15%较好，安全线为20%，超过50%则十分危险，超过50%说明该国经济增长对外债依赖程度过高，警示国家要注意控制借用外债规模。

（2）短期外债比率。短期外债比率是一国外债余额中，期限在一年或一年以下的短期债务所占比例，反映一国借用外债的期限是否合理。其具体计算公式为

$$短期外债比率 = \frac{短期外债余额}{全部外债余额}$$

一般认为，短期外债比率的安全线为25%。如果该比率过高，当国际资本市场变化时，一国难以迅速调整结构，就容易导致突发性债务危机。

⊖ Dunning J H. Trade, Location of Economic Activity and the MNE: A Search for an Eclectic Approach [M] //Ohlin B, Hesselborn P O, Wijkman P M. The International Allocation of Economic Activity. London: Palgrave Macmillan, 1977.

⊖ Boddewyn, Jean J. Foreign Direct Divestment Theory: Is It the Reverse of FDI Theory [J]. Weltwirtschaftliches Archiv, 1983, 119 (2) 345-55.

（3）外债利率结构指标。外债利率结构是指一国对外负债总额中浮动利率债务与固定利率债务的构成比例。该指标是否合理，关系到外债的利息支付总额与偿还能力的高低，是一国在借用外债时需要考虑的重要指标。

$$固定利率债务占比 = \frac{以固定利率计算的债务额}{外债总额}$$

$$浮动利率债务占比 = \frac{以浮动利率计算的债务额}{外债总额}$$

按照国际经济经验，固定利率债务占比为70%～80%、浮动利率债务占比为20%～30%是较为合理的利率结构。此时，固定利率债务占主导地位，所需支付的外债利息整体上较为确定，有利于一国更好地对外债规模进行宏观调控，避免因利率变动而引起的偿债风险。

（4）外债来源结构指标。外债来源结构是指一国对外负债总额中国际商业贷款、外国政府贷款和国际金融组织贷款的构成比例。具体计算公式为

$$国际商业贷款占比 = \frac{国际商业贷款}{外债总额}$$

$$外国政府贷款占比 = \frac{外国政府贷款}{外债总额}$$

$$国际金融组织贷款 = \frac{国际金融组织贷款}{外债总额}$$

一般认为，国际商业贷款占比的警戒线为60%[1]。由于国际商业贷款成本较高，如果其在外债总额中占比过高，可能会使外债利息负担过重，加大还债压力，不利于长期的借债安全。

2. 用债预警指标

（1）外债利用系数。外债利用系数是外债增长速度与国民生产总值增长速度之比，反映借用外债对国民经济发展的促进作用。具体计算公式为

$$外债利用系数 = \frac{外债增长速度}{国民生产总值增长速度}$$

若外债利用系数小于1，意味着借入的外债用于改善国内基础设施或发展国内生产建设项目，推动了国民经济发展，说明外债利用效率较高；反之，则说明外债使用不当或外债利用效率低下，不利于后期外债的偿还。

（2）出口创汇系数。出口创汇系数是外债余额增长速度与出口创汇[2]收入增长速度之比，反映借用外债对商品和劳务出口的促进程度以及外债的使用效益。具体计算公式为

$$出口创汇系数 = \frac{外债余额增长率}{外汇收入增长率}$$

若出口创汇系数小于1，说明外债用于出口行业的投资回报高或效益好，外债推动了债务国对外贸易的发展，有利于后期按时偿还债务；反之，则说明外债可能是用于国内消费或非生产建设项目，国际收入状况没有得到改善，也预示偿债困难。

3. 偿债预警指标

（1）偿债率。偿债率是当年外债还本付息额与当年商品和劳务出口外汇收入总额之比，反映一国偿付外债的能力。偿债率是衡量一个国家偿债能力大小最重要的外债指标。具体计

---

[1] 孙敬水，项贤勇. 中国外债风险的经验分析 [J]. 世界经济，2001（8）：51-56.

[2] 出口创汇是指通过对外贸易中的出口取得外汇的活动。它是一个国家外汇供应的主要来源。

算公式为

$$偿债率 = \frac{当年外债还本付息额}{当年商品和劳务出口外汇收入总额}$$

式中,当年外债还本付息额包括中长期外债和短期外债之和的还本付息额。

一般认为,国家偿债率的安全线为 20%,发展中国家为 25%。偿债率在 10% 以下,表明该国拥有较强的偿还能力;当偿债率过高时,说明该国在这一年内对外还本付息负担过重,有难以还款的可能。

(2)债务率。债务率是一国当年外债余额与当年商品和劳务出口外汇收入总额之比,反映一国的外债负担水平和对外举债能力的大小,同时也反映一国外债清偿能力的大小。具体计算公式为

$$债务率 = \frac{当年外债余额}{当年商品和劳务出口外汇收入总额}$$

国际上通常认为,债务率的安全线是 100%。债务率超过 100% 时,表示外汇收入小于外债余额,即外债的清偿能力小于外债的直接负担,说明该国的外债余额过大,外债负担过重,债务国可能发生债务危机。

(3)短期外债与外汇储备比例。短期外债与外汇储备的比例是指剩余期限的短期外债余额与中央银行掌握的外汇储备余额的比例,反映当一国偿还外债的其他支付手段不足时,可动用外汇储备资产来偿还短期外债的能力。具体计算公式为

$$短期外债与外汇储备比例 = \frac{短期外债余额}{外汇储备余额}$$

目前,国际上比较公认的短期外债与外汇储备比例的安全线为 100%。

(4)流动外汇持有率。流动外汇由外汇储备、特别提款权和国际货币基金组织的份额三部分组成。流动外汇持有率的安全线是三个月以上的进口额。具体计算公式为

$$流动外汇持有率 = \frac{流动外汇额}{外汇收入}$$

一般认为,流动外汇持有率应高于年进口额的 1/4,以满足弥补国际收支逆差和偿还外债的需要,也是为避免发生外债风险所必须采取的措施之一。

(二)吸收外商直接投资的风险识别与安全预警[①][②]

1. 引资安全预警指标

(1)外资依存度。外资依存度是一国外商直接投资额占国内生产总值的比重,反映外资在经济上的合理性和对本国经济的控制程度。其具体公式为

$$外资依存度 = \frac{外商直接投资额}{国内生产总值}$$

外资依存度是评价一国经济安全的重要参考指标。外资依存度应在合理区间内,如果外资依存度过高,意味着一国经济发展过于依赖外资,经济安全性较低、风险较大。

(2)外资国别集中度。外资国别集中度是一国按照外商直接投资外资来源国国别结构对外商直接投资额排名,计算出前五名或前十名国家的外商投资金额占全部外商直接投资额的

---

① 何维达,何昌. 当前中国三大产业安全的初步估算 [J]. 中国工业经济, 2002(2): 25-31.
② 赵蓓文. 外资风险视角下的中国国家经济安全预警指标体系 [J]. 世界经济研究, 2012(1): 68-74; 89.

比重，反映了一国外资国别来源的集中度。其具体计算公式为

$$外资国别集中度 = \frac{外商直接投资前五名（或前十名）国家实际投资的金额}{全部外商直接投资金额}$$

外资国别集中度是衡量外资风险的一项重要指标。如果一国的外资国别集中度较低，说明外商直接投资母国国别结构较为分散，该国经济安全受到少数国家威胁的可能性也较低。

（3）外资增长率。外资增长率指一国外商直接投资实际金额的增长率。其具体公式为

$$外资增长率 = \frac{当年外商直接投资金额 - 上一年外商直接投资金额}{上一年外商直接投资金额} \times 100\%$$

一般情况下，外资增长率的安全范围是5%～10%，基本安全范围是0～5%或10%～15%。如果该国处于经济发展的上升阶段，本国的储蓄缺口和外汇缺口比较大，国家对外资的需求比较旺盛，那么，外资增长率的合理范围可以适当提高。通常，只要外资增长持续、平稳，不出现大的波动，即可视为基本安全。

2. 用资安全预警指标

（1）外资市场占有率。该指标反映外资企业对东道国国内市场控制的程度。外资市场占有率过高，意味着民族经济生存空间受到过多挤压，对发展中国家而言，这将对其民族经济尤其是幼稚产业成长形成扼制，严重影响发展中国家的经济自立能力。特别是在能源、基本原材料、交通等基础产业和银行、外贸等关键行业，外资市场占有率过高时将极大地威胁国家经济安全。

（2）外资品牌拥有率。该指标反映外资品牌对国内产业市场的控制程度。品牌是一国经济实力的象征，以品牌为手段分割世界资源、拓展全球市场将是国际经济竞争的大趋势，外资品牌拥有率过高将直接构成国家经济安全威胁。

（3）外资股权控制率。该指标从股权角度反映外资对国内产业控制情况。一般来讲，单个企业外资股权份额超过20%即达到对企业的相对控制，超过50%即达到对企业的绝对控制。从维护国家经济安全角度出发，一般行业的外资股权控制率应约束在30%之内，关键行业（如运输、通信、能源等行业）则应控制在10%以内。

（4）外资技术控制率。该指标从技术角度反映外资对国内产业控制的情况。若外资对国内技术控制程度增强，可能使得东道国的技术研发和利用受到限制，并进一步扩大东道国国内企业技术与国际先进技术水平之间的差距，从而危及一国产业安全。

3. 外资撤资预警指标[⊖]

（1）外资经营状况指标。这类指标具体包括外资公司的销售利润率、投资回报率、新产品开发能力、市场增长率等指标。外资公司经营状况越好，撤资风险越小；反之，撤资风险越大。

（2）外资母公司特征指标。这类指标包括母公司的全球化程度、多元化经营程度以及在东道国是否成立了多家合资、独资企业。如果外资母公司全球化程度、多元化经营程度高，在东道国成立了多家合资、独资企业，外资公司的撤资风险就较小；反之，撤资风险可能变大。

⊖ 李玉梅，刘雪娇，杨立卓.外商投资企业撤资：动因与影响机理——基于东部沿海10个城市问卷调查的实证分析[J].管理世界，2016（4）：37-51.

（3）外资投资环境指标。这类指标包括东道国及东道国周边国家的外资优惠政策，东道国货币升值对外商投资造成的压力，东道国劳动力成本、原材料成本、能源价格的上涨幅度等。如果这些指标反映出的投资环境越有利于外资在东道国发展，那么，外资的撤资风险就越小；反之，如果投资环境越不利于外资在东道国发展，撤资风险越大。

（4）外资行业发展状况指标。这类指标包括外资公司所在行业的发展前景、行业内竞争情况、供应商的可选择情况等。外资公司所在行业发展前景越好，外资公司撤资风险越小。

二、国家利用外资的安全保障措施

（一）借用外债的安全保障措施 ①

1. 外债方式多样化

近年来，国际金融市场上金融创新层出不穷，各种资金的融通方式不断变化，更趋灵活。在借款方式上，一方面，应积极争取双边政府贷款和国际金融机构贷款，以降低债务的风险和成本，保证国内经济建设资金的需要；另一方面，也应适当采用国际金融市场上灵活的融资工具，使借款方式多样化，建立合理的借款组合。

2. 外债利率结构合理

加强对浮动利率债务的管理是控制债务利率结构的关键。首先，应控制浮动利率债务的总额，至多不超过50%。其次，不应仅仅以伦敦同业拆借利率②（London Interbank Offered Rate，LIBOR）为基础利率，可以把伦敦、新加坡及我国香港等地的金融市场上的同业拆借利率以及一些长期优惠贷款利率综合起来作为浮动利率的计算基础，通过多元化基础利率的计算来源降低利率风险。最后，可以采用利率互换③等方式避免利率浮动的风险。

3. 外债期限管理

如果债务期限不合理，可能会出现还债过于集中而导致偿债困难的情况。因此，需要采取安全保障措施加强对借用外债期限的管理，主要措施包括：第一，建立贷款年限分布监测系统。当监测系统预测到未来某一年的还本付息金额达到较高水平时，便提示借款人尽量不再借入早于那一年还本的外债。第二，采用期限调换业务，使用掉期和债务重组等金融手段来实现长期短期资金的相互融通和债务长短期限的互相搭配，这也是避免出现还本付息高峰的有效措施。

4. 外债币种管理

选择何种货币作为借款资金的计价货币，也是影响国家债务安全的重要因素。减少汇率风险应注意以下三点：一是应避免币种过于集中；二是应尽量使借用外债的币种结构和本国出口创汇的币种保持相对一致；三是应尽量推进外债本币化，以避免汇率风险。

5. 外债投向管理

在利用国外借款时，国家应合理统筹和引导，重视外债的规模效益，避免重复投资。要

---

① 卢汉林.国际投资学［M］.北京：高等教育出版社，2016：361-362.
② 同业拆借利率是指银行同业之间的短期资金借贷利率；LIBOR 即伦敦同业拆借利率，指伦敦国际银行同业之间从事欧洲美元资金拆借的利率，是国际金融市场中大多数浮动利率的基础利率。
③ 利率互换（Interest Rate Swap），也称利率掉期，是指交易双方同意在未来某一特定日期以未偿还贷款本金为基础，相互交换利息支付，以获取双方均希望获得的融资形式。简单说来，利率互换就是两笔币种相同、本金相同、期限相同的资金，进行固定利率与浮动利率的调换。

注意资金投向的产业和地区，应与一国国民经济的长期稳定和协调发展相一致，严格执行国家产业政策和区域发展规划，尽可能地投向资源稀缺、宏观经济效益好的基础产业和落后地区，以有效地促进产业结构调整和区域间平衡发展。

（二）外商直接投资的安全保障措施

1. 优化营商环境

创造良好的营商环境是东道国吸引适度规模外资、推动本国经济发展的重要保障。例如，加强知识产权保护、优化外资审批流程、简化审批材料、健全监管规则、规范各类收费行为、建立有效的政企沟通机制等措施，都有利于东道国创造良好的营商环境。

2. 完善外资政策

适度的外资优惠政策有利于吸引外资，但是，过度的优惠政策会导致扭曲和不公平竞争，对本国国内经济造成冲击，影响一国财政安全和产业发展安全。因此，东道国应制定适度的优惠政策，避免过度的"超国民待遇"外资政策对国家经济安全带来的不利影响。例如，印度尼西亚1984年取消了免税期优惠，韩国在削减外商直接投资障碍的同时也减少了优惠政策，马来西亚等国家降低了所有企业的标准化所得税率，从而使国际投资者享有的特殊优惠趋于国民化。事实上，一些调查研究发现，外国投资者更青睐稳定的、严格执行的财政税收政策，哪怕没有任何优惠，而并不欢迎短期优惠和政策的频繁变动①。

此外，东道国政府还要注重在外资结构上加强政策引导。例如，通过优化外资进入的产业结构，推动产业升级；通过调整外资地区布局，减小区域差距，促进国民经济平衡发展；通过多元化外资来源结构，有效降低国家风险传导和外资撤资风险。

3. 健全反避税措施

为防止税基侵蚀②和利润转移（Base Erosion and Profit Shifting），促进本国市场公平竞争，保障国家经济安全，东道国政府应采用有效的反国际避税的政策措施规制外资的逃税和避税行为。例如，审慎制定科学合理的反转让定价税制、避税地（港）对策税制，加强全球反避税竞争与合作。此外，各国政府还要进一步应对数字经济对税法的挑战，完善适应数字经济发展的国际反避税规则，使反避税机制适应时代新背景。

4. 完善人事政策

适宜的人事政策对利用外资过程中企业的股权控制、就业促进、技术进步都有重要作用。例如，在合营企业中，有的国家规定，董事长或总经理等企业最高决策人应由本国公民担任，外国合营者只能担任副职或技术经理；埃及规定，作为企业决定机构的董事会，其成员人数必须是本国董事占大多数；印度尼西亚出于为本国培养和锻炼出一批短缺的高级人才的考虑，要求外国投资者尽可能多地在当地聘用高级技术人员，只有本国国民胜任不了的管理职务和专业职务才能聘请外国人担任，要求外资企业有义务逐步用本国国民代替外国员工，同时还提出要以本国国民为对象，在国内或国外进行定期培训③。

---

① 杨晔，杨大楷. 国际投资学 [M] . 5版. 上海：上海财经大学出版社，2015：260.

② 税基侵蚀是指由于设置特别的减免税项目，从而增加对纳税人的某些税务优待，进而带来的税基的缩小。

③ 杨晔，杨大楷. 国际投资学 [M] . 5版. 上海：上海财经大学出版社，2015：264.

第四节　国家利用外资安全的实践

一、美国

1. 外资政策

美国是世界上吸引外商直接投资最多的国家，其外资政策有以下四个特点：

第一，实行国民待遇。在美国，除了极少数关系到国家经济安全的领域外，美国对包括外资在内的所有市场主体一视同仁，形成了一个公平公正的环境。外资企业既没有特别的优惠政策，也不受到歧视，在信贷、监管等各方面都与国内企业同等对待。

第二，构建了完善的法律体制。在美国，不论在立法上还是在执法上，外资企业的经营都有明确的法律依据和保障。

第三，提供帮扶措施。美国政府和各级州政府对外资企业提供诸如技术培训的服务。

第四，支持科技产业、新兴产业和中小企业发展。美国各级州政府通过税收优惠、融资支持和基金赞助等举措，引导外来资金促进本地研发、科技创新和新兴产业发展。并且，对雇佣本地员工的企业提供基金资助和税收优惠等支持性政策，支持本地中小企业发展，以促进本地就业。

总的来看，美国的各项外资政策，形成了一个公平公正的环境，对外资具有较大的吸引力，极大地提高了投资效率，有效地规避了外资对国内经济的冲击，也减少了逃税风险和外资撤资风险。

2. 行业准入制度[一]

对于某些特殊行业，美国对外资设置了不同的准入限制，大体可分为两大类：一类是明令禁止外国投资者投资的行业，包括军事、国防、通信、核电、沿海和内河运输等领域；另一类是对外国投资者设有一定限制的行业，包括航空、基础设施、能源、矿产、渔业、金融等领域。例如，在航空运输领域，非美国公民不得在美航空运营中拥有超过 25% 的股权。

3. 国家安全审查

美国是较早设立国家安全审查制度的国家。早在 1917 年，美国就通过了《与敌贸易法》(Trading with the Enemy Act)，授予总统阻止敌对国家投资并购本国企业交易行为的权力。1950 年，美国颁布《国防生产法》(Defense Production Act)，正式授权总统规制工业生产以满足国防要求，并开始对外国投资者在美投资进行安全审查。

1975 年，美国时任总统福特发布了第 11858 号总统令，决定成立美国外国投资委员会(The Committee on Foreign Investment in the United States, CFIUS)，主要职责是监控外资对国家安全的影响，保障美国国家经济安全。CFIUS 成立伊始，总体是一个咨询机构，审查权力有限，对国家安全的保护效果也很有限。然而，自 1977 年后，美国引进外商直接投资的步伐逐步加大，其增长幅度远超过了同时期美国对外直接投资的增长。特别是 20 世纪 80 年代后期，来自日本的外国投资大量进入美国，使得美国国会日益担心日本公司通过并购交易来控制美国市场，获得战略性产品或技术。在此背景下，美国国会于 1988 年修正了《奥姆尼巴斯

[一] 赵蓓文. 全球外资安全审查新趋势及其对中国的影响[J]. 世界经济研究, 2020 (6): 3-10; 135.

贸易与竞争法》(The Omnibus Trade and Competitive Act)第 5021 节，又被称为《埃克森－弗洛里奥修正案》(Exon Florio Provision)○。该法案授予总统在符合特定条件时中止或禁止外资并购交易的权力；赋予 CFIUS 在国家安全审查程序中的必要权力，包括采取任何必要的措施来减少或消除并购案对美国国家安全的威胁。这使 CFIUS 从一个只有调查权与提出咨询意见的行政机构转变为一个对外资并购具有独立审批权的部门。该法案也是美国历史上第一部关于外资并购国家安全审查的专门立法，标志着美国对外国投资安全审查制度的初步建成。

2007 年，《外国投资与国家安全法》(The Foreign Investment and National Security Act，FINSA) 出台，该法案拓展了国家安全的概念，使得国家安全审查所涉及利益更加多元化，增大了外国投资者通过审查的总体难度，改进了国家安全审查的程序。新法案将"关键基础设施"和"关键技术"纳入"国家安全"范畴中，强化了对国家经济安全与国土安全的保护；赋予了 CFIUS 对已完成审查的交易重启安全审查的权力；将国会规定为安全审查的监督机构，以保障 CFIUS 审查结果的准确性。自此，美国外资安全审查由 CFIUS 执行，总统部分决策，国会监督，三者相互制约合作，共同作为外资安全审查的主体维护国家安全。2008 年 12 月，作为 FINSA 实施细则的《关于外国人收购、兼并和接管的条例》(Regulations Pertaining to Mergers, Acquisitions and Takeover by Foreign Person)生效。此后，美国各年的国家安全审查案件均有大幅增长。

2016 年，特朗普当选美国总统之后，外国投资者国籍成为影响美国国家安全审查结果的重要因素之一。例如，在这一时期，中国企业在美发起的正当并购案经常仅因国籍就遭遇 CFIUS 的拒绝。另外，为弥补美国外资安全审查制度内部允许结构的缺陷，应对国际投资环境和安全形势的新变化，同时为了维持美国长期以来开放型外国投资政策，2018 年 8 月，《外国投资风险审查现代化法案》(Foreign Investment Risk Review Modernization Act，FIRRMA)生效，该法案是对《2007 年外商投资与国家安全法案》进行的重大修改，进一步优化了审查程序，扩大了 CFIUS 的审查对象范围，将与国家安全相关的特定不动产交易纳入国家安全审查范围，细化了关键技术和重要基础设施的投资类型和投资方式，更加关注网络安全，强调对美国国家安全利益呈现明显威胁的"特别关注国家"。2020 年 2 月，FIRRMA 实施细则正式生效，加强了美国在数字经济、新材料、通信及人工智能等领域的外资安全审查。

总体上看，一方面，在实体规则上，美国外资国家安全审查的范围在不断扩大，从最初的国防产业到国土安全、基础设施安全，再到经济安全、技术安全、知识产权保护、个人数据保护等，但是，美国始终对"国家安全"没有做出明确界定，这为维护广泛的经济安全提供了自由裁量空间。另一方面，在程序规则上，CFIUS 以及总统在国家安全审查上的管辖权、执法权、司法豁免权等不断得到增强。

4. 反垄断审查

反垄断也是美国在利用外资过程中保障本国经济安全的重要考虑因素。在反垄断法上，美国对外资实行国民待遇，因此，下面对美国反垄断的相关立法进行介绍，也可以从中了解美国对外资并购的反垄断审查实践。

19 世纪末，随着美国个体自由经济向垄断经济转变，公平竞争、反对垄断、维持社会公平和福利的进步主义思潮开始涌现。在此背景下，1890 年，美国颁布了《保护贸易和商业不

○ 该立法建议由参议院议员埃克森 (Exon) 与众议院议员弗洛里奥 (Florio) 共同提出。

受非法限制于垄断之害法》(*An Act to Protect Trade and Commerce Against Unlawful Restraints and Monopolies*)㊀。该法确立了公司并购中禁止垄断、鼓励竞争的原则，规定任何以垄断或其他形式做出的契约、联合或共谋，均属违法。该法是美国国会制定的第一部反垄断法。1914年，《联邦贸易委员会法》(*Federal Trade Commission Act*)生效，美国成立联邦贸易委员会，与司法部反垄断局构成了美国联邦一级最主要的反垄断机构。同年，另一部反垄断的基础性法律《克莱顿法》(*Clayton Act*)㊁生效，该法第7条对垄断进行了具体界定，规定企业间的任何并购活动，如果"其效果可能使竞争大大削弱"或"可能导致垄断"，均构成反垄断法上的违法行为，强化了反垄断部门的权力。

1968年，美国司法部颁布了美国历史上第一个《横向并购指南》(*Horizontal Merger Guidelines*)，着重从并购可能产生的反竞争影响的角度进行审查。1976年，美国颁布了《哈特-斯科特-罗迪诺反垄断改进法》(*Hart-Scott-Rodino Antitrust Improvement Act*, HSR)㊂。该法案要求，对达到特定门槛的资产、股票并购，投资者应提前向主管部门申报，在规定的等待期过后才能进行并购交易。该法案是美国审查并购的程序法，是美国国内应用范围最广的反垄断法。2000年12月，美国首次对HSR进行修改，对并购申报必须满足双重标准，即当事人规模和并购交易规模的标准进行了调整。

从2018年下半年开始，美国特朗普政府加强了反垄断力度。2021年6月，美国众议院司法委员会审议讨论了六项与平台反垄断相关的法案，旨在控制大型科技公司不断膨胀的权利。2021年7月，美国总统拜登签署行政命令，呼吁司法部和联邦贸易委员会大力执行反垄断法，以促进科技、医疗和其他领域的公平竞争。2022年1月，美国参议院司法委员会通过了《美国在线创新与选择法案》(*The American Innovation and Choice Online Act*)和《开发应用市场法案》(*Open App Markets Act*)两部反垄断法案，这两部法案是前述六项法案的综合与修订。

【相关案例14-3】

抖音海外版TikTok在美遭受国家安全审查

字节跳动公司创立于2012年，是中国最早将人工智能应用于移动互联网场景的科技企业之一。2017年9月，TikTok正式在美国上线，并很快向全球拓展，短短半年时间已位居多国手机App下载量榜首。

TikTok在美国突飞猛进的发展，引起了美国当局的高度关注。一方面，TikTok的崛起在一定程度上挑战了美国在社交媒体舆论场的权威，而用户年轻化现象也令美国政府担忧TikTok会影响其国民价值观。另一方面，TikTok撼动了Facebook、Instagram、WhatsApp等美国企业的市场地位，它们把TikTok看作一种严峻的外来威胁。

2017年11月，字节跳动旗下的今日头条以10亿美元收购美国音乐短视频社交平台Musical.ly（中文名为"妈妈咪呀"），随后将其用户转移到TikTok，只服务中国以外的市场。Musical.ly也是一家中国公司，由两名中国人在上海创立，同名短视频社交软件于2014年在中美同时上线。

2019年11月，CFIUS对这一起两年前的收购案启动了国家安全审查。次月，美国参议院

㊀ 由于该法最初由时任参议院议员谢尔曼（Sherman）提出，因此又称《谢尔曼法》。

㊁ 该法由时任众议院司法委员会主席克莱顿（Clayton）起草。

㊂ 该法案由参议院议员Hart、Scott、Rodino共同提出。

要求 TikTok 相关人员接受国家安全审查，理由是"保护美国国家和企业利益不受伤害及维护美国用户的数据隐私"。

2019 年 12 月，TikTok 被美国伊利诺伊州法院起诉，2019 年 12 月 16 日，美国国防部发布"网络安全须知"，警告美国用户"使用 TikTok 会存在网络安全隐患"，并全面禁止美国军人使用 TikTok。虽然 TikTok 一再申辩自身不存在任何安全隐患，但美方并未停止对其打击，封禁事件愈演愈烈。

2020 年 7 月，美国总统特朗普声明将禁止 TikTok 以及其他中国社交软件的应用，以维护国家安全。2020 年 8 月 6 日，特朗普签署行政令：禁止任何美国个人及实体与中国应用程序 TikTok 的母公司字节跳动进行任何交易，禁令将在 45 天后（2020 年 9 月 20 日）生效，迫使字节跳动尽快出售 TikTok 在美国的业务。

危机发生后，字节跳动并未屈服于美国政府而出售 TikTok，而是积极运用法律武器维护自身权益，使得封禁事件出现转机。2020 年 8 月 24 日，TikTok 向美国某联邦地区法院递交了起诉书，控告美国政府日前发布的与该公司及其母公司字节跳动的有关行政令违法。此后，TikTok 起诉美国政府的举措确实使封禁事件有了转圜余地。2020 年 9 月 20 日，美国商务部宣布将"禁止在美国下载 TikTok"的禁令推迟到 9 月 27 日以后实施。2020 年 9 月 28 日，美国哥伦比亚特区联邦地区法院裁定，暂停实施美国政府关于将 TikTok 从美国移动应用商店下架的行政令，且裁定立即生效。

在字节跳动及多方相关者的不懈努力下，TikTok 既没有被封禁，也没有被出售。字节跳动为了把精力用在将 TikTok 社区打造出一个更加安全、愉快的体验上，避免漫长的诉讼消耗，而选择以接受罚款的方式结束此事，这意味着 TikTok 与美方"体面"和解。

2021 年 6 月 9 日，美国总统拜登签署了一项行政令，宣布撤销前总统特朗普在任期间针对中国社交软件 TikTok 的一系列禁令，这标志着 TikTok 暂时摆脱了困境，在美国的业务继续合法运营。

可以看到，作为一款纯商业社交软件应用，TikTok 为契合美国网络规范和国家安全审查付出了巨大的努力，在受到不实安全指控之际，TikTok 依然遵循美国法律，配合美国司法部、州政府等的调查，最终得以继续在美国运营。

参考文献：谢佩洪，李伟光. 山穷水尽到柳暗花明：字节跳动"出海"路漫漫 [J]. 企业管理，2021（8）：72-77.

二、中国

改革开放以来，中国吸引外资的水平越来越高，跃升至全球前列，自 1992 年以来，中国一直是吸收外商直接投资的第二大经济体。然而，安全与发展休戚相关，利用外资安全是当前中国面对国际环境巨变应守住的重要防线，对安全风险的严格防控，是实现高水平开放的保障。下面对中国利用外资安全的实践进行介绍。

1. 外资政策

1983 年 9 月，中共中央、国务院印发的《关于加强利用外资工作的指示》，在放宽税收政策、提供一部分国内市场、放宽对设备进口限制等方面对外资提出了明确的优惠政策。例如，在所得税方面，对中外合资经营企业，实行"两免三减半"政策，即在合营期十年以上的，从开始获利的年度起，头两年免征所得税，从第三年起减半征收所得税三年。1986 年 10

月发布的《国务院关于鼓励外商投资的规定》，对外商投资举办的产品出口企业和先进技术企业，在场地使用费、信贷资金、企业所得税减免、利润汇出和再投资等方面，给予了特别优惠的"超国民待遇"。1992年"南方谈话"之后，中国引进外资力度进一步加大，政策上对外资优惠力度进一步加大。

进入21世纪以来，随着国内国际形势和环境发生重大变化，中国地方政府招商引资对象从之前的引进外资为主，逐步转向外资、内资并重，外资企业的超国民待遇转为国民待遇。2008年1月1日起施行的《中华人民共和国企业所得税法》，实行"两税合一"^㊀，内外资企业所得税率统一为25%。自2010年12月1日起，中国决定统一内外资企业以及个人城市维护建设税和教育费附加制度，从而基本取消了外资企业的"超国民待遇"。

2012年11月，党的十八大提出，要"提高利用外资综合优势和总体效益，推动引资、引技、引智有机结合"，中国地方政府招商引资也随之转向"双招双引"（招商引资、招才引智）新阶段。在"双招双引"新阶段，中国地方政府招商引资优惠和奖励政策也经历了从规范管理到"再加码"的变化。2013年11月，党的十八届三中全会提出：完善税收制度，要按照"统一税制、公平税负、促进公平竞争的原则，加强对税收优惠特别是区域税收优惠政策的规范管理"。2014年11月，《国务院关于清理规范税收等优惠政策的通知》强调：在全面清理已有的各类税收等优惠政策的同时，要从统一税收政策制定权限、规范非税等收入管理、严格财政支出管理等方面切实规范各类税收等优惠政策。

"十三五"期间，受美国等发达经济体"再工业化"和印度尼西亚等东南亚发展中经济体低成本要素优势的双重夹击影响，中国实际使用外资的增速不断下滑。因此，"稳外资"成为"十三五"时期的重要任务。2020年以来，新冠肺炎疫情给全球跨境投资带来巨大冲击。2020年8月，国务院办公厅印发《关于进一步做好稳外贸稳外资工作的意见》，从引导加工贸易梯度转移、给予重点外资企业金融支持、加大重点外资项目支持服务力度、降低外资研发中心享受优惠政策门槛等方面提出15项具体政策措施。

2. 行业准入制度

中国主要是通过禁止性的准入规定、外国人投资的管理限制、股权的比例限制等制度限制外商准入的，对于外商投资多是批准性的制度，主要依据是2002年4月1日起施行的《指导外商投资方向规定》和2007年10月31日修订的《外商投资产业指导目录》。2016年，外资企业在华投资由审批制改为备案制。2017年商务部修订《外商投资产业指导目录》，减少外资准入限制并大幅简化外资并购中国企业手续。2018年国家发展改革委、商务部发布《外商投资准入特别管理措施（负面清单）》，推出一系列重大开放举措，减少对外资准入的限制。2020年1月1日《中华人民共和国外商投资法》正式施行，准入前国民待遇加负面清单管理制度通过立法在中国得以完善，在坚定支持经济全球化和跨国投资自由化的同时，保障国家经济安全。

3. 国家安全审查

中国外资政策中最早提及"国家安全"的是2002年4月1日施行的《指导外商投资方向规定》。2006年出台的《关于外国投资者并购境内企业的规定》第12条第1款规定涉及了国

㊀ "两税合一"是指将《中华人民共和国企业所得税暂行条例》和《中华人民共和国外商投资企业和外国企业所得税法》两部法律法规统一成一部所得税法，在税率等方面对内外资企业一视同仁。

家经济安全审查相关规定，并且将品牌资源的保护纳入经济安全审查范围中。2011年，依据《国务院办公厅关于建立外国投资者并购境内企业安全审查制度的通知》，商务部颁布《商务部实施外国投资者并购境内企业安全审查制度的规定》，对外资并购境内企业的安全审查程序做了进一步细化，设立了预约商谈机制，明确了提交材料清单、消减影响的若干措施。2015年，商务部出台的《中华人民共和国外国投资法（草案征求意见稿）》第四章中规定了国家安全制度的实体性和程序性规定。同年，中国自贸区开始试点实施与负面清单管理模式相适应的外商投资安全审查措施，并颁布了《中华人民共和国国家安全法》《自由贸易试验区外商投资准入特别管理措施（负面清单）》和《自由贸易试验区外商投资国家安全审查试行办法》这三项法令，其中均有关于外资"国家安全"的内容。2020年1月1日，正式施行的中华人民共和国《外商投资法》明确了要建立外商投资安全审查制度，该法直接援引了"国家安全"这一概念，这就使外商投资安全审查的范围超越了原先并购安全审查下的考量因素，从外资并购安全审查拓展到了与外资有关的国家安全、国家公共政策、政策保护等内容，从而赋予外商投资安全审查新的内涵。同时，虽然在内容上已经有所企及，但是就外商投资安全审查制度而言，中国与国外仍存在一定差距。因此，在"由商品和要素流动型开放向规则等制度型开放转变"的过程中，必须尽快建立以外商投资安全审查为工具的开放风险防范体系。2020年12月19日，经中华人民共和国国务院批准，国家发展和改革委员会、商务部发布并于2021年1月18日开始正式实施的《外商投资安全审查办法》，详细规定了外商投资安全审查制度的使用范围、对象、程序等。

4. 反垄断审查

2007年8月30日通过、2008年8月1起施行的《中华人民共和国反垄断法》，首次明确规定了对外资并购境内企业进行国家安全审查。该法第31条对国家安全审查做出了规定："对外资并购境内企业或者以其他方式参与经营者集中，涉及国家安全的，除依照本法规定进行经营者集中审查外，还应当按照国家有关规定进行国家安全审查。"

本章小结

（1）国家利用外资安全的内涵。国家利用外资安全包括吸收外资、使用外资以及偿还外资或外资撤离时涉及的安全问题。具体来看，借用外债包括借款安全、用债安全和偿债安全；外商直接投资包括引资安全、用资安全和撤资安全。

（2）国家利用外资安全的理论。引资安全理论主要分析了一国应该引进多大规模的外资，以保证本国经济安全发展；用资安全理论主要论述了东道国使用外资对本国经济安全的影响；撤资安全理论主要论述了外资撤离的原因及其对东道国经济安全的影响。

（3）国家利用外资安全的预警指标。借用外债主要包括外债负债率、短期外债比重等借债预警指标，外债利用系数、出口创汇系数等用债预警指标，以及偿债率、债务率等偿债预警指标。外商直接投资主要包括外资依存度、外资国别集中度等引资安全预警指标，外资市场控制率、外资品牌拥有率等用资安全预警指标，以及反映外资经营状况、外资母公司特征的撤资预警指标。

（4）各国利用外资安全的实践。各国利用外资安全的实践都经历了一个发展完善的过程，这一过程的核心问题是如何协调对外开放和国家经济安全保障之间的关系，从而保证在有效吸收和利用外资的同时，也能够使本国安全得到有效保护。各国政策和措施虽然相互借鉴，但并不存在固化的模式，都结合了本国需求和体制特点。

本章荐读书目

[1] 裴长洪. 我国利用外资30年经验总结与前瞻[J]. 财贸经济，2008（11）.
[2] 刘建丽. 新中国利用外资70年：历程、效应与主要经验[J]. 管理世界，2019（11）.
[3] 江小涓. 对外开放：争议问题再讨论与未来展望[J]. 经济研究参考，2020（2）.
[4] 马相东，杨丽花. 统筹对外资开放和国家经济安全：国际经验与中国路径[J]. 中国流通经济，2021（9）.
[5] 赵蓓文. 全球外资安全审查新趋势及其对中国的影响[J]. 世界经济研究，2020（6）.

本章复习思考题

1. 试述借用外债安全和外商直接投资安全的具体内容。
2. 简述发展主义与依附理论关于利用外资安全的内容。
3. 收集文献资料，了解德国、日本等国家利用外资的安全实践，并分析总结美国、德国、日本等利用外资的安全实践中值得我国借鉴的制度或措施。
4. 通过国家统计局（www.stats.gov.cn）、国家外汇管理局（https：//www.safe.gov.cn）等的网站，查询我国历年借用外债数据，并分析我国借用外债安全问题。
5. 通过中华人民共和国商务部网站（www.mofcom.gov.cn），查询我国吸收外商直接投资的政策和制度，并分析这些政策和制度具体体现了哪些利用外资安全的实践。

参考文献

[1] 陈曦,曾繁华.国家经济安全的维度、实质及对策研究:基于外资并购视角的案例分析[M].北京:中国经济出版社,2007.

[2] 陈仲常.失业风险自动监测系统和预警系统研究[M].北京:中国社会科学出版社,2010.

[3] 范维澄.国家安全科学导论[M].北京:科学出版社,2021.

[4] 冯英,杨慧源.外国的失业保障[M].北京:中国社会出版社,2008.

[5] 顾海兵,李长治.中国经济安全年度报告[M].北京:中国人民大学出版社,2019.

[6] 雷家骕.国家经济安全:理论与分析方法[M].北京:清华大学出版社,2011.

[7] 李成.金融监管学[M].北京:高等教育出版社,2016.

[8] 李孟刚.产业安全理论研究[M].北京:经济科学出版社,2012.

[9] 李善民.外资并购与我国产业安全研究[M].北京:经济科学出版社,2017.

[10] 刘斌.国家经济安全保障与风险应对[M].北京:中国经济出版社,2010.

[11] 刘霞,孙彦玲.国家人才安全问题研究[M].北京:中国社会科学出版社,2018.

[12] 莫荣,鲍春雷.失业预警模型构建与应用[M].北京:中国劳动社会保障出版社,2016.

[13] 聂富强.中国国家经济安全预警系统研究[M].北京:中国统计出版社,2005.

[14] 石良平.经济大国的贸易安全与贸易监管[M].上海:上海交通大学出版社,2015.

[15] 王自立.中国贸易安全报告:预警与风险化解[M].北京:红旗出版社,2009.

[16] 魏浩.国际贸易学[M].北京:高等教育出版社,2017.

[17] 魏浩.世界经济概论[M].2版.北京:机械工业出版社,2017.

[18] 夏立平.中国国家安全与地缘政治[M].北京:中国社会科学出版社,2019.

[19] 余敬.重要矿产资源可持续供给评价与战略研究[M].北京:经济日报出版社,2015.

[20] 余湄.我国外汇储备与金融安全[M].北京:对外经济贸易大学出版社,2020.

[21] 张安军.中国金融安全监测预警研究[M].北京:中国社会科学院出版社,2015.

[22] 张骥.世界主要国家国家安全委员会[M].北京:时事出版社,2014.

[23] 张文木.世界地缘政治中的中国国家安全利益分析[M].北京:中国社会科学出版社,2021.

[24] 张晓君.国家经济安全法律保障制度研究[M].重庆:重庆出版社,2007.

[25] 赵英.超越危机:国家经济安全的监测预警[M].福州:福建人民出版社,1999.

[26] 中共中央党史和文献研究院.习近平关于总体国家安全观论述摘编[M].北京:中央文献出版社,2018.

[27] 中国现代国际关系研究院.大国兴衰与国家安全[M].北京:时事出版社,2021.

[28] 总体国家安全观普及读本编委会.国家科技安全知识百问[M].北京:人民出版社,2021.